로마서 강해 1

믿음으로 얻는 하나님의 의

국립중앙도서관 출판예정도서목록(CIP)

믿음으로 얻는 하나님의 의 / 지은이: 김홍규. ─ 서울 : 동
연, 2017
    p. ;   cm. ─ (로마서 강해 ; 1)

ISBN 978-89-6447-357-3 04230 : ₩17000
ISBN 978-89-6447-356-6 (세트) 04230

로마서[─書]
성서 강해[聖書講解]

233.71-KDC6
227.1-DDC23   CIP2017007871

로마서 강해 1

믿음으로 얻는 하나님의 의

2017년 3월 31일 초판 1쇄 발행
2017년 4월 17일 초판 2쇄 발행

지은이 | 김홍규
펴낸이 | 김영호
펴낸곳 | 도서출판 동연
편집 박연숙 디자인 황경실 관리 이영주
등 록 | 제1-1383호(1992년 6월 12일)
주 소 | 서울시 마포구 월드컵로 163-3
전 화 | (02) 335-2630
팩 스 | (02) 335-2640
이메일 | yh4321@gmail.com

ISBN 978-89-6447-357-3 04230
ISBN 978-89-6447-356-6 04230(세트)

믿음으로 얻는 하나님의 의

김홍규 지음

동연

이 책을 한국 개신교회의
모교회 내리교회의 교우들께 바칩니다.

고마움을 전하며

이 책은 작년 한 해 내내 제가 내리교회에서 로마서 연속 강해설교를 했던 원고 뭉치들을 한데 묶어놓은 것입니다. 2017년이 종교개혁 500주년을 기념하는 역사적 해이므로 미리 준비하자는 뜻으로 뛰어들었지만 절반 밖에 해내지 못했습니다. 로마서가 16장인데 꼭 8장까지의 강해를 마쳤습니다. 절반밖에 못 풀었지만 원고 분량이 만만치 않았습니다. 게다가 나머지 반절을 강해하려면 또 한 해가 훌쩍 지나가게 생겼습니다. 그래서 일단 아쉬운 대로 1권부터 내기로 했습니다. 바라기는 2권도 올해 안으로 냈으면 합니다.

고마운 분들이 많습니다. 먼저 어렵기 이를 데 없는 제 설교를 열심히 들어주신 내리 교우들께 머리 숙여 감사합니다. 로마서 자체가 신학교리적 성격을 띠기에 저 역시 곳곳에서 부딪혀 진저리를 칠 정도로 헤맸으니 평신도들은 말할 필요가 없었겠지요. 여기가 신학교 강의실이냐고 볼맨소리를 할 수 있었음에도 다행히 제 귀에까지는 들려오지 않았습니다. 하지만 이렇게 까다로운 설교를 할 수 있고 들을 수 있다는 것이 한국의 모교회 내리교회의 자부심이 아닐까 싶습니다. 숨을 죽이며 저의 난해한 설교를(아니 바울 사도의 고난도高難度 논증을) 따라와 주신 내리 가족들께 거듭 머리를 조아립니다. 여러분들께 이 책을 헌정하는 것은 당연하다고 믿습니다!

아내와 두 자녀들에게도 고맙다고 말하지 않으면 핀잔을 들을 것 같습니다. 교회에서나 집에서나 늘 두꺼운 원서를 끼고 앉아 책 읽는 모양만 지켜봤을 테니 얼마나 지겹고 고리타분해 보였겠습니까. 수시로 제 귓전을 때렸던 잔소리들이 하나도 그르지 않음을 인정합니다. 하지만 가족들의 너그럽고 속 깊은 사랑이 있었기에 이렇게 또 한 권의 책이 나오게 되었습니다.

로마서 강해 원고를 주보에 실으면서 친구들에게도 나누어 주었더니, 언제나 알찬 논평을 적시에 보내준 목양교회의 완중이와 오천교회의 종목이 두 친구에게 고마움을 전합니다. 옛 친구는 세월이 갈수록 더더욱 정이 도탑고 살가워져만 가는 것 같습니다. 두 친구의 빛나는 우정과 독평讀評이 있었기에 저의 글도 한층 더 아름답고 깊어졌습니다.

무엇보다 이 책의 맨 뒤에 서평을 써준 미국에 있는 친구 이광훈 목사에게 깊이 감사합니다. 탁월한 신약학자요 충성된 목회자로서 언제나 저에게 예리한 통찰과 신선한 자극을 아끼지 않는 친구 중에 친구입니다. 그의 글이 뒤에 떡하니 버티고 있어서 이 책이 한결 더 돋보이는 것 같습니다.

그리고 이 책의 편집이 마무리될 무렵 뜻밖에 표지화를 그려주시게 된 고제민 선생님께도 감사를 표하고 싶습니다. 이천년 전의 로마를 상징하는 꿈결같이 아스라한 풍경화는 이 책의 또 다른 자랑거리가 되었습니다.

책을 내자고 했을 때 두말없이 선뜻 받아주신 도서출판 동연의 김영호 장로님과 직원 여러분들께도 감사를 드립니다.

이 작은 책이 '기독교가 확고한 진리 위에 서 있는 가장 믿을 만한 종교'라는 진실을 새삼 깨달을 수 있게 하는 디딤돌이 되었으면 좋겠습니다.

주후 2017년 춘삼월 초하룻날 종교개혁 500주년에

월미도와 자유공원을 내다보고 봄소리를 들으며

丹村 金興圭

차 례

세상을 바꾼 책
The book that had transformed the world

왜 로마서인가?

책 한 권이 세상을 바꿉니다. 로마서가 그런 책입니다. 성 어거스 틴(St. Augustine, 354~430)이 로마서 13장 13-14절 말씀을 읽고 회 심했습니다. 로마서를 읽었을 때 '확실성의 빛'이 그의 마음을 환히 비 추어 모든 의심의 그림자가 말끔히 사라졌습니다. 주후 386년에 일어 난 이 위대한 회심으로 어거스틴은 기독교 신학사에 있어서 불후의 금자탑을 쌓게 됩니다. 서양 철학사가 플라톤의 주註에 지나지 않듯 이, "서양 신학사는 어거스틴에 대한 계속적인 주밖에 안 된다"라는 찬사를 듣게 된 것이 로마서를 읽음으로써 비롯되었습니다.

종교개혁을 일으킨 마르틴 루터(Martin Luther, 1483~1546)는 독 일뿐만 아니라 유럽사 전체를 뒤바꾸어 놓은 인물이지요. 언젠가 '천 년을 빛낸 세계의 100인'이라는 역사 다큐를 본 적이 있는데, 루터가 일약 3위에 랭크되었습니다. 구라파 전역에 개신교회뿐만 아니라 문예부흥과 교육혁명을 불러일으킨 종교개혁도 순전히 루터가 로마서를 들고판 결과에서 비롯되었습니다.

죄와 죽음, 심판과 지옥, 하나님에 대한 두려움 등의 신앙적인 문제들로 인해 영적 위기에 빠진 루터는 비텐베르크 대학에서 시편을 연구하고(1513~15), 연이어 로마서를 주석하다가(1515~16) 일대 돌파구(Durchbruch/breakthrough)를 찾아냈습니다. 로마서에 일관되게 흐르는 '신앙의인화義認化', 즉 "오직 믿음을 통한 하나님의 은혜로 의롭게 된다"(1:17)라는 구절을 발견한 후 이 진리야말로 '천국에 들어가는 문'이 된다고 확신했습니다. 루터는 자신이 쓴 『로마서 주석』(1552)에서 "로마서야말로 신약성경의 중심이요, 가장 순수한 복음서"라는 극찬을 아끼지 않았습니다.

그런가 하면 감리교회의 창시자 존 웨슬리(John Wesley, 1703~91)의 극적인 회심을 불러온 것도 로마서였습니다. 1738년 5월 24일 영국 런던의 '올더스게이트'라는 작은 거리에 모라비안 교도들의 집회가 있었을 때 웨슬리는 내키지 않은 마음으로 참석했습니다. 그때 누군가 루터의 『로마서 주석』 서문을 읽는 것을 듣고서는 회심했습니다.

밤 8시 45분경, 그가 그리스도를 믿음으로써 하나님께서 마음에 불러일으키시는 변화를 말하고 있었을 때 이상하게 내 마음이 뜨거워졌다. 나는 구원을 위해 그리스도, 오직 그리스도만을 믿는다는 사실을 느꼈다. 그러면서 그리스도께서 나의 죄를, 심지어 나의 죄까지도 없애주셨고, 나를 죄와 죽음에서 구해주셨다는 확신이 들었다.

신정통주의 신학의 주창자요, 20세기 최고의 신학자로 추앙받는 칼 바르트(Karl Barth, 1886~1968) 역시 『로마서 강해』(1919)를 펴냄으로써 자유주의 신학과 결별하고 바울 → 어거스틴 → 루터 → 칼뱅의 계보를 잇는 '그리스도 집중적 신정통주의 신학'을 세워나갔습니다. 독일의 가톨릭 신학자 칼 아담(Karl B. Adam, 1876~1966)은 하나님과 인간 사이의 질적 차이를 강조한 바르트의 『로마서 강해』를 '자유주의 신학자들의 운동장에 떨어진 폭탄'으로 비유함으로써 그 의의意義를 높이 평가했습니다.

바울의 로마서는 17세기 영국의 청교도 토마스 드렉스(Thomas Draxe, ?~1618)가 말한 그대로 '구원하는 교리(saving doctrine)의 진수眞髓이자 완성'이라고 할 수 있습니다. 그러기에 장 칼뱅(John Calvin, 1509~64)은 "이 서신을 진정으로 이해하게 되면 성경에 깊이 감추어져 있는 모든 보화들을 찾을 수 있는 길"이 활짝 열리게 된다고 주장했습니다. 실로 로마서야말로 기독교 사상사와 심지어 유럽사 전체의 판도를 뒤바꿔 놓은 '책 중의 책'이라고 할 수 있습니다.

이토록 중요한 책이기에 지난 2천 년 동안 역사의 굽이굽이마다 천재적인 신학자들이 연구에 뛰어들어, 아마 성경 전체를 놓고 볼 때 가장 많은 주석서가 쓰였을 것입니다. 케네스 보아(Kenneth Boa)와 윌리엄 크루이드니어(William Kruidenier)가 말한 것처럼, "로마서의 헬라어 원문의 음절 가운데 그냥 스쳐 지나친 것은 하나도 없고, 동사나 명사 가운데 변화형이 연구되지 않은 것이 하나도 없으며, 어느 한 문단도 주해되지 않은 것이 없고, 어느 한 장도 분해되지 않은 것이" 없을 정도입니다.

제가 또 하나의 로마서 강해서를 쓰는 것이 가뜩이나 넘쳐나는 로마서 자료에 혼잡만 가중시키는 것 같아 송구스럽지만, 종교개혁 5백 주년을 코앞에 두고 순전히 기독교의 기본으로 되돌아가고자 하는 취지에서 이 작업에 뛰어들게 되었습니다. 로마서야말로 죄와 죽음으로부터 우리를 구원하는 그리스도 복음의 능력을 가장 온전하고도 심오하게 서술해놓은 바울신학의 결정판이기에 영적으로 침체에 빠지고 신앙에 위기가 찾아올 때마다 반드시 되돌아가야 할 기초 교리서라는 확신 하나로 로마서 연속 강해설교에 뛰어들게 되었습니다.

바울은 왜 로마 교인들에게 편지를 썼을까?

로마서는 신약 안에 바울이 쓴 것으로 추정되는 13통의 서신들 가운데 **순서적으로** 가장 앞에 와 있고, **분량상으로** 가장 길고(16장), **내용적으로** 가장 심오한 책입니다. 이제 세계에서 가장 위대한 편지인 로마서를 본격적으로 강해하기 전에 먼저 로마서가 태어난 배경을 간략히 훑어봅니다.

발신자 바울이 처한 형편

의심할 나위 없이 바울이 서신의 집필자입니다. 바울은 3차 전도 여행을 하던 중에 주후 56년 말부터 57년 초까지 그리스의 고린도에 석 달 동안 머물렀습니다(행 20:3). 이 기간에 고린도에서 로마서를 쓴 것으로 추정됩니다. 바울이 왜 로마서를 기록했는지 알아내기 위해 먼저 로마서 15장 22-29절에서 언급하고 있는 세 지역을 주목해야 합니다.

첫째 지역은 **예루살렘**입니다. 바울은 지독한 기근과 가난으로 허덕이고 있던 예루살렘 교회를 돕고자 마게도냐와 아가야의 여러 이방계 교인들로부터 모금을 했는데, 이제 예루살렘을 방문해 이 구제금을 전달하려고 했습니다. 헬라 교인들로부터 거두어들인 구제금은 바울에게 남다른 의미가 있었습니다. 갈수록 갈등이 첨예화되던 '이방계 기독교인들'과 '예루살렘의 유대계 기독교인들'을 화해시키는데 이 구제헌금이 실질적인 효과가 있기를 기대했습니다. 이방계 기독교인들이 유대계 기독교인들로부터 신령한 복을 나누어 받았으니 이제는 그들이 구제금으로 예루살렘 교인들을 육적으로 도와야 한다고 생각했던 것이지요(롬 15:27).

　하지만 바울의 예루살렘행에는 두 가지 장애물이 버티고 있었습니다(롬 15:30-31). 예루살렘에 있는 불신자들이 바울 일행을 박해하는 것과 예루살렘 성도들이 구제금을 기쁘게 받아들이지 않는 것이었습니다. 무엇보다도 바울은 예루살렘 교인들이 한편으로 바울 자신에 대한 의혹과 다른 한편으로 율법을 제대로 지키지 않는 이방계 기독교인들을 혐오한 나머지 구제금을 노골적으로 거부하지나 않을까 노심초사勞心焦思했던 것입니다.

　이와 같이 구제금을 예루살렘에 전달하는 문제로 고민하는 가운데 떠오른 중간 지점이 바로 **로마**였습니다. 바울은 언제고 한 번이라도 로마를 방문하고 싶은 마음이 굴뚝같았으나(행 19:21; 롬 1:9-13), 번번이 기회를 얻지 못했습니다(롬 15:22). 로마서를 쓰는 이번에는 꼭 로마에 갈 수 있다고 확신하지만(롬 1:11 이하; 15:23 이하), 그곳이 바울이 숙망宿望하는 최종 목적지는 아니었습니다. 바울은 한 번도 복음이 전해지지 않은 처녀지處女地만 가겠다는 신념을 지녔는데(롬 15:

20), 로마에는 이미 교회가 섰다는 사실을 알았으므로 잠시 경유해 가는 기착지寄着地 정도로만 생각했던 것입니다.

세 번째 지역은 바울이 남은 인생 동안 심혈을 기울여 개척 선교를 하려는 **스페인**(서바나)입니다. 바울은 이미 복음이 전파된 로마를 제외하고 20~25여 년 동안 예루살렘에서 일루리곤(오늘날의 알바니아, 전에는 유고슬라비아 지역)에 이르기까지 지중해 동부 연안 지역을 두루 다니며 복음을 전파하는 사명을 완수했습니다(롬 15:19). 그런 뒤 마침내 그 당시 세계관으로 땅끝으로 여겨진 지중해 서쪽 끄트머리인 스페인에 가서 복음을 전하려고 했습니다(롬 15:23, 28; 고후 10:16).

그렇다면 '로마'야말로 지금 당장 가야 할 '예루살렘'과 궁극적 목적지인 '스페인'의 한가운데에 끼인 중간지점으로서, 예루살렘에 구제금을 전달한 뒤 잠시 들려 스페인으로 가기 위해 준비를 하고 피로를 풀기 위한 최적지였습니다(롬 15:32). 실제로 로마는 예루살렘에서 스페인으로 가는 길의 2/3 정도 거리에 위치해 있었으므로, 잠시 중간에 들르는 기착지로 안성맞춤이었습니다.

바울에게 예루살렘은 자나 깨나 모교회의 안녕을 염려해야만 하는 복음의 진원지震源地였고, 스페인은 새로운 이방선교의 최후 목적지로서 요충지要衝地였습니다. 이와 같이 '동족선교'(예루살렘)와 '이방선교'(스페인)의 두 마리 토끼를 다 잡아야 할 바울로서는 유대인 기독교인들과 이방인 기독교인들이 혼합된 로마교회의 협조와 기도가 꼭 필요했습니다.

그럼에도 바울은 로마 교인들에게 자신의 계획을 말하지 않고서, 또 중간에 로마에 들리지 않고서도 곧바로 예루살렘에서 스페인으로 직행할 수도 있었을 텐데, 왜 군이 로마에 방문하기를 원했을까요? 그것은 제국의 수도인 로마에 있는 교인들의 기도와 교제, 격려와 재정 후원이 반드시 필요했기 때문입니다(롬 15:24). 안디옥을 동방선교의 전초기지前哨基地로 삼았던 것처럼, 이번에는 로마를 서방선교의 전진기지前進基地로 삼으려고 했던 것입니다.

게다가 동방선교를 수행하는 동안 바울에게는 숱한 오해와 온갖 음해陰害들이 꼬리에 꼬리를 물었습니다. 예수님과 기독교인들을 박해했던 바울의 전력前歷에서부터 바울이 생전에 육신의 예수님에 의해 직접 뽑히지 않았음에도 '사도권'을 주장하는 것에 이르기까지 온갖 의혹들이 난무亂舞했습니다.

무엇보다 '율법'이 아닌, '믿음에 의한 하나님의 은혜'로 구원을 받는다는 바울신학의 전매특허가 되어버린 '이신칭의以信稱義'에 대한 몰이해와 반감이 곳곳에서 속출했습니다. 그래서 기독교인이 된 뒤에도 유대교적 잔재殘滓를 떨쳐내지 못한 강경파 유대계 기독교인들은 바울이 '반反율법주의자' 혹은 '무無율법주의자'라도 되는 양 함부로 공격했습니다.

그런가 하면 극단적인 이방계 기독교인들 역시 '율법의 행위'가 아닌, '복음의 신앙'으로 의로워진다는 바울의 구원론을 오해한 나머지 바울이 율법과 상관없는 방종주의자 쯤이나 되는 것으로 곡해曲解했습니다.

바울은 동방선교를 마무리 짓고 서방선교에 뛰어들기 전에 이와 같은 양극단의 오해와 편견을 불식(拂拭: 먼지를 떨고 훔친다는 뜻으로 의심이나 부조리한 점 따위를 말끔히 떨어 없앰을 이르는 말)시키는 '자기 변증서(apologia auto)' 혹은 '신학적 해명서(theological explanation)'를 기록할 필요를 느꼈을 것입니다. 귄터 보른캄(Günther Bornkamm, 1905~

1990)이 로마서를 바울 최후의 '유언서'로 본 것도 이런 맥락에서 이해될 수 있습니다. 한 마디 한 마디가 마지막 유언을 남기듯 정치精緻하게 구술해나간 역작을 남기게 된 것이지요. 작가 최명희(1947~1998) 선생이 『혼불』을 집필하는 동안 "손가락으로 바위를 뚫어 글씨를 새기는" 심정으로 소설을 썼다고 고백했는데, 바울의 로마서가 꼭 그런 책이었을 것이라고 확신합니다.

수신자 로마 교인들이 처한 상황

로마에 언제 복음이 전파되어 어떻게 교회가 생겨났는지 알 수 없습니다. 바울이나 베드로가 개척한 것 같지는 않습니다. 특히 바울은 로마서를 쓰기 전까지 단 한 차례도 로마교회를 방문한 적이 없습니다. 그렇다면 자연스레 로마교회의 기원은 오순절 성령강림 사건과 관계가 있을 것으로 추정推定할 수 있습니다. 사도행전 2장이 소개하는 오순절 성령강림 사건 때에는 수많은 외국인들이 등장하는데, 그때 로마에서 온 유대인들도 현장에 있었습니다(행 2:10). 베드로가 성령이 충만해 설교했을 때 3천 명이 개종했는데(행 2:41), 틀림없이 로마 출신의 유대인들도 섞여 있었을 것입니다

이처럼 로마교회는 초기에 주로 유대인들로 구성되었겠지만, 주후 49년경 로마 황제 글라우디오(Tiberius Claudius Caesar, 10 BC~54 AD/재위 41~54)가 로마에 사는 유대인들을 강제 추방했을 때 유대인들의 숫자는 급감했을 것입니다. 이때 아굴라와 브리스가(브리스길라) 부부도 추방되어 한동안 고린도에 체류하며 바울을 만나게 되었습니다(행 18:2). (바울이 로마서 말미에 브리스가와 아굴라 부부에게 안

부를 전하는 것으로 보아 이 부부는 고린도에서 다시 로마로 돌아갔던 것 같습니다. 롬 16:3-4 참조). 글라우디오의 칙령은 54년에 가서야 글라우디오가 죽은 뒤 네로 황제에 의해 해제되었으므로 49~54년까지 약 5년 동안 로마교회는 자연스레 이방계 기독교인들이 중심세력으로 부상했을 것입니다.

중요한 것은 로마교회가 '헬라계 교인들'과 '유대계 교인들'이 함께 뒤섞인 혼합 공동체였다는 사실인데, 전자가 다수였고 후자가 소수였습니다. 유대인 박해가 끝난 뒤 로마로 되돌아온 유대인들과 그 숫자나 실권에 있어서 주류가 된 이방인들 사이에는 여러 가지 문제로 갈등이 불거졌습니다. 이 갈등은 인종이나 문화의 차이가 아닌, 서로 다른 신학적 신념의 차이에 의해 빚어졌습니다. 다시 말해 유대인들은 기독교를 '유대교化'하려고 했고, 이방인들은 유대교와 율법으로부터 완전히 벗어나 '탈脫유대교적 세계화'에 나서려고 했던 것입니다.

그러므로 로마서 14-16장에 나오는 '강한 자'라 함은 할례나 음식, 절기 등과 같은 율법 규정에 있어서 거리낌이 없었던 '이방계 신자들'을 말하고, '약한 자'라 함은 여전히 유대교 율법을 떨쳐내지 못하고 있었던 소수의 비주류 '유대계 신자들'을 말합니다. 이 양자 사이의 긴장과 갈등을 전제하지 않고서는 로마서 강해가 불가능할 정도로 이 문제는 장차 로마서에서 전개되는 칼날 같은 바울의 논리를 따라가는 데 결정적으로 중요합니다. 복음으로 실현되는 '화해'와 오직 믿음과 하나님의 은혜로 말미암아 이루어지는 '구원 방법의 만민 평준화'가 로마교회의 이런 맥락에서 비롯된 바울의 확신의 산물이었던 것입니다.

집필 동기와 목적

바울은 로마서를 직접 자기 손으로 쓰지 않았습니다. 더디오에게 구술해서 받아쓰게 했습니다(롬 16:22). 과연 더디오가 어느 선까지 받아 적었는지는 알 수 없지만, 입으로 말해서 세계 최고의 장문의 편지가 탄생했다는 사실은 경이로운 일입니다. 말로 받아 적게 하다 보니 로마서가 단박에 쓰이지는 않았을 것입니다. 기도하며 묵상하며 잠시 쉬어가며 온 에너지를 소진消盡해 가며 뜨문뜨문 써내려갔겠지요.

그러다 보니 로마서 곳곳에 출현하는, 논리 흐름의 급격한 변화나 갑자기 새로운 주제가 뜬금없이 툭툭 튀어나오는 것은 로마서를 구술하는 바울의 의식의 흐름을 엿볼 수 있게 하는 대목들입니다. (가령 어떤 주제를 열심히 논증하다가 갑자기 바울을 반율법주의자로 몰아붙인 적수가 생각날 경우 자신이 반율법주의자가 아니라는 사실을 변호할 필요를 느끼고 돌발적으로 이 문제를 언급하는 등의 문제입니다.)

그렇다면 바울이 로마서를 기록한 목적은 무엇일까요?

첫째, 로마교회를 방문하고 싶었지만(롬 1:13; 15:23), 여러 번 길이 막히자(롬 15:22), 직접 방문해서 하고 싶은 말을 일단 서간으로 대신하기 위해서였습니다.

둘째, 로마 교인들에게 이방인을 위한 자신의 사도직을 알리고 싶어서 편지를 썼습니다(롬 1:5-6; 15:15-16). 사실 로마 교인들 대부분은 바울을 잘 알지 못했으므로 로마서는 바울 자신의 일종의 '소개서' 혹은 '소개장'이라고 할 수 있습니다.

셋째, 지중해 동부의 광범위한 지역에 복음을 전하는 사역을 완료

했기에, 이제 마지막으로 로마제국의 서부 지역인 스페인으로 선교지를 옮기기 전에, 제국의 동부와 서부를 잇는 중간 지점인 로마에 잠시 경유하려는 계획을 알리고 싶었습니다(롬 15:19-24).

넷째, 로마교회 내의 유대계 교인들과 이방계 교인들 사이에 불거진 긴장과 갈등을 해소하기 위해 로마서를 썼습니다. 소수파인 유대인들에게 소위 갑질을 하면서 고압적 태도를 보이거나 아예 무관심한 헬라인들을 꾸짖는 동시에, 여전히 구약 시대의 율법에 붙들려있는 유대인들 역시 바로 계도啓導할 요량으로 서신을 보냈던 것입니다.

그러므로 바울은 두 개의 전선前線에서 양날의 비판을 가하고 있습니다. 한편으로 '선민選民'이라는 자부심으로 똘똘 뭉쳐 율법에 극도로 집착하는 유대인들에게는 겸손과 아량을 요구하고, 다른 한편으로 유대주의적인 것은 무엇이든지 색안경을 끼고 함부로 깎아내리려고 하는 이방인들에게는 이스라엘이 교회의 뿌리가 된다는 사실을 점잖게 타이르고 있습니다. 이처럼 바울은 시종 복음의 진리를 잃지 않는 가운데 양자 사이를 화해시키려는 '일치와 평화의 사도직'을 자임自任하고 있습니다.

바로 이러한 일치와 화해를 이루기 위해 바울이 초지일관 밀고 나가는 핵심 논제는 "유대인이나 이방인을 막론하고 오직 예수 그리스도를 믿음으로써만 의롭게 될 수 있다"라는 진리입니다. 유대인이나 헬라인을 불문하고 자연인 상태에서는 누구나 다 죄인이라고 한다면, 율법을 갖고 할례 받은 유대인이라는 사실이나 높은 문명과 철학을 자랑하는 헬라인이라는 사실이 아무 소용없습니다. 오직 예수 그리스도를 믿음으로써 주어지는 하나님의 은혜로만 의화義化와 구원이 가능하다면 유대인이나 이방인이나 하등의 차이가 없고 절대 평등할 뿐이기에, 이 진리만 제대로 숙지한다면 로마교회는 절로 일치와 화해를 이룰 수 있다는 것이 바울의 부동의 확신입니다.

제1부

바울의 자기 소개

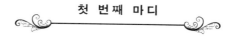

바울 = 종 + 사도 + 택정함을 입은 자
Paul = Servant + Apostle + Set apart

〈1:1〉

유난히 긴 인사말

　로마서의 중심부는 1장 18절-15장 13절로 복음에 관한 교리서라고 할 수 있습니다. 이 본론을 괄호로 묶듯이 앞뒤로 감싸고 있는 부분이 서론부인 1장 1-17절과 결론부인 15장 14절-16장 27절입니다. 서론부 중에서도 특히 1장 1-7절은 바울의 인사말에 해당되지만 로마서 전체를 푸는 실마리가 감추어져 있습니다. 바울서신들 가운데 가장 길고 장중莊重한 인사말로서, 이 문안 인사야말로 대석학 바울이 얼마나 정교하고 치밀하게 로마서를 구성했는지를 여실히 보여줍니다.

　바울은 아직 한 번도 로마를 방문한 적이 없었고, 로마 교인들도 잘 모르고 있었기에 먼저 자신이 어떤 사람인지를 소개합니다(1절).

연이어 자신이 전하도록 부름 받은 복음이 어떤 것인지를 설명합니다 (2-6절). 그런 뒤 인사말의 끄트머리에서 이 편지를 받는 로마 교인들이 어떤 사람들인지를 언급합니다(7절).

이 서두의 인사말이야말로 세 가지 정체성(identity), 즉 발신인 '바울'의 정체성과 바울이 해명하려는 핵심 주제인 '복음'의 정체성, 그리고 수신인 '로마 교인들'의 정체성을 각각 밝히고 있습니다. 그러므로 이 서론부 인사말만 제대로 이해하면 로마서 전체의 줄거리를 대충 가늠할 수 있습니다.

로마서는 1세기의 일반적 서신 양식으로 볼 때 유난히 깁니다. 헬라어로 7,114 글자나 되는, 바울서신들 가운데 가장 긴 편에 속하는데, 특히 서두의 인사말이 가장 길고 장중합니다.

바울시대에 헬라어를 사용하던 사람들의 서신 인사양식은 매우 단순했습니다. "A(발신인)가 B(수신인)에게 인사하노라"라는 식의 한 문장으로 짧게 인사말을 시작하는 것이 그 시대의 관습이었습니다.

바울 역시 이와 같은 서신양식의 기본 꼴을 따르고 있지만, 자신과 이 편지에서 전달하려고 하는 복음의 성격을 유난히 정교精巧하게 소개합니다. 그 이유는 아직 바울과 안면顔面을 트지 못한 로마 교인들에게 복음 전파의 중책을 맡은 자신의 자격(credentials)을 명확히 밝히려고 했기 때문입니다.

바울 자신의 소개: 삼중 정체성(Threefold Identity)

예수 그리스도의 종 바울은 사도로 부르심을 받아 하나님의 복음을 위하여 택정擇定함을 입었으니(1절).

바울이라고 하는 사울

우리말 성경은 제일 먼저 '예수 그리스도의 종 바울'로 되어 있지만, 헬라어 원어 성경에 가장 먼저 등장하는 이름은 '바울'($\Pi\alpha\acute{v}\lambda o\varsigma$)입니다. 바울이라는 개인 이름부터 먼저 나오고 그 다음에 이 바울이 어떤 인물인지에 대해서 소개하는 세 겹의 수식어구, 즉 '종'($\delta o\acute{v}\lambda o\varsigma$/servant)이요, '사도'($\acute{\alpha}\pi\acute{o}\sigma\tau o\lambda o\varsigma$/apostle)로 부르심을 받았고, '택정함'($\acute{\alpha}\varphi\omega\rho\iota\sigma\mu\acute{\varepsilon}\nu o\varsigma$/set apart)을 받았다는 사실을 차례로 나열합니다.

그렇다면 바울은 어떤 사람입니까? 바울은 이중시민권자로서 동족인 유대인들과 이방인들에게 예수 그리스도의 복음을 전파한 전도자였습니다. 그는 인종적으로나 종교문화적으로 유대인이었으나 예루살렘에서 북서쪽으로 멀리 떨어진 소아시아의 길리기아 다소(오늘의 터키령)에서 태어나 헬라 문명권에 익숙했습니다(행 21:39). 태어날 때부터 로마시민권을 소지하고 있었기에(행 22:22-9) 이방선교를 펼칠 때마다 적지 않은 도움을 받았습니다.

바울은 예루살렘에서 성장해 그 당시 최고의 율법학자인 가말리엘 문하에서 엄격한 율법 공부를 했습니다(행 22:3). 그는 율법에 대한 충성심에 있어서 그 누구도 따를 수 없을 정도로 열혈 바리새인이었습니다(빌 3:5-6; 갈 1:14). 이처럼 체계적인 율법 교육을 받아서 유대교에 정통한 것이 나중에 율법의 장단점을 조목조목 가려내 복음의 진리를 설파說破하는데 큰 도움이 되었을 것입니다.

유대교와 율법에 대한 충성심이 남달랐던 젊은 바리새인 바울은 때마침 일어난 기독교를 이단으로 간주하고 이를 탄압하는 일에 앞장 섰습니다. 어느 날 다메섹에 있는 기독교 신자들을 잡아서 예루살렘 으로 끌고 오려다가 부활하신 예수님을 만난 뒤 극적으로 회심했습니다(행 22:4-16). 그때부터 바울은 자신이 핍박하던 예수를 위해 기꺼이 핍박받기를 자처하는 대사도로 변신해 기독교를 유대교의 그늘에서 벗어나 세계화시키는데 결정적 공헌을 했습니다.

재미교포 2세들 중에 한국식 이름과 미국식 이름을 모두 갖는 경우가 흔한 것처럼, 그 역시 '바울'이라는 헬라식 이름과 '사울'이라는 히브리식 이름을 다 갖고 있었습니다. 그 자신이 베냐민 지파 출신이 었으며(롬 11:1), 이스라엘의 초대 임금 사울이 베냐민 지파 출신이었 으므로(삼상 9:1-2), 어쩌면 부모님이 장차 사울왕처럼 위대한 영웅이 되라는 뜻에서 '사울'이라는 이름을 지어주었을 것입니다. '사울'이라는 이름의 뜻은 '구해서 얻은 자'라는 뜻입니다. 반면에 '바울'이라는 이름의 뜻은 '작은 자' 혹은 '미약한 자'입니다.

어떤 이는 개종한 후에 '바울'이라는 이름만 쓰는 것을 두고서는 '큰 자'를 뜻하는 '사울'이 변해서 '작은 자'인 '바울'로 변신했다고 해석 하는데, 이는 근거가 없습니다. 이중문화권에서 자랐기에 자연스레 히브리식 이름과 로마식 이름 둘 다를 갖고 있었을 뿐(행 13:9), 바나바와 함께 안디옥에서 1년 동안 선교할 때에는 '사울'이라는 이름을 사용했지만(행 11:25-30; 13:1-2), 성령의 부르심을 받고 이방인을 위한 사도로서 로마제국의 곳곳을 순회할 때에는 그리스-로마 문화에 익숙한 사람들에게 친근감을 주는 헬라식 이름인 '바울'을 본격적 으로 사용했던 것입니다(행 13:9 이하).

예수 그리스도의 종

독특한 이력을 가진 바울은 자신의 신분을 소개할 때 제일 먼저 '종'이라는 말을 씁니다. 구약의 유대교 전통으로 볼 때 '종'이라는 말은 영예로운 칭호였습니다. 하나님을 충성스럽게 섬긴 아브라함(창 18:3, 26:24), 모세(출 4:10; 수 1:2, 14:7), 여호수아(수 24:29; 삿 2:8), 다윗(삼하 7:5), 욥(욥 1:8)을 비롯한 여러 선지자들(왕하 17:23; 렘 7:25, 25:4; 암 3:7; 슥 1:6)을 '하나님의 종'으로 불렀습니다. 바울은 이 영광스러운 칭호를 자신에게도 적용해 자신이 구약의 종들과 어깨를 나란히 하는, 예수 그리스도의 영광스런 종이라는 사실을 당당히 밝힙니다.

하지만 정작 이 편지를 받는 로마인들에게 '종'은 매우 경멸적인 용어였습니다. 사실 '종'이라는 말은 '노예'(slave)로 번역하는 편이 훨씬 더 정확합니다. 왜냐하면 종이라는 말 속에는 철저히 주인의 소유라는 예속隸屬의 의미가 숨어있기 때문입니다. 그 당시 로마에는 약 6천만 명가량의 노예들이 파리미드 사회를 이끌어가는 기층基層 세력이었는데, 철두철미 주인의 부속물에 불과했습니다.

그러므로 바울이 노예로 자처하고 있는 것은 오로지 주인이신 예수 그리스도께만 헌신과 충성을 다하겠다는 군센 다짐이 깃들어 있습니다. 바울의 가치는 자신의 인격이나 능력에 있지 않고, 전적으로 자신이 섬기는 주인 예수 그리스도께만 있다는 겸손의 고백이지요. 바울은 예수 그리스도의 종이기에 오로지 주인을 기쁘게 해드리는 일에 목숨을 걸었습니다. 바울은 갈라디아서 1장 10절에서 종으로서 자신이 어떻게 처신해야 하는지를 분명히 합니다.

이제 내가 사람들에게 좋게 하랴 하나님께 좋게 하랴 사람들에게 기쁨을 구하랴 내가 지금까지 사람들의 기쁨을 구하였다면 그리스도의 종이 아니니라.

사도로 부르심을 받다

바울이 소개하는 자신의 두 번째 특징은 "사도로 부르심을 받았다"는 사실입니다. 사도를 말하는 'ἀπόστολος'(apostolos)의 본뜻은 '보냄을 받은 자'입니다. 로마 시대에 이 말은 황제의 사절이나 대사로서 '전권을 위임받은' 사람을 지칭했습니다. 함대 사령관을 '아포스톨로스'로 불렀다고 하는데, 황제를 대리해 해상에서의 군통수軍統帥 전권을 위임받았다는 의미지요. 그러기에 복음과 관련해서 '사도'라는 말이 지니는 중요성은 예수님에 의해 파견된 대리인이라는 '합법적 권한'을 강조하는데 있습니다.

'사도'는 예수님을 따르는 제자들이라고 해서 누구에게나 적용되지 않았고, 예수님이 직접 뽑아 세우신 12제자들에게만 국한되었습니다. 사도행전 1장 21-2절을 보면 사도권을 더욱 엄격하게 제한해서 "요한이 세례를 주던 때로부터 예수께서 승천하신 날까지 늘 12제자와 함께 다니던 사람으로서 부활을 증언할 수 있는 사람"만 사도의 칭호를 받게 했습니다.

이러한 사도의 자격 요건으로 볼 때 바울은 사도로 불릴 수 없는 사람이었습니다. 왜냐하면 그는 예수께서 생전에 직접 선택하신 12사도들 중에 속하지 않았고, 그가 만난 예수님은 부활하신 예수님이었기 때문입니다. 까닭에 초대교회에는 바울의 사도권에 시비를 거는 사람들이 적지 않았습니다. 그때마다 바울은 천래天來의 사도권을 주장했습니다. 하나님께서 자신을 사도로 임명해 주셨는데(갈 1:1), 어머니 태 속에 있을 때부터 미리 택정해 주셨다(갈 1:15)는 것이지요.

특히 바울은 "부르심을 받았다"라는 사실을 강조함으로써 사람의 뜻이나 자신의 임의로 사도가 되지 않았다는 사실을 강조합니다. 어쩌면 로마교회 안에도 바울의 사도직에 의혹을 품은 사람들이 있었을지도 모르기에 바울은 자신이 부활하신 예수님을 만나 뵙고 "이방인을 위한 사도"(갈 2:15-6)로 부르심을 받았다는 사실을 유독 강조하고 있습니다.

'종'이라는 표현이 바울의 겸손을 보여준다면, '사도'는 공적인 권위를 나타냅니다. 전자가 하나님의 신실한 종들에게 붙여질 수 있는 일반 호칭이라면, 후자는 합법적 권위를 가진 소수에게만 주어진 특권이었습니다. 그러기에 바울은 한 사람의 개인 자격이 아닌, 그리스도의 전권대사로서의 '사도의 권위'를 갖고 공적인 편지를 쓰고 있습니다.

복음을 위하여 택정함을 입다

바울이 소개하는 세 번째 정체성은 "하나님의 복음을 위하여 택정함을 입었다"라는 사실입니다. "택정함을 입었다"라는 헬라어 'ἀφωρισμένος'는 "가려서 뽑아내다"라는 의미가 있습니다. 세속적 삶에서 구별해 복음을 전하는 거룩한 사역자로 불러주셨다는 말이지요. 바울은 어머니 배 속에 있을 때부터 택정, 즉 골라서 뽑힌 사람입니다(갈 1:15). 예수님의 이름을 이방인들과 임금들과 이스라엘 자손들 앞에 가지고 갈 예수님이 '택한 그릇'(행 9:15)입니다. 예수 그리스도의 종이 되었고, 사도로 부르심을 받아 복음을 전하게 된 것이 자신의 뜻이나 사람들의 선택이 아닌, 전적으로 하나님의 선택이라는 고백이지요!

하나님은 바울을 왜 택정하셨습니까? '하나님의 복음'을 전하기 위해서였습니다. 여기에서 '하나님에 관한 복음'(Gospel about God)이 아닌, '하나님의 복음'($εὐαγγέλιον\ θεοῦ$/Gospel of God)이라는 '원천 소유격'(genitive of origin)을 씀으로써 복음의 원저자가 하나님이며, 복음이 하나님으로부터 왔다는 사실을 강조합니다. 바울이나 그 누구를 막론하고 인간이 복음을 만들어낸 것이 아닙니다. 하나님이 지으셨습니다. 아니, 예수 그리스도를 통해 계시된 하나님이 복음 그 자체입니다!

'$εὐαγγέλιον$'(euangelion)의 원뜻은 '기쁜 소식을 전하는 전령'입니다. 그리스-로마 황제들의 비문碑文에서 입증되듯이, 새로운 황제가 탄생할 때에나 취임할 때, 아니면 선행에 관한 좋은 소식 그리고 전쟁에서의 승전보를 알릴 때에 유앙겔리온이라는 말을 썼습니다. 성경에서 말하는 유앙겔리온福音은 예수께서 죄와 죽음에서 나를 구해주신다는 기쁜 소식입니다. 하나님께서 예수 그리스도를 이 땅에 보내셔서 우리의 죄를 대속하기 위해 십자가에 달려 돌아가셨고, 사흘만에 부활하셨으므로 누구든지 예수님을 믿는 자는 구원을 받는다는 소식이 복음입니다.

소명의식으로 똘똘 뭉친 사람

바울은 하나님의 손에 사로잡혀 오로지 상전上典이신 예수님만 기쁘게 해드려야 할 종이 되었고, 사도의 권위를 갖도록 부르심을 받았고, 택정함을 입어 하나님의 복음을 전하는 중책을 떠맡았습니다.

바울의 삼중 정체성		
종	사도	택정함을 입은 자

인사말에서 소개된 바울의 자화상에 있어서 그가 **누구냐** 하는 것이 중요한 것이 아니라, 단연 그가 **누구의 것이냐**가 중요합니다. 바울은 회심 전에도 열성적인 바리새인으로서 율법에 대한 충성심이 남달랐는데, 그리스도 예수를 구주로 모신 후에는 더더욱 예수께 열정적 헌신을 아끼지 않았습니다. 예수 그리스도의 종으로서, 하나님이 불러주신 사도로서, 복음을 위하여 택정함을 입은 자로서 오로지 복음 전하는 일을 낙으로 삼고 세상의 부귀영화나 그 어떤 즐거움도 기꺼이 포기했습니다.

> 또한 모든 것을 해로 여김은 내 주 그리스도 예수를 아는 지식이 가장 고상하기 때문이라 내가 그를 위하여 모든 것을 잃어버리고 배설물로 여김은 그리스도를 얻고(빌 3:8).

바울이 자신을 소개하는 인사말을 들으면서 오늘 우리도 우리 자신이 누구인지 분명히 알아야만 할 것입니다. 바울의 삼중 정체성, 즉 예수 그리스도의 종이고, 사도로 부르심을 받았고, 하나님의 복음을 전하기 위해 택정함을 입었다는 자의식은 오늘 우리 모두에게도 필요합니다. 교회 안이나 세상 한가운데에서 어떤 직분, 어떤 사명을 맡았든지 간에 하나님께서 구별하여 불러주셨다는 거룩한 소명의식으로 똘똘 뭉쳐야 할 것입니다.

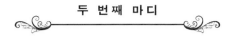

두 번째 마디

복음이신 예수 그리스도
Jesus Christ as the Gospel

〈1:2-6〉

복음의 정체성

구약의 성취로서의 복음

바울이 예수 그리스도의 종이 되었고, 사도로 부르심을 받았고, 택정함을 입은 목적은 한 가지입니다. 복음을 전하기 위해서입니다. 바울은 서두의 인사말에서 복음을 전하기 위해 부름 받은 자신의 소명을 분명히 밝힌 뒤, 이제 이 복음이 어떤 것인지를 자세히 설명합니다. 자신의 정체성을 밝힌 다음에 복음의 정체성까지 밝히려고 한 것이지요.

바울이 위탁받은 복음은 먼저 '하나님의 복음'입니다. 사람이 만들어낸 것이 아닙니다. 우연히 생겨난 것도 아닙니다. 바울이나 다른 사도들에게 갑자기 새로 주어진 것도 아닙니다. 오래전부터 하나님께서 아주 치밀하게 준비하신 것입니다. 무엇보다도 정직하고 신실해서 최고로 믿을 만한 구약의 선지자들을 통해 미리 약속하신 말씀이 하나님의 아들 예수 그리스도에 의해서 성취된 것입니다.

> 이 복음은 하나님이 선지자들을 통하여 그의 아들에 관하여 성경에 미리 약속하신 것이라(2절).

바울은 고린도전서 15장 3절에서 이 점을 더욱 분명히 강조합니다.

> 이는 **성경**[구약]대로 그리스도께서 우리 죄를 위하여 죽으시고 장사 지낸 바 되셨다가 **성경**[구약]대로 사흘 만에 다시 살아나사.

바울은 예수 그리스도의 십자가 죽음과 부활이 모두 구약의 율법과 선지서에 약속한 그대로 이루어졌다는 확신을 가졌습니다(행 17:2-3). 로마인들을 비롯한 전 세계 모든 사람들에게 바울이 전하려는 복음은 사람이 임의로 지어낸 이야기가 아닙니다. 하나님께서 오래 전 구약 성경의 선지자들을 통해 주신 약속에 뿌리박고 있습니다.

　이 점을 강조할 때 바울은 로마교회의 유대인 교인들을 염두에 두었을 것입니다. 다름 아닌 유대인들이 그토록 애지중지愛之重之하는 경전인 구약에서 약속하신 말씀이 복음으로 실현되었습니다. 복음은 구약과 단절되지 않고 연속성이 있다는 사실이지요. 그러므로 로마서가 **인용**하는 구절의 절반 정도가 구약에서부터 왔다는 사실은 우연이 아니라, 복음과 구약이 일맥상통一脈相通한다는 사실을 입증하기 위한 바울의 치밀한 의도 때문입니다.

바울은 복음이 어김없이 이루어지는 하나님의 신실한 약속에 근거한다는 사실을 강조함으로써 복음이 허구虛構나 신화가 아니라는 사실을 강조합니다. 사도들만 복음의 진실성을 증언하는 것이 아니라, 오래전 선지자들까지 이에 합세했으므로 복음은 이중으로 입증되는 셈입니다.

복음 = 예수 그리스도

복음은 말할 것도 없이 하나님의 아들 예수님에 관한 것입니다. 아니, 예수님 자신이 복음입니다. 예수 그리스도가 복음의 본질과 총체입니다. 그러기에 복음을 전하는 것은 예수님을 전하는 것입니다. 칼뱅이 말한 그대로 "복음의 전부가 그리스도 안에 담겨 있기에 한 발자국이라도 그리스도로부터 벗어나면 복음으로부터 멀어지게 됩니다."

그렇다면 복음의 전부이자 복음 그 자체이신 예수 그리스도는 어떤 분입니까? 바울은 이제 복음이신 예수님의 정체성을 그 핵심을 쳐서 요약해줍니다.

그의 아들에 관하여 말하면 육신으로는 다윗의 혈통에서 나셨고 성결의 영으로는 죽은 자들 가운데서 부활하사 능력으로 하나님의 아들로 선포되셨으니 곧 우리 주 예수 그리스도시니라(3-4절).

바울은 두 가지 사실을 대조하면서 예수님의 탄생과 죽음, 부활과 보좌통치를 차례로 언급합니다. '육신의 예수'와 '고양高揚된 그리스도'

를 결합하고 있습니다. 예수 그리스도의 인격 안에서 '지상의 예수'와 '천상의 그리스도'가 하나가 되었다는 것이지요.

육신으로는	성결의 영으로는
다윗의 혈통에서 **나셨고**	능력으로 하나님의 아들로 **선포되셨으니**

예수님은 '육신으로'($\kappa\alpha\tau\grave{\alpha}\ \sigma\acute{\alpha}\rho\kappa\alpha$/according to the flesh), 즉 인성人性을 따라 말하자면 이 세상에서 다윗의 후손으로 태어나셨습니다. '나셨다'는 말은 예수님의 육신의 기원을 염두에 둔 말입니다. 예수님은 다윗이 속했던 유다지파의 가계家系를 잇는 요셉의 아들로 베들레헴에서 태어나셨습니다. 사무엘하 7장 12-6절은 메시아가 다윗의 혈통에서 나온다는 사실을 예언합니다(사 11:1; 렘 23:5; 겔 34:23-24 참조). 예수님이 다윗의 후손이라는 사실은 신약성경 여러 곳에서도 언급됩니다(마 1:1, 17; 막 12: 35-7; 눅 1:32, 3:31; 행 2:30; 딤후 2:8; 계 22:16). 심지어 예수님이 '다윗의 자손'으로 불렸을 때도 적지 않습니다(마 9:27, 12:23, 15:22, 20:31, 21:9; 막 10:47-8; 눅 18:38-9).

하나님의 구원 계획과 행동이 역사 속으로 들어왔는데, 그중에서도 이스라엘, 이스라엘 중에서도 다윗 가문으로, 다윗의 후손 중에서도 나사렛 목수의 아들 예수님께로 범위가 점점 좁혀지면서 구체화되었던 것이지요. 이와 같이 바울이 인간적으로 예수께서 다윗의 혈손血孫임을 강조하는 것은 예수님의 인성이 우리와 똑같이 100% 참이라는 사실을 부각시키기 위함입니다. 예수님의 인성 혹은 육성肉性을 부인하면, 예수님의 인성을 부인하는 영지주의(靈知主義/Gnosticism)와 같은 이단 종파에 빠집니다.

다른 한편으로 '성결의 영으로'($\kappa\alpha\tau\grave{\alpha}\ \pi\nu\epsilon\hat{\upsilon}\mu\alpha\ \acute{\alpha}\gamma\iota\omega\sigma\acute{\upsilon}\nu\eta\varsigma$/according to the spirit of holiness) 예수님은 부활의 능력으로 말미암아 하나님의 아들로 선포되셨습니다. 지상의 예수께서 천상의 그리스도로 고양되셨다는 말이지요. '**육신**으로'는 예수님의 인간적인 측면을 강조하는 말이라면, '성결의 **영**'은 자연스레 예수님의 신적인 측면을 부각시키는 말입니다. 예수님은 여러 차례 당신이 하나님과 하나라고 말씀하셨습니다(요 10:30, 17:11, 22). 그러기에 '육신을 따른 예수의 인성'과 대조해서 '성결의 영을 따른 하나님의 아들되심'을 강조할 때에는 영원 전부터 계셨고 영원토록 계실 그리스도의 신성神性을 강조하기 위함이라는 것을 알 수 있습니다.

하지만 성결의 영을 예수님께 적용할 경우 예수님의 총체성, 즉 영과 혼과 육 그리고 신인神人 양성 모두를 고려한다고 보는 것이 신학적으로 옳습니다. 왜냐하면 하나님의 거룩한 영인 '성결의 영'은 예수님의 신성에만 역사했던 것이 아니라 인성에도 역사했기 때문입니다.

물론 예수님은 우주만물이 창조되기 이전부터 성부 하나님이나 성령 하나님과 똑같은 위격의 성자 하나님으로서 '미리 함께 계셨으며'(先在說), 부활 이전에도 인성과 함께 하나님의 아들로서의 신성神性을 공유하고 계셨지만, 부활 전에는 '육신을 따라' 인성의 지배를 받는 약함 속에 계셨고, 부활하신 후에는 '성결의 영을 따라' 약함에서 완전히 벗어나 능력으로 하나님의 아들로 선포되셨습니다. 십자가 위에서 굴욕적으로 낮아지신 예수님을 부활 후에 영광과 권능의 그리스도로 높여주셨던 것이지요. 부활이야말로 하나님의 권능이 가장 확실히 드러나 구원계획이 완성된 출발점인데, 그리스도께서 부활의 '첫 열매'(고전 15:23)가 되셔서 장차 모든 사람들의 부활을 예고하고 보증해줍니다.

'나셨다'라는 말이 아닌, '선포되셨다'($\delta\rho\sigma\theta\acute{\epsilon}\nu\tau\sigma\varsigma$/declared)라는 말을 쓴 것도 눈여겨봐야 합니다. 이미 예수님은 만세 전부터 하나님의 아들로 계셨지만, 부활 이후에 권능으로 본격적으로 하나님의 아들로 선포되셨을 뿐이라는 것이지요(부활보다 하나님의 권능이 더 명확히 드러난 사건은 없을 것입니다). '선포되다'는 말은 '확정되다'(established) 혹은 '책봉되다/취임되다'(installed)라는 말로 풀이해도 무방할 것입니다. 부활 전이나 부활 후나 예수님은 동일한 분이셨지만, 특히 부활 후에는 '권능을 지니신 하나님의 아들로 취임되셨다'(appointed Son-of-God-in-power)라는 것입니다. 다시 말해 '하늘과 땅의 모든 권세'(마 28:18)를 두 손에 쥐신 하나님의 아들로서의 예수님의 본질이 부활 후에 더욱더 분명해졌다는 것이지요.

우리 주 예수 그리스도

이와 같이 100% 인성과 100% 신성이라는 양성兩性을 모두 갖춘 분이 곧 '우리 주 예수 그리스도'('I$\eta\sigma\sigma\widetilde{\upsilon}$ $X\rho\iota\sigma\tau\sigma\widetilde{\upsilon}$ $\tau\sigma\widetilde{\upsilon}$ $\kappa\upsilon\rho\acute{\iota}\sigma\upsilon$ $\acute{\eta}\mu\widetilde{\omega}\nu$)이십니다! '예수'는 역사적 인물로서 고유한 이름이요, '그리스도'는 히브리어 '메시아'를 희랍어로 번역한 호칭(title)이며, '주'는 우리의 삶을 지배하시고 통치하시는 주인이라는 경칭입니다. 특히 구약에서 '주'라는 말은 오직 하나님께만 적용했기에, 예수님만이 우리의 하나님이 되신다는 고백입니다.

우리와 똑같은 인성을 가지신 예수라는 역사적 인물이 특히 부활하신 후에 권능을 지니신 그리스도요, 주님으로 고양되셨습니다. 세상에 하고많은 인물들이 있지만 다름 아닌 나사렛 예수님이 우리의 그리스도시요, 주님이십니다!

그의 이름을 위하여

그[우리 주 예수 그리스도]로 말미암아 우리가 은혜와 사도의 직분을
받아 그의 이름을 위하여 모든 이방인 중에서 믿어 순종하게 하나니
(5절).

바울은 복음의 정체성을 설명한 뒤 자신이 부름 받은 사도직(apo-
stleship)으로 되돌아갑니다. 또 한 차례 예수 그리스도를 통해 '은혜
를 입어 사도의 직분'을 받았다는 사실을 강조하는 것이지요. 예수님
의 십자가와 부활로 인해 하나님의 은혜가 우리에게 왔기 때문에, 은
혜는 언제나 예수님을 통해 옵니다.

홍미롭게도 바울은 그리스도 예수로부터 받은 은혜와 사도직을
말할 때 복수인 '우리'를 써서 베드로나 요한과 같은 다른 사도들과의
연대성을 드러냅니다(고전 15:11 참조). (아니면 한국에서 '나의' 아버지
를 '우리' 아버지로 표현하는 것처럼, 바울 자신을 가리키는 편집상의 표현으
로도 볼 수 있습니다.)

사도직을 말하기 전에 먼저 '은혜'를 언급한다는 사실이 중요합니
다. 예수님의 은혜로 사도직을 받았다는 말은 바울이 사도가 된 것은
자신이 잘나서가 아니라 전적인 은혜 때문이라는 사실을 거듭 강조하
기 위함이지요. 사도직을 감당할 수 있는 것도 은혜 때문에 가능합니
다. 바울이 사도가 될 만한 자격이나 공로가 없지만 오직 예수님을 통
해 값없이 주시는 선물인 은혜 때문에 사도가 되었고, 또 사도직을 감

당할 수 있습니다.

사도직의 세 가지 양상

이제 바울은 전치사구를 사용해 부름 받은 사도직의 세 가지 양상에 주목합니다.

첫째로, 바울이 떠맡은 사도직은 '믿음의 순종'($\dot{\upsilon}\pi\alpha\kappa\omicron\dot{\eta}\nu\ \pi\acute{\iota}\sigma\tau\epsilon\omega\varsigma$/ obedience of faith)을 불러일으키기 위함입니다. 우리말 개역개정판은 '믿어 순종하게 하나니'로 되어 있는데, 영어성경 NRSV는 'to bring about the *faith of obedience*', 즉 **'믿음의 순종**을 불러일으키기 위하여'로 번역했습니다. 바울은 여기 서두에서뿐만 아니라 로마서의 결론부(16:26)에서도 '믿음의 순종'이라는 동일한 용어를 사용함으로써 '믿음'과 '순종'이 불가분不可分의 관계에 있음을 보여줍니다.

물론 논리적으로 믿음이 순종에 앞서기에 순종은 믿음에서 비롯되지만, 진정한 믿음은 언제나 순종의 행위를 포함하고, 진정한 순종은 믿음을 포함합니다. 그러므로 믿음을 순종에 예속시키거나, 거꾸로 순종을 믿음에 복속시킬 수 없습니다.

이러한 사실은 특히 바울이 로마서에서 오로지 '믿음으로써 얻어지는 의'(以信得義)만 강조한다는 편견을 가진 사람들에게 경종을 울립니다. 바울은 단지 믿음만이 아닌, '믿음의 순종'을 통해 얻어지는 의를 강조하고 있습니다. 다시 말해 '믿음'과 '행위'가 함께 가야만 한다는 것이지요. 예수 그리스도를 구주로 **믿는** 사람은 반드시 그분께 **순종해** 전적으로 헌신할 수밖에 없습니다.

참된 순종은 내 힘이 아닌, 하나님의 은혜가 있을 때 가능합니다.

그렇다면 은혜는 어떻게 받을 수 있습니까? 예수님을 믿어야 은혜가 있다면, 믿음 → 은혜 → 순종은 논리 순서상 서로 연쇄적입니다. 은혜가 있어야지만 진정으로 순종할 수 있다면, 이 은혜는 믿음에서 오기 때문에 결국 순종은 믿음의 열매(결과)가 됩니다.

둘째로, 바울이 사도로 부름 받아 복음을 전해야 할 영역은 '모든 이방인 중에서'(ἐν πᾶσιν τοῖς ἔθνεσιν/among all the Gentiles)입니다. 의심할 여지없이 이방인은 유대인과 구분되는 모든 타민족을 의미할 것입니다. 유대인의 입장에서 '이방인'은 비非유대인을 얕잡아 보기 위해서 썼던 매우 경멸적인 용어였습니다.

6절에 보면 바울의 편지를 받는 로마 교인들도 '그들 중에서', 즉 이방인들 중에서 예수 그리스도의 것으로 부르심을 받았기에, 로마교회에는 이방계 교인들이 훨씬 더 많았던 것 같습니다. (그러기에 6절은 로마 교인들도 바울이 복음을 전해야 할 선교 영역권 안에 포함돼 있음을 강조합니다.)

하지만 여기에서 말하는 '모든 이방인'은 유대인이나 이방인이나 불문하고 복음을 믿어 구원을 받아야만 할 모든 인류를 총칭한다고 봐야 할 것입니다. 이것은 1장 16절에서 복음의 능력이 유대인이나 헬라인이나 불문하고 모든 민족에게 두루 미친다고 했기에, 전 세계 모든 민족을 아우르는 것으로 봐야 합니다. 결국 복음은 모든 사람을 위한 우주적인 것입니다!

셋째로, 바울이 사도로 부름 받아 복음을 전하는 궁극적 목적은 '그의 이름을 위하여'(ὑπὲρ τοῦ ὀνόματος αὐτοῦ/for the sake of his name)입니다. 우리말 성경에는 '그의 이름을 위하여'라는 말이 5절의 중간쯤에 나오지만, 헬라 원어 성경에는 맨 나중에 배치해서 예수 그리스도의 이름에서 정점頂點을 찍게 했습니다. 사도로 부름 받은 바울의 궁극적 목적은 예수님의 이름에 있습니다.

이름에는 우리의 인격을 비롯한 모든 것이 걸려 있습니다. 그러기에 예수님의 '이름을 위하여'는 '예수님의 이름이 땅끝까지 알려지기 위하여'로 해석할 수 있습니다. 누군가 유명해지면 제일 먼저 그의 이름, 즉 명성이 널리 퍼져나가듯이 모든 사람이 예수의 이름을 듣게 한다는 의미가 있습니다.

그런가 하면 오로지 예수 그리스도의 이름만 영화롭게 하겠다는 뜻도 숨겨져 있습니다. 바울은 왜 모든 민족에게 복음을 전하려고 합니까? 사사로운 영리榮利를 챙기거나 공명심 때문이 아닙니다. "하늘에 있는 자들과 땅에 있는 자들과 땅 아래에 있는 자들로 모든 무릎을 예수의 이름에 꿇게"(빌 2:10) 하려는 목적 하나 때문입니다.

복음을 전하는 궁극적 목적이 나 자신이나 우리 교회나 우리 교단, 혹은 우리나라의 이름을 떨치는 데 있어서는 안 될 것입니다. 초대교인들이 그랬던 것처럼(요3서 1:7), 오로지 그리스도의 이름이 다른 어떤 이름들보다 더 널리 전파되고 높이 찬양받도록 해야 합니다. 우리에게 믿음을 통한 은혜를 선물로 주시고 순종할 수 있는 능력을 주시는 분이 예수님이시기에 모든 것을 주시는 시혜자施惠者 예수님이 영광을 받아야지, 그것을 받는 수혜자受惠者인 바울이나 우리가 영광을 받아서는 안 될 것입니다.

결국 바울이 말하는 복음의 정체성은 무엇입니까? '하나님의 복음'이며, '하나님의 아들 예수 그리스도 우리 주님에 관한 것', '구약에 예언된 약속이 성취된 것', '모든 민족을 위한 것', '믿음의 순종에 이르게 하는 것이고', '오직 예수 그리스도의 이름을 존귀케 하는 것'입니다.

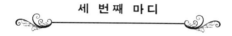

세 번째 마디

사랑받는 성도
Saints Beloved

⟨1:7⟩

삼중 관계성: '바울' ⇄ '복음' ⇄ '로마 교인들'

바울은 로마서 서두의 인사말에서 자신이 어떤 사람인지를 소개하고, 연이어 복음이 어떤 것인지를 말하되 특히 그 복음의 전부인 예수 그리스도가 어떤 분인지를 밝힌 뒤, 마침내 이 편지를 받는 로마 교인들이 어떤 사람들인지를 설명합니다. 그 초점이 '바울' → '복음' → '로마 교인들'에게로 차례로 옮아가는 것을 보게 됩니다. 로마서라는 서신의 '발신자'와 서신의 핵심주제인 '복음', 그리고 '수신자' 사이의 삼각관계의 정체성을 차례로 밝힌 것입니다.

이 삼각관계의 정체성은 복음을 전하는 오늘 우리 모든 그리스도인들에게도 너무나 중요한 문제입니다. 먼저 복음을 전하는 '나' 자신을 바로 알고, 내가 전하도록 부름을 받은 '복음'이 어떤 것인지를 알아야 하고, 동료 그리스도인들이나 내가 복음을 전해야 할 대상인 '이웃'이 누구인지도 분명히 알아야 합니다.

마치 사랑의 행위가 '사랑하는 자'(the lover)와 '사랑받는 자'(the beloved) 그리고 이 양자 사이를 이어주는 '사랑'(love)의 삼중관계이듯이, 복음 전파 역시 '나'와 '복음'과 '이웃'과의 올바른 삼중관계성 안에서 일어납니다. 사랑하는 자가 사랑받는 자에게 사랑을 쏟아붓다 보면 짝사랑이 아닌 한, 사랑은 다시 돌아오게끔 되어 있습니다. 사랑받는 자가 다시금 사랑하는 자가 되어 사랑을 주게 됩니다. 이렇게 사랑이 계속 교류하고 순환되다 보면 사랑하는 자나 사랑받는 자의 삶이 공히 사랑으로 가득 차 모두 변화될 수 있습니다.

마찬가지로 나와 함께 복음을 나누어 받은 동료 그리스도인들이 어떤 이들인지를 분명히 알고 교제할 때 우리의 사랑은 예수 그리스도 안에서 더욱 깊어지게 될 것입니다. 또한 내가 아직 예수를 믿지 않는 이웃에게 열심히 복음을 전하다 보면, 어느새 두 사람은 하나가 되어 복음의 동역자로서 서로를 사랑하고 격려하게 됩니다. 이처럼 복음의 삼중관계가 확대되다 보면 복음은 또 다른 이웃에게로 계속 이어지게 되고, 결국 땅끝까지 전파될 것입니다.

그렇다면 복음을 매개체로 해서 바울의 편지를 받는 로마 교인들은 어떤 사람들입니까? 바울은 6절에서 로마 교인들이 '예수 그리스도의 것으로 부르심을 입은 자들'($κλητοὶ$ '$Iησοῦ$ $Xριστου$/called of Jesus Christ)이라고 정의를 내렸습니다. 안디옥에서 세인世人들에 의해 최초로 불리기 시작한(행 11:26) '그리스도인'($Xριστιανούς$)이라는 이름은 '그리스도께 속한(belong to Christ) 사람'이라는 뜻입니다.

이제 중요한 질문은 "우리가 어떻게 하면 그리스도께 속한 상태로 들어갈 수 있을까?"라는 것입니다. 이 질문의 대답을 우리는 7절에서 찾을 수 있습니다.

> 로마에서 하나님의 사랑하심을 받고 성도로 부르심을 받은 모든 자에게 하나님 우리 아버지와 주 예수 그리스도로부터 은혜와 평강이 있기를 원하노라.

먼저 여기에서 우리가 주목해야 할 사실은 바울이 편지를 받은 사람들을 지칭할 때 '로마교회'라는 집단 용어를 사용하지 않는다는 점입니다. 물론 이들은 그리스도인들이 틀림없겠지만, 로마에 있는 '모든 자에게'라는 불특정 다수를 염두에 두고 있습니다. 이것은 고린도전서 1장 2절에서 수신자를 '고린도에 있는 하나님의 교회'라고 말한 것이나, 데살로니가 전서 1장 1절에서 '데살로니가인의 교회'라고 말한 것과 뚜렷이 대비됩니다.

바울이 수신자를 '로마교회'로 지칭하지 않은 사실은 여러 가지 추측을 가능케 해주는데, 바울이 로마서를 쓸 당시에 로마에는 아직 조직적인 교회가 설립되지 않았고, 로마 곳곳에 흩어져 예배를 드리던 몇몇 '가정교회들'(house churches)만 있었던 것으로 보입니다(16:5, 12-6 참조). 적어도 바울이 로마서를 집필할 때까지만 하더라도 한 건물 안에서 교인들 전체가 모여 예배하는 조직교회가 서지 않았고, 몇몇 가정에서 교인들끼리 모여 예배하는 수준 정도였던 것 같습니다.

가정교회를 염두에 둔다면, 바울이 보낸 로마서는 로마 여러 곳에 흩어져 예배를 드리던 가정교회들끼리 서로 돌려가면서 읽었고, 또

토론했던 것으로 보입니다. 무엇보다도 가정교회의 성격상 유대인들은 유대인들끼리 같은 가정에서 모였고, 이방계 로마 교인들은 또 같은 부류끼리 같은 집에서 모였을 확률이 높습니다. 이처럼 인종이나 문화적으로 같은 성향을 가진 사람들끼리 가정교회를 이룬 가운데, 유대계 교인들과 이방계 교인들이 제국의 수도 로마 안에서 교리적인 이유로 서로 경쟁하며 적대적인 관계를 보였을 것으로 추측됩니다.

로마 교인들의 삼중 정체성

로마서가 전체로서의 특정 단일 교회가 아닌, 로마 전역에 흩어져 있는 모든 교인들에게 보낸 편지라고 한다면, 바울이 말하는 로마 교인들은 어떤 사람들입니까?

첫째로, 하나님의 사랑하심을 받은 자들입니다.

바울은 로마에 사는 모든 시민들에게 편지를 쓰는 것이 아닙니다. 로마에서 '하나님의 사랑하심을 받은'(ἀγαπητοῖς θεοῦ/God's be-loved) 모든 자에게 씁니다. 여기에서 말하는 사랑은 "하나님께서 인류를 사랑하신다"라는 것과 같은 일반적이고 보편적인 사랑이 아닙니다. 예수 그리스도 안에서 특별한 사람들을 불러주신 매우 귀중한 사랑을 의미합니다.

하나님은 물론 기독교인이든 비교기독교인이든 가리지 않고 모두를 사랑하십니다. 하지만 하나님께서 예수 그리스도를 통해 불러주신 사람들에게 베푸시는 사랑은 아주 특별한 사랑입니다. 신랑이 신부를 사랑하듯 '예수 그리스도의 것들'(1:6)로 부르심을 받은 자들에게 베푸시는 '언약적 사랑'(covenantal love)입니다.

이 세상을 살아가는 사람 누구나 다 하나님의 부르심을 받는 것은 아닙니다. "청함을 받은 자는 많되 택함을 입은 자는 적으니라"(마 22:14)라고 하신 예수님의 말씀처럼, 하나님의 뜻을 이루고 복음을 전하기 위해 하나님이 특별히 선택해 불러주시는 사람이 있습니다. 여기 바울이 말하는 사람들은 로마에서 하나님이 선택해주신, 특별한 사랑을 받은 그리스도인들을 말합니다.

하나님이 우리를 사랑하시는 것은 우리가 사랑받을 만한 자격이나 공로가 있기 때문이 아닙니다. 하나님의 사랑을 받을 만한 마음을 품었거나 어떤 노력을 기울였기 때문에 얻는 조건적 사랑이 아닙니다. 우리의 의지나 행위와 상관없이 오직 하나님의 값없이 주시는 은혜로 베푸시는 무조건적 사랑입니다.

우리가 아직 죄인 되었을 때에 그리스도께서 우리를 위하여 죽으심으로 하나님께서 우리에 대한 자기의 사랑을 확증하셨느니라(롬 5:8).

그[하나님]는 허물과 죄로 죽었던 너희를 살리셨도다 그 때에 너희는 그 가운데서 행하여 이 세상 풍조를 따르고 공중의 권세 잡은 자를 따랐으니 곧 지금 불순종의 아들들 가운데서 역사하는 영이라 전에는 우리도 다 그 가운데서 우리 육체의 욕심을 따라 지내며 육체와 마음이 원하는 것을 하여 다른 이들과 같이 본질상 진노의 자녀이었더니 긍휼이 풍성하신 하나님이 우리를 사랑하신 그 큰 사랑을 인하여 허물로 죽은 우리를 그리스도와 함께 살리셨고(너희는 은혜로 구원을 받은 것이라)(엡 2:1-5).

로마 교인들이 그리스도께 속하게 된 것은 전적으로 하나님의 사랑 때문입니다. 그들의 인격이나 자질, 선행이 남들과 비교해서 탁월했기 때문이 아닙니다. 우리가 그리스도인이 된 것 역시 우리 안에 있는 어떤 것 때문이 아니라, 측량할 수 없는 하나님의 사랑 때문입니다. 우리가 아직 죄인 되었을 때에 그리스도께서 나를 위해 십자가에 달려 돌아가신 그 큰 사랑 때문입니다.

둘째로, 성도로 부르심을 받은 자들입니다.

로마 교인들은 '성도'(ἀγίοις/saints)로 부르심을 받은 자들입니다. '성도'는 세상에서 구별해내어 거룩하신 하나님을 향해 살도록 불러주신 사람들을 지칭합니다. 바울은 그리스도인을 가리키기 위해 '성도'라는 말을 적어도 38회 이상이나 사용합니다. 바울이 쓴 서신의 인사말에서만 '성도'라는 말이 네 번 나옵니다. 예컨대, 고린도전서 1장 2절에서 바울은 고린도교인들을 "고린도에 있는 하나님의 교회 곧 그리스도 예수 안에서 거룩하여지고 성도라 부르심을 받은 자들"(고전 1:2)로 부릅니다.

구약 시대에 '거룩한 하나님의 백성'을 뜻하는 성도聖徒는 선민으로 뽑힌 이스라엘 백성들을 지칭했는데, 그들이 완전무결하게 율법을 지켰기 때문에 '거룩한 백성'이 된 것이 아닙니다. 지극히 거룩하신 하나님께 속해 있다는 사실 하나로 말미암아 거룩한 백성이라 불렸을 뿐입니다.

마찬가지로 바울이 로마 교인들을 성도로 부를 때 그들의 거룩한 인격이나 행위를 지칭하는 말이 아닙니다. 부르심을 받고 하나님의 은혜로 거룩하신 하나님과의 새로운 관계를 맺게 된 '신분'(status)을 의미합니다. 세상에서 윤리 도덕적으로 고상한 삶을 사는 이들이 수두룩합니다. 하지만 그들의 인격이나 행위가 아무리 선량하고 모범적이라고 할지라도 '성도', 즉 거룩한 사람들이라는 표현은 쓸 수 없습니다.

거룩함은 사람에게서 오는 것이 아니라 거룩하신 하나님께로부터 오기 때문입니다. 사람이 거룩해지는 것은 자기 자신이나 다른 사람들 때문이 아니라, 예수 그리스도를 믿고 거룩함의 근원이신 하나님을 향하여 살고, 하나님과의 새로운 관계를 맺기 때문입니다. 자신의 인격이나 행위로 거룩해지는 것이 아니라, 전적으로 그리스도 예수를 통한 하나님의 은혜 때문에 거룩해지는 것이지요. 하나님의 사랑하심을 받고, 성도로 부르심을 받는 것은 우리에게 특별한 인격적 자질이나 자격, 공로가 있어서 주어지는 칭호가 아닌, 순전히 하나님과의 관계에서부터 선물로 얻는 영광의 칭호입니다.

거룩한 성도라고 해서 죄가 전혀 없는 상태를 의미하지 않습니다 (요1서 1:8-10 참조). 하지만 진정한 의미의 성도가 될 때 더 이상 죄를 섬기지 않습니다(롬 5:20-1 참조). 거룩하신 하나님과 교제하므로 거룩하신 하나님의 성품을 닮게 되기 때문입니다.

구약에서 '하나님의 사랑하심을 받았다'라는 말이나 '거룩한 백성', 즉 '성도'라는 말은 오직 선택받은 이스라엘 백성들에게만 적용된 영예로운 칭호였습니다. 바울이 로마 교인들에게 이 두 가지 칭호를 적용한 것은 그들이 하나님께서 선택해주신 아주 특별한 사람들이라는 사실을 강조하기 위함입니다. 오늘도 예수 그리스도를 믿고 구원을 얻은 사람은 누구든지 하나님의 사랑하심을 입었고, 성도로 부르심을 받은 사람들임을 잊지 말아야 합니다.

셋째로, 하나님의 은혜와 평강을 받은 자들입니다.

바울은 로마서를 받는 로마 교인들에게 두 가지 수식어, 즉 "하나님께 사랑받는"과 "성도로 부르심을 받은"을 사용해서 그들의 정체성을 확실히 밝혀주었습니다. 이제 바울은 서신의 서두 말미에서 로마 교인들에게 안부 인사를 전합니다. '은혜'와 '평강'이 있기를 기원한 것이지요. 은혜와 평강을 전하는 바울의 인사말은 그가 쓴 13통의 편지 서두에 거의 대동소이大同小異하게 되풀이됩니다.

'평강'(εἰρήνη/peace)의 히브리말 '샬롬'(Shalom)은 어원상 '온전하다'라는 뜻이 있습니다. 그런데 바울이 말하는 평강은 분쟁이나 전쟁이 없는 소극적 의미뿐만 아니라, 예수 그리스도를 통해 이루어지는 적극적 의미의 평화까지도 포함하기에 다분히 기독론적 용어입니다.

'은혜'(χάρις/grace)는 헬라어로 '아름다움'이나 '사랑스러움'을 뜻하거나, '호의', '친절' 등의 의미도 있습니다. 하지만 바울이 이 은혜라는 개념을 쓸 때는 '하나님이 거저 베푸시는 호의나 선물'의 뜻이 있습니다. 로마서에만 24회 나올 정도로 '은혜'는 바울이 예수 그리스도를 믿을 때 값없이 주어지는 선물을 지칭하기 위해 사용하는 핵심 개념입니다.

바울은 유대인들의 일상적인 인사말인 '샬롬', 즉 '평강' 바로 앞에 '은혜'라는 말을 먼저 놓습니다. 이것은 평강이 순전히 하나님의 은혜로부터 온다는 사실을 강조하기 위함입니다. 평강은 하나님의 은혜의 결과 중에 하나라는 뜻이지요. 이러한 사실을 더욱더 강조해주는 말이 "하나님 우리 아버지와 주 예수 그리스도부터"(ἀπὸ θεοῦ πατρὸς ἡμῶν καὶ κυρίου 'Ιησοῦ Χριστου/from God our Father & the Lord Jesus Christ)입니다. 은혜와 평강은 사람으로부터 오는 것이 아니라는 것이지요. 하나님께서 베푸시는 선물입니다. 또한 '하나님 우리 아버지'와 '주 예수 그리스도'를 관계접속사 '와'(καὶ/and)를 통해 나란히 병렬한 이유는 '하나님 아버지'와 '예수님' 사이에 아무런 차이가 없는, 본질상 동일한 한 분 하나님이심을 강조하기 위함입니다.

유대인들이 오늘까지 절실히 바라는 한 가지 소원은 평강입니다. 그래서 만날 때마다 평강을 기원하는 '샬롬'이라는 인사말을 쓰고 있습니다. 이제 그리스도 예수 안에서 이 평강은 하나의 인격(person)이 되었습니다.

> 그는[그리스도] 우리의 화평이신지라 둘로 하나를 만드사 원수 된 것 곧 중간에 막힌 담을 자기 육체로 허시고(엡 2:14).

예수님 자신이 평강이 되셨다는 말이지요. 뿐만 아니라 이제 우리 역시 예수 그리스도 안에서 하나님과 더불어 평화를 누리게 되었습니다.

> 그러므로 우리가 믿음으로 의롭다 하심을 받았으니 우리 주 예수 그리스도로 말미암아 하나님과 화평을 누리자(롬 5:1).

친히 '평강의 왕'(사 9:6)이요, 평강 그 자체이신 예수 그리스도를 통해 먼저 하나님과 화평케 될 때 우리의 이웃과도 화평케 될 것입니다.

로마 교인들에게 바울이 기원했던 '은혜와 평강'은 로마서의 기록 목적을 암시해주는 말입니다. 먼저 '은혜'는 인간의 자격이나 공로와 상관없이 예수 그리스도를 믿을 때 값없이 주시는 은혜로 말미암아 찾아오는 '의로움'을 강조하는 말이라고 한다면 그리고 '평강'은 그리스도의 한 몸된 공동체 안에서 유대인이나 헬라인이나 불문하고 '거룩한 일치'를 강조하는 말이라고 한다면, 은혜와 평강이야말로 로마 교인들에게 가장 긴요한 하나님의 두 가지 선물이 아닐 수 없습니다.

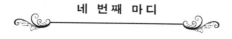

빛진 자
A Debtor

〈1:8-15〉

바울은 유별나게 긴 인사말을 마쳤습니다. 이제 편지의 본론을 말해야 할 차례입니다. 바울이 살던 시대에는 일단 서두의 문안 인사를 마친 후 본론에 들어가기 전, 발신자가 수신자를 얼마나 끔찍하게 생각하고 아끼는가를 밝히는 서론이 잇따르는 것이 일반 관례였습니다. 이와 같이 본론에 들어가기 직전의 서론은 대개 수신자에게 감사를 표하거나 발신자가 자기가 믿는 신에게 수신자를 위해 비는 기도로 이어졌습니다.

바울 역시 자신의 독창성을 가미해 이러한 서신의 관례를 따르고 있습니다. 먼저 로마 교인들의 좋은 평판을 감사하고(8절), 로마 교인들을 방문할 수 있는 길이 열리기 위해 자주 기도했다는 사실을 밝히고(9-10절), 왜 그토록 로마에 가고 싶어 했는지 이유를 설명합니다

(11-13절). 그런 뒤 마침내 자신이 만민에게 복음을 전해야 할 의무가 있다는 사실을 강조함으로써 굳이 로마에 가야 할 이유와 로마서의 핵심 주제를 다룰 채비를 합니다(14-15절).

감사와 중보기도

하나님께 감사를

8절에서 바울은 '먼저'라는 표현으로 말문을 엽니다. 영어성경에는 'first', '첫째'로 번역되었습니다. 헬라 원어 성경에는 'Πρῶτον'(pro-ton), 즉 '첫 번째'(firstly)로 되어 있습니다. 우리가 글을 쓸 때 첫째, 둘째, 셋째를 말하는 것은 논리 순서상 중요한 것을 차례로 열거하기 위함입니다. 그러나 아무리 눈을 씻고 찾아봐도 이후에 '둘째', '셋째'라는 서수가 연달아 나오지 않습니다.

여기에서 우리는 문장의 논리형식에 크게 얽매이지 않는 바울의 큰마음을 읽을 수 있습니다. 그는 위대한 지성을 가진 대석학이요, 출중한 문장가였음에 틀림없지만 문장 형식의 노예가 되지는 않았습니다. 그에게는 단연 문장 배후에 숨어 있는 본질과 정신이 훨씬 더 중요했습니다.

그러기에 바울이 첫째를 언급한 뒤, 둘째, 셋째로 돌아오지 않음에도 불구하고 그가 전달하고 싶은 진리는 어김없이 우리 마음속에 들어옵니다. 영으로 말하기 때문이지요. 물론 복음을 전달함에 있어서 형식도 중요하지만, 그 형식 안에 숨어 있는 영성과 진실이 훨씬 더 중요합니다.

그렇다면 바울이 첫 번째로 말하고 싶은 내용은 무엇입니까?

먼저 내가 예수 그리스도로 말미암아 너희 모든 사람에 관하여 내 하나님께 감사함은 너희 믿음이 온 세상에 전파됨이로다(8절).

바울은 제일 먼저 하나님께 감사를 드립니다. 어쩌면 '먼저'라는 말을 통해서 하나님께 드리는 감사를 최우선으로 삼고자 의도하는 지도 모릅니다. 왜 하나님께 감사를 드립니까? 로마 교인들의 믿음이 온 세상에 퍼지고 있기 때문입니다.

바울이 로마서를 쓸 당시에 로마에는 가정교회들이 있었습니다. 로마 시내 한가운데를 관통해서 흐르는 테베레(Tevere) 강 때문에 도심의 저지대에 사는 주민들은 홍수가 날 때마다 적지 않은 피해를 입었습니다. 그래서 왕궁을 비롯해 부유한 귀족들이 사는 집들은 모두 강물이 범람해도 타격을 받지 않는 언덕배기에 지어졌습니다. 자연스레 강가의 도심 한가운데 저지대에는 가난한 이들끼리 옹기종기 모여 살았는데, 로마 교인들은 바로 이런 곳에서 살았을 것입니다.

바울은 이처럼 열악한 환경 속에 살면서도 로마**제국**(empire)이 전부가 아닌, **천국**(heaven)을 바라고 사는 크리스천들의 아름다운 삶에 주목합니다. 로마제국의 황제를 신으로 여겨 그 앞에 고개 숙이지 않고 당당히 예수 그리스도만을 참 하나님으로 고백하는 그들의 믿음에 찬사를 보냅니다. 그 당시 적어도 1백만 명 이상의 인구가 모여 살았을 로마 시내 한복판에 겨우 1백 명 남짓이나 될까, 지극히 적은 소수의 크리스천들이 존재한다는 사실 자체가 감사거리였던 것입니다.

그 당시에는 신문도 라디오도 텔레비전도 인터넷도 없었는데, 어떻게 로마 교인들의 믿음이 그토록 온 세상에 널리 퍼졌을까요? 진정한 부흥은 광고가 필요 없습니다. 그들의 은혜 받은 얼굴이나 변화된 행동거지가 가장 강력한 광고요, 전도지였기 때문입니다. 향내를 아무리 감추려고 해도 감출 수 없듯이, 발 없는 말이 천리를 가듯이, 그들의 삶의 방식이 워낙 기이奇異했기에 삽시간에 그들에 대한 소문이 번져나갔던 것입니다.

바울은 이 사실에 대한 감사를 "예수 그리스도를 통하여 나의 하나님께"(τῷ θεῷ μου διὰ ᾿Ιησοῦ Χριτοῦ/ to my God through Jesus Christ) 드리고 있습니다. 하나님과 우리 사이에 중보자 되시는 예수 그리스도를 통해서 하나님께 감사를 드리고 있는 것이지요.

더욱이 바울은 로마인들이 아닌, 하나님께 감사를 드립니다. 왜냐하면 로마인들이 좋은 믿음의 평판을 얻은 것은 그들의 노력 때문이 아니라, 하나님의 은혜이기 때문입니다. 하나님이 주신 믿음의 선물로 로마인들이 좋은 소문을 얻었기에 하나님께 감사를 드려야 마땅합니다.

쉼이 없는 중보기도

그다음에 바울은 로마 교인들을 위한 자신의 중보기도를 언급합니다.

내가 그의 아들의 복음 안에서 내 심령으로 섬기는 하나님이 나의 증인이 되시거니와 항상 내 기도에 쉬지 않고 너희를 말하며(9절).

바울은 자신이 로마인들을 위해 얼마나 간절히 중보기도하는지를 강조하기 위해 하나님을 증인으로 내세웁니다. 자신의 진정성을 알리는 일종의 맹세와 같은 수법이지요. 하나님의 아들 예수 그리스도의 복음을 전하는 일로 바울이 충심으로 섬기는 하나님께서 자신이 얼마나 진지하고 간절하게 로마 교인들을 위해 기도하는지를 알아주신다는 것입니다. 중보기도를 하되 대충 하다가 그만 두는 것이 아니라 '쉬지 않고'(ἀδιαλείπτως/without ceasing) 기도하고 있다는 것입니다. 여기서의 부사 '쉬지 않고'의 더 정확한 의미는 '자주'(frequently), '규칙적으로'(regularly) 기도한다는 말일 것입니다.

바울이 로마 교인들을 위해 자주 그리고 규칙적으로 기도를 한 이유는 무엇입니까?

어떻게 하든지 이제 하나님의 뜻 안에서 너희에게로 나아갈 좋은 길 얻기를 구하노라(10절).

어떻게 해서든지 하나님의 뜻으로 로마 교인들을 방문할 수 있는 좋은 길이 열리기를 기도했습니다. 바울은 여러 차례 세계 최강 제국의 수도 로마를 방문하고 싶어 했습니다. 바울이 로마 방문을 그토록 숙망宿望했던 이유는 여러 가지였을 것입니다. 좋은 평판을 얻고 있는 로마 신자들을 방문해 두 눈으로 그들의 신앙 상태를 직접 확인해보고 싶은 열망도 있었을 테고, 그들과 영적인 교제를 나누고 장차 스페인 선교를 위한 재정 후원을 받고 싶은 동기도 있었을 것입니다.

바울이 로마에 가려는 뜻은?

하지만 바울이 로마에 가고 싶어 하는 진짜 이유가 있습니다.

내가 너희 보기를 간절히 원하는 것은 어떤 신령한 은사를 너희에게 나누어 주어 너희를 견고하게 하려 함이니(11절).

바울은 로마 교인들에게 무엇인가 나눠줄 것이 있었습니다. '신령한 은사'였습니다. 어떤 이들은 '신령한 은사'($Χάρισμα \ πνευματικὸν$ /spiritual gift)를 고린도전서 12장이나 로마서 12장, 혹은 에베소서 4장에 나오는 것과 같은 '병 고치는 은사', '예언하는 은사', '방언하는 은사' 등의 초자연적 은사들과 결부시킵니다.

하지만 이러한 은사들은 말 그대로 '하나님이 주시는 은총의 선물'(恩賜)이기 때문에 바울이 나눠줄 수 없습니다. 그러므로 바울이 나눠줄 수 있는 신령한 은사는 어떤 '가르침'이나 '권면', 혹은 '영적 통찰력'과 같이 로마 교인들을 신앙적으로 세워줄 수 있는 일반적인 은사일 것입니다. 다시 말해 로마 교인들이 가장 갈급해 하는 영적 필요를 채워줄 수 있는 어떤 것들을 주겠다는 뜻이지요. 이것은 11절 끄트머리에서 밝힌 것처럼 로마 교인들을 '견고하게'($στηριχθῆναι$/strengthen) 하기 위함입니다. 그들의 믿음을 강하게 해주고, 성숙하게 해줄 수 있는 일이라면 무엇이든지 돕고 섬기겠다는 자세입니다.

그런데 우리가 정말 눈여겨봐야 할 구절은 12절입니다. 바울은 자기가 말한 것이 일방적인 훈수訓手 쯤으로 비춰질 수 있는 것을 알아차리고서는 즉각 수정합니다. 사실 바울과 같은 대사도는 언제나 피라

미드의 맨 꼭대기 정점에 서 있다는 생각으로 다른 이들에게 줄 것만 있다는 식의 일방통행의 자세를 가질 수 있습니다. 줄 것만 있지, 받을 것은 전혀 없다는 오만한 인상을 줄 수 있지요. 하지만 바울은 자신 또한 연약하고 부족한 그리스도인의 한 사람으로서 로마 교인들에게 받을 것이 있다는 사실을 신속하고 겸허히 인정합니다.

> 이는 곧 내가 너희 가운데서 너희와 나의 믿음으로 말미암아 피차 안 위함을 얻으려 함이라(12절).

바울과 로마 교인들이 '피차에'(mutually) 주고받을 것이 있다는 말입니다. 바울의 믿음으로 로마 교인들을 권면하거나 격려하고, 또 거꾸로 로마 교인들의 믿음으로 바울을 위로할 수 있다는 것이지요. 여기에서 중요한 것이 '너희와 나의 믿음으로'($\pi\iota\sigma\tau\epsilon\omega\varsigma$ ὑμῶν $\tau\epsilon$ καὶ ἐμοῦ/faith of you both and of me)입니다. 바울과 로마인들이 가진 공통분모는 '믿음'입니다. 서로 다른 배경 속에 있지만 믿음이라는 접점接點을 통해 서로를 가르치고 섬길 수 있습니다.

이제 분명해진 것은 바울이 영적으로나 도덕적으로 로마인들보다 한 수 위에 있기에 일방적으로 가르치고 베풀기 위해 로마를 방문하려고 하는 것이 아니라, 자신 역시 로마 교인들로부터 무엇인가를 얻고 격려를 받고자 했다는 사실입니다.

바울은 대사도로서의 영적 권위가 남달랐습니다. 하지만 그 권위는 외적인 것들, 즉 어떤 높은 직책이나 영광스러운 감투를 쓰거나 특별한 성의聖衣를 입고 점잔을 뺀다고 해서 생긴 것이 아니었습니다. 내적으로 성령 충만한 하나님의 사람이라는 사실 때문에 사람들이 그의 사도적 권위를 인정했습니다. 바울이 겸손한 마음으로 "저 역시 당신들에게 배울 것이 많습니다"라고 고백한다고 해서 그의 권위가 손상되지 않습니다. 오히려 성령께서 그런 겸비한 바울의 권위를 더 높여주실 것입니다.

이처럼 바울이 간절히 기도하며 로마교회를 방문하려고 했던 목적은 한 마디로 로마교회에 열매를 맺게 하기 위함이었습니다. 로마교인들에게 신령한 은사를 나누어주어서 그들의 믿음을 굳게 세워주고, 또 피차에 권고와 위로를 주고받는 것은 다 열매를 얻기 위함이지요.

> 형제들아 내가 여러 번 너희에게 가고자 한 것을 너희가 모르기를 원하지 아니하노니 이는 너희 중에서도 다른 이방인 중에서와 같이 열매를 맺게 하려 함이로되(13절).

'열매를 맺는다'라는 말은 '추수하다'(reap some harvest)라는 뜻인데, 로마인들에게 복음을 전해서 교인수가 늘어나는 '양적 성장'이나, 신앙적인 권면을 잘해서 온전한 그리스도인들로 자라나는 '질적 성숙' 두 가지를 다 염두에 둔 표현입니다.

그런데 문제는 이처럼 간절히 기도하며 로마교회를 방문하려고 했던 계획이 좌절되었다는 사실입니다.

> 지금까지 길이 막혔도다(13b절).

도대체 왜 길이 막혔는지는 알 수 없습니다. 어쩌면 지중해 동쪽 지역의 동방선교가 아직 완료되지 않았기 때문이거나(롬 15:22절 이

하), 아니면 로마에서 일어난 유대인 박해 때문에(행 18:2) 길이 막혔을 수도 있습니다.

중요한 것은 바울이 자신의 뜻이나 계획이 아닌, 철저히 하나님의 뜻과 계획에 따라 움직인다는 사실입니다. 바울은 로마 교인들을 간절히 보고 싶어 했습니다. 번번이 방해를 받았지만 여러 차례 방문계획도 세웠습니다. 하지만 그것이 하나님의 뜻이 아니었을 때에는 담담히 받아들였습니다. 하나님의 최종 신호가 떨어지기 전에는 움직이지 않는 인내와 순종, 기다림의 사람이 바울이었던 것이지요.

복음에 빚진 자

이제 이처럼 로마행이 번번이 막히는 아픔이 있었지만, 바울에게는 오직 한 가지 불타는 소원이 있었습니다.

> 헬라인이나 야만인이나 지혜 있는 자나 어리석은 자에게 다 내가 빚진 자라 그러므로 나는 할 수 있는 대로 로마에 있는 너희에게도 복음 전하기를 원하노라(14-15절).

바울이 로마에 방문하려는 목적은 복음을 전하기 위함입니다. 자신의 명성을 쌓는 등의 어떤 인간적인 동기 때문이 아닙니다.

> 내가 복음을 전할지라도 자랑할 것이 없음은 내가 부득불 할 일임이라 만일 복음을 전하지 아니하면 내게 화가 있을 것이로다(고전 9:16).

바울이 예수님을 믿은 뒤 일평생 품었던 숭고한 사명감은 복음에 '빚진 자'라는 의식이었습니다. 헬라어 *ὀφειλέτης*(opeiletes)는 '빚진 자'(debtor)를 의미하는데, 빚에는 두 종류가 있습니다. 먼저 제가 누구에겐가 100만 원을 빌렸다면 제가 빚진 자, 즉 채무자가 됩니다. 그런가 하면 어떤 사람이 제3자에게 전해달라며 저에게 100만 원을 맡길 때에도 제가 그 돈을 완전히 전하기 전까지는 채무자 신세가 됩니다.

바울이 말하는 '빚진 자'의 개념은 두 번째 경우에 해당됩니다. 하나님께 갚아야 할 빚을 졌다는 의미가 아니라, 복음을 먼저 전해들은 자로서 반드시 그 복음을 다른 사람들에게 전해야 할 의무와 책임을 갖고 있다는 뜻입니다. 빚을 진 사람은 그 빚을 다 갚기 전까지는 자유함이 없습니다. 완전히 빚을 가릴 때까지 늘 전전긍긍戰戰兢兢해야 합니다. 마찬가지로 바울 역시 복음의 빚을 졌기에 늘 복음 전파의 의무와 책임이 있습니다.

바울 당시 헬라어를 쓰지 않는 사람을 야만인으로 여겼습니다. 그러기에 바울이 말하는 정반대되는 두 그룹, '헬라인'이나 '야만인'은 인종이나 문화, 언어에 있어서 대척점對蹠點에 서 있는 이들을 의미합니다. 복음은 높은 철학과 문화를 자랑하는 문명인들에게도, 거친 통속어를 쓰며 전혀 세련되지 못한 야만인들에게도 똑같이 필요합니다.

그런가 하면 '지혜 있는 자'나 '어리석은 자'는 지성이나 교육수준에 있어서 정반대되는 두 부류를 지칭합니다. 복음은 공부를 많이 한 일류 대학의 교수들에게나 어린아이와 같이 무지한 자들에게나 다 똑같이 필요합니다. 복음의 효력은 문화 문명의 고저나 지식의 유무, 도덕생활의 경중과 상관없이 누구에게나 다 동일하게 필요하고 유효합니다.

　이와 같이 바울이 양극단을 들어 말하는 수사학적 표현 방법은 복음이 그야말로 국경이나 인종, 언어, 문화, 종교, 지위, 직업과 상관없이 전 세계 모든 민족에게 두루 전파되어야만 한다는 사실을 강조하기 위함입니다.

　맨 마지막에 나오는 '로마에 있는 너희'라는 말은 두말할 필요도 없이 로마 교인들을 지칭합니다. 바울은 이 로마 교인들에게도 복음을 전하는 것이 자신의 간절한 소원이라고 말합니다. 이미 예수를 믿은 교인들에게도 복음을 전한다는 것으로 보아, 기성 신자들에게도 계속 복음을 전해 온전한 그리스도의 제자들로 더 한층 자라나도록 돕겠다는 뜻으로 해석됩니다. 예수님을 믿지 않는 사람들에게든, 예수님을 이미 믿은 신자들에게든 간에 복음이 필요한 곳은 어디이든지 모든 사람들에게 복음을 전하려는 바울의 불요불굴不撓不屈의 자세를 엿볼 수 있습니다.

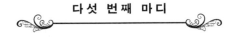

다섯 번째 마디

하나님의 의
The Righteousness of God

〈1:16-17〉

주제 제시: '복음의 능력'과 '하나님의 의'

바울은 로마서의 본론에 들어가기 직전, 즉 서론적 인사의 말미에서 앞으로 자신이 다룰 핵심 주제를 제시합니다. 이제 1장 16절부터 바울은 사도로서의 자신의 사역 소개에서 벗어나 복음 그 자체로 초점을 옮깁니다. 15절까지 개인적인 신상 발언을 마친 뒤, 본론으로 나아가기 위해 하나의 다리를 건너고자 하는데, 그 다리가 바로 16-17절이고 이 다리에서 로마서의 주제를 제시합니다.

바울은 14장 1-15장 13절에서 이른바 '강한 자'와 '약한 자'에 관한 이야기나 15장 14-33절에서 자신의 선교 계획을 털어놓을 때까지 자신이나 로마 교인들에 대한 개인 이야기를 거의 하지 않습니다. (물론 아주 간헐적으로 '형제들아'와 같은 개인적 친밀감을 나타내는 감탄사를 발하는 경우는 있습니다. 7:1, 4; 8:12; 10:1; 11:13, 25; 12:1 참조.)

이것은 달리 말해 인사말에 해당되는 1장 1-15절과 결론부에 해당되는 15장 14절 이하만 전형적인 서신 형식으로 되어 있고, 그 한가운데 한 편의 신학 논문처럼 끼어 있는 부분이 로마서의 중심부입니다. 그렇다면 로마서 1장 16-17절이야말로 앞으로 전개될 로마서의 중심 교리를 요약해줄 뿐 아니라, 개인적인 서론에서 본론으로 넘어가는 전환점이라고 할 수 있습니다.

바울은 자신이 '복음의 빚진 자'라고 고백했습니다. 만민에게 복음을 전해야 할 의무와 책임이 있음을 토로吐露했습니다. 바울은 왜 이와 같이 복음 전파에 각별한 책임의식을 느낍니까?

복음은 모든 믿는 사람을 구원하는 '하나님의 능력'이기 때문입니다(16절). 복음은 왜 구원의 능력이 됩니까? 믿음에 근거한 '하나님의 의'를 드러내기 때문입니다(17절). 복음은 이 복음을 믿는 모든 사람에게 '하나님의 의'를 가져다주기 때문에, 누구든지 복음을 믿기만 하면 '하나님의 구원 능력'을 체험할 수 있습니다.

그러므로 16-17절은 로마서에서 가장 중요한 두 가지 주제, 즉 '구원으로 귀결되는 복음의 능력'(16)과 '믿음으로 얻는 하나님의 의'(17)를 모두 건드리고 있기에 일찍이 마르틴 루터를 비롯한 개혁신학자들의 비상한 조명을 받았습니다.

복음을 부끄러워하지 않노니

내가 복음을 부끄러워하지 아니하노니 이 복음은 모든 믿는 자에게
구원을 주시는 하나님의 능력이 됨이라 먼저는 유대인에게요 그리고
헬라인에게로다(16절).

바울은 복음을 부끄러워하지 않는다고 고백합니다. "복음을 자랑
스럽게 여긴다"라는 긍정형을 쓰지 않습니다. 헬라 원어로 'οὐ ἐπαισχ
ύνομαι'(ou epaischynomai), '부끄러워하지 않는다'(not ashamed
of)라는 부정형을 쓰고 있습니다. 이러한 문학적 표현방법을 완서법
(緩敍法/litotes) 혹은 곡언법曲言法이라고 부릅니다. 완곡하게 부정적
표현을 써서 자신의 의도를 더욱 강하게 드러내려는 수사학적 표현법
이지요. 그러기에 어떤 영어 성경은 "I have complete confidence",
즉 "나는 전적으로 신뢰합니다"로 번역했습니다. 하지만 원어 그대로
'부끄러워하지 않는다'라는 번역이야말로 바울의 정확한 의도를 가감
없이 보여줍니다.

우리는 무엇인가를 부끄러워할 때가 있습니다. 집안이 비천한 것,
가난한 것, 못 배운 것, 실수한 것 등등, 부끄러운 것이 많습니다. 이런
치부恥部들이 있을 때마다 우리는 감추려고 합니다. 남이 알면 창피를
당하기 때문에 몰래 혼자서만 간직하려고 합니다. 바울이 복음을 부
끄러워하지 않는다고 말할 때 분명히 바울 자신을 비롯한 그 시대 사
람들이 복음을 부끄러워하는 경향이 있었기 때문에 나온 말일 것입니다.

사실 예수님도 제자들이 언젠가 예수님과 예수님의 말씀을 부끄
러워할 날이 올 것을 예견하셨습니다(막 8:38). 이 예언대로 베드로는

닭이 울기 전에 세 번씩이나 예수님을 부인해서 예수님을 부끄럽게 여긴 적이 있습니다.

오늘날도 예수 믿는 것을 부끄럽게 여겨 남몰래 숨기고 교회에 다니는 이들이 있습니다. 특히 불신자들이 하는 그대로 회식會食 자리에서 거리낌 없이 술을 마신다든지, 이런저런 모양으로 떳떳지 못하게 처신하는 사람일수록 복음을 부끄럽게 여겨 자신이 크리스천이라는 사실을 감출 때가 있습니다. 하지만 바울이 복음을 부끄러워하지 않는다고 말할 때에는 그 당시의 사람들에게 예수 그리스도의 복음이 얼마든지 놀림감이 될 수 있었던 충분한 이유가 있었기 때문입니다.

> 유대인은 표적을 구하고 헬라인은 지혜를 찾으나 우리는 십자가에 못 박힌 그리스도를 전하니 유대인에게는 거리끼는 것이요 이방인에게는 미련한 것이로되(고전 1:22-23).

바울은 십자가에 못 박힌 예수 그리스도가 표적, 즉 기적을 요구하는 유대인에게는 '거리낌'(stumbling block)이고, 지혜를 구하는 헬라인, 즉 이방인에게는 '미련한 것'(foolishness)이라고 했습니다. 유대인이나 헬라인이 볼 때 예수 그리스도의 복음은 조롱거리로 가득 차 있었습니다. 예수님이 베들레헴 축사에서 목수의 아들로 태어나셨고, 로마에서 가장 잔인한 형틀인 십자가 위에서 온갖 수치를 당하며 무기력하게 돌아가신 일 등을 두고 세상 사람들은 빈정거렸습니다. 게다가 죽은 사람이 되살아나는 일은 불가능한데, 이 예수가 사흘 만에 부활했다고 주장하자 더더욱 복음을 비웃었습니다. 하지만 그리스도인들은 이런 예수를 그리스도요, 하나님의 아들로 고백했습니다. 그 시대 분위기로 볼 때 이것은 충분히 조롱을 당할 수 있는 일이었습니다.

오늘도 복음을 전할 때 부끄러움을 당해 본 적이 없다면, 아직 우리는 복음의 진정한 성격을 깨닫지 못하는 것입니다. "저렇게 엉터리 같은 사실을 믿다니! 이 과학만능, 기계만능, 의학만능의 시대에 세상이 이토록 멀쩡하게 잘도 돌아가는 판에 예수가 하나님의 아들이라고 믿다니!" 불신자들은 분명히 우리의 복음을 공개적으로 비웃고 심지어 비난할 수도 있습니다. 혹여 우리가 교회에 다니는 크리스천이라는 사실을 알 때에 우리를 의도적으로 따돌릴 수도 있습니다. 그래서 우리는 할 수 있으면 정체를 감추고 '익명匿名의 그리스도인'으로서 몰래 숨어서 편하게 신앙생활을 하려고 할 수도 있습니다.

하지만 바울은 이처럼 복음이 얼마든지 조롱을 당할 수 있는 세상 한가운데에서 복음을 부끄러워하지 않는다고 고백합니다. 그것은 이 복음이 모든 믿는 사람들을 구원하는 하나님의 능력이기 때문입니다!

'구원'($\sigma\omega\tau\eta\rho\iota\alpha$/salvation)은 악에서부터 건져낸다는 말인데, 바울이 말하는 구원은 종말론적 의미를 갖습니다. 마지막 심판날에 멸망 당하지 않고 건짐 받는 것을 뜻합니다. 하지만 구원에는 미래적 의미만 있는 것이 아니라, 지금 여기에서 예수 그리스도를 믿어 죄사함을 받고 하나님과 올바른 관계를 맺고 사는 현재적 의미도 있습니다.

바울은 이 복음이 모든 믿는 자를 구원하는 '하나님의 능력'이기 때문에 부끄러워하지 않습니다. 헬라 원어로 '능력'은 '$\delta\dot{\upsilon}\nu\alpha\mu\iota\varsigma$'(dynamis)인데, 이 말에서부터 'dynamite'(다이너마이트)나 'dynamic'(역동적인)이 나왔습니다. 복음은 다이너마이트와 같이 세상 장벽을 깨부수고 온갖 인간의 죄악을 뒤흔드는 힘이 있습니다. 복음은 또한 한 개인, 한 사회, 한 국가 속에 들어가 놀랄만한 변혁을 이루기에 역동적인 힘이 있습니다. 그러기에 5세기 시리아의 주교 테오도레트(θεοδώρητος Κύρρου/ Theodoret of Cyrus, 393-458/466)는 복음을 '고추'에 비유한 적이 있습니다. 겉으로 보기에 고추는 차가워 보여도 씹으면 입안에 활활 불이 날 정도로 맵습니다. 복음도 외관상 하나의 철학이론처럼 보이지만 그 구원의 능력을 체험한 이들에게는 엄청나게 폭발적인 힘이 있습니다.

이 복음은 이제 먼저 하나님이 선택하셔서 율법 백성이 된 유대인들에게 그리고 그다음에는 헬라인, 즉 유대인이 아닌 모든 이방인들에게 주어졌습니다. 바울은 구원의 범위를 말할 때 이와 같이 '모든 믿는 자'라는 표현을 써서 보편성(universalism)뿐만 아니라, '먼저는 유대인에게요'라는 말을 사용해 특수성(particularism) 모두를 염두에 두고 있습니다.

하지만 먼저 유대인을 언급한 것은 구원 계획의 순서상 그렇게 한 것이지 그들이 구원받을 만한 어떤 특별한 자격이 더 있었기 때문에 그런 것은 아닙니다. 오히려 바울이 유대인과 헬라인을 모두 언급한 것은 모든 사람들이 구원받을 수 있다는 구원범주의 보편성을 강조하기 위함입니다.

의인은 오직 믿음으로!

복음에 나타난 하나님의 의

왜 복음은 모든 믿는 사람을 구원하는 하나님의 능력이 됩니까?

복음에는 하나님의 의가 나타나서 믿음으로 믿음에 이르게 하나니 기록된 바 오직 의인은 믿음으로 말미암아 살리라 함과 같으니라(17절).

여기에서 우리는 세 가지를 집중적으로 살펴봐야 합니다. 첫째, 바울이 말하는 '하나님의 의'는 도대체 무엇을 의미할까요? 둘째, '믿음으로 믿음에 이르게 한다'라는 말씀의 뜻은 무엇일까요? 셋째, 바울은 어떤 뜻으로 "오직 의인은 믿음으로 말미암아 살리라"는 하박국서 2장 4절의 말씀을 인용하는 것일까요?

먼저 바울이 말하는 '하나님의 의'($\delta\iota\kappa\alpha\iota o\sigma\acute{\upsilon}\nu\eta\ \theta\epsilon o\bar{\upsilon}$/the righteousness of God/Gottesgerechtigkeit)는 로마서에서 8번(1:17; 3:5, 21, 22, 25, 26; 10:3에서 두 차례) 나오지만, 고린도후서 5장 21절을 제외하고서 로마서에만 나오는 개념이기 때문에 로마서를 이해하는데 결정적으로 중요한 개념입니다. '하나님의 의'는 크게 세 가지를 의미할 수 있습니다.

첫째로, 의로우신 하나님의 **속성**(attribute)을 의미할 수 있습니다. 하나님은 의를 사랑하시고 악을 미워하시기에(시 11장 1절 이하), 의는 하나님의 본성이자 인격 그 자체입니다. 하나님은 본래 성품이 의롭기에 항상 의롭게 행동하십니다. 그러므로 바울이 말하는 하나님의 의는 먼저 '하나님의 의로우신 본성'을 의미할 수 있습니다.

둘째로, 하나님께서 역사 속에 개입하셔서 인간을 구원하시는 **행위**(activity)가 하나님의 의라는 해석이 있습니다. 인간을 구원하시는 하나님의 행위를 하나님의 의로 보는 견해이지요. 구원 행위는 언제나 하나님의 의와 직결됩니다. 달리 말해 구원은 하나님의 의가 취하는 한 형식이라고 할 수 있습니다.

셋째로, 하나님의 의를 하나님께서 인간에게 부여하신 의로운 **신분**(status)으로 볼 수 있습니다. 이 경우에 '하나님의'(of God)라는 소유격은 더 이상 하나님의 의로운 **성품**이나 구원으로 나타나는 의로운 **행위**를 뜻하는 소유주격이 아니라, '하나님으로부터 온 의'(righteousness from God)라는 소유목적격이 됩니다. 하나님께서 예수 그리스도의 복음을 믿는 자를 의롭게 하셔서 의로운 신분을 얻게 된 상태를 '하나님의 의'로 부른다는 것이지요.

바울이 이러한 의를 굳이 '**하나님의** 의'로 부르는 이유는 우리 스스로의 노력으로 얻는 '인간 자신의 능동적 의'가 아닌, '믿음을 통한 은혜로 우리에게 주어지는 수동적 의', 즉 '인간의 의'가 아니라 '하나님의 의'라는 사실을 강조하기 위함입니다. 그러기에 이 하나님의 의는 철저히 우리에게 값없이 주어지는 하나님의 선물(gift)입니다.

요약하면, 하나님의 의는 '하나님 자신의 의로운 본성'이나, '인간을 구원하시는 의로운 행동'이나, 아니면 우리가 복음을 믿음으로써 얻게 된 '의로운 신분' 모두를 의미할 수 있습니다. 그러므로 '하나님의 의'를 하나님의 의로운 본성이나 의롭게 하시는 구원 행위와 연관시킬 때에는 하나님의 **구원 행위**가 부각되고, 하나님에 의해 의로워진 인간의 신분 상태와 연결시킬 때에는 하나님의 의를 받아들이는 **인간의 반응**이 강조됩니다. 결국 하나님의 의는 '하나님의 행위'와 '인간의 반응' 모두를 아우르는 포괄적 개념입니다.

믿음으로 믿음에

이제 참으로 중요한 한 가지는 하나님의 의를 얻는데 결정적으로 중요한 요소가 바로 '믿음'이라는 사실입니다. 하나님의 의는 인간 편에서의 '믿음의 반응'과 절대로 뗄 수 없습니다. 바울은 하나님의 의에 도달하기 위해 믿음이 중요하다는 사실을 강조하기 위해 "믿음으로 믿음에 이르게 한다"(ἐκ πίστεως εἰς πίστιν/through faith for faith)라는 특이한 표현법을 씁니다.

초대교회의 어떤 교부들은 이것을 '율법에 대한 믿음에서 복음에 대한 믿음으로'라고 해석했고, 어거스틴은 '설교자의 믿음에서 듣는 자의 믿음으로'라는 해석을 내놓기도 했습니다. 하지만 존 스토트(John Stott, 1921~2011)에 의하면 이 표현법은 크게 네 가지 의미로 풀이될 수 있습니다.

첫째로, '하나님의 믿음(신실성)으로부터 우리의 믿음으로'(from the faithfulness of God to our faith)로 해석할 수 있습니다. 이 경우 앞에서 나오는 믿음은 믿음의 원천(origin)이신 하나님의 신실성을 강조하고, 두 번째 나오는 믿음은 이 믿음을 받아들이는 우리의 믿음을 강조한다고 볼 수 있습니다. 중요한 것은 언제나 하나님의 믿음이 먼저 오고, 우리의 믿음은 이 믿음에 대한 후속반응이라는 사실입니다.

둘째로, '한 사람의 신자로부터 다른 신자에게 이르기까지'(from one believer to another)로 해석해서, 복음전도에 의한 믿음의 전방위적 확산(spread)을 강조하는 말로 풀 수도 있습니다.

셋째로, '낮은 믿음에서 더 높은 믿음으로'(from low degree of faith to another high degree, 고후 3:18 참조)로 풀이해서 믿음의 성장(growth)을 강조하는 것으로 볼 수 있습니다.

넷째로, '처음부터 끝까지 믿음에 의해'(by faith from first to last) 혹은 '철두철미 믿음에 의해'(by faith through and through)로 해석

할 수 있습니다. 이 경우는 믿음의 최우선성(primacy)을 강조하기 위한 수사학적 표현으로 볼 수 있습니다.

이 네 가지의 해석이 다 가능하지만, 바울이 이 표현을 통해서 확실히 강조하고자 하는 진리는 오로지 믿음을 통해서만 복음이 계시하는 하나님의 의를 획득할 수 있다는 사실입니다. 우리의 인격이나 자질이나 도덕적 수양, 아니 그 어떠한 인간의 공로도 아닌 오직 믿음으로만 하나님의 의에 도달할 수 있다는 것이지요.

의인은 오직 믿음으로!

바울은 17절 후반부에서 하박국서 2장 4절 말씀을 인용함으로써 '믿음으로 얻는 하나님의 의'를 다시 한 번 강조합니다.

오직 의인은 믿음으로 말미암아 살리라.

하박국 선지자는 하나님께서 이스라엘보다 더 악한 민족 바벨론을 사용해서 이스라엘을 심판하시겠다고 하자 강력히 반발했습니다. 그때 하나님께서 주신 응답은 궁극적으로 교만한 바벨론은 쓰러지고 이스라엘은 오직 믿음으로, 즉 겸손히 하나님을 신뢰함으로써 끝까지 살아남을 것이라는 사실이었습니다(합 1:12-2:4). 바벨론 제국에 의해 이스라엘이 위협받는 상황을 바꾸기 위해 사람들이 할 수 있는 일은 아무것도 없으니, 언젠가 하나님께서 말씀하신 약속이 실현될 때까지 믿음을 저버리지 않는다면 끝까지 살아남을 것이라는 위로와 희망을 주셨던 것이지요. 다시 말해 바벨론이 쳐들어오더라도 믿음을 저버리지 않는 의인은 반드시 살아남을 것이라는 약속입니다.

'믿음'과 '사는 것' 두 가지 중에 하박국의 강조점은 후자에 있습니다. 하지만 바울이 하박국을 인용할 때의 강조점은 '믿음'에 있습니다. 그러므로 바울이 강조하고 싶은 요점은 "의로운 사람이 어떻게 끝까지 **살아남을 것이냐**"가 아니고, "죄된 사람이 어떻게 **의로워질 수 있느냐**"에 있습니다. 죄인이 의롭게 되는 것은 율법이 아닌, 오직 믿음으로만 가능하다는 것이지요! 바울은 '사는 것'보다 '믿음'을 더욱더 강조한 나머지, 하박국처럼 믿음이 '**사는 길**'이라는 사실보다, 믿음이 '**의에 이르는 길**'이라는 사실을 더 강조합니다.

조금 더 복잡하게 정리를 한다면, "**믿음으로 의로워진 사람은 살 것이다**"(the righteous by faith will live)와 "**의인은 믿음에 의해 살리라**"(the righteousness will live by faith)가 다 가능한 해석인데, 그 핵심은 의롭게 되는 일이든 사는 것이든 모두 '**믿음에 의해서만**' 가능하다는 사실입니다. 믿음에 의해 의로워진 사람은 또한 믿음에 의해 살아갈 것이기 때문이지요.

루터는 로마서 1장 17절 말씀을 읽으면서 인간이 하나님 앞에서 의로워질 수 있는 것은 율법을 힘써 지키는 것과 같은 자신의 행위에 의해서가 아니라, 오직 복음을 믿을 때 하나님께서 값없이 주시는 은총의 선물, 즉 하나님의 의 때문이라는 사실을 발견했습니다.

여기서[롬 1:17] 나는 온통 새롭게 태어났다고 느꼈다. 활짝 열린 문을 통해 낙원으로 들어간 느낌이었다. 성경이 전혀 다른 얼굴로 나에게 다가왔다.

17절 말씀 하나 때문에 개신교회(Protestantism)가 생겨났다고
해도 과언이 아닙니다.

제2부

온 인류를 향한
하나님의 진노

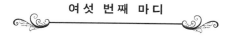

하나님의 진노 아래 있는 인생
People under the Wrath of God

〈1:18-32〉

하나님의 진노와 심판 아래 있는 인류

바울은 1장 16절과 17절에서 로마서의 주제를 제시했습니다. 복음은 유대인과 헬라인을 불문하고 복음을 믿는 사람은 누구든지 구원하는 '하나님의 능력'입니다. 또한 복음을 믿는 이는 그 믿음에 근거해 '하나님의 의'에 이르게 됩니다. 이 두 가지 핵심 주제를 피력披瀝한 바울은 바야흐로 로마서의 본론에 뛰어드는데, 매우 부정적인 이야기부터 먼저 꺼냅니다. 어두운 배경에서 그림의 중심부가 더욱 빛나듯이, 어둡고 절망적인 인간의 현실 때문에 복음의 가치는 더더욱 긴요하고 빛이 나는 법입니다.

로마서 1장 18-3장 20절은 예수 그리스도를 모르는 자연인 상태에서 모든 인간은 스스로 의로워질 수 없으며, 처절한 죄 그리고 하나님의 진노와 심판 아래 있음을 논증하고 있습니다. 마치 법정에 선 검사가 재판장 앞에서 피고인의 죄상罪狀을 추상과 같이 낱낱이 파헤치듯이, 예수 그리스도를 믿지 않는 모든 자연인들의 부패와 타락상을 신랄하게 들추어냅니다. 이와 같은 온 인류의 죄상 고발은 다시 '하나님의 의'를 언급하는 3장 21절까지 계속됩니다.

온 인류의 부패와 타락상은 너무나 철저하고 조직적이고 광범위하기에 오직 예수 그리스도를 통한 하나님의 은혜와 능력만이 해결할 수 있습니다. 그러기에 바울은 먼저 예수 그리스도의 복음이라는 해결책을 제시한 뒤, 스스로 치유할 수 없는 인간의 근원적인 문제를 분해하는, 연역법적 순서로 논증을 시도하고 있습니다.

하나님의 진노와 심판 아래 있는 모든 인간의 참상慘狀을 폭로하기 위해 바울은 마치 동심원同心圓을 그리듯이 보편적인 그룹에서 특수한 그룹으로 그 범위를 점점 안으로 좁혀 들어갑니다. 동심원의 맨 바깥쪽 외곽에는 온 인류가 있고(1:18), 그 안쪽으로 아직 일반계시 혹은 자연계시에 머물러 있는 이방인들의 죄상을 드러내고(1:19-32), 다시 조금 더 안쪽으로 스스로 의롭다고 착각하는 사람들(주로 유대인들)의 죄상을 고발한 뒤(2:1-16), 마침내 맨 안쪽으로 들어가 하나님이 뽑아주셨다는 자기의自己義로 가득 찬 유대인들의 문제점(2:17-3:20)을 조목조목 밝혀냅니다.

바울이 먼저 복음이 가져오는 구원의 능력과 하나님의 의를 제시한 뒤 모든 인류의 부패상을 고발하는 이유는 이와 같은 우주적 궁지(predicament)에서 벗어나는 길은 복음밖에 없다는 사실을 보여주기 위해서입니다. 이방인이나 유대인을 불문하고 스스로 의로워질 수도,

스스로를 구원할 수도 없다는 무기력성과 절망성을 <u>스스로</u> 인정할 때 사람들은 복음에 귀를 기울이게 될 것입니다. 마치 치명적인 알코올 중독자가 자신의 힘으로는 도저히 알코올의 힘으로부터 벗어날 수 없다는 사실을 인정하는 것이 치유의 첫걸음이듯이, 복음 없는 인간의 참상을 자인自認할 때 구원의 서광이 비치기 시작할 것입니다.

자신은 지은 죄가 없고 떳떳하기에 예수 그리스도의 복음 따위는 필요 없다고 착각하는 이들이 있을 것입니다. 이런 사람은 마치 자신의 질병을 <u>스스로</u> 진단한 환자와 같다고 할 수 있습니다. 환자가 스스로 내린 잘못된 진단을 슬그머니 눈감아 주고 그냥 고통받도록 방치하는 의사는 직무유기의 죄를 범하는 것입니다. 바울은 영혼의 의사로서 우리 모두가 우리의 질병과 문제를 있는 그대로 적나라하게 직시하도록 해서 복음이라는 처방전을 받도록 도와줍니다.

온 인류의 죄악상을 폭로하기 위해 3장 20절까지 지루한 논증을 계속할 때 바울은 먼저 1장 18-32절에서 이방인들의 우상숭배와 부도덕성을 차례로 지적합니다. 주어진 본문은 특히 '하나님의 진노'와 연관 지어서 크게 네 부분으로 나눌 수 있습니다.

첫째로, 바울은 '하나님의 진노'가 모든 사람을 겨냥해 계시되었음을 선언합니다(18절). 둘째로, 왜 이 '하나님의 진노'가 정당한지를 설명합니다(19-20절). 셋째로, '하나님의 진노'가 구체적으로 어떻게 나타났는지를 설명합니다(21-31절). 넷째로, '하나님의 진노' 아래 사는 이방인들을 기소하는 것으로 결론을 내립니다(32절).

인간의 '불경건성'과 '불의'에 대한 하나님의 진노

먼저 1장 18-3장 20절 전체의 제목이라고 할 수 있는 '하나님의 진노'(ὀργὴ θεοῦ/the wrath of God)라는 개념을 살펴봅시다.

> 하나님의 진노가 불의로 진리를 막는 사람들의 모든 경건하지 않음과
> 불의에 대하여 하늘로부터 나타나나니(18절).

흔히 사람의 분노가 파괴적인 결과를 가져오기 때문에 하나님께서 진노하신다는 사실에 의문을 품는 이들이 있습니다. 야고보서 1장 20절은 "사람이 성내는 것이 하나님의 의를 이루지 못함"을 지적하며 인간의 분노를 경계합니다. 예수님도 산상수훈에서 형제에게 노하는 자마다 심판을 받는다고 말씀하셨습니다(마 5:22). 바울 역시 분노와 격분에 대해서 여러 차례 경고했습니다(엡 4:31; 골 3:8). 그러기에 인간의 분노를 거룩하고 사랑이 많으신 하나님께 그대로 적용하는 것에 이의를 제기할 수 있습니다.

인간의 분노는 아무리 정당하고, 심지어 그 성격상 거룩한 분노라고 할지라도, 어느 정도 보복성을 띤 데다가 무모하고 통제가 되지 않는다는 사실로 인해 완전히 의로울 수 없습니다. 하지만 하나님의 분노는 이러한 죄성이나 독성이 전혀 없습니다. 하나님의 본성이 의롭기 때문에 하나님의 의로우심에 어긋날 경우 하나님은 분노하실 수 있습니다. 이것은 무엇보다도 인간의 죄가 하나님의 의롭고 거룩한 성품에 위배되기에 진노를 발하십니다.

'진노'의 반대말은 '사랑'이 아니라, '무관심' 혹은 '중립'이라고 할

수 있는데, 하나님은 의로우시기에 인간의 죄악에 무관심하시거나 중립적이시지 않습니다. 성서에 나타난 하나님은 인간의 죄악에 거룩한 혐오감을 보이시며 때로 진노하십니다.

그렇다면 하나님의 진노는 누구에게 나타납니까? "불의로 진리를 막는 사람들의 모든 경건하지 않음과 불의"를 겨냥해서 나타납니다. 여기에서 '경건하지 않음', 즉 '**불경건성**'($\dot{\alpha}\sigma\acute{\epsilon}\beta\epsilon\iota\alpha$/ungodliness)과 '**불의**'($\dot{\alpha}\delta\iota\kappa\acute{\iota}\alpha$/wickedness), 이 두 가지의 죄악이야말로 앞으로 바울이 보여줄 모든 죄악들의 축소판이라고 할 수 있습니다. 전자는 우리가 '하나님을 향하여'(십계명 중에서 하나님을 향한 처음 네 가지) 짓는 수직적 차원의 죄악입니다. 후자는 우리가 '이웃에게'(십계명 중에서 이웃을 향한 나머지 여섯 가지) 범하는 수평적 차원의 죄악입니다. 중요한 사실은 언제나 하나님께 저지르는 종교적 죄인 불경건성이 이웃에게 저지르는 사회적 죄인 불의에 앞선다는 것입니다. '불경건성'과 '불의'야말로 예수께서 그토록 강조하신 사랑의 이중계명, 즉 '하나님 사랑'과 '이웃 사랑'을 정면으로 위배하는 인간의 근원적인 우두머리 죄악이 아닐 수 없습니다.

이 불경건성과 불의가 어떻게 해서 생겨납니까? 모든 인간이 불의한 행동으로 '진리'($\dot{\alpha}\lambda\acute{\eta}\theta\epsilon\iota\alpha$/truth)를 가로막기 때문입니다. 이미 진리를 알 수 있는 것들이 인간에게 미리 주어졌음에도 불구하고 그 진리를 따라 살지 않고 억누르기 때문에 온갖 불경건성과 불의가 연쇄적으로 파생합니다. 다시 말해 최고의 진리인 하나님의 말씀과 진리 그 자체이신 하나님을 알 수 있는 길이 미리 주어졌음에도 인간은 그 진리를 가로막고 자기중심적으로 산다는 말이지요.

이제 바울은 19-20절에서 이 진리가 무엇인지에 대해서 구체적인 예를 듭니다. 한마디로 말해서 이 진리는 자연세계의 질서를 통해 하나님을 알 수 있는 지식입니다. 일종의 자연계시인 셈이지요.

> 이는 하나님을 알 만한 것이 그들 속에 보임이라 하나님께서 이를 그
> 들에게 보이셨느니라 창세로부터 그의 보이지 아니하는 것들 곧 그의
> 영원하신 능력과 신성이 그가 만드신 만물에 분명히 보여 알려졌나니
> 그러므로 그들이 핑계하지 못할지니라(19-20절).

자연만물 속에 하나님을 알만한 지식이 미리 주어졌다는 사실을 신학적으로 '자연계시' 혹은 '일반계시'라고 말합니다. 성경이나 예수 그리스도를 통해 하나님이 알려졌다는 '특수계시'와 반대되는 개념이지요. 하나님은 본질상 보이지 않는 분이시지만, 하나님의 작품인 자연 세계가 영원하신 하나님의 능력과 신성을 보여줍니다.

비록 하나님을 알지 못하는 이방인이라고 할지라고 자연과 역사 혹은 인간의 양심을 통해 하나님을 알 수 있는 길을 미리 보여주셨지만, 인간은 이 진리를 억누르고 외면하고 말았습니다. 위대한 예술작품은 누군가 이 작품을 만든 저자가 있다는 사실을 보여주듯이, 이 아름답고 위대한 자연세계도 이것을 지으신 창조주 하나님의 솜씨를 드러내고 있음에도(시 19:1-4절 참조) 불구하고 사람들은 이 진리를 가로막았습니다.

어떤 디자인이 있다는 사실은 이 디자인을 만든 디자이너가 있다는 사실을 보여주듯이, 정교하고 규칙적으로 돌아가는 이 우주 역시 창조주 하나님을 은연중에 드러내고 있지만 사람들은 시선을 엉뚱한 곳으로 돌리고 말았습니다. 창조주 하나님이 아닌, 피조물에 탐닉했

습니다. 이 세상에 공기 따위는 없다고 주장하는 사람이 공기를 계속 마시듯이, 하나님이 없다고 주장하는 사람이 실상은 하나님의 능력과 신성 속에 둘러 싸여 산다는 사실을 깨닫지 못합니다.

'인간의 바꿔치기' VS. '하나님의 내버려두심'

하나님을 알 수 있는 길이 미리 주어졌음에도 불구하고 이 진리를 억눌러 **불경건성과 불의**에 빠진 인간의 실상을 바울은 '**바꾸었다**'($\mu\epsilon\tau\acute{\eta}\lambda\lambda\alpha\xi\alpha\nu$/exchanged)라는 말과 이 바꿔치기에 대한 하나님의 진노의 표현인 '**내버려두셨다**'($\pi\alpha\rho\acute{\epsilon}\delta\omega\kappa\epsilon\nu$/gave up)라는 표현으로 설명합니다. 자연에 계시된 하나님의 진리를 거슬러 '순리'(順理/$\varphi\nu\sigma\iota\kappa\grave{\eta}\nu$/natural)를 어기고 '역리'(逆理/$\pi\alpha\rho\grave{\alpha}\,\varphi\acute{\nu}\sigma\iota\nu$/against nature)를 선택하는 인간의 죄악을 '바꿔치기'로 표현한 것이지요. 그리고 이 '바꿔치기'에 대한 하나님의 진노의 심판을 '내버려두심', 혹은 '넘겨주심'으로 표현합니다. 크게 세 가지 '인간의 바꿔치기'와 세 가지 '하나님의 넘겨주심'이 있습니다.

첫째, <u>창조주</u> 하나님을 하나님이 지으신 <u>피조물</u>로 바꿔치기했습니다.

썩어지지 아니하는 하나님의 영광을 썩어질 사람과 새와 짐승과 기어다니는 동물 모양의 우상으로 **바꾸었느니라** 그러므로 하나님께서 그들을 마음의 정욕대로 더러움에 **내버려 두사** 그들의 몸을 서로 욕되게 하게 하셨으니(23-24절).

먼저 인간은 하나님과 피조물부터 바꿔치기를 했습니다. 창조주 하나님을 섬기는 대신에 피조물을 섬김으로써 우상숭배를 했다는 말이지요. '하나님의 영광'을 '우상의 모양'으로 바꿨습니다.

여기에서 '영광'이라는 말은 히브리어로 '카봇'(kabod)인데, 그 본뜻은 '무게'입니다. 구약시대에는 무엇인가 무게를 지닐 때 가치가 있었습니다. 그러기에 무거울수록 가치가 더 있었고 더 영광스러웠습니다. 하나님은 이 세상의 그 어떤 것보다 더 무게가 많이 나가는 최고로 가치가 있는 분이기에 가장 큰 영광을 받아야 마땅합니다. 하지만 사람들은 무게 그 자체이신 하나님보다 훨씬 무게가 덜 나가는 피조물들에게 영광을 돌렸습니다.

그러기에 우상숭배는 하나님께 돌려야 할 영광을 빼앗아 피조물에게 돌리는 영적 왜곡이요, 도착이요, 가장 큰 배신입니다. '하나님의 형상'(Image of God)대로 지음 받은 인간이 '자신의 형상'(in his or her own image)을 따라 각종 신들을 만들어내는 우상 제작자가 되고 말았습니다.

하나님께서 이런 인간의 죄에 반응하시는 방법은 무엇입니까? 사람들이 마음의 욕정대로 하도록 더러움에 그냥 내버려두시는 것입니다. '내버려둠'(放置), 이 보다 더 큰 진노의 심판은 없을 것입니다! 인간이 죄를 저지를 때마다 하나님께서 적절한 시간에 적절한 징벌로 간섭하지 않으시고 죄짓는 대로 계속해서 내맡겨둔다는 사실보다 더 무서운 징계와 심판은 없을 것입니다. 마치 자녀가 잘못된 길을 걸어갈 때 그냥 내팽개치는 것보다 더 무서운 일이 없듯이 말이지요.

그러기에 우리가 원하는 것이 하나님의 뜻에 일치하지 않음에도 불구하고 하나님께서 다 들어주시는 것은 축복이 아니라 저주일 수 있습니다. 특히 하나님 대신에 우상을 섬길 목적으로 구하는 것마다 이루어질 때, 이것이야말로 자기 파멸의 지름길이 되고 말 것입니다. 핵무기를 만드는 인간을 제재하지 않고 그냥 내버려두는 것은 결국 핵무기로 온 인류를 자멸하게 만드는 것과 마찬가지일 것입니다. 그러기에 우리가 죄를 지을 때마다 하나님께서 적절한 징계를 내리시는 것은 저주가 아니라 축복입니다. 우리 하고 싶은 대로 욕심에 내맡겨 두는 것, 실상은 하나님이 보이시는 가장 큰 진노일 수 있습니다!

둘째, 하나님의 진리를 거짓으로 바꿔치기 했습니다.

이는 그들이 하나님의 진리를 거짓 것으로 바꾸어 피조물을 조물주보다 더 경배하고 섬김이라 주는 곧 영원히 찬송할 이시로다 아멘 이 때문에 하나님께서 그들을 부끄러운 욕심에 내버려 두셨으니(25-26a절).

이제 인간은 하나님의 진리를 '거짓'($\psi\varepsilon\acute{v}\delta\varepsilon\iota$/lie)으로 바꿔치기 했습니다. 우상숭배야말로 궁극적인 거짓일 것입니다. 하나님께 돌아가야 할 영광을 피조물에게 돌리기 때문이지요. 바울은 이와 같이 거짓된 우상숭배를 개탄하면서 오직 하나님만이 영원히 찬송 받으실 분임을 강조합니다(25b절).

하나님은 이와 같이 진리를 거짓으로 바꾸는 이들도 부끄러운 정욕에 내버려두셨습니다. 우상숭배는 필연적으로 음행으로 이어집니다. 영적인 우상숭배가 육적 음행으로 자연스레 연결되는 것이지요. 우상숭배가 판을 치는 사회의 가장 특징은 성문화의 퇴폐와 문란입니다. 하나님을 피조물과 바꿔치기한 인간은 인간사에서 가장 중요한 출산과 관계된 성적인 순리까지도 바꿔치기해서 왜곡합니다.

셋째, 남성과 여성의 자연스런 관계를 동성끼리로 바꿔치기 했습니다.

> 곧 그들의 여자들도 순리대로 쓸 것을 **바꾸어** 역리로 쓰며 그와 같이
> 남자들도 순리대로 여자 쓰기를 버리고 서로 향하여 음욕이 불 일듯
> 하매 남자가 남자와 더불어 부끄러운 일을 행하여 그들의 그릇됨에
> 상당한 보응을 그들 자신이 받았느니라 또한 그들이 마음에 하나님
> 두기를 싫어하매 하나님께서 그들을 그 상실한 마음대로 내버려 두사
> 합당하지 못한 일을 하게 하셨으니(26b-28절).

아마 성경에 나오는 동성애에 관한 가장 긴 구절일 것입니다. 여기
에서 바울은 '여성동성애자'(lesbian)와 '남성동성애자'(gay) 모두를
거론합니다. 바울이 살던 로마 시대에 동성애는 일반적인 풍속이었습
니다. 그 유명한 네로 황제가 동성애자였고, 로마제국을 통치했던 처
음 열다섯 황제들 중에 열네 명이 동성애를 즐겼다는 기록이 있을 정
도로 동성애는 독버섯처럼 사회 곳곳에 만연해 있었습니다.

26-27절의 해석은 지금까지도 큰 논란거리가 되고 있습니다. 어
떤 사람은 바울이 말하는 순리, 즉 '자연의 질서'를 '동성애자들의 순
리'로 해석해서 이성애자가 동성애를 하는 것은 순리에 어긋나지만,
본래부터 동성애자로 태어난 사람이 동성애를 하는 것은 순리에 맞기
때문에 바울이 비판하는 대상에 포함되지 않는다고 강변强辯합니다.

하지만 바울이 살았던 시대나 동서고금을 막론하고 성性과 연관시
켜 순리(natural)와 역리(unnatural)를 말할 때에는 언제나 음양의 조

화대로 남자와 여자, 여자와 남자의 결합이 순리이지, 남자와 남자의 결합이나 여자와 여자의 결합이 순리라고 말할 수는 없을 것입니다. 그러기에 이성애가 순리고, 동성애가 역리인 것은 창조의 질서입니다. 그러기에 바울이 말하는 순리와 역리를 인간이 자기중심으로 해석하는 것은 옳지 않고, 하나님이 정해주신 창조질서가 순리요, 이것을 어기는 행위가 역리라고 보는 것이 옳을 것입니다.

바울이 볼 때 **불경건성**의 대표적인 형태가 **우상숭배**로 나타나고, **불의**가 전형적으로 나타나는 형태가 **동성애**였습니다. 왜냐하면 우상숭배가 하나님을 피조물과 바꿔치기 함으로써 창조 질서를 뒤집어놓듯이, 동성애는 남성과 여성이라는 성을 바꿔치기 해서 창조 질서를 뒤집어 흩트려 놓기 때문입니다. 여자가 여자끼리, 남자가 남자끼리 성을 주고받음으로써 자연의 순리를 거역하고 하나님의 창조 질서를 교란시키는 행위요. 결국 우상숭배가 하나님 대신에 피조물을 하나님 자리에 올려놓은 **'영적 도착'**이라고 한다면, 동성애는 부부간의 결합과 출산에 있어서 가장 중요한 성을 바꿔치기하는 **'육적 도착'**이라고 할 수 있습니다. 그럼에도 성경은 과거에 동성애를 했던 자들이 돌아올 때 구원받을 수 있음을 분명히 하고 있습니다(고전 6:9-11).

바울은 29-31절에서 인간이 이웃과의 관계에서 저지르는 21가지의 악행 목록을 적시摘示하고 있습니다. 모두 하나님과의 관계가 어그러짐으로 생겨난 불경건성으로 인해 이웃과의 관계도 틀어지는 사회적 악행들이지요.

바울은 마침내 32절에서 이와 같이 불경건성과 불의한 일을 저지르는 이들은 죽을 수밖에 없음을 선언합니다. 이방인의 죄악에 대한 일종의 영적인 사형선고를 내림으로써 결론을 맺고 있습니다. 사람들의 죄악이 얼마나 비열한지 이러한 일들이 나쁜 일인 줄 알면서도 다른 사람들까지 저지르도록 부추긴다는 사실입니다. 스스로 이런 악행을 저지르는 일도 나쁘지만, 죄가 된다는 사실을 뻔히 알고서도 타인에게 적극적으로 권면하고 조장하는 사람이 더 나쁜 법입니다.

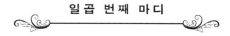

남을 판단하는 사람아!
You Judge Others!

〈2:1-16〉

남을 판단하며 똑같은 짓을 하는 인간

우리 인간에게는 못된 습성이 하나 있습니다. 다른 사람의 잘못에 대해서는 쉽게 비판을 잘합니다. 하지만 자신의 잘못에 대해서는 관대합니다. 설령 자신의 잘못을 인정하더라도 그럴 수밖에 없는 이유를 둘러대며 정당화하거나 합리화하기에 바쁩니다. 개인에 따라 정도의 차이는 있겠지만, 이처럼 모든 인간의 해묵은 습성 가운데 하나는 예수님 말씀하신 그대로 이웃의 눈 속에 있는 '티'($\kappa \acute{\alpha} \rho \varphi o \varsigma$/speck)는 보면서 자기의 눈 속에 있는 '대들보'($\delta o \kappa \grave{o} \nu$/log)는 보지 못한다는 사실입니다(마 7:3). 더더욱 고약한 것은 이웃이 작은 실수나 제법 큰 비행을 저지를 때 쉽게 판단하고 정죄하지만, 정작 자신도 똑같은 실수나 비행을 저지를 때가 있다는 사실입니다.

이와 같은 우리 인생의 모순을 잘 보여주는 속담들이 있습니다. "똥 묻은 개가 재 묻은 개 나무란다", "가랑잎이 솔잎보고 바스락거린다고 한다." 모두 자기에게는 더 큰 허물이 있으면서도 도리어 타인의 작은 허물을 들추어내는 우리의 이중성을 꼬집는 속담들이지요. '이중잣대'(double standard)라는 위선으로부터 자유로운 사람은 없습니다. 남에게는 엄청나게 높고 무거운 윤리적 잣대를 들이밉니다. 하지만 자신에게는 상대적으로 낮고 가벼운 잣대를 설정합니다.

아마도 국회에서 벌어지는 청문회가 대표적인 경우일 것입니다. 총리나 장관과 같은 고위 공직자가 되려는 후보자를 청문할 때 이른바 각 정당에서는 '저격수'를 보냅니다. 때로 청문회 광경을 지켜보는 시민들이 민망할 정도로 비아냥거리거나 노골적인 인신공격을 일삼는 심사위원들이 있습니다. "털어서 먼지 안 나오는 사람 없다"라는 속담처럼 누구나 숨겨진 약점이 있기 마련인데, 질문을 던지는 사람은 마치 그런 약점은 하나도 없는 양 함부로 몰아치는 모습을 흔히 볼 수 있습니다.

이러한 인간의 오만과 위선을 기가 막히게 잘 보여주는 사자성어四字成語도 있습니다. 『채근담菜根譚』에 나오는 '이단공단以短攻短'이라는 말이지요. 말 그대로 "단점으로써 단점을 공격한다"라는 뜻입니다. 자신의 결점은 생각하지 않고 타인의 잘못을 공박하는 태도를 말하지요. 그런가 하면 '책인즉명責人則明'이라는 말도 있습니다. "남을 탓하는데 밝다"라는 뜻으로 남을 꾸짖는 데에는 밝으나 자신의 잘못은 슬그머니 덮어두려는 위선을 보여주는 말입니다.

바울은 2장에서 이러한 인간의 위선을 폭로합니다. 특히 하나님께서 선택해주신 성민聖民이라는 자부심과 함께 **율법**을 소유하고 **할례**를 받았다는 사실을 전가傳家의 보도寶刀처럼 자랑하는 유대인들의 오만과 위선을 여지없이 비판합니다. 바울이 볼 때 하나님의 심판은 너무나 공정하고 의로운 심판이기에 유대인의 특권이 전혀 허용될 수 없다는 것입니다. 유대인이라는 신분 때문에, 율법을 소유하고 들었다는 현실 때문에, 난지 팔일 만에 할례를 받았다는 사실 때문에 하나님의 진노나 심판을 저절로 피할 수 있는 것은 아니라는 말이지요.

이방인들이 저지르는 죄악을 탄식하고 열심히 정죄하다가, 마침내 하나님의 자리에까지 올라가 함부로 판단(κρίων/judge), 즉 심판하는 유대인들이 실상은 이방인들과 똑같은 죄를 짓습니다. 그러면서도 우리는 '율법 백성'이요, '할례 백성'이기 때문에 이방인들이 받을 심판 따위는 받지 않을 것이라는 유대인들의 그릇된 안정감을 마구 흔듭니다. 이 말씀은 오늘 우리 그리스도인들에게도 그대로 유효합니다. 모태신앙인이라고 해서, 교회를 오래 다녔다고 해서 저절로 하나님의 진노와 심판을 모면할 수는 없습니다.

이방인들이 짓는 악행을 똑같이 되풀이하는 유대인들이 이를 회개하고 중단하지 않는다면, 오히려 하나님은 유대인들에게 훨씬 더 엄중한 책임을 물으실 것입니다. 그러므로 본문 말씀은 유대인들이 그랬던 것처럼 나름대로 깨끗하게 살아왔다고 자부하는 도덕주의자들이나 자·타칭 독실한 종교인들, 혹은 고매한 철학자들도 알고 보면 다들 처참한 죄를 짓고 있으며, 이 죄로부터 벗어나기 위해서는 복음이 필요하다는 사실을 강조합니다.

본문은 크게 세 부분으로 나눌 수 있습니다. 첫째로, 1-5절은 하나님의 뜻대로 살지 않는 이들은 유대인이나 이방인을 막론하고 하나님의 심판을 피할 수 없음을 보여줍니다. 둘째로, 6-11절은 유대인들도 이방인들과 똑같이 '행함'에 따라 하나님의 공의로운 심판을 받게 된다는 사실을 강조합니다. 셋째로, 12-16절은 특히 율법과 관련해서 하나님의 공정한 심판을 역설합니다. 최후심판 때에 하나님은 유대인들이 율법을 소유하거나 들었다는 사실이 아니라, 얼마나 진지하게 실천했는가에 따라서 공정한 심판을 내리신다는 것이지요.

도덕주의자와 종교인의 위선

2장 1절이 '그러므로'(Διὸ/therefore)로 시작하는 것은 논리적으로 앞의 문장, 즉 1장 18-32절과 연관되었다는 뜻입니다. 무엇보다도 1장 29-30절에서 언급한 21가지의 악행 목록과, 또 이러한 악행을 저지른 사람들은 사형에 해당하는 죄를 저질렀다는 32절의 결론에 근거해서 바울의 논증이 시작된다는 사실을 보여줍니다.

바울이 이방인들이 저지르는 죄상을 낱낱이 밝혀낸 뒤, "이런 죄를 짓는 사람은 죽어 마땅합니다"라고 말하자 동의하는 사람들이 있었을 것입니다. 고개를 끄떡이며 "아멘! 옳습니다!" 고함을 지르며 동감을 표하는 청중들이 있었겠지요. 바울은 2장에서 바로 이러한 사람들을 대상으로 특유의 거침없는 비판을 전개해 나갑니다. 바울이 볼 때 이러한 청중들이 이방인들보다 훨씬 더 심각한 죄를 짓고 있습니다.

그러므로 남을 판단하는 사람아, 누구를 막론하고 네가 핑계하지 못할 것은 남을 판단하는 것으로 네가 너를 정죄함이니 판단하는 네가 같은 일을 행함이니라(1절).

여기에서 바울은 가상의 적수敵手를 내세워 오로지 그를 공박하기 위해 그에게 질문을 던지거나 스스로 대답도 하게 하는 'Diatribe통렬한 비판'라는 수사학적 방법을 쓰고 있습니다. 이러한 가상의 적수는 1절과 3절에 '사람아'(εἶ ὦ ἄνθρωπε/you, oh man/너 사람아)라는 말로 두 차례나 언급됩니다.

바울을 힘들게 했던 적수는 선교하는 내내 곳곳에 포진해 있었기에 이 가상의 적수는 완전히 현실성이 없는 가공의 인물만은 아닙니다. 대화 상대자의 허점이나 뻔뻔스러움을 폭로하기 위해 하나의 문학 수법으로 내세운 가상의 인물이기는 하지만, 실제 바울의 마음속에는 자신을 반대하고 공격했던 수많은 원수들을 떠올렸을 것입니다.

거의 대부분의 학자들은 이 가상의 적수가 유대인이라고 단정 짓습니다. 1장에서 이방인들의 죄상을 밝혀낸 바울이 이제는 유대인들의 오만과 위선을 들추어내는 작업으로 전환했다고 믿기 때문이지요. 하지만 '유대인'이라는 말이 2장 17절에 가서야 비로소 등장하기 때문에 아직 여기에서 말하는 사람은 '모든 사람'을 지칭한다는 주장도 설득력이 있습니다. 왜냐하면 바울이 1장에서 열거한 죄악상을 들은 뒤 나는 그런 사람들과는 다르다고 생각하는 '이방인 도덕주의자들'이나, 특히 엄격한 금욕주의를 표방한 '스토아 철학자들'과 같은 자·타칭 의로운 사람들도 있었을 것이기 때문입니다.

이처럼 바울이 가상의 적수로 내세운 인물은, 물론 이후에 전개되는 논리의 흐름으로 보건대 유대인들을 겨냥한 것이 틀림없겠지만, 종교 도덕적으로 상대적 우월감을 지닌 모든 이들을 지칭한다고 해도 무방無妨할 것입니다. 이들은 분명히 바울이 1장에서 말한 악행들로부터 비교적 자유롭고 나름대로 반듯한 생활을 해온 도덕주의자들이요, 경건한 종교인들이라고 할 수 있습니다. 문제는 이들이 남을 정죄하고 판단하지만 자신도 그들과 똑같은 죄를 저지른다는 냉엄한 현실에 있습니다.

바울이 1장 32절에서 지적한 이방인은 죄가 죄인 것을 알면서도 자신도 악행을 저지를 뿐 아니라, 다른 사람까지 동일한 죄를 짓도록 부추깁니다. 이들과 비교할 때 2장 1절에 언급된 이들은 죄악을 저지르는 사람들을 재판장이 피고에게 판결을 내리듯이 판단하면서 정작 자신도 똑같은 죄를 저지르는 위선자라는 데 문제가 있습니다. 인간을 판단할 수 있는 진정한 재판장은 하나님 한 분이심에도 불구하고 자신이 그 재판정에 올라가 남을 판단하는 것은 교만과 우상숭배의 죄를 범하는 것이기에, 바울은 이런 사람의 죄질이 훨씬 더 무겁다고 봅니다.

이러한 사람은 마치 누가복음 15장의 '탕자의 비유'에서 말하는 것처럼, 남들이 볼 때에나 스스로 여기기에도 적어도 겉으로 보기에는 의롭고 충성스러운 것처럼 보이지만 어쩔 수 없이 장자라는 체면 하나 때문에 아버지의 속마음은 조금도 헤아리지 않고 형식적으로 아버지를 섬기는 맏아들과 같은 사람이지요. 아니면 누가복음 18장의 '바리새인과 세리의 비유'에서 자신은 모든 죄인의 대명사인 세리와는 다르다며 세리를 멸시하고 따로 서서 자신의 종교적인 공로만 들먹이며 자랑 기도를 하는 바리새인과 같은 사람이기도 합니다.

바울은 상대적 의로움에 가득 차 타인을 비판하기에 바쁜 도덕주의자들이나 종교인들 역시 하나님의 진노와 심판 아래 있으며, 반드시 복음을 믿어야지만 구원받을 수 있다는 사실을 역설합니다. 이와 같은 종교 도덕적 위선자들 위에도 '진리에 따른 하나님의 공정한 심판'이 임하게 될 것이라는 사실이지요(2절). 진리에 따른 하나님의 공정한 심판은 종교 도덕적으로 조금 더 우월한 삶을 산다고 자부하는 사람들에게도 어김없이 임합니다. 바울은 다른 사람의 잘못은 잘도 정죄하고 판단하면서 자신도 똑같은 죄를 범하는 이들이 하나님의 심판을 피할 것이라는 섣부른 기대를 하지 말라고 경고합니다(3절).

유대인들은 하나님께서 왜 이방인들의 죄악에 대해서 그토록 참으시는지 의아했지만, 실상은 그들에게도 참고 계신다는 사실을 깨닫지 못했습니다. 하나님의 인자하심으로 회개에 이르도록 오래 참고 기다리시는 것을 깨닫지 못하고, 마치 하나님께서 자신의 죄악에 대해서 '부주의한 간과'를 계속하신다고 생각하는 것이야말로 하나님의 '인자하심'과 '용납하심' 그리고 '길이 참으심'이 얼마나 풍성한가를 멸시하는 것과 같습니다(4절). 결국 이방인 도덕주의자나 유대인 종교인을 불문하고 완고해서 회개를 거부하는 이들은 하나님의 진노와 심판을 모면하는 것이 아니라 도리어 스스로 쌓아 올리고 있을 뿐입니다(5절).

공평무사한 하나님의 심판

이제 6-11절에서 바울은 율법이나 할례를 소지한 유대인이라고 해서 하나님께서 어떤 특혜를 주실 것이라는 사실을 차단하기 위해 '하나님 심판의 공정성(impartiality)'을 다시 한 번 강조합니다. 이 부분은 특이하게도 6절과 11절에서 제시한 하나님의 심판 기준이 앞뒤로 감싸는 형식으로 되어 있습니다.

하나님께서 각 사람에게 그 행한 대로 보응하시되(6절).

이는 하나님께서 외모로 사람을 취하지 아니하심이라(11절).

하나님께서 인류를 심판하시는 두 가지 기준이 있습니다. 첫 번째 기준은 6절 말씀처럼 하나님은 사람이 행한 그대로 갚아주십니다. 두 번째 기준은 11절 말씀대로 사람을 외모로 차별하지 않으십니다. 우리의 민족성이나 종교적 유산, 그 어떠한 특권도 하나님께는 통하지 않습니다. 그러기에 유대인이라고 해서 어떤 특혜를 받을 것을 섣불리 기대하지 말라는 경고이기도 합니다.

두 가지 심판 기준으로 볼 때, 먼저 영생을 얻을 사람들이 있습니다. "참고 선을 행하여 영광과 존귀와 썩지 아니함을 구하는 사람"이지요(7절). 정반대로 하나님의 진노와 분노에 직면할 사람들도 있습니다. "당을 지어 진리를 따르지 아니라고 불의를 따르는 사람"입니다(8절). '당을 짓는다'는 말은 헬라 원어로 $\dot{\epsilon}\rho\iota\theta\epsilon\iota\alpha\varsigma$(eritheias)인데, 원뜻은 고용된 자가 '자기의 이익을 구한다'(self-seeking)는 말입니다. 노동자가 자신의 이익과 권리를 주장하는 일에는 단호하지만 자신이 몸담고 있는 회사의 안전이나 만들어내는 제품의 질에는 무관심하다면, 이것이야말로 자신의 유익만 구한다는 의미의 $\dot{\epsilon}\rho\iota\theta\epsilon\iota\alpha\varsigma$'에 꼭 부합될 것입니다.

이와 같이 선행과 악행을 저지른 사람들이 받게 될 하나님의 보응을 적시한 바울은 9-10절에서 순서를 바꾸어서 먼저 악행자가 받을 보응을, 그런 뒤 선행자가 받을 보응을 다시 한 번 강조합니다. 악행자에게는 '환난'과 '곤고'가 기다립니다. 선행자에게는 '영광'과 '존귀'와 '평화'가 기다립니다.

지금까지 바울이 말한 인간의 행함에 따라 하나님이 주시는 상선벌악賞善罰惡을 도식화하면 다음과 같습니다.

인간의 행위	→	하나님의 보응
참고 선을 행하여 영광과 존귀와 썩지 아니함을 구하는 자(7절)	→	영생(賞)
당을 지어 진리를 따르지 않고 불의를 따르는 자(8절)	→	진노와 분노(罰)
악을 행하는 각 사람(9절)	→	환난과 곤고(罰)
선을 행하는 각 사람(10절)	→	영광과 존귀와 평강(賞)

흥미롭게도 9-10절에서 악행자와 선행자가 받을 각각의 보응을 언급할 때, "먼저는 유대인에게요 그리고 헬라인에게라"는 표현을 두 번씩이나 연거푸 씁니다. 바울은 구원을 가져오는 복음의 능력을 말할 때에도 "먼저는 유대인에게요 그리고 헬라인에게로다"(1:16)라는 표현을 썼는데, 하나님의 심판을 언급할 때에도 이런 표현을 씁니다. 구원 순서에 있어서 먼저라고 했을 때에는 좋았겠지만, 심판 순서에도 먼저라는 말을 들었을 때는 소스라치게 놀랐을 것입니다. 유대인이라는 특권의식 때문에 심판 때에도 어떤 식으로든 특혜가 있을 것이라는 기대에 찬물을 끼얹는 말씀이기 때문이지요. 하나님은 어떤 사람의 민족적 혹은 종교 도덕적 배경이 아닌, 오로지 행함에 따라 공평무사하게 심판하십니다.

이와 같이 '행함'이 심판의 기준이 된다는 바울의 주장을 듣고서 혹시 그가 말하는 오직 믿음으로만 의롭게 된다는 '이신칭의'와 모순이 되지는 않는지 의구심을 품을 수 있습니다. 사실 바울이 말하는 "인간이 행한 대로 하나님이 보응하신다"라는 주장은 예수님의 말씀에 뿌리를 두고 있을 뿐 아니라 성경 곳곳에 근거를 둔 말씀입니다.

우리가 의롭게 되고 구원을 받는 것은 행위에 근거한 우리의 공로 때문이 아닙니다. 예수 그리스도를 믿을 때 값없이 주어지는 하나님의 은혜 때문입니다. 그럼에도 불구하고 우리의 **믿음**은 언제나 **행함**이라는 열매로 나타나기 마련입니다. "행함으로 믿음을 보인다"(약 2:18), 혹은 "행함이 없는 믿음은 죽은 것"(약 2:26)이라고 주장한 야고보서와 같이, 아니면 바울이 갈라디아서 5장 6절에서 '사랑으로써 역사하는 믿음'(faith working through love)을 강조한 것처럼 **진정한 믿음**은 반드시 **선행의 열매**로 나타나기 마련입니다. 그러기에 행함은 구원의 근거가 아니라, 구원하는 믿음을 가졌다는 증거일 뿐이지요.

사과나무 위에 열린 사과열매는 생명이 있다는 증거를 보여줍니다. 하지만 열매 자체가 생명을 주는 것은 아닙니다. 깊이 내린 뿌리가 영양분을 공급하기 때문에 살아서 사과열매를 맺게 합니다. 그러므로 생명의 원천은 사과나무의 뿌리에 있지, 사과열매에 있는 것이 아닙니다. 다만 사과열매는 나무가 살아있다는 사실을 확실히 입증해줄 뿐입니다.

마찬가지로 예수 그리스도에 대한 우리의 믿음만이 나무뿌리처럼 구원이라는 생명을 부여합니다. 선행의 열매는 우리가 생명력 있는 참 신앙을 가졌다는 사실을 확실히 입증해줍니다. 중요한 것은 우리가 의로워지고 구원을 받기 위해 '믿음'(복음)과 '행함'(율법) 둘 다가 필요한 것이 아니라는 사실입니다. 믿음으로 충분하지만, 그럼에도 진정한 믿음은 반드시 선행의 열매로 나타날 수밖에 없다는 사실도 무척이나 중요합니다. 그러기에 복음을 강조한다고 해서 '무無율법주의'(anomianism)나 '반反율법주의'(antinomianism)에 빠져서는 안 됩니다.

바울이 **행함**을 강조할 때에는 언제나 하나님의 공정한 **심판**과 관계되어 있지, 우리의 **의화**나 **구원**과 연계된 것은 아닙니다. 의화와 구원은 언제나 우리의 믿음을 통한 하나님의 은혜와 직결됩니다.

율법을 들음에서 행함으로

이제 12절부터 바울은 처음으로 '율법'(νόμον/law) 문제를 거론하기 시작합니다. 유대인들은 율법을 가졌고 할례를 받았기 때문에 자동으로 하나님의 심판을 피할 수 있다고 생각했습니다. 하지만 바울에게는 유대인들이 율법을 소유했고 들었고 읽었다는 사실이 중요한 것이 아닙니다. 단연 율법을 실천하는 것이 중요합니다! 율법은 듣거나 읽기 위해서 있는 것이 아닙니다. 소유하기 위해서 존재하는 것이 아닙니다.

교통법규를 듣고 아는 것도 중요하지만, 더더욱 중요한 것은 듣고 알았으면 반드시 지켜야만 합니다. 빨간 불이 켜져 있을 때 지나갔습니다. 빨간 신호등이 켜져 있는 동안에는 길을 건너서 안 된다는 법규를 너무나 잘 알고 있습니다. 하지만 문제는 그가 이 법을 어겼다는 데 있는 것이지, 법을 알고 있었다는 사실만으로는 아무 소용이 없습니다. 마찬가지로 유대인들이 이방인들이 갖지 못한 율법을 소유했고 들었고 읽었다는 사실만으로는 하나님의 심판을 저절로 면할 수 없습니다. 하나님의 심판은 유대인들이 이 율법을 얼마나 잘 실천했는가에 따라 결정될 것이기 때문입니다.

> 하나님 앞에서는 율법을 듣는 자가 의인이 아니요 오직 율법을 행하는 자라야 의롭다 하심을 얻으리니(13절).

장차 임하게 될 심판의 날에 유대인들이 이와 같이 율법의 실천 여부與否에 따라 하나님의 심판을 받게 된다면, 율법을 갖지 않은 이방인들은 어떻게 됩니까? 바울에 따르면 율법을 알고 범죄한 유대인은 율법에 따라, 즉 율법을 얼마나 지켰고 얼마나 어겼는가에 따라 심판을 받는다면, 이방인은 당연히 율법과 상관없이 심판을 받게 될 것입니다(12절).

하지만 모세의 율법을 갖지 못한 이방인들이라고 할지라도 핑계를 댈 수 없습니다. 하나님께서 이방인들에게도 선과 악을 알 수 있는 자연법(natural law)을 선천적으로 마음 깊이 아로 새겨주셨기 때문입니다. 모세의 율법을 모른다고 할지라도 사람들은 마음 깊은 곳에 생득적生得的으로 각인된 양심의 도덕법칙 때문에 부모님께 효도해야 한다는 것을 알고, 남의 물건을 도둑질해서는 안 된다는 사실을 압니다. 그러기에 이방인들 역시 율법을 소유하지 못했고 듣지 못해서 악을 범했다고 변명할 수 없습니다. 선악을 선천적으로 알 수 있는 양심이라는 자연법을 하나님께서 이미 그 마음에 새겨주셨기 때문이지요.

율법 없는 이방인이 본성으로 율법의 일을 행할 때에는 이 사람은 율법이 없어도 자기가 자기에게 율법이 되나니 이런 이들은 그 양심이 증거가 되어 그 생각들이 서로 혹은 고발하며 혹은 변명하여 그 마음에 새긴 율법의 행위를 나타내느니라(14-15절).

바울은 유대인들의 특혜를 인정하지 않음으로써 이방인과 유대인이 하나님의 진노와 심판 앞에서 하등의 차이가 없다는 양자의 평준화 작업을 성실히 수행했습니다.

이제 16절에서 바울은 하나님께서 예수 그리스도로 말미암아 사람들의 '은밀하게 감추어진 것'($\kappa\rho\upsilon\pi\tau\grave{\alpha}$/secret)까지도 심판하신다는 사실을 언급함으로써 결론을 맺습니다. 하나님의 심판은 겉모습만 보고서 하는 심판이 아니라 우리의 감추어진 속마음까지 훤히 헤아리시는 심판이라는 것이지요. 요즈음 '다본다'라는 브랜드의 블랙박스가 모든 것을 다 촬영하듯이, 우리가 말하는 은밀한 것들까지도 일일이 녹음을 하듯이, 하나님은 우리의 감추어진 부분까지 꿰뚫고 계십니다.

무엇보다도 예수 그리스도의 복음을 믿고 그리스도인다운 선행의 열매를 많이 맺는 사람은 하나님의 진노의 심판에서 건짐을 받을 것이기 때문에 '하나님의 심판' 역시 복음의 일부임에 틀림없습니다.

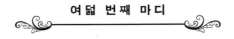

여 덟 번 째 마 디

'표면' VS. '이면'
One Outwardly VS. One Inwardly

〈2:17-29〉

유대인이라는 자처하는 당신은?

바울은 2장 1-16절에서 유대인이나 이방인이나 불문하고 '행함'에 따라 하나님의 공의로운 심판을 받을 것이기에 유대인이라는 선천적 신분으로 인한, 혹은 율법을 소지했고 들었다는 사실로 인한, 그 어떤 특혜도 기대할 수 없다는 사실을 분명히 했습니다.

이처럼 바울이 비판하는 도덕주의자들이나 종교인들이 유대인들이라는 사실을 누구나 다 짐작은 할 수 있었지만, '유대인'이라는 이름이 명시적으로 등장하는 것은 17절부터입니다. 바울이 비방(Diatribe)의 수법을 사용해서 가상의 적수로 공격했던 대상이 '유대인'임을 비로소 명확히 밝히고 있는 것이지요.

유대인들이 볼 때 이 세상은 오직 '유대인'과 '비非유대인'(이방인) 두 종류의 사람들만 존재합니다. 하나님과 특수한 언약을 맺어 선민選民이자 성민聖民이 된 유대인들은 이방인들이 갖지 못한 두 가지 상징적인 선물을 받았습니다. '율법'과 '할례'였습니다. 이러한 특혜의식 때문에 유대인들은 이방인들을 특히 '할례받지 못한 개들'(uncircumcised dogs)로 멸시했습니다. 하지만 바울은 율법과 할례를 소지했다는 사실만으로도 지나친 자부심을 갖고 목이 곧은 유대인들을 겨냥해 직격탄을 날리고 있습니다. 그들의 오만과 위선을 여지없이 폭로합니다.

안타깝게도 본문의 유대인 비판은 서구 기독교 역사에 있어서 유대인들을 정죄하고 박해하는 '반反유대주의'(antisemitism)의 성서적 근거로 악용된 적이 있습니다. 저 유명한 히틀러의 유대인 학살 600만 명을 비롯해 유대인들은 도처에서 숱한 차별과 탄압을 받아야만 했습니다. 한때 기독교 국가였던 영국은 반유대주의 정서 때문에 1290년에 대대적으로 유대인들을 추방한 뒤 장장 365년 동안 유대인들의 입국을 막았던 적도 있습니다.

이러한 유대인 혐오증은 그 역사적 뿌리가 깊지만, 일부 극우 기독교인들이 반유대주의의 성서적 근거로 삼았던 부분이 바로 본문이었습니다. 하지만 바울이 유대인들을 비판할 때 그들을 증오하거나 탄압하기 위한 속셈은 추호도 없었습니다. 오히려 바울은 로마서 9장 3절에서 동족인 유대인을 구원할 수만 있다면 자신이 저주를 받아 그리스도에게서 끊어지는 것조차도 감수하겠다고 했습니다. 예수님도 유대인이요, 바울 자신도 유대인이었으니, 만일 바울이 유대인들을 인종적으로 비난하기 위해 논증을 폈다면 자기 얼굴에 침 뱉는 꼴이 되고 말았을 것입니다. 바울의 목적은 순수했습니다. 이방인들뿐만 아니라 유대인들 역시 예수 그리스도의 복음을 믿지 않으면 안 될 죄인들이라는 사실을 강조하고자 했던 것뿐입니다.

본문은 주제에 따라 크게 두 부분으로 나눌 수 있습니다. 첫째로, 17-24절까지 언약백성으로서의 유대인을 상징화하는 한 축인 '율법'을 논합니다. 율법을 소지하는 것이 아니라, 율법을 실천하는 것이 훨씬 더 중요함을 역설합니다. 둘째로, 25-29절에서 언약 백성을 상징화하는 또 다른 축인 '할례'에 대해서도 할례라는 '신체적 표증表證'이 아니라, '마음의 할례'가 훨씬 더 중요하다는 사실을 역설합니다. 바울은 결코 '율법'과 '할례'의 효력을 무효화시키거나 그 가치를 떨어뜨리려고 하지 않습니다. 율법과 할례를 소유하고 있다는 사실만으로는 큰 의미가 없다는 사실을 강조하는데 진정한 목적이 있습니다.

'율법 소지' VS. '율법 실천'

바울은 17-20절에서 유대인들이 자랑하는 대표적 특권 세 가지를 오름차순으로 열거합니다. 그런 후 21-24절에서는 유대인들이 이 특권의식에 부합된 삶을 살지 못하는 모순된 현실을 여지없이 고발합니다.

유대인이라 불리는 네가 율법을 의지하며 하나님을 자랑하며(17절).

유대인들이라면 누구든지 자랑하는 전형적인 특권 세 가지가 있었습니다. 첫째, '유대인'으로 불리는 특권이었습니다. '유대인'(Ἰουδα ῖος/Jew)은 가나안 땅을 정복할 때 이스라엘의 12지파 가운데 '유다지파'의 후손들이 점령한 지역 주민들을 가리키는 말이었으나, 바벨론 포로 이후에 모든 이스라엘 백성들을 통칭하는 용어로 자리를 잡았습니다. 이 유대인이라는 이름에는 타민족들과 달리 하나님께서 특별히 뽑아주셨고, '하나님의 눈동자'(슥 2:8)처럼 아끼고 사랑하신다는 신분상의 특권의식이 함축되었습니다.

둘째, 율법을 의지했습니다. 유대인들을 흔히 '책의 민족'으로 부릅니다. 하나님의 계시가 기록된 성문법成文法인 율법을 오로지 유대인들만이 갖고 있다는 사실은 대단한 영광이자 특권이었습니다. 특히 바울 시대의 유대인들은 율법을 소지한 것만으로도 하나님의 심판을 모면할 수 있다고 굳게 믿었습니다.

셋째, 하나님을 자랑했습니다. 하나님은 나무나 돌로 만든 우상들과 달리 우주만물을 창조하셨고, 다스리시고 보존하시는 분이십니다. 성경도 하나님을 힘써 자랑하라고 권고하고 있기에 하나님을 자랑하는 것 자체에는 문제가 없습니다.

여호와께서 이와 같이 말씀하시되 지혜로운 자는 그의 지혜를 자랑하지 말라 용사는 그의 용맹을 자랑하지 말라 부자는 그의 부함을 자랑하지 말라 자랑하는 자는 이것으로 자랑할지니 곧 명철하여 나를 아는 것과 나 여호와는 사랑과 정의와 공의를 땅에 행하는 자인 줄 깨닫는 것이라 나는 이 일을 기뻐하노라 여호와의 말씀이니라(렘 9:23-24).

사실 유대인이 누리고 있었던 세 가지 특권은 그 자체로서는 문제가 없습니다. 유대인으로 태어났고, 율법을 소유했고, 하나님을 자랑하는 것은 다 좋은 일입니다. 문제는 특권을 자랑만 하고 이 특권의식에 걸맞은 삶을 살아내지 못한다는 괴리(乖離/gap)에 있습니다. 유대인이라는 영예로운 이름다운 삶을 살지 못하고, 마치 보험을 들어놓은 것처럼 막연히 율법을 의지하기만 했지 율법을 생활 속에 실천하지 못했습니다. 하나님을 자랑하는 것은 좋은 일이나, 오직 유대인들만이 하나님의 진리를 안다는 독선에 빠졌습니다. 바울이 비판하려는 것은 이러한 괴리와 불일치였습니다!

유대인들이 자부심을 가졌던 세 가지 대표적인 특권을 언급한 뒤, 바울은 유대인들의 두 가지 특징을 더 첨가합니다.

> 율법의 교훈을 받아 하나님의 뜻을 알고 지극히 선한 것을 분간하며 (18절).

유대인으로 태어나 밤낮으로 율법을 묵상하고 하나님을 자랑하다 보니 유대인들이 잘하는 두 가지가 있었습니다. '하나님의 뜻을 아는 것'과 '가장 좋은 일이 무엇인지 분간해내는 것'입니다. 이것은 무엇보다도 율법의 가르침을 받다보니 생겨나는 자연스러운 장점들이었습니다.

지금까지 말한 유대인들의 다섯 가지 특징이 다분히 개인적인 영적 축복이라고 한다면, 그들이 이웃과의 관계에서 누리는 네 가지 특권이 더 있습니다.

> 맹인의 길을 인도하는 자요 어둠에 있는 자의 빛이요 율법에 있는 지

식과 진리의 모본을 가진 자로서 어리석은 자의 교사요 어린 아이의
선생이라고 스스로 믿으니(19-20절).

유대인은 스스로 '눈먼 사람의 길잡이'요, '어둠 속에 있는 사람의
빛'이요, '어리석은 사람의 스승'이요, '어린아이의 교사'로 확신했습니
다. 모두 상대적으로 무지하고 미숙한 사람들을 인도하고 가르치는
선생의 위치에 서 있다는 뜻입니다. 이러한 확신의 배후에는 유대인
들이 율법에 계시된 하나님의 뜻을 잘 알기에 다른 모든 민족들보다
훨씬 더 우월하다는 종교 도덕적 자만심이 깔려 있습니다.

이와 같이 **신분**과 **소유**의 관점에 있어서 유대인은 확실히 남다른
특권을 누리는 민족이었지만, 문제는 그 **삶**과 **실천**에 있어서 실패했다
는 현실에 있었습니다. 남을 훈도薰陶하는 스승의 경우 훨씬 더 무거운
의무와 책임이 수반되어야 함에도 불구하고 아만我慢에 매몰될 때 문
제가 생기는 것이지요.

내 형제들아 너희는 선생된 우리가 더 큰 심판을 받을 줄 알고 선생이
많이 되지 말라(약 3:1).

이제 바울은 칼끝을 예리하게 다듬어 자신이 믿고 설교하는 대로
살아내지 못하는 유대인들의 위선을 정면으로 겨냥합니다. 마태복음
23장 3절에서 예수님은 서기관들과 바리새인들의 위선을 통박痛駁하
신 적이 있습니다.

그러므로 무엇이든지 그들이 말하는 바는 행하고 지키되 그들이 하는

행위는 본받지 말라 그들은 말만 하고 행하지 아니하며.

마찬가지로 바울이 볼 때 유대인들은 남을 가르치면서 정작 자신은 가르치지 않습니다(21절). 타인은 잘도 가르치면서 자신은 그 가르침을 이행하지 않는 모순을 크게 세 가지 질문 형태로 질타합니다. 도둑질하지 말라고 하면서 도둑질합니다. 간음하지 말라고 하면서 간음합니다. 우상을 미워하면서도 신전의 물건을 훔칩니다.

모든 유대인들이 '도둑질'과 '간음', '신성모독'이라는 세 가지 죄를 다 지은 것은 아닐 것입니다. 하지만 예수님이 마음속에 음욕을 품은 자마다 이미 간음했다고 말씀하신 것처럼(마 5:28), 율법 계명을 엄격하게 적용할 경우 이러한 죄로부터 자유로운 사람은 아무도 없을 것입니다. 바울은 유대인들의 언행불일치, 즉 '율법 소유'와 '율법 실천' 사이의 불일치를 지적하기 위해 그 당시 유대인 사회의 대표적 비행 세 가지를 예로 들었을 것입니다.

23-24절은 율법과 관련해서 유대인들이 율법을 자랑만 했지, 구체적으로 순종하지 못하는 이중성을 기가 막히게 정리해줍니다.

율법을 자랑하는 네가 율법을 범함으로 하나님을 욕되게 하느냐 기록된 바와 같이 하나님의 이름이 너희 때문에 이방인 중에서 모독을 받는도다.

바울은 이사야 52장 5절 말씀을 인용해 유대인들 때문에 하나님이 이방인들의 조롱거리가 되신다는 사실을 지적합니다. 종교적 위선은 대개 자신의 교리 지식이 대단하다는 지적 자만심의 형태로 나타납니다. 유대인들의 율법 사랑과 율법 연구는 남달랐습니다. 수시로 율법을 묵상하고 연구했을 때 그 지식은 상당 수준에 도달했을 것입니다. 문제는 율법에 대한 정교한 해석과 이론적 정통 지식에만 몰두했지 율법을 생활 속에 실천하는 일에는 무관심했습니다. 게다가 오로지 자신만이 진리를 독점하고 있다는 그릇된 확신도 가졌습니다. 그리하여 자신의 율법 기준에 미치지 못하는 이들을 함부로 정죄하고 판단하기에 늘 바빴습니다.

율법의 진리를 깨우쳤고 하나님의 뜻을 분간했으면 일차적으로 자신에게 엄격하게 적용해서 먼저 자신을 시험해야 마땅한데 남들에게만 들이댑니다. 율법은 소유하고 듣고 읽기 위해서가 아니라 순전히 지키기 위해 있는 것이기에, 지키지 않는다면 율법을 욕되게 할 뿐 아니라 궁극적으로 율법을 주신 하나님을 욕되게 하는 것입니다.

세상 사람들은 보이지 않는 하나님을, 하나님을 믿는 사람들의 삶의 모습을 보고서 판단합니다. 유대인들이 하나님을 믿는 백성답게 살지 못하니까 저들이 믿는 하나님의 이름이 모욕을 당합니다. 모든 악의 본질이 하나님을 영화롭게 하지 않고 하나님의 이름을 욕되게 하는 것이라고 한다면, 우리가 진정 그리스도인다운 삶을 살지 못할 경우 다름 아닌 우리 자신이 하나님을 욕되게 하는 것이지요.

'표면적 유대인/할례' VS. '이면적 유대인/할례'

이제 바울은 25-29절에서 율법을 자랑만 했지 실천은 하지 못하는 유대인들의 약점을 '할례'와 연관시켜 더욱 예리하게 꾸짖습니다.

율법이 유대인의 선민의식을 보증해주는 **정신적 표증**이라고 한다면, **할례는 육체적 표증**이었습니다. '할례'를 뜻하는 헬라어 $περιτομή$(phe-ritome/circumcision)는 '둘레를 자르다'라는 말에서 나왔습니다. 사내 아이가 난지 팔 일이 되면 생식기의 표피 둘레를 잘라내는 일종의 포경수술인 셈이지요(창 17:11). 하지만 할례는 아브라함의 후손들을 하나님께서 뽑아 세우셨다는 거룩한 언약의 표시였습니다. 다시 말해 할례는 하나님의 백성이라는 사실을 상기시켜 주는 '외적 표시'이자 '신체적 기억'이었습니다.

유대인 남자들은 자신의 신체에 새겨진 할례를 '거룩한 흔적'(聖痕)으로서 일생 자랑스럽게 여겼습니다. 더욱이 할례만 받으면 이방인이 받을 하나님의 진노와 심판을 자동으로 모면할 것이라고 믿었습니다. 하지만 바울은 율법에서부터 할례가 오기에 할례보다 상위의 권위와 가치를 지닌 율법을 어길 경우 할례 그 자체가 무효가 된다고 주장합니다. 할례 그 자체로서는 아무 의미가 없고, 오직 할례가 비롯된 모법母法인 율법을 지킬 때에만 할례의 효력이 발생한다는 것이지요. 그 당시 유대인들을 격분시킬만한 너무나 대담한 주장입니다!

> 네가 율법을 행하면 할례가 유익하나 만일 율법을 범하면 네 할례는 무할례가 되느니라 그런즉 무할례자가 율법의 규례를 지키면 그 무할례를 할례와 같이 여길 것이 아니냐(25-26절).

할례가 율법 실천, 즉 순종의 대안이 될 수 없습니다. 할례가 하나님께로부터 온 거룩한 의식(ritual)이요, 성스러운 표시(sign)임에는 틀림없지만, 할례의 효력은 할례가 파생된 율법을 힘써 지킬 때만 발생합니다. 그리하여 율법을 어기면 아무리 할례를 받았어도 무효가 되어 무할례, 즉 할례 받지 않은 것이 되고 맙니다. 바울은 이와 같이 할례를 율법 준수와 직결시켜 할례의 가치를 상대화시킵니다. 거꾸로 무할례자, 즉 할례를 받지 않은 이방인이 율법을 지키면 할례자, 즉 할례를 받은 사람처럼 되고 맙니다. 스토트는 이것을 다음과 같은 방정식으로 풀었습니다.

할례 – 순종(율법준수) = 무할례
무할례 + 순종(율법준수) = 할례

　　육체적으로 할례의 표시를 갖고 있느냐 않느냐가 아닌, 율법 준수의 여부에 따라 할례자도 되고 무할례자도 된다는 주장은 할례라는 외적 표시를 통해 유대인들이 하나의 미신처럼 믿고 있었던 그릇된 안정감을 사정없이 흔듭니다. 외적으로 할례 하나를 받았다고 해서 유대인의 처지가 이방인과 달라지는 것은 아니라는 사실을 강조함으로써 유대인과 이방인을 평준화시키려고 합니다.
　　이처럼 할례의 효력을 **율법의 행함**이라는 보다 객관적이고 공평한 틀 안에서 보려고 하는 바울은 이제 유대인들을 더욱 경악시킬 만한 주장을 쏟아놓습니다.

　　또한 본래 무할례자가 율법을 온전히 지키면 율법 조문과 할례를 가지고 율법을 범하는 너를 정죄하지 아니하겠느냐(27절).

　　그 당시 유대인들의 지배적인 생각은 의로운 유대인들이 불의한 이방인들을 심판하는 우월한 자리에 앉는다는 사실이었습니다. 바울은 이러한 확신을 완전히 뒤집어놓습니다. 율법과 할례를 소유한 유대인들이라고 해서 율법과 할례가 없는 이방인들을 정죄하고 심판하는 자리에 저절로 앉는 것이 아니라, 유대인이나 이방인을 불문하고 율법을 행하는 이가 율법을 행치 않는 자를 정죄하고 판단하는 자리에 설 것이라는 말이지요.

이제 이런 논리를 계속 밀고 나가면 비록 율법이나 할례를 소유하지 않은 이방인이라고 할지라도 율법과 할례를 소지한 유대인들이 율법을 행하지 않을 경우 그들보다 더 우월한 도덕적 지위를 점(占)하게 될 것입니다. 하나님의 언약 백성이라는 사실을 입증할 수 있는 궁극적 표시는 율법이나 할례를 소유한 것에 있지 않고, 율법과 할례가 요구하는 참 정신에 부합하는 삶을 살아내는 것입니다.

이제 바울은 할례와 관련된 결론부에서 유대인의 정체성을 참으로 기발하면서도 혁신적으로 재정의(redefinition)하고 있습니다.

> 무릇 표면적 유대인이 유대인이 아니요 표면적 육신의 할례가 할례가 아니니라 오직 이면적 유대인이 유대인이며 할례는 마음에 할지니 영에 있고 율법 조문에 있지 아니한 것이라 그 칭찬이 사람에게서가 아니요 다만 하나님에게서니라(28-29절).

표면적 유대인	이면적 유대인
표면적으로(겉으로 드러나게 /outwardly)	이면적으로(속으로 보이지 않게 /inwardly)
율법 조문에(literal)	영에(spiritual)
사람에게서(from people)	하나님에게서(from God)

유대인의 정체성을 재정의할 때 바울은 28절에서 먼저 부정적으로 참 유대인이 아닌 사람이 어떤 사람인지를 설명합니다. **표면적으로**(φανερῷ/outwardly), 즉 겉모양으로 유대인이라고 해서 다 유대인이 아닙니다. 유대인 혈통으로 태어났다고 해서, 유대인 교육을 받고 회당에 다닌다고 해서, 밖으로 드러난 것만 가지고 유대인이 아니라는 것이지요. 무엇보다도 표면적으로 육신에 할례의 흔적이 있다고 해서 유대인이 아닙니다.

바울의 논리를 우리 기독교인들에게 그대로 적용할 경우, 기독교 가정에서 태어났고 기독교 계통의 미션 스쿨을 다녔고, 세례를 받았고 주일마다 열심히 교회에 다닌다고 해서 다 진정한 기독교인이 아니라는 말입니다.

그렇다면 어떤 사람이 진정한 유대인입니까? 바울은 29절에서 긍정형을 써서 진정한 유대인의 정체성을 재정의합니다. **이면적으로**(κρυπτῷ/inwardly), 즉 속사람으로 유대인이 진짜 유대인입니다. 외적 신분이나 치장이 아닌, 마음 깊은 곳에서 하나님을 믿고 사랑하고 율법 계명을 힘써 지키는 사람이 진짜 유대인이라는 것이지요. 예수님도 그런 말씀을 하셨지요.

누구든지 하나님의 뜻대로 행하는 자가 내 형제요 자매요 어머니이니라(막 3:35).

특히 할례와 관련해서 율법의 '조문'(γράμματι/literal)을 따라서가 아니라, '성령으로'(ἐν πνεύματι/spiritual), '마음에 받는 할례'(περιτομὴ καρδίας/circumcision of heart)가 진짜 할례입니다. '마음의 할

레'는 예언서를 비롯한 구약의 여러 곳에서 이미 힘주어 강조한 교훈입니다(레 26:41; 신 10:16, 30:6; 겔 44:29; 렘 9:25).

죽은 문자에 따라 의식적儀式的으로 육체에 할례만 행하는 것은 아무 의미가 없습니다. 율법의 자구에 따라 마음의 변화 없이 행하는 형식적 할례는 아무 효력이 없습니다. 오직 성령의 역사하심에 따라 진정한 인격의 변화를 가져오는 마음의 할례를 받는 것이 진짜 할례입니다.

바울은 이와 같이 마음의 할례를 받은 사람은 사람에게서가 아니라 하나님에게서 칭찬을 받는다고 했습니다. 사람들은 겉으로 드러난 것만 볼 수 있지 속에 감추어진 것은 보지 못합니다. 표면적 유대인, 표면적 할례는 사람들이 볼 수 있지만, 이면적 유대인과 이면적 할례는 볼 수 없습니다. 이면적인 것은 오로지 하나님만이 볼 수 있기에 이면적 유대인과 이면적 할례를 칭찬할 수 있는 분은 속마음까지 훤히 꿰뚫어볼 수 있는 하나님 한 분이십니다.

흥미롭게도 '유대인'(유다인)이라는 민족명은 야곱의 열두 아들 중에서 네 번째 아들이자 다윗왕조의 직계 조상인 '유다'에서 비롯되었는데, 유다라는 이름의 뜻은 '하나님을 찬송하다'입니다(창 29:35, 49:8). 유대인이라는 이름이 '찬양'(praise), 즉 '칭찬'과 자연스레 연결됩니다.

여기에서 우리는 '율법 조문條文'과 '영'의 관계를 잠시 고찰해 볼 필요가 있습니다. 바울은 고린도후서 3장 6절에서 "율법 조문은 죽이는 것이요 영은 살리는 것이라"고 했습니다. 이러한 정신을 할례에 적용할 경우, 진정한 할례는 죽은 율법 조문에 따라 형식적으로 육신에 가하는 어떤 의식의 문제가 아니라, 우리의 심령을 변화시키는 성령의 감동에 의해 일어나야 할 내적인 문제입니다. 이것을 아주 단순한 방정식으로 푼다면 다음과 같이 될 것입니다.

율법 – 성령 = 조문만 남은 죽은 종교의식
율법 + 성령 = 마음의 할례로 인한 인격과 삶의 변화

결국 율법의 문자 조항에 따라 형식적인 할례만 받을 경우 사람의 칭찬만 기대하고, 결국 죽은 문자만 지키려고 발버둥 치다가 마침내 죽음에 이르게 됩니다. 반대로 성령에 따라 진정한 인격과 삶의 변화를 초래하는 마음의 할례를 받는다면 사람의 칭찬이 아닌, 하나님의 칭찬을 받을 수 있으며 우리는 영생을 누리게 될 것입니다.

성경 없고 세례받지 않은 그리스도인?

바울이 '표면'(형식)과 '이면'(본질)을 대조하며 유대인을 비판했던 요점을 우리 기독교인들에게도 고스란히 적용할 수 있습니다. 기독교 가정에서 태어나고 자랐다고 해서 진정한 기독교인이 아닙니다. 성경을 소유하고 읽는다고 해서 참 기독교인이 아닙니다. 진정한 삶의 변화가 없는 도덕주의, 죽은 정통주의, 정교한 신학지식, 방언의 은사, 신유의 은사 등을 비롯한 가지가지의 초자연적 은사만 자랑한다고 해서, 아니 엄숙하고 화려한 예배와 감동적인 음악만 자랑한다고 해서 참 기독교인이 아닙니다.

바울의 논리대로 한다면 누군가 바른 행함을 보일 경우, 율법과 할례 없는 유대인이 있을 수 있는 것처럼, 그가 예수님과 성경이 가르치는 말씀대로 산다면 비록 교회에 다니지는 않지만, 그럼에도 '성경도 없고 세례도 받지 않은 그리스도인'이 되지 않을까요?

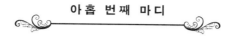

아 홉 번 째 마 디

유대인의 반론

The Counterarguments of the Jews

〈3:1-8〉

회심 전 바울과 회심 후 바울의 내면 논쟁

바울은 로마서 2장 25-29절에서 유대인들을 경악시킬 만한 주장들을 쏟아놓았습니다. 유대인이라는 선천적 신분이나 선민의 표증인 율법과 할례의 소유가 이방인에 비해 하등의 특혜도 될 수 없음을 강조했습니다. 유대인으로 태어나 율법과 할례를 보유하기만 하면 하나님의 심판을 자동으로 면케 될 것이라는 평소의 확신이 일거에 와르르 무너졌습니다. 당연히 유대인 청중들은 이러한 주장을 용납하지 못할 정도를 넘어서 격한 분노와 노골적 반감까지 보였을 것입니다. 바울의 주장이 유대교의 근간을 마구 흔들어놓았기 때문이지요.

이러한 유대인 청중의 부정적 반응을 염두에 두고, 바울은 가상의 유대인 적수가 바울 자신의 논리를 반박하고 다시 바울이 이에 답변하는 식으로 논증을 이어나갑니다. 과연 바울의 주장에 반론을 펴는 유대인이 상상에서 나온 가공架空의 인물인지, 아니면 바울이 선교활동을 전개해나갈 때 직접 맞닥뜨렸던 실제적인 유대인 적수들을 의미하는지 의견이 분분합니다.

우리는 본문에서 바울의 논리에 이의를 제기하는 유대인 적수를 상상에서 우러나온 가상의 인물로 여길 필요가 전혀 없습니다. 바울이 지중해 동방선교를 완료하고 서바나(Spain)에 눈을 돌려 서방선교를 준비하며 로마서 집필에 뛰어들기까지 바울의 주장을 노골적으로 배척하거나 반박하는 수많은 유대인들을 만났던 것은 불문가지不問可知의 역사적 사실이기 때문입니다.

어떤 의미에서 바울의 주장에 반론을 제기하는 유대인은 바울 자신일 수도 있습니다. 유대인이라는 신분이나 율법과 할례 소지만으로 이방인보다 우월한 특권을 기대할 수 없다는 주장은 그리스도인으로 거듭난 바울 자신의 말로 볼 수 있고, 이에 대해 발끈 성을 내며 반박하는 적수 역시 그리스도인으로 회심하기 전의 열혈熱血 바리새인 바울로 볼 수 있습니다. 다시 말해 본문은 바울 자신의 내면에서 일어나는 논쟁, 즉 '예수를 믿은 후의 바울'과 '기독교로 개종하기 전 유대교의 절대성에 목을 매던 바리새인 바울' 사이의 마음속 대화이자 논쟁으로 볼 수 있습니다.

본문은 로마서에서 해석하기가 가장 어려운 부분입니다. 그 이유는 내용이 심오한 까닭도 있겠지만, 바울이 그 개요만 아주 간략하게 말하고 있기 때문입니다. 바울이 2장에서 유대인의 정체성을 근본적으로 재정의했을 때, 유대인 청중이 얼마나 거세게 반발할 수 있는가를 충분히 예견했습니다.

유대인에게도 이방인이 넘볼 수 없는 나름의 특권이 있다는 사실을 나중에, 즉 9장 4절에 가서야 자세하게 논증하고자 구상을 했지만, 유대인 청중의 즉각적인 반발을 잠재우기 위해 우선 급한 대로 대처하고자 유대인의 예상 가능한 반론과 이 반론에 대한 바울 자신의 대답을 매우 급하게 그리고 짤막하게 처리하고 있습니다. 이것은 로마서가 바울이 손수 기록하지 않고, 구술해서 받아 적게 한 문서이기에 급격한 의식의 변화나 즉흥적 발상을 배제하기 어렵다는 사실과도 일치합니다.

바울은 이미 2장 1절 이하와 2장 17절 이하에서 사용했던 비방(Diatribe) 수법을 3장 1절과 3절에서 또다시 사용합니다. 가상의 적수를 내세워 그로 하여금 질문을 던지게 하고 바울 자신이 대답하는 식으로 논리를 전개합니다.

유대인으로 태어나고 자라났다는 태생적 신분이 그리고 하나님이 뽑아주신 거룩한 백성이라는 외적 표식인 할례가 하나님의 심판을 저절로 모면케 해주는 특수 보험이 될 수 없을뿐더러, 이러한 신분과 표식이 '진정한 유대인'의 정체성을 자동으로 보장해주는 것도 아니라면, 유대인들은 즉각적으로 크게 반발할 수 있습니다.

로마서 3장 1-8절은 바울의 주장에 대한 유대인의 예상 가능한 네 가지 반론과 이 반론에 대한 바울 자신의 재반박을 다음과 같이 제시합니다.

바울의 주장에 대한 네 가지 반론과 바울의 재반박

반론 Ⅰ : 바울의 주장은 유대인의 특권과 할례의 유익을 완전히 파기破棄하는 것이 아닌가?(1-2절)

그런즉 유대인의 나음이 무엇이며 할례의 유익이 무엇이냐(1절).

'유대인'이라는 신분상의 '나음'($\pi\epsilon\rho\iota\sigma\sigma\grave{o}\nu$/advantage)이나 '할례'라는 의식상의 '유익'($\grave{\omega}\varphi\acute{\epsilon}\lambda\epsilon\iota\alpha$/profit)이 전혀 없는가라는 반문이지요. 이에 대해서 바울은 유대인이라는 인종적 신분이나 할례라는 육체적 표증이 그 자체만으로 하나님의 심판을 자동으로 면제해주는 것은 아니지만, 그렇다고 해서 완전히 무가치한 것만은 아니라고 대답합니다. 오히려 많다고 대답합니다!

범사에 많으니 우선은 그들이 하나님의 말씀을 맡았음이니라(2절).

유대인의 특권과 할례의 유익이 '범사에'($\kappa\alpha\tau\grave{\alpha}\ \pi\acute{\alpha}\nu\tau\alpha\ \tau\rho\acute{o}\pi o\nu$/in every way), '많이'($\pi o\lambda\grave{\upsilon}$/much) 있다는 것입니다. 그런데 이 특권과 유익은 종류와 성질이 다른 것입니다. 유대인이라는 사실이 그리고 할례를 받았다는 사실이 가져오는 어떤 안전보장 차원의 특권과 유익이 아니라, 아주 특별한 책임상의 특권과 유익이라는 것이지요. 이 책임상의 특권과 유익 가운데 대표적인 것이 바로 "하나님의 말씀을 맡았다"라는 사실입니다. 이것 하나만으로도 유대인들은 이방인들과 달리 특혜를 입은 것이 사실입니다.

바울은 '우선' 혹은 '첫째로'($\pi\rho\tilde{\omega}\tau o\nu$/firstly)라는 표현을 써서 유대인의 인종적 특권과 할례라는 의식의 유익이 한두 가지가 아님을 시사합니다. 실제로 9장 4-5절에 가서 자세하게 거론합니다. 그 첫째가는 대표적 특권과 유익은 '하나님의 말씀'($\tau\grave{\alpha}\ \lambda\acute{o}\gamma\iota\alpha\ \tau o\tilde{\upsilon}\ \theta\epsilon o\tilde{\upsilon}$/the oracles of God)을 맡았다는 사실입니다. '신탁神託'을 맡았다는 것이지요. 신탁, 즉 하나님께서 맡겨주신 말씀은 구약성경 전체, 그중에서도 하나님께서 이스라엘에게 주신 약속과 계명들을 의미할 것입니다. 무엇보다도 하나님이 이스라엘 백성에게 주신 최고의 약속은 메시아에 대한 약속일 것입니다.

실로, 다른 민족들이 갖지 못한 하나님의 계시의 말씀을 유대인들만이 위탁(委託/entrusted)받았다는 사실은 엄청난 특권이자 유익이었습니다. 하지만 말씀을 맡았다는 사실은 말씀이 자신의 것이 아니라 하나님의 것인 동시에, 그 말씀을 누군가에게 전달해야만 하는 책임도 함께 주어졌다는 사실을 의미합니다.

우체부가 대통령의 친서를 맡았습니다. 참으로 영광스러운 일이지요. 하지만 이 친서는 자기의 것이 아닙니다. 대통령이 지정한 수신자에게 전달해야만 합니다. 친서를 맡았다는 사실만 자랑하고 감격해서 전달할 생각을 품지 않는다면, 직무유기의 죄를 범하는 것이지요.

이와 같이 유대인들도 하나님이 맡기신 말씀을 잘 보존하고 전승해야 할 책임을 부여받은 동시에, 더욱더 중요한 것은 이 말씀을 엄수嚴守해야 할 책임도 함께 부여받았습니다. 하지만 유대인들은 하나님의 말씀을 맡아서 보존하고 계승하는 일에도 소홀했으며, 무엇보다도 그 말씀을 삶으로 살아내는 일에 실패하고 말았습니다.

유대인의 신분이 지니는 특권과 할례라는 의식의 유익에 대한 유대인의 반론을 처리한 바울은 이제 유대인들이 이 특권과 유익과 관련해서 교묘하게 늘어놓을 수 있는 궤변 세 가지를 제기합니다. 모두 '~라면'을 뜻하는 조건부 접속사 'εἰ'(ei/if)로 시작되는 수사학적 질문 형태로 되어 있습니다(3, 5, 7절).

반론 II: 유대인 일부의 신실치 못함이 이런 유대인을 뽑아 세우신 하나님의 신실치 못함을 보여주는 것은 아닌가?(3절)

유대인들이 하나님의 말씀을 위탁받았지만 개중에는 이 말씀을 믿지 않고 말씀대로 살지 못해 신실치 못한 경우가 발생할 수 있습니다. 가상의 유대인 적수는 이와 같은 유대인들의 '신실치 못함'(ἀπιστία/faithlessness)이 하나님의 '신실성'(πίστιν/faithfulness)을 허무는 것은 아니냐고 반문합니다.

여기에서 매우 흥미로운 부분은 '유대인 전부'가 아닌, '어떤 자들' (τινες/some), 즉 '일부'라는 표현을 쓰고 있습니다. 모든 유대인들이 신실치 않은 것은 아니라는 말이지요. 나름대로 신실하다고 자부하는 유대인들을 자극하지 않으려는 바울의 세심함과 자제력이 엿보이는 대목입니다. 중요한 것은 유대인들 가운데 일부가 하나님의 말씀, 그 말씀 중에서도 가장 중요한 메시아에 대한 약속을 믿지 않고 말씀대로 살지 못했던 것은 사실입니다.

이제 유대인 적수는 이들의 신실치 못함이 하나님의 신실치 못함을 보여주는 것이 아니냐고 반문합니다. 하나님이 뽑아 세우신 백성이 하나님의 말씀을 믿지 않고 말씀대로 살지 않아 신실치 못할 경우, 그것은 곧 그런 백성을 뽑으신 하나님이 신실치 못하다는 사실을 반증하는 것이 아니냐는 당돌한 질문이지요.

마치 어떤 교사가 담임을 맡았는데, 그 반의 학생들이 공부도 못하고 말썽을 부려 엉망진창이 되었을 때 이 학생들을 맡은 교사가 잘못해서 그런 것이 아니냐는 질문과도 같습니다. 학생들의 신실치 못함이 선생의 신실치 못함을 보여주는 것이 아니냐는 말이지요. 여기에 대해서 바울은 어떻게 대답합니까?

너무나 단호합니다. 4절에 보면 "그럴 수 없느니라"($μὴ$ $γένοιτο$/not at all, by no means, certainly not), 아주 강력하게 부인합니다. 영어에 'not in a thousand years'라는 말이 있는데, 우리말로 '천부당만부당千不當萬不當'하다고 번역할 수 있을 것입니다. 유대인의 신실치 못함이 하나님의 신실하심을 파괴하다니, 천부당만부당한 말이라는 것이지요! 바울은 유대인의 신실성 여부와 상관없이 하나님은 항상 신실하시다는 사실을 강조하기 위해 다음과 같은 공리(公理/axiom)를 덧붙입니다.

사람은 다 거짓되되 오직 하나님은 참되시다 할지어다(4a절).

장 칼뱅은 "오직 하나님은 참되시다"라는 말씀은 "모든 기독교 철학의 가장 중요한 원리"(the primary axiom of all Christian philosophy)라고 말했습니다. "사람은 다 거짓말쟁이다"라는 말씀은 시편 116편 11절을 인용한 말씀입니다. 바울이 이 말씀을 부연한 이유는 인간의 신실성 여부와 상관없이 하나님은 언제나 자신에게 진실하신 분이라는 사실을 강조하기 위함입니다.

설령 학생의 신실치 못함이 선생의 신실치 못함을 반영할 수 있다고 하더라도, 하나님이 뽑아 세우신 유대인들이 신실치 못하다고 해서 곧 그런 유대인들을 뽑으신 하나님이 신실치 못한 것은 아닙니다. 하나님은 하나님에 대한 인간의 신실성 여부와 상관없이 언제나 자신의 성품과 인격과 약속에 대해서 신실하신 분입니다. 바울은 하나님의 신실성을 다시 한 번 강조하기 위해 다윗의 고백을 인용합니다.

주께서 주의 말씀에 의롭다 함을 얻으시고 판단 받으실 때에 이기려 하심이라 함과 같으니(4b절).

시편 51편 4절에서 다윗이 밧세바를 범한 뒤 회개했던 고백을 인용한 것이지요. 다윗이 잘못을 범했을 때 하나님께서 다윗의 죄 있음을 심판하신 것이 옳았다는 것입니다. 다윗이 범죄했을 때 다윗을 기름 부어 왕으로 세워주신 하나님의 잘못이라는 논리를 펴지 않고, 하나님의 정죄와 심판이 옳았다며 달게 받으려 했던 자세를 바울이 되뇌고 있는 것입니다.

하나님은 유대인이 말씀에 순종해서 축복하실 때뿐만 아니라, 불순종해서 심판을 내리실 때도 한결같이 신실하십니다. 인간의 죄가 하나님의 신실치 못함을 인정하는 것이 아니라, 오히려 하나님의 신실하심은 인간의 죄를 통해서도 옳다고 확증된다는 말이지요!

반론 Ⅲ: 인간의 불의가 하나님의 의를 더욱더 선명하게 드러낼 경우 하나님께서 불의한 인간을 심판하실 수 있는가?(5-6절)

유대인 적수는 계속해서 바울을 집요하게 물고 늘어집니다. 인간의 불의가 더욱더 선명하게 하나님의 의를 드러낼 경우에 어떻게 할 것이냐는 반론이지요.

> 그러나 우리 불의가 하나님의 의를 드러나게 하면 무슨 말 하리요 [내 가 사람의 말하는 대로 말하노니] 진노를 내리시는 하나님이 불의하 시냐(5절).

이것은 참으로 교묘한 궤변입니다. 그림을 그릴 때 어두운 부분이 많아야 밝은 부분이 더욱 빛나듯이, 악한 사람이 많을수록 선한 사람의 선성善性이 부각되듯이, 인간이 불의할수록 하나님의 의가 더욱더 선명히 드러나지 않느냐는 질문입니다.

이것을 법률적으로 말한다면, 재판정에 앉아있는 판사나 죄인석에 앉아 있는 피고인이나 죄지은 정도가 엇비슷할 경우에는 명백한 판단을 내리기가 어렵습니다. 죄인이 불의하면 불의할수록 재판관의 의가 더욱더 상대적으로 선명해져 확실한 권위와 정의로 죄인을 심판할 수 있습니다. 마찬가지로 우리가 불의한 죄인일수록 하나님의 의로우심이 더욱더 선명하게 부각될 것이므로, 결국 우리의 불의가 하나님께 이득이 되지 않겠느냐는 궤변입니다. 바울은 6장 1절에서 "은혜를 더하게 하려고 죄에 거하겠느냐?"라고 반문합니다. 바울은 이러한 형태의 궤변이 얼마나 괴이하고 곤혹스러운지 참으로 흥미로운 표현을 씁니다. "내가 사람의 말하는 대로 말하노니"($\kappa\alpha\tau\grave{\alpha}\ \breve{\alpha}\nu\theta\rho\omega\pi o\nu\ \lambda\acute{\epsilon}\gamma\omega$/I speak in a human way), 즉 사람들이 말하기 좋아하는 방식대로, 즉 세상적이고 비신앙적인 궤변을 자기도 한번 늘어놓겠다는 말이지요.

그러면서 바울은 먼저 이런 궤변을 단호히 비판합니다.

결코 그렇지 아니하니라 만일 그러하면 하나님께서 어찌 세상을 심판 하시리요(6절).

"결코 그렇지 않다"(μὴ γένοιτο)라며 강력하게 부인합니다. 우리가 불의할수록 하나님의 의가 더욱더 부각되고, 결국 우리의 불의는 하나님의 의를 증가시킬 것이기에 하나님께 이득이 된다는 논리를 고집할 경우, 하나님께서 우리의 죄에 대해서 진노하시고 심판하시는 일 자체가 어렵게 됩니다. 하나님 자신에게 이득이 되는 일에 심판을 내리시는 모순이 생기기 때문이지요.

바울은 이러한 궤변을 일삼는 적수에게 반대 질문을 던집니다. "만일 그렇다면 하나님께서 어떻게 세상을 심판하실 수 있단 말인가?" 적수의 논리대로 한다면, 하나님께서 세상을 심판하시는 것 자체가 어렵게 될 것이 아니냐는 말입니다. 인간의 불의가 하나님의 의를 증가시켜 하나님께 이득이 되는데, 하나님께서 인간의 불의를 심판하신다면 하나님 자신에게 이득을 주는 것을 심판하는 모순이 발생하기 때문이지요. 이러한 허무맹랑한 궤변과 달리 하나님은 우주적 재판장으로서 언제나 세상을 정의로 심판하십니다(창 18:25절 참조). 그러기에 인간의 죄에 대한 하나님의 단호한 심판이야말로 하나님의 공의와 신실성을 더욱 확실히 입증해줍니다!

반론 IV: 바울의 주장은 그릇된 방향으로 하나님의 영광을 조장(助長)할 수 있지 않은가?(7-8절)

바울은 예상 가능한 마지막 반론을 제기합니다.

그러나 나의 거짓말로 하나님의 참되심이 더 풍성하여 그의 영광이
되었다면 어찌 내가 죄인처럼 심판을 받으리요(7절).

바울은 이러한 반론을 제기하는 사람의 경우 1인칭 단수 주격을 씁
니다. 나의 '거짓됨'($\psi\epsilon\acute{v}\sigma\mu\alpha\tau\iota$/falsehood)이 하나님의 '참되심'($\grave{\alpha}\lambda\acute{\eta}\theta\epsilon\iota$
α/truthfulness)을 더욱더 분명하게 드러나게 해서 하나님께 '영광'($\delta\acute{o}$
$\xi\alpha\nu$/glory)이 돌아간다면, 왜 내가 죄인으로 심판을 받게 되느냐는 반
문입니다.

앞에서 말한 대로 우리의 불의가 하나님의 의를 더욱 증가시키듯
이, 우리의 거짓됨 역시 하나님의 참되심을 더욱더 증가시켜서 그 결
과로 우리의 거짓됨 때문에 하나님께 영광이 돌아간다면, 왜 우리의
거짓됨 때문에 죄인으로 심판받아야만 하는가라는 질문입니다. 내가
하나님께 영광을 돌렸기에 오히려 하나님께 칭찬과 상을 받아야 마땅
하지, 죄인으로 심판받는 것이 이상하지 않느냐는 것입니다. 이러한
궤변을 좀 더 밀고 나간다면, 다음과 같은 억지주장이 나올 것입니다.

또는 그러면 선을 이루기 위하여 악을 행하자 하지 않겠느냐(8a절).

좋은 결과를 얻기 위해 악을 저지르자는 말이지요. 그야말로 목적
이 수단을 정당화시키는 극단적인 경우를 상정해 본 것입니다. 바울
이 이런 궤변을 가정했을 때 무율법주의나 반율법주의에 빠진 방종주
의자들(libertines)을 염두에 두었을 것입니다. 바울이 "죄가 더한 곳
에 은혜가 더욱 넘쳤다"(5:20b)라고 말할 때, 은혜가 더욱더 넘치게
하기 위해 더 많은 죄를 짓자는 궤변을 일삼는 사람들도 얼마든지 나

올 수 있었을 것입니다.

　이른바 '은혜'가 가지는 함정을 교묘하게 이용해서 하나님의 의를 더욱더 드러내기 위해 더욱더 불의해지자, 하나님의 참되심을 더욱더 선명하게 드러내기 위해서 더욱더 거짓 되자, 좋은 일이 생기게 하기 위하여 악한 일을 더 많이 하자, 이런 논리는 결국 "우리가 더 나빠질수록 더 좋다"(the worse we are, the better)라는 극단적 궤변에까지 이르게 됩니다. 우리가 더욱더 사악해질수록 우리를 용서하시는 하나님의 은혜도 비례해서 커질 테니까, 결국 우리가 어떤 죄를 저질러도 괜찮다는 식의 방종주의로 치달릴 수밖에 없습니다.

　바울이 오직 믿음에 의한 하나님의 은혜로만 의로워진다는 사실을 강조할 때, 실제로 유대인들 가운데 바울의 논리를 오해해서 이런 식으로 비방을 일삼은 사람들이 있었습니다. 바울은 이러한 궤변이 하도 기가 막혀서 아예 반박 자체를 포기합니다. 그 대신에 "그들은 정죄 받는 것이 마땅하니라"(8b)라고 딱 한 마디만 던지고 맙니다. 아무리 좋은 결과가 찾아오기로서니 악을 조장하는 것은 가당치 않기 때문이지요!

복음의 신뢰성과 합리성을 위한 변증

　바울은 3장 1-8절에서 복음을 선포하고 해명하는 것으로 만족하지 않고, 여러 가지 예상 가능한 반론을 제기하고 이 반론을 재반박하는 식으로 복음의 신뢰성과 합리성을 적극적으로 변증辨證합니다. 혹시라도 남발할 수 있는 은혜와 복음의 오용(誤用/misuse)과 남용(濫

用/abuse)을 엄히 경계하는 것이지요.

우주적 재판관으로서의 하나님의 공의로우심과 신실하심은 거짓이나 악에 의해서가 아니라, 진리와 선에 의해서만 증대된다는 사실을 분명히 한 것입니다. 하나님의 신실하심은 이스라엘이 어떻게 반응하는가의 여부에 달려 있는 것이 아니며 하나님은 언제나 자신의 인격과 성품, 약속에 대해서 신실하십니다. 다시 말해 하나님의 궁극적 관심은 우리의 반응에 있는 것이 아니라, 하나님 자신의 인격에 대한 신실성에 있습니다.

그렇다면 하나님의 진정한 공의와 신실성은 우리가 하나님께 순종해서 복을 내려주실 때뿐만 아니라, 우리가 잘못해서 심판을 내리실 때도 더욱더 선명히 부각된다고 할 것입니다!

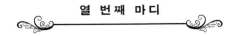

의인은 없나니 하나도 없으며
No One Righteous, Not Even One

〈3:9-20〉

죄 아래 있는 인생

바울 사도는 1장 18-3장 8절에 이르기까지 이방인이나 유대인을 가릴 것 없이 다 하나님의 진노와 심판 아래에 있다는 사실을 역설했습니다. 이제 지금까지 전개해온 모든 주장을 요약하고, 인간의 현실 생활에 적용할 때가 왔습니다. 바울에 따르면 모든 사람이 죄를 지었습니다. 그것도 천차만별의 다양한 죄를 지었습니다. 본문에서도 바울은 이와 같은 죄의 '보편성'과 '다양성'을 힘주어 강조합니다.

인간은 단지 이따금씩 죄를 짓는 정도가 아니라, 아예 죄의 세력에서 헤어나지 못한 채 지속적으로 죄의 지배를 받습니다. 죄의 눈치를 보며 죄가 시키는 대로 죄의 종살이를 합니다. 죄의 볼모로 잡혀 있습니다!

　이 놀라운 주장을 입증하기 위해 바울은 구약성경의 말씀을 연쇄적으로 인용합니다. 바울서신 가운데 구약을 가장 다양한 곳에서 가장 길게 인용한 부분이 본문인데, 시편과 전도서, 이사야 등에서 모두 일곱 차례나 인증引證하고 있습니다. 바울의 논증을 듣는 주主 청중이 유대인들이기에, 유대인들이 가장 신뢰할만한 것으로 애지중지愛之重之하는 구약을 직접 인용해 자신의 주장을 뒷받침하고 있습니다.

　온 인류가 자연인 상태에서 이방인이나 유대인을 막론하고 처참한 죄 속에 빠져있다는 사실을 논증하는 이유는 오직 한 가지 때문입니다. 그리스도 예수의 복음만이 인간을 구원할 수 있다는 사실을 보여주기 위함입니다. 그러기에 본문에서 바울은 "그리스도 예수 안에서 얻는 구원(속량)으로 말미암아 하나님의 은혜로 값없이 의롭다는 선고를 받는다"(롬 3:24)라는 복음의 요체를 설파하기 위해 최종적인 채비를 서두르고 있습니다.

　본문의 구조는 바울 자신의 주장을 담고 있는 시작부인 9절과 종결부인 19-20절 사이에 구약 본문을 연쇄적으로 인용해 끼워놓은 형태로 되어 있습니다. 구약을 인용한 10-18절 역시 첫 인용부인 "의인은 없나니 하나도 없다"(시 14:1절 이하, 53:1절 이하에서 인용)라는 대전제와 마지막 인용부인 "그들의 눈앞에 하나님을 두려워함이 없느니라"(시 36:1절에서 인용)는 결론이 인간이 저지르는 다양한 죄를 소개하는 다른 인용부들을 앞뒤로 감싸는 형태로 되어 있습니다. 바울이 구약 본문을 인용해 보여주고 싶은 진리는 "의인은 한 사람도 없다"라는 것과 단 한 사람의 의인도 없는 이유가 다름 아닌 "하나님을 두려워하지 않기 때문"이라는 것입니다.

더 나은 자 아무도 없다

바울은 3장 1-8절에서 가상의 적수가 자신의 주장에 대해서 제기할 수 있는 반론을 일일이 반박한 뒤, 9절에서 계속 이와 관련해서 질문을 던집니다. "그러면 어떠하냐?"(Tί οὖν/What then). 바울은 이미 3장 1-2절에서 '유대인'이라는 신분상의 특권과 '할례'라는 의식상의 유익이 모든 면에서 많다고 긍정적인 답변을 했습니다. 대표적인 것이 하나님께서 유대인들에게 말씀을 맡겼다는 사실이라고 했습니다.

그런데 바울은 9절에서 또다시 유대인이 이방인보다 나은 것이 무엇이냐고 묻습니다. '낫다'는 말은 헬라 원어로 'προεχόμεθα'(pro-echometha)인데, '더 낫다'(better off), '뛰어나다'(excel), '능가하다'(surpass) 등의 의미가 있습니다. 유대인이라고 해서 이방인보다 더 나은 것이 있느냐는 질문에 대해서 2절에서는 긍정적인 대답을 했는데, 9절에서는 굉장히 부정적인 대답을 합니다. "οὐ πάντως"(No, not at all), "결코 아니라"라는 매우 강력한 부정을 합니다.

혹시 이러한 부정이 바울이 유대인의 특권과 할례의 유익에 대해서 긍정적으로 말한 것과 서로 충돌되는 것은 아닐까요? 이것은 상호 모순되는 말이라기보다 상호 보완적 주장으로 보는 것이 옳습니다. 바울이 유대인의 나음을 말할 때는 선택과 책임이라는 차원에서 긍정적으로 말한 것이지, 구원과 심판이라는 차원에서도 그렇게 말한 것은 아닙니다. 유대인으로 태어났고 할례를 받았다고 해서 이방인에 비해 하나님의 더 큰 편애를 받고 심판을 자동으로 모면하는 것이 아니라, 이방인과 똑같이 죄 아래에 있고 하나님의 진노와 심판 아래에 있다는 것입니다.

흥미롭게도 바울은 유대인이 "이방인보다 더 나으냐?"라는 질문을 던질 때 자신까지 포함하여 '우리'라는 표현을 쓰고 있습니다. 유대인의 특권을 박탈할 때 유대인인 자기 역시 예외가 아니라는 사실을 분명히 한 것이지요.

'유대인'이나 '헬라인', 즉 온 인류가 '다 죄 아래에'($πάντας ὑφ ἁμαρτιαν$/under the power of sin) 있습니다. 바울은 죄를 말할 때 '$ἁμαρτια$'라는 단수를 써서 의인화擬人化시킵니다. 그냥 추상적 죄가 아니라 사람을 마음대로 부리는 하나의 세력으로서 인격화시킨 것이지요. 죄가 하나의 폭군처럼 온 인류의 꼭대기에 앉아 종 부리듯이 우리를 마구 지배합니다. 어쩌다가 한 번씩 짓는 죄의 문제가 아니라, 아예 인간의 법적 신분과 상태가 죄인이라는 말입니다. 이것은 누가 상대적으로 죄를 덜 짓고 더 많이 짓느냐의 문제가 아닙니다. 모든 인간이 죄인이라는 신분 상태에 처해 있다는 것입니다.

인천 앞바다에서 하와이까지 수영해서 건너간다고 가정해 봅시다. 저처럼 수영을 잘못하는 사람은 바닷물에 풍덩 뛰어들자마자 얼마 가지도 못한 채 물에 빠질 것입니다. 저보다 조금 더 수영을 잘하는 사람이 있습니다. 하지만 그 사람 역시 몇십 미터를 헤엄쳐 가다가 이내 파도 속에 휩쓸리고 말 것입니다. 조오련 선수와 같이 아주 수영을 잘하는 프로선수도 뛰어들어 헤엄을 칩니다. 어느 정도까지는 정말 멀리멀리 잘 가겠지만, 인천에서 하와이까지의 거리가 너무나 멀기에 결국은 포기하고 말 것입니다.

개인이 보유한 수영 실력의 정도에 따라서 조금 더 멀리 가는 정도의 차이는 있을지 모르지만, 결국은 모두가 하와이까지 이르지 못하고 물에 빠지고 맙니다. 그러기에 누가 더 하와이 근처까지 멀리 헤엄을 쳤느냐가 중요한 것이 아니라, 모두가 물에 빠졌고 도저히 인간의 힘으로는 하와이까지 헤엄쳐 갈 수 없다는 엄연한 현실이 중요합니다.

마찬가지로 누가 더 도덕적으로 살았느냐, 종교적으로 더 경건하게 살았느냐, 더 반듯하고 고상하게 살았느냐는 중요하지 않습니다. 사람의 눈으로 볼 때는 차이가 있을지 모르지만 하나님의 눈으로 볼 때는 모든 인간이 한낱 죄인일 뿐입니다. 비행기가 이륙해 하늘 높이 올라갈수록 만물의 물상이 점점 작아져 티끌이 되었다가 마침내 시야에서 완전히 사라지듯이 하나님이 보시기에 인간의 상대적 의는 아무것도 아닐 수 있습니다.

인간의 전적 타락과 총체적 부패

이제 바울 사도는 일곱 군데의 구약 본문에서 끌어낸 인간의 뿌리 깊고, 다양한 죄악상을 차례로 열거합니다.

바울의 인용문	구약 본문
"의인은 없나니 하나도 없으며 깨닫는 자도 없고 하나님을 찾는 자도 없고 다 치우쳐 함께 무익하게 되고 선을 행하는 자는 없나니 하나도 없도다"(10-12절).	"~선을 행하는 자가 없으니 하나도 없도다"(시 14:1-3절). "~의인은 세상에 없기 때문이로다"(전 7:20).
"그들의 목구멍은 열린 무덤이요"(13a절).	"~그들의 목구멍은 열린 무덤 같고"(시 5:9).
"그 혀로는 속임을 일삼으며 그 입술에는 독사의 독이 있고"(13b절).	"~그 입술 아래에는 독사의 독이 있나이다"(시 140:3).

"그 입에는 저주와 악독이 가득하고" (14절).	"그의 입에는 저주와 거짓과 포악이 충만하며"(시 10:7).
"그 발은 피 흘리는 데 빠른지라 파멸과 고생이 그 길에 있어 평강의 길을 알지 못하였고"(15-17절).	"그 발은 행악하기에 빠르고 무죄한 피를 흘리기에 신속하며… 황폐와 파멸이 그 길에 있으며… 그들은 평강의 길을 알지 못하며"(사 59:7 이하).
"그들의 눈앞에 하나님을 두려워함이 없느니라"(18절).	"~그의 눈에는 하나님을 두려워하는 빛이 없다 하니"(시 36:1).

바울은 히브리어 구약원문을 헬라어로 번역해놓은 70인역LXX을 자신의 목적에 맞게 적당히 변형해 재량껏 인용하고 있습니다. 바울 당시에 유대인 랍비들이 '진주 꾸러미'(pearl stringing)로 불렸던, 널리 통용되던 성구선집(聖句選集/florilegium)에서 자신의 목적에 맞게 주제별로 발췌를 한 것이지요. 아무 생각 없이 무계획적으로 인용한 것이 아닌가 하고 의구심을 품을 수 있지만, 자세히 분석해보면 나름대로 그 구조나 인용 순서에 있어서 세심한 주의를 기울인 것을 알 수 있습니다.

먼저 10-12절을 보면 바울은 "의인이 하나도 없다"라는 대주제를 강조하기 위해 '없다'(οὐκ ἔστιν/there is not)라는 말을 무려 여섯 번이나 반복해서 씁니다. 그야말로 온 인류가 뿌리 깊은 죄의 수렁에 빠져 있어서, 눈을 씻고 의인을 찾아보지만 아무도 없다는 사실을 강조합니다.

온 인류가 죄인으로 규정되는 법적 신분과 상태는 구체적으로 가장 먼저 우리의 마음과 동기와 의지, 등등 우리의 인격 내면에서부터 우리의 삶 전반을 뒤틀어놓습니다(11-12절). 진리를 깨닫지 못합니다. 하나님을 찾지 않습니다. 모두가 곁길로 빠져서 쓸모가 없게 되었습니다. 그리하여 선을 행하는 자가 하나도 없습니다!

마음의 부패에서 출발한 인간의 죄성은 아예 선을 행하는 것 자체를 불가능하게 만드는데, 바울은 죄의 다양성을 논증하기 위해 다양한 신체 부위를 비유로 듭니다. 인간이 죄의 쇠사슬에 묶여 있어서 선을 행치 않는다는 사실을 가장 극명하게 보여주는 사례는 '말'에 있습니다. 13-14절에서 인용한 말씀은 우리의 '언어'가 얼마나 죄악과 부패로 가득 차 있는가를 여실히 보여줍니다.

흥미롭게도 바울은 사람이 말을 내뱉게 되는 순서대로 언어와 관련된 신체기관을 차례로 언급합니다. '목구멍' → '혀' → '입술' → '입'의 순서대로, 목구멍에서 시작해서 최종적으로 입으로 내뱉는 말들이 얼마나 많은 사람들을 속이고 삼키고 물고 죽이는지 보여줍니다. 야고보서 기자가 말한 그대로 우리의 혀가 '쉬지 아니하는 악이요 죽이는 독이 가득한 것'(약 3:8)임을 강조합니다.

이제 인간의 '마음'에서 시작해 '입'으로 전이된 죄성은, 마침내 '발'과 '눈'에 까지 전 영역으로 파급波及됩니다(15-18절). 우리의 **마음**(생각하기/thinking) → **입**('말하기'/saying) → **발**(행동하기/acting)에 이르기까지 인간의 총체적 삶이 죄의 세력에 완전히 저당抵當 잡혀 있습니다!

발은 피 흘리는 일에 빠릅니다. 사소한 개인끼리의 분쟁에서부터 국가 간의 전쟁에 이르기까지 인간은 서슴없이 타인에게 폭력을 가해왔습니다. 그리하여 사람이 가는 길마다 파멸과 비참함이 있으며, 도무지 평화의 길이 보이지 않습니다.

그런데 바울에 따르면 우리가 이웃과 바른 관계를 맺지 못하는 이유는 하나님을 두려워하지 않기 때문입니다. 의인은 없나니 하나도 없는 이유가, 다시 말해 우리의 마음이 부패해져 선을 행하려고 해도 행할 수 없고, 우리의 말과 행동 전체가 죄의 손아귀에 들어가 좀처럼 헤어나지 못하는 이유는 하나님을 두려워하지 않기 때문입니다. 바울의 논리를 아주 단순하게 정리한다면, 이 세상에 의인이 하나도 없는 이유는 하나님을 두려워하지 않기 때문입니다.

'하나님을 두려워하는 것'은 헬라 원어로 'φόβος θεοῦ'(phobos theou/fear of God)인데, 어떤 형벌을 겁내 하나님 앞에서 굽실거리는 행위가 아닙니다. 오히려 하나님을 진심으로 기뻐하고, 하나님께서 우리의 죄를 용서해주심을 믿고 존경하고 감사하며 경탄해서 마음 깊은 곳에서 우러나오는 '복된 두려움'입니다. 이런 이유로 시편 111편 10절은 "하나님을 경외하는 것이 지혜의 근본"이라고 했습니다.

바울이 적시한 인간의 근원적 죄는 모두 하나님을 두려워하지 않는 불경건성(ungodliness)에서 왔습니다. 하나님을 두려워하지 않기 때문에 하나님의 자리에 우리가 올라가 앉습니다. 하나님께 돌아가야 할 영광을 우리가 찬탈합니다. 마침내 하나님께서 앉아계셔야 할 보좌에 우리 자신이 앉아 우리를 신격화시킵니다.

바울이 말하려고 하는 논점은 사소한 죄를 얼마나 많이 짓고 적게 짓느냐는 죄의 양의 문제가 아니라, 죄의 질의 문제입니다. 개인이나 집단이 저지르는 죄의 경중輕重, 정도(degree)의 문제가 아니라, 시간과 공간을 뛰어넘어 온 인류가 죄의 사슬에 묶여 있다는 죄의 보편성과 만연성이라는 죄의 우주적 규모(cosmic extent)의 문제입니다.

동서고금의 인류 역사를 놓고 볼 때 개인이나 집단이 나름대로 바른 생각을 갖고 하나님을 찾은 경우가 종종 있습니다. 하지만 자신의 영적 만족과 내적 평화를 얻기 위해 하나님을 찾았지, 자신을 지으신 창조주 하나님을 진정으로 알고 즐기고 예배하고 감사하고 영광을 돌리기 위해 신령과 진정으로 하나님을 찾은 경우는 없습니다. 자기중심성이라는 뿌리 깊은 인간의 죄성이 진정한 하나님 추구를 가로막습니다!

선을 행하는 것도 마찬가지입니다. 개인이나 집단이 나름대로 선을 추구하려고 발버둥 친 경우가 적지 않습니다. 하지만 그 동기를 보면 하나님과의 바른 관계를 맺으면서 하나님께 영광을 돌리며 하나님으로부터 칭찬을 받으려고 행한 순수한 의미에서의 선행은 없습니다. 선을 행하되 자신의 의를 드러내고 사람들로부터 칭찬과 영광을 받으려고 하기 때문에 문제입니다.

결국 우리의 선행은 하나님과 이웃을 섬기기 위해서가 아니라, 전적으로 자기 자신을 섬기려는 이기적 동기와 목적에서 우러나온 것이기에, 때로 선행이 하나님의 의에 더 가까이 다가가게 하기는커녕 더 멀어지게 할 때가 많습니다. 중요한 것은 우리의 손이나 발로 어떤 선행을 베푸는가에 있지 않습니다. 우리의 마음 깊은 곳에서 어떤 동기와 목적으로 손과 발이 움직이느냐가 중요합니다. 불행하게도 온 인류는 그 근원적인 동기와 목적에서 순수하지 않기 때문에 선행에도 실패자가 되고 만 것입니다!

이러한 이유 때문에 저와 같은 설교자에게는 회중이 어떤 사람이며, 상대적으로 죄를 더 많이 지었느냐 더 적게 지었느냐, 더 의로우냐 더 불의하냐, 더 선하냐 더 악하냐는 하등에 중요하지 않습니다. 우리 모두가 본질상 죄의 사슬에 묶여있는 죄인이기 때문입니다. 술주정뱅이나 노름꾼이나, 나름대로 반듯하고 선하게 살아온 점잖은 신사 숙녀나 하등의 차이가 없습니다!

어떤 경우에는 스스로 죄가 없고 꽤 괜찮은 사람이라고 자부하는 이들이 자신의 죄를 솔직히 인정하고 자복自服하는 술주정뱅이나 노름꾼보다 훨씬 더 구원받기 어려울 때가 있습니다. 바울이 말한 그대로 예수 그리스도의 복음을 통한 하나님의 은혜 없이 자연인 상태의 인간은 '전적인 타락'(total corruption)과 '총체적 부패'(wholistic depravity)에 빠져있음을 인정할 때, 비로소 구원의 서광이 비치기 시작할 것입니다.

모든 입을 틀어막고 할 말을 잃은 인간

마침내 바울은 지금까지의 모든 주장을 요약합니다.

우리가 알거니와 무릇 율법이 말하는 바는 율법 아래에 있는 자들에게 말하는 것이니 이는 모든 입을 막고 온 세상으로 하나님의 심판 아래에 있게 하려 함이라 그러므로 율법의 행위로 그의 앞에 의롭다 하심을 얻을 육체가 없나니 율법으로는 죄를 깨달음이니라(19-20절).

바울은 이미 9절에서 온 인류가 죄 아래에 있다고 선언했습니다. 바울식으로 본다면 '죄 아래에' 있다는 것은 곧 '율법 아래에' 있다는 것입니다. 율법은 '모세오경'(Torah)뿐 아니라 하나님께서 이스라엘 백성에게 주신 말씀 전체, 곧 구약성경 전체를 의미한다고 볼 수 있습니다.

20절 후반부의 말씀처럼 율법은 죄가 무엇인지 인식하게 하여줌니다. 거짓말하지 말라는 율법 계명 때문에 거짓말이 죄가 된다는 사실을 압니다. 도둑질하지 말라는 계명이 있기 때문에 도둑질이 죄가 된다는 사실을 깨닫습니다. 이처럼 율법은 어떤 것이 죄가 되고, 어떤 것이 죄가 되지 않는지, 죄의 기준을 설정해 줍니다.

하지만 인간은 율법을 절대로 완전히 지킬 수는 없습니다. 십계명을 비롯한 613가지나 되는 율법을 완벽하게 지키는 사람은 아무도 없습니다. 그러기에 다름 아닌 율법이 우리 자신이 율법 기준에 한참 모자란다는 사실을 증언합니다! 율법을 다 지키지 못하는 죄인임을 율법 자체가 고발한다는 말이지요.

율법을 따라 살게 될 때 더더욱 고약한 것은 자신이 율법을 잘 지킬 때마다 으쓱거리게 됩니다. 율법을 지키지 않는 사람을 업신여기고 정죄하고 판단하게 됩니다. 율법을 행할 때마다 의에 대한 상대적 우월감을 갖게 된다는 말이지요. 반대로 율법을 지키지 못하면 죄책감이 생겨납니다. 다른 사람은 율법을 잘 지키는 것 같은데, 자신은 지키지 못할 때 상대적 열등감이나 죄책감을 느낄 수 있습니다.

결국 율법은 잘 지키면 기껏해야 상대적 우월감을 갖게 만들고, 못지키면 최악으로 죄책감을 안겨줄 뿐입니다. 이와 같이 율법이 하는 기능은 죄가 무엇인지를 드러내고 율법대로 살지 못하는 사람들을 비난하고 정죄하는 데 있으므로 율법이 우리를 의롭게 할 수 없습니다. 율법이 우리를 구원할 수 없습니다! 무엇보다도 율법이 초래하는 결과는 무엇이 죄가 되고 죄가 되지 않는지에 대한 죄의 인식일 뿐, 궁극적으로 죄의 용서나 죄로부터의 자유함을 줄 수는 없습니다.

그러므로 율법에 호소하고 의지하는 것은 우리가 교통법규를 어겼을 때 우리를 체포한 교통순경을 붙들고 하소연하는 것과 같습니다. 경찰관은 우리가 어떤 법규를 어겼는지를 따져보고 우리의 죄과를 물어 벌주는 데에만 관심이 있지, 우리를 변호하거나 용서하는 일에는 관심이 없습니다. 율법은 언제나 용서와 칭의가 아닌, 정죄와 심판을 불러올 뿐입니다!

바울 사도는 20절 전반부에서 "율법의 행위로는 하나님 앞에서 의롭다고 인정받을 사람이 아무도 없다"라고 잘라 말합니다. 여기에 처음 등장하는 '율법의 행위'(ἔργων νόμου/works of the law/Gesetzeswerke)는 로마서에 나타난 바울의 사상을 이해하기 위해 결정적으로 중요한 개념입니다. 도대체 '율법의 행위'가 무엇을 의미하는지에 대해서는 학자들 간에 의견이 분분합니다.

우리는 종교개혁주의자들이 이해한 방식대로 '믿음'이나 '은혜'가 아닌, 인간이 율법을 지킴으로써 얻는 어떤 '공로'나 '업적'을 의미하는 것으로 봅니다. 율법을 잘 지켜서 생겨나는 자부심이나 특권의식, 엘리트주의, 공로주의, 업적주의와 같은 것들이 하나님 앞에서 우리를 의롭게 할 수 없습니다. 이와 같은 '율법의 행위에 의한 의'는 궁극적으로 하나님의 은혜 없이 자기 스스로의 힘에 의해 자신을 구원하려는 시도로밖에는 볼 수 없을 것입니다.

율법의 행위에만 의존할 경우 우리는 하나님께 의존하기보다는 자신의 공로나 업적에 더 의존해서 상태가 더 나빠집니다. 자신이 지킨 율법 행위를 자랑할 때 자신의 죄성을 있는 그대로 인정하기보다는 위선의 탈을 쓰고 교만해지기 쉽기에 하나님이 베푸시는 구원으로부터 더 멀어질 수 있습니다.

이제 바울은 19절 후반부에서 온 인류를 기소해 하나님의 법정 앞에 불러냅니다. 여기에서 참으로 흥미로운 표현이 "모든 입을 막는

다"($πᾶν\ στόμα\ φραγῇ$/every mouth may be stopped)라는 말입니다. 일종의 법률 용어로서 재판정에서 피고가 자신의 죄에 대하여 조목조목 입증을 당하자 할 말을 잃게 되는 경우를 의미합니다. 자신의 유죄 판결에 대해서 유구무언有口無言, 아무런 핑계나 변명도 댈 수 없게 되었다는 말이지요.

그도 그럴 것이 아무도 율법을 완벽하게 지키지 못했기에, 다름 아닌 이 율법이 우리가 하나님 앞에서 죄인이라는 사실을 고발합니다. 온 인류가 하나님의 심판대 앞에 서서 유죄판결을 받았습니다. 이제 인간은 하나님 앞에서 사형선고를 받고 형 집행을 기다리는 궁지에 몰리게 되었습니다. 이 궁지에서 빠져나오는 길은 예수 그리스도의 복음밖에 없습니다! 우리의 입을 틀어막고, 빈손 들고 하나님께로 나아가는 수밖에 없습니다.

제3부

믿음으로
의롭게 되는 이치

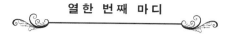

값없이 의롭다 하심을 얻는 자
Justified by His Grace as a Gift

〈3:21-26〉

그러나 이제는

바울은 로마서 1장 18-3장 20절에서 온 인류의 총체적 부패성을 낱낱이 밝혀냈습니다. 유대인이나 이방인이 차이가 없습니다. 도덕적으로 사는 사람이나 나름 경건하게 사는 사람도 예외가 없습니다. 의인은 없나니 하나도 없으며, 온 인류가 하나님의 심판대 앞에 서서 하나님의 진노와 심판을 받아야 할 처지가 되었습니다. 도대체 이 궁지로부터 빠져나올 수 있는 출구는 무엇일까요?

그동안 바울 사도가 그토록 암울한 분위기 속에서 면도칼같이 예리한 논증을 펴 온 이유는 이 출구 하나를 찾기 위함이었습니다. 한 송이의 국화꽃을 피우기 위해 봄부터 소쩍새가 그렇게 울었듯이, 하나님의 진노와 심판 아래에 처한 온 인류가 이 궁지에서 벗어날 수 있는 출구 하나를 찾아내기 위해 온 인류의 죄악상을 그토록 치밀하게 조목조목 따지고 들었던 것이지요.

그 해법, 그 출구는 말할 것도 없이 복음입니다! 바울 선생은 이미 1장 16-17절에서 이 복음이 어떤 것인가를 정의한 적이 있습니다. 이 복음은 "모든 믿는 사람을 구원하는 하나님의 능력"일뿐 아니라, 이 복음에 "하나님의 의가 나타나서 의인은 믿음으로 살게" 됩니다. 이제 바울은 인간이 궁지에서 빠져나올 수 있는 유일한 출구인 '복음의 능력'을 재천명再闡明합니다.

루터는 본문이 '믿음으로 의롭게 된다'(justification by faith)는 성경의 핵심 진리를 보여주기 때문에 모든 성경 가운데 가장 중요한 부분이라고 말했습니다. 루터는 '이신득의以信得義'라는 신조 하나에 교회의 존망存亡이 걸려 있다고 보았습니다. 이 신조가 서면 교회도 서고, 이 신조가 쓰러지면 교회도 쓰러진다고 했습니다. 레온 모리스(Leon Morris)는 한 걸음 더 나아가 "이 구절은 어쩌면 인간이 기록할 수 있는 글 중에서 가장 중요한 단 하나의 구절이 될 것"이라고 했습니다. 그러므로 본문이야말로 로마서는 물론이고 성경 전체에서도 가장 중요한 구절임에 틀림없습니다.

온 인류가 한 사람의 예외도 없이 처절한 죄에 빠져 하나님의 진노와 심판을 피할 길이 없을 때, 홀연히 구원의 서광이 비쳐옵니다. 이와 같이 돌발적으로 다가온 구원의 빛줄기를 가장 극적으로 표현해주는 말이 21절의 '그러나 이제는'(Nυνì δὲ/But now)이라는 말이지요. (안타깝게도 우리말 개역개정판에는 '그러나'는 생략되고 '이제는'만 나옵니다. 로마서를 비롯한 바울서신에 모두 열여섯 번이나 '누디 데'라는 말이 나옵니다.) 모든 인간이 남김없이 죄를 짓고 하나님의 진노와 심판 앞에 서서 멸망의 날만 기다리는 신세가 되었지만, 빠져나올 길이 있다는 희망을 제시해주는 부사구가 '그러나 이제는'이라는 두 단어입니다.

마르틴 로이드-존스(Martyn Lloyd-Jones, 1899~1981)는 성경 전체에 나타난 말 중에서 이 두 마디 말보다 더 놀라운 말은 없다고 했습니다. 왜냐하면 이 말이야말로 절망에서 희망으로 넘어가는 일대 전환점과 돌파구를 제시하는 말이기 때문입니다. 우리가 다 죄를 지어 죽어야 할 운명이지만, **그러나 이제는** 예수 그리스도의 복음 안에서 살길이 열렸습니다! 살 소망이 끊어진 우리이지만, 그러나 이제는 걱정 안 해도 됩니다. 구원의 방법이 있기 때문이지요!

어느 누구도 자신이 전혀 가망이 없는 죄인이라는 사실을 깨닫기 전에는 진정한 그리스도인이 되기 어렵습니다. 그러기에 자신의 절망을 뼛속 깊이 느껴보지 않은 사람은 바울이 말하는 '**그러나 이제는**'이라는 부사구가 던져주는 환희와 소망, 감격을 바로 깨달을 수 없을 것입니다.

오직 예수 그리스도를 믿음으로써 얻는 '하나님의 의'

출신 성분이나 인종, 지위, 직업, 종교와 상관없이 똑같이 죄에 빠져 하나님의 진노와 심판을 받아야 할 인류가 똑같은 방법으로 구원받을 수 있는 길이 있습니다. 그 길은 예수 그리스도를 믿어서 하나님께서 의롭다고 인정해주시는 방법입니다. 이른바 믿음으로써 의롭게 되는 구원 방법이지요. 더 정확히, 예수 그리스도를 믿음으로써 하나님의 은혜로 값없이 의롭다고 인정해주시는 방법입니다. 이것을 '신앙의인화'(justification by faith), 혹은 간단히 '의화'라고 한다면, 바울 사도가 이 의인화를 어떻게 논증하는지를 살펴볼 필요가 있습니다.

율법과 상관없이 나타난 하나님의 의

21절에서 바울은 이미 1장 17절에서 언급한 적이 있는 '하나님의 의'를 다시 끄집어냅니다. 그때에는 현재형으로 복음이 전파되는 곳마다 하나님의 의가 계속 나타난다는 사실을 보여주었습니다. 하지만 21절에서 '나타났다'($\pi\epsilon\varphi\alpha\nu\acute{\epsilon}\rho\omega\tau\alpha\iota$/has been disclosed or manifested)라는 동사는 완료형을 씁니다. 과거 행동의 결과, 즉 예수 그리스도의 십자가 대속으로 나타난 하나님의 의가 현재까지 계속해서 영향을 미치고 있다는 사실을 보여줍니다.

'하나님의 의'는 소유주격으로 해석해서 하나님 자신의 의로우신 성품이나 구원 행동을 의미할 수도 있고, 소유목적격으로 해석해서 하나님께서 인간에게 베푸시는 선물로도 볼 수 있습니다. 그러므로 '하나님의 의'를 말할 때는 언제나 '하나님 자신의 의'(의로우신 성품이나 구원 행동)와 하나님께서 인간에게 주시는 '선물'로서의 '하나님으로부터 온 하나님의 의', 두 가지 모두를 고려해야 합니다.

바울이 본문에서 '하나님의 의'를 말할 때에도 이 두 가지 요소가 함께 어우러지겠지만, 특히 소유목적격으로 해석해서 예수 그리스도를 믿을 때 '하나님으로부터 오는 의'(the righteousness from God)로 보는 것이 더 좋을 것입니다. 이 하나님의 의는 어느 순간 뜬금없이 돌발적으로 주어진 것이 아니고, 이미 '율법'과 '선지자들' 즉 구약성경이 증언하고 있는 것(21b절), 즉 숨어 있던 하나님의 의가 나타난 것뿐입니다.

이 하나님의 의는 어떻게 나타납니까? 21절에 보면 '율법과 상관없이' 나타났습니다. 헬라 원어로 'χωρὶς νόμου'(choris nomou)는 직역하면 '율법 없이'(without law)라는 뜻입니다. 해석이 분분하지만 전후 문맥으로 볼 때 '율법을 지키려는 행위와 관계없이'로 번역하는 것이 가장 좋을 듯싶습니다. 하나님의 의는, 바울 시대의 유대인들이 믿었던 대로 율법을 잘 지킬 때 주어지는 것이 아니라, 예수 그리스도를 믿을 때 값없이 주어집니다. 하나님의 의는 율법을 지키는 행위 때문에 이에 대한 보상으로 주어지는 것이 아니라, 예수 그리스도를 믿을 때 은혜로 값없이 주어지는 선물이라는 것이지요.

신앙의인화로서의 하나님의 의

이 하나님의 의는 아직 죄인으로서 하나님 앞에서 그 어떤 의도 주장할 수 없고, 하나님의 의를 받을 수 있는 그 어떤 자격도 갖추지 못한 죄인 신분의 사람들에게 주어지는 의입니다. 바울은 이미 온 인류의 법적 신분과 상태가 죄인임을 선언했습니다. 23절은 이 사실을 재차 확인해줍니다.

모든 사람이 죄를 범하였으매 하나님의 영광에 이르지 못하더니.

모든 사람이 죄를 지어서 그 결과로 하나님의 영광에 못 미치게 되었습니다. 하나님의 형상대로 지음 받은 인간은 본래 하나님의 영광

을 고스란히 간직하고 있었으나, 죄를 범함으로써 하나님의 형상이
일그러져 하나님의 영광에 저절로 못 미치게 되었습니다.

온 인류가 처한 이러한 형편을 핸들리 모울(Handley Moule) 주교
는 다음과 같이 표현합니다.

> 창녀나 거짓말쟁이, 살인자는 하나님의 영광에 미치지 못합니다. 하
> 지만 [고상한 척하는] 여러분 자신도 하나님의 영광에 미치지 못합니
> 다. 앞에서 말한 죄인들이 갱도의 맨 밑바닥 막장에 있다면, 여러분은
> 알프스 산등성이 위에 있다고 말할 수 있습니다. 하지만 그 죄인들이
> 나 여러분이나 하늘에 떠 있는 별에 닿기에는 모두 다 역부족이라는
> 사실에는 하등의 차이가 없습니다.

이제 이러한 죄인이 하나님의 의와 영광에 미칠 수 있는 길이 있습
니다. 예수 그리스도를 통해서입니다! 의로우신 하나님이 불의한 인
간을 의롭게 하실 수 있는 근거는 오로지 예수 그리스도 때문입니다.
죄인이 의로워지는 것은 예수 그리스도를 믿을 때입니다. 바울은 이
것을 하나님의 의와 연결시켜 다음과 같이 말합니다.

> 곧 예수 그리스도를 믿음으로 말미암아 모든 믿는 자에게 미치는 하
> 나님의 의니 차별이 없느니라(22절).

> 그리스도 예수 안에 있는 속량으로 말미암아 하나님의 은혜로 값없이
> 의롭다 하심을 얻은 자 되었느니라(24절).

여기에서 바울은 처음으로 '하나님의 의'와 '신앙의인화'를 하나로 봅니다. 우리가 예수 그리스도를 믿을 때 하나님의 의가 우리에게 하나님의 은혜로 말미암아 값없이 선물로 주어집니다. 여기 '값없이'는 헬라 원어로 $\delta\omega\rho\epsilon\grave{\alpha}\nu$(dorean)인데, '선물'을 뜻하는 $\delta\omega\rho\epsilon\grave{\alpha}$(dorea/gift)에서 나온 부사입니다. 요한복음 15장 25절에서 세상이 예수님을 '이유 없이'(without a cause) 미워했다고 했을 때 정확히 이 $\delta\omega\rho\epsilon\grave{\alpha}\nu$(dorean)'이라는 부사를 쓰고 있습니다. 마찬가지로 하나님께서 죄인들을 의롭게 하시는 것도 아무 이유나 조건도 없이 그냥 주어진다는 말이지요. 그것도 믿는 사람은 누구에게든지 무차별적으로 주어집니다!

바울이 로마서에서 가장 강력하게 밀고 나가는 한 가지 원리는 만인의 평준화입니다. 유대인이든 이방인이든 모든 사람이 똑같이 죄를 지었습니다. 구원을 얻는 방법도 차별 없이 똑같습니다. 그리스도 예수 안에서의 만민평등, 이 원리야말로 인종차별이나 성차별, 연령차별, 계급차별 등등, 일체의 장벽을 깰 수 있는 가장 강력한 무기가 아닐 수 없습니다.

우리가 값없이 의롭다 하심을 얻는 순전한 비결은 우리의 자격이나 공로에 있는 것이 아니라, 전적인 하나님의 은혜 때문입니다. 하나님의 '자비'(mercy)는 우리가 마땅히 받아야 할 형벌을 받지 않게 해준다면, 하나님의 '은혜'(grace)는 도저히 우리가 받을 수 없는 것, 즉 하나님의 의를 선물로 받게 해줍니다.

우리가 의롭게 된다는 말은 단지 죄를 용서받는다는 것, 그 이상입니다. 용서는 소극적으로 우리가 마땅히 받아야 할 형벌을 사면해준다는 의미이지만, 의인화는 하나님과 올바른 교제를 할 수 있도록 우리에게 의로운 새 신분을 수여해준다는 적극적 의미가 있습니다.

의인화는 **법적으로** 우리가 의롭다는 인정을 받게 된다는 뜻입니다. 우리의 인격까지 그 속마음과 행동에 있어서 100% 의롭게 되었다는 뜻이 아닙니다. 우리가 예수 그리스도를 믿을 때에도 우리 마음과 행동에는 여전히 죄가 찌꺼기처럼 남아 있을 수 있습니다.

하지만 우리가 예수 그리스도를 믿을 때 '이중전가'(double trans-fer) 혹은 '이중거래'(double transaction)가 일어납니다. 십자가에 달리신 예수 그리스도께로 우리의 죄가 넘어갑니다. 우리의 죄를 예수께서 대신 뒤집어쓰시고 그 죄에 대한 하나님의 심판을 대신 받으셨습니다. 그리하여 우리의 죄를 사면 받게 될 길이 열린 것이지요. 반대로 예수 그리스도의 의가 우리에게 일방적으로 전가되고 양도되어 하나님께서 우리에게 덮어씌워진 그리스도의 의를 보시고 우리를 의롭다고 선언을 해주십니다. 그러므로 '신앙의인화'는 철두철미 '그리스도 의인화'에 다름 아닙니다.

중요한 것은 의인화가 우리를 '의롭게 만든다'(make righteous)는 뜻이 아니라, 우리를 '의롭다고 **선언하는 것**'(declare or pronounce righteous)이라는 사실입니다. '말하는 것'과 '실제로 만드는 것'이 다르듯이, 하나님께서 우리를 의롭다고 하시는 것은 어디까지나 법적인 선언에 불과합니다. 유죄판결에서 벗어나 무죄선고를 내리는 것이지요. 판사가 죄수 한 사람을 의롭다고 인정한다고 해서 그가 하루아침에 도덕적으로 의로워지는 것은 아닙니다. 다만 무죄판결을 받고서는 받아야 할 형벌로부터 자유롭게 된 것뿐입니다. 마찬가지로 우리가 예수님을 믿음으로 의롭다는 칭함을 얻었다고 해서 갑자기 인격 전체가 성결해지는 것은 아닙니다. 그와 같은 도덕적인 변화와 발전은 죽을 때까지 지속적으로 '성화'(聖化/sanctification)의 과정을 밟아나갈 때 이루어질 수 있습니다. 그러기에 의인화는 머나먼 신앙 순례의 길에 막 접어든 출발점이라고 한다면, 성숙한 그리스도인이 되는 전 과정은 성화에서 일어납니다.

'칭의'와 '성화'의 이와 같은 차이점을 더욱더 분명히 하기 위해서 전자는 우리의 의지나 선택과 상관없이 순식간에, **즉각적으로**(instantaneously) 일어나는 사건이라고 한다면, 후자는 점진적으로 **지속적으로**(gradually) 밟아나가야 하는 과정이라고 할 수 있습니다. 다시 말해 의인화는 우리 편에서의 도움 없이 오로지 '하나님께서 우리를 위하여 하시는 일'이라고 한다면, 성화는 하나님의 은혜와 우리의 협조가 어우러져 '하나님께서 우리 안에서 하시는 일'입니다.

이처럼 의인화가 하나님과 우리의 외적인 관계에 영향을 미치는 '상대적 변화'라고 한다면, 성화는 우리 내면의 도덕적 변혁을 가져다주는 진정한 변화입니다. 요약하면, 의인화(칭의)가 예수 그리스도를 통한 하나님의 의를 일방적으로 수동적으로 '전가'(轉嫁/imputation)받는 것이라고 한다면, '성화'는 경건(piety/하나님 사랑)과 자비(mercy/이웃 사랑)를 통해 하나님의 의에 우리가 능동적으로 '참여'(參與/impartation)하는 것이라고 볼 수 있습니다. 그 순서에 있어서 언제나 의인화가 먼저 오고 성화가 뒤따릅니다.

의인화는 법정에서 쓰는 법적인 용어입니다. 이 말의 반대말은 '유죄판결'(condemnation) 혹은 '정죄', '단죄'입니다. 의롭다는 무죄판결이나 죄 있다는 유죄판결 모두 재판장이 하는 선언인데, 의로운 재판장이신 하나님께서 우리의 법적 신분 상태를 죄인에서 벗어나 의롭다고 선언해주시는 것이지요. 의인화가 우리의 법적 신분이 의롭다고 인정을 받는 것이라고 한다면, 그 의롭다는 선언을 듣는 순간 성령의 능력으로 우리 마음도 새로워져 '중생'(重生/regeneration)이 동시에 일어날 수도 있습니다. 의인화와 중생은 일생에 딱 한 번 경험하면 족한 것이고, 여기에서부터 출발해서 우리의 성품과 인격이 그리스도 예수를 닮아나가는 머나먼 과정인 성화의 순례길로 나아가게 됩니다.

거듭 강조하지만, 우리가 예수를 믿을 때 의롭다는 인정을 받게 되는 것은 먼저 우리의 인격이나 행동이 의롭게 되었기 때문에, 즉 우리 자신이 의롭다 인정받을 수 있는 어떤 자격이나 공로를 먼저 갖추었기 때문에 의롭게 되는 것이 아닙니다. 예수를 믿는 순간에도 여전히 피할 수 없는 죄 속에 있지만, 적어도 믿는 그 순간에 전적인 하나님의 은혜로 나의 죄가 예수 그리스도께로 넘어가는 동시에 예수 그리스도를 통한 하나님의 의가 나에게로 덮어씌워져서 의롭게 되는 것입니다.

속량과 화목제물

우리가 하나님으로부터 의롭다는 인정을 받을 수 있게 된 것은 전적으로 예수 그리스도의 구속사역 때문입니다.

> 곧 예수 그리스도를 믿음으로 말미암아 모든 자에게 미치는 하나님의 의니 차별이 없느니라(22절).

여기에서 '예수 그리스도를 믿음으로 말미암아'가 중요한 말인데, 희랍어 원어에는 '$\delta\iota\grave{\alpha}\ \pi\iota\sigma\tau\varepsilon\omega\varsigma$ '$I\eta\sigma o\tilde{v}\ X\rho\iota\sigma\tau o\tilde{v}$'(dia pisteos Iesou Christou)로 되어 있습니다. 원어 그대로 '예수의 믿음'을 소유주격으로 해석해서 '예수 그리스도의 믿음을 통하여'(through the faith of

Jesus)로 해석하는 이들이 있습니다. 이 경우 예수 그리스도가 십자가에서 죽기까지 하나님께 순종하신 것을 보여준 **예수 자신의 신실한 믿음**을 의미할 수 있습니다.

하지만 전후문맥으로 볼 때 소유목적격으로 해석해서 '예수 그리스도를 믿는 믿음을 통하여'(through faith in Jesus Christ)가 더 적절한 것처럼 보입니다. 물론 십자가에 달려 돌아가시기까지 예수 그리스도께서 보여주신 적극적인 순종의 믿음 때문에 우리가 의롭게 될 수도 있지만, 우리가 예수 그리스도를 믿을 때 하나님의 의가 우리에게 전가되어 의롭다는 인정을 받는다고 생각하는 것이 더 타당성이 있기 때문입니다.

그다음에 우리가 하나님의 의를 양도받을 수 있는 결정적 근거는 예수 그리스도의 대속입니다. 이것은 만일 하나님께서 불의한 자들을 의롭다고 선언하신다면, "어떻게 그 불의한 자를 의롭다고 하신 하나님께서 여전히 의로우실 수 있는가?"라는 질문에 대한 답변이 되기 때문에 너무도 중요합니다. 마치 사형을 받아야만 하는 엄청난 중죄인에게 무죄 선언을 내린 재판장이 의로울 수 없는 이치와 같기 때문이지요.

> 그리스도 예수 안에 있는 속량으로 말미암아 하나님의 은혜로 값없이
> 의롭다 하심을 얻은 자 되었느니라(24절).

먼저 여기에서 중요한 말이 그리스도 예수의 '**속량**'(redemption)이라는 말입니다. 속량은 헬라 원어로 '$\dot{\alpha}\pi o\lambda\upsilon\tau\rho\dot{\omega}\sigma\varepsilon\omega\varsigma$'(apolutroseos)인데, 주전 1-2세기경에는 전쟁포로나 노예, 혹은 사형수를 몸값(贖錢/ransom)을 지불하고 구해내는 것을 의미했습니다. 이와 같이 속량에

는 어떤 대가를 치르고 풀려나게 한다는 의미가 있는데, 하나님께서 예수 그리스도를 십자가에 내어주셔서 몸값을 치르고 우리를 죄와 죽음에서 건져내신 것을 의미합니다. 예수께서 우리의 죄를 대신 떠맡으시고 십자가에 달려 돌아가심으로써 우리를 저주와 심판에서 풀려나게 하셨다는 말이지요. 예수 그리스도의 희생으로 속전을 치르고 우리를 죄와 죽음에서 자유롭게 해주셨다는 것입니다!

바울은 25절 전반부에서 속량에 대해서 다음과 같이 부연 설명합니다.

이 예수를 하나님이 그의 피로써 믿음으로 말미암는 **화목제물**로 세우셨으니.

여기에서 아주 중요한 말이 '화목제물', 즉 헬라어로 'ἱλαστήριον'(hilasterion)입니다. (이 용어는 로마서 3장 25절 이외에 히브리서 9장 5절에만 또 한 차례 나옵니다. 그곳에서는 '속죄소'[the mercy seat/施恩座]로 번역되었습니다. 의미심장하게도 구약에서 'ἱλαστήριον'은 '언약궤의 덮개'를 가리킵니다.) 이제 로마서에서 이 말을 어떻게 해석할 것인가의 문제는 학자들 간에 뜨거운 논쟁거리입니다. 흥미롭게도 우리말 개역개정판은 '화목제물'(propitiation)로 번역했고, 새번역은 '속죄제물'(expiation)로 번역했습니다. 영어 'propitiation'이나 'expiation'은 모두 '속죄贖罪', 즉 '죄를 갚는다'는 뜻으로 풀이할 수 있지만, 엄격한 의미에는 차이가 있습니다.

먼저 '화목제물'이라고 할 때에는 우리가 지은 죄에 대한 하나님의 분노를 달랜다는 의미가 있습니다. 다시 말해 예수 그리스도께서 십자가에 달려 피 흘려 돌아가심으로써 우리의 죄에 대한 하나님의 진노와 심판을 누그러뜨려 하나님과 우리 사이가 화목하게 되었다는 의미가 있습니다. 인간이 죄를 지어 하나님과 불화하게 되었는데, 예수께서 화목제물이 되심을 통해 하나님께서 인간이 하나님 자신과 화목할 수 있는 길을 친히 열어주셨다는 것이지요. 이와 같이 'propitiation', 즉 '화목제물'에는 예수께서 희생제물이 되셔서 우리의 죄에 대한 하나님의 진노를 누그러뜨려 하나님의 정의를 만족시켜 우리가 하나님과 화해한다는 의미가 있습니다.

반면에 '속죄제물', 즉 'expiation'은 우리의 죄를 씻어낸다는 의미가 있습니다. 마치 신용카드로 물건을 구매하면 우리의 은행계좌에서 돈이 자동이체가 되듯이, 예수께서 십자가 위에서 속죄제물이 되심을 통해서 우리의 죄를 대신 씻어주신다는 의미가 있습니다.

헬라어 'ἱλαστήριον'은 이 두 가지 의미를 다 갖고 있습니다. 구약의 레위기 16장에 보면 1년에 한 번씩 대제사장이 대★속죄일에 지성소에 들어갔습니다. 대제사장은 자신과 자신 집안의 죄를 속하기 위해 수소를 속죄제물로 바쳐야만 했습니다. 그런 뒤 이스라엘 백성들의 죄를 속하기 위해 숫염소 두 마리를 준비한 뒤 제비 뽑아 하나님께 바칠 염소는 잡아서 그 피를 얼마 받아다가 손가락으로 찍어서 언약궤(증거궤/법궤) 위의 덮개, 즉 'ἱλαστήριον'을 의미하는 '속죄소' 혹은 '시은좌' 너머 동쪽에 한 번 뿌리고 다시 이 속죄소 앞에 일곱 번 뿌렸습니다. (헬라어 'ἱλαστήριον'은 '언약궤의 뚜껑'을 가리키는 '속죄소'를 의미하는 히브리어 'kapporæt'에서 왔으므로, 바울이 말하는 '화목제물'은 레위기 16장이 보여주는 것처럼 대제사장이 이스라엘 백성들의 죄를 대속하기 위해 언약궤의 덮개, 즉 속죄소 앞에 짐승의 피를 뿌리는 의식과 분명히 연결되어 있습니다.)

대제사장이 이와 같은 속죄 의식을 치르는 동안 이스라엘 백성들은 아무도 회막 안에 들어갈 수 없었습니다. 드디어 대제사장이 의식을 마친 후 지성소에서 나온 뒤 살려 둔 숫염소의 머리 위에 두 손을 얹고 이스라엘 자손이 지은 모든 죄악을 자백한 뒤, 그 모든 죄악을 숫염소의 머리 위에 씌웁니다. 이와 같이 이스라엘 백성의 모든 죄악을 대신 뒤집어쓴 숫염소는 '아사셀'(Azazel), 즉 '속죄의 염소'(scapegoat)가 되어서 멀리 광야로 보내집니다. (고대 히브리 전승에 따르면, '아사셀'은 생명을 주시는 하나님의 행위가 미치지 못하는 광야의 황무지에 거주하는 '들 귀신'의 이름을 뜻합니다. 이 아사셀에게 숫염소를 바치는 것이 아니라, 이스라엘 백성들의 죄를 이 숫염소에 덮어씌워 아사셀이 출몰하는 곳으로 쫓아 보낸다는 의미가 있습니다.)

지금까지 말씀드린 의식은 죄 없는 짐승의 피(생명)를 취해 죄 있는 인간이 하나님의 용서를 받아 죄가 없도록 하시는 하나님의 구약식 대속 방법인 셈입니다. 하지만 이와 같은 대제사장과 짐승의 피를 통한 대속의 희생제사는 대단히 번거롭습니다. 게다가 죽을 때까지 계속한다고 할지라도 이스라엘 백성들의 죄를 완전히 씻을 수는 없었습니다. 더욱이 우리의 생명이 하나밖에 없어 우리가 다 피 흘려 죽을 수 없으므로, 우리 대신 짐승을 희생시켜야 하는데, 제아무리 많은 짐승의 피를 흘리고 또 흘려도 우리의 죄를 다 씻을 수는 없습니다.

참으로 중요한 것은 구약시대에 대제사장의 중보를 통해 백성이 볼 수 없도록 지성소라는 밀실에서 매년 반복되어야만 했던 속죄의식이 이제 공개적으로 골고다 십자가에서 희생제물이 되신 예수 그리스도를 통해 모든 사람들이 단번에 속죄를 받을 수 있는 구원의 길로 바뀌었습니다. 하나님은 하나밖에 없는 외아들 예수님을 '영단번에'(once and for all) 십자가에서 피 흘려 돌아가게 하심을 통해 모든 인간의 죄에 대한 하나님의 진노를 풀어주셨고, 우리의 죄를 깨끗이 씻어주셨습니다. 이것을 히브리서 9장 12절은 너무나 간단히 설명해주고 있습니다.

> 염소와 송아지의 피로 하지 아니하고 오직 자기의 피로 영원한 속죄를 이루사 단번에 성소에 들어가셨느니라.

결국 십자가가 수직과 수평이 교차해서 이루어지듯이, 예수님의 십자가 역시 상향적으로 예수께서 피 흘려 화목제물이 되심으로 우리의 죄에 대한 하나님의 진노와 심판을 풀어준 'propitiation'(화목제물)과 하향적으로 우리의 모든 죄를 씻어주시는 'expiation'(속죄제물)의 의미가 모두 이루어진 하나님의 정의와 사랑의 결정판이라 할 수 있습니다.

25절 후반부에서 바울은 하나님께서 "자기의 의로움을 나타내려 하심이라"는 말을 덧붙이고 있습니다. 예수 그리스도를 'ίλαστήριον'으로 삼으심으로써 하나님의 의로우심을 나타내셨다는 것이지요. 하나님께서 불의한 죄인을 의롭다 인정하시면서도 여전히 의로우신 하나님으로 남아 계실 수 있는 근거가 바로 이 'ίλαστήριον'에 있다는 말입니다.

중요한 것은 하나님 편에서 볼 때 의인화는 **은혜**의 문제이고, 인간 편에서 볼 때 의인화는 **믿음**의 문제입니다. 하나님의 의는 예수 그리스도를 믿는 자는 누구에게나 아무 값없이, 즉 아무 이유 없이 그 어떤 것도 요구하지 않으시고 그냥 은혜로 쏟아 부어주십니다. 우리가 자격이 없고 공로가 없어도 오직 예수 그리스도의 십자가 은혜와 그리스도 예수를 통한 하나님의 의 때문에 의롭게 되고 구원을 받게 되는 것이지요.

이제 '*ἱλαστήριον*' 개념을 중심으로 한 바울의 구원론의 핵심인 칭의론을 도표로 정리하면 다음과 같습니다.

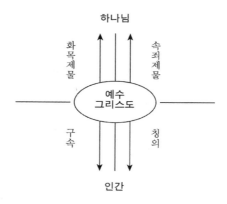

하나님의 묵과와 하나님의 의

본문에서 참으로 중요한 질문은 의롭지 못한 죄인을 의롭다고 하는 것은 하나님에게나 사람에게나 결코 의로운 일이 아니기에, "어떻게 하나님께서 불의한 죄인을 의롭다고 하시면서도 여전히 의로운 분으로 남아 계실 수 있느냐?"입니다. 이 질문의 답은 전적으로 하나님이 먼저 주도해서 행하신 '예수 그리스도의 대속 사역'에 걸려 있습니다. 노예가 속전을 지불하지 않고서는 노예의 굴레에서 벗어날 수 없듯이, 어떤 죄인도 그 지은 죄에 대한 대가를 지불하지 않고서는 죄에서 벗어날 수 없습니다.

하나님께서 우리의 죄를 하나님의 외아들 예수 그리스도 위에 지우셔서 십자가 희생으로 심판받게 하신 뒤 예수 그리스도를 통해 나타난 하나님의 의를 우리에게 선물로 씌워주셨습니다. 바로 이와 같이 예수 그리스도를 통한 대속을 통해 하나님은 죄인 된 우리를 의롭다 인정하시면서도 스스로 불의한 분이 아닐 수 있게 된 것이지요.

하나의 비유를 든다면, 가끔 자녀들을 훈육할 때 아이들에게 매질을 하기에 연령이 너무 어릴 때가 있습니다. 어린아이에게 회초리를 댈 수 없을 때 아버지가 아이들 앞에서 종아리를 걷어붙이고서는 아이들로 하여금 회초리를 때리라고 할 때가 있습니다. 당연히 아이들은 두려워서 회초리를 들려고 하지 않을 것입니다. 하지만 아버지의 강권으로 어쩔 수 없이 회초리로 아버지를 때릴 때 아이들은 자기가 맞아야 할 회초리를 아버지가 대신해서 맞았다는 사실을 너무나 잘 압니다. 이 경우 아이들이 잘못한 일에 대한 대가를 아이들이 아닌 아버지가 대신 치렀다고 볼 수 있습니다.

여기에서 중요한 사실은 이 아버지가 아이들이 잘못했을 때 집에서 기르는 개나 고양이에게 야단을 치거나 때리지 않았다는 것입니다. (구약의 짐승 희생제물이 꼭 이와 같은 경우일 것입니다.) 그렇다고 해서 아무 관계도 없는 이웃 사람을 초청해서 자녀들이 치러야 할 대가를 대신 치르게 하지도 않았습니다. 이 아버지는 잘못한 아이들 수준으로 자신을 낮췄고, 아이들이 받아야 할 처벌도 다름 아닌 아버지가 대신 받았습니다.

바울은 고린도후서 6장 14절에서 "의와 불법이 어찌 함께 하며 빛과 어둠이 어찌 사귈 수 있느냐"라는 질문을 던집니다. 당연히 의로우신 하나님께서 불의한 죄인과 함께하시는 것이 어렵지만, 하나님께서 먼저 이 간격을 메우심으로 끊어진 교제가 회복되었던 것입니다.

이런 맥락에서 25절 후반부의 말씀도 매우 흥미롭습니다. "이는 하나님께서 길이 참으시는 중에 전에 지은 죄를 간과하심으로 자기의 의로우심을 나타내려 하심이니." 여기에서 '전에 지은 죄'는 예수 그리스도께서 십자가를 지시기 전에 이스라엘 백성들과 온 인류가 지은 죄를 의미할 것입니다.

그런데 아주 흥미로운 단어가 '간과하심'입니다. 헬라 원어로 $\pi\acute{\alpha}\rho\epsilon\sigma\iota\nu$(paresin)은 '지나가다'(pass by)라는 뜻인데, 개역개정판은 '간과看過하심'(pass over)으로 번역했습니다. 그냥 넘어간다는 뜻이지요. 더 적절한 번역은 '묵과默過', 즉 '잘못을 알고도 모른 채 넘어간다'가 될 것입니다. 이러한 뜻을 충분히 살려 새번역은 '지은 죄를 너그럽게 보아주심으로써'로 의역을 해놓았습니다. $\pi\acute{\alpha}\rho\epsilon\sigma\iota\nu$을 '간과', 혹은 '묵과'로 번역할 때 바로 앞에 나오는 '길이 참으신 중에'와도 자연스레 연결되기 때문에 의미가 통하게 됩니다.

이것은 하나님께서 예수께서 십자가 지시기 전까지의 구약 시대의 사람들이 지은 죄를 완전히 용서하신 것이 아니라, 그냥 잠시 눈을 감고 묵과하신 채 벌하시지 않았을 뿐이라는 사실을 알려줍니다. 만일 그들의 죄를 완전히 용서하셨더라면 그들의 죄는 다 사라져 예수님이 십자가에 달려 돌아가실 필요가 없었기 때문입니다. 벌을 주시지 않고 단순히 오래 참으심으로써 기다리셨다가 마침내 예수님의 십자가로 십자가 이전의 구약 백성들의 죄악을 포함한 온 인류의 죄를 완전히 심판하셨던 것입니다.

그러기에 '*παρεσιν*'(묵과하심)의 진정한 의미는 구약 시대 사람들의 죄악에 대한 심판을 예수님의 십자가 구속 때까지 유보留保하셨다고 해석하는 것이 옳습니다. 결국 예수님의 십자가 구속은 십자가 이전이나 이후를 막론하고 온 인류 역사의 모든 시간을 초월해 인간이 지은 일체의 죄를 심판하시고 대속해주신 사건이라고 할 수 있습니다.

바울은 26절에서 이 점을 더욱더 분명히 합니다.

> 곧 이 때에 [하나님께서] 자기의 의로우심을 나타내사 자기도 의로우시며 또한 예수를 믿는 자를 의롭다 하려 하심이라"

십자가 이전에 인류가 지은 죄를 하나님께서 묵과하시는 이유는 회개할 기회를 부여하기 위해 심판 시간을 잠시 연기하셨기 때문입니다. 하지만 이제 하나님의 의가 예수 그리스도 안에서 계시됨으로써 그 묵과의 시간은 종결되었고, 예수를 믿는 사람은 누구든지 의롭다고 인정받을 수 있는 길이 활짝 열렸습니다. 그리하여 하나님께서 예수 그리스도를 통해 불의한 인간을 의롭게 하실 수 있는 근거가 확보되었고, 하나님 자신도 끝까지 의로우신 분으로 남을 수 있게 된 것입니다. 예수님의 십자가 대속 때문에 하나님은 스스로 의로우신 분일 뿐 아니라, 불의한 죄인을 의롭다 하시는 분이 되실 수 있었던 것입니다.

이신칭의의 요점

본문에는 기독교 구원론의 중심축이 되는 세 가지 중요한 용어가 나왔습니다. '의인화'($\delta\iota\kappa\alpha\iota o\acute{v}\mu\varepsilon\nu o\iota$/eustificatio/justification), '속량'($\grave{\alpha}\pi o\lambda\upsilon\tau\rho\acute{\omega}\sigma\varepsilon\omega\varsigma$/redemptio/redemption) 그리고 '속죄제물'($\dot{\iota}\lambda\alpha\sigma\tau\acute{\eta}\rho\iota o\nu$/propitiatio[propitiation]/expiatio[expiation])입니다.

이제 이 세 용어와 관련해서 기독교 구원론에 있어서 너무나 중요한 이신칭의론을 다음과 같이 정리를 해봅시다.

첫째로, 우리가 의롭게 되는 <u>원천</u>(source)은 하나님과 하나님의 은혜 때문입니다.

결코 우리가 잘 나서 우리의 자격이나 공로 때문에 의롭게 되는 것이 아닙니다.

우리가 직장을 구하기 위해 이력서를 쓸 때 제발 우리를 뽑아 달라며 우리의 모든 자격, 실력, 학력, 경험, 기술 등을 총망라해서 기록합니다. 그야말로 우리가 그 자리에 가장 적임자라는 사실을 알리기 위해 온갖 노력을 다한 뒤, "제발 나를 좀 써주세요!" 호소합니다.

하지만 기독교 구원은 이와 정반대입니다. 우리 편에서 우리의 자격을 열심히 설명하는 것이 아니라, 우리는 전혀 자격 미달이지만 하나님께서 먼저 완벽한 손을 다 쓰셔서 우리를 받아주십니다. 다시 말해 24절 말씀 그대로 우리는 "하나님의 은혜로 값없이 의롭다 하심"을 얻습니다! 구원과 의인화의 주도권(initiative)은 인간에게 있는 것이 아니라 처음부터 끝까지 하나님께 있습니다!

둘째로, 우리가 의롭게 되는 <u>근거(ground)</u>는 예수 그리스도와 십자가 대속 때문입니다.

의로우신 하나님께서 불의한 인간을 의롭다고 인정하시는 것은 철두철미 예수 그리스도 때문입니다. 하나님은 본성상 의로우신 분이 기에 죄 있는 자에게 무죄 선언을 하시거나, 죄 없는 자에게 유죄판결을 내리실 수 없습니다.

하지만 한 점 죄가 없는 예수님을 십자가에 못 박혀 피 흘려 돌아가게 하심으로써 우리의 죄를 심판하셨기에 불의한 자를 의롭다 선언하실 수 있습니다. 그러기에 죄인인 우리가 의롭다고 인정받을 수 있는 근거는 오로지 우리를 대신하여 십자가에서 희생당하신 예수 그리스도의 대속의 은혜 때문입니다.

예수 그리스도로 말미암아 누구든지 믿기만 하면 값없이 의롭다 하심을 얻을 수 있지만, 이 은혜는 결코 값싼 것이 아닙니다. 그 이면에는 엄청난 대가와 희생을 치르고 얻은 은혜입니다. 마치 우리 교회의 엘리베이터에는 누구나 다 무료로 값없이 탈 수 있지만, 이것을 설치하는 데에는 많은 비용이 들었고 적지 않은 희생이 있었던 것과 마찬가지입니다. 믿는 사람은 누구에게나 주어지는 구원 역시 하나님께서 하나밖에 없는 아들 예수님을 십자가 위에서 희생해서 나온 엄청난 은혜 때문임을 잊지 말아야 합니다.

셋째로, 우리가 의롭게 되는 <u>수단(means)</u>은 예수 그리스도에 대한 믿음입니다.

바울은 26절 후반부에서 힘주어 강조합니다. "예수 믿는 자를 의롭다 하려 하심이라." 본문에서 바울은 세 차례나 '믿음'의 중요성을 강조했습니다(22, 25, 26절). 로마서를 다시 읽어냄으로써 촉발된 종교개혁에 있어서 가장 중요한 구호 역시 '오직 믿음으로'(sola fide)였습니다.

누구도 믿음의 중요성을 부인할 수 없지만, 그럼에도 불구하고 믿음은 어디까지나 하나님의 의에 이르게 하는 수단이지, 목적은 아닙니다. 언제나 우리의 '믿음'이 더 중요한 것이 아니라, '믿음의 대상(object)'이 훨씬 더 중요합니다! 이것은 무엇보다도 귀신들도 하나님을 믿고 떨 수 있기 때문에(약 2:19), 믿음만 강조해서 안 되고 언제나 믿음의 대상이신 하나님께 초점을 맞추어야 합니다.

제가 자전거를 타고 한 번도 쉬지 않고 인천에서 부산까지 갈 수 있다고 확신한다고 가정을 해봅시다. 제가 제아무리 철석같이 저의 능력을 믿는다고 할지라도, 저의 능력이 부족하면 자전거를 타고 단번에 부산까지 가는 것은 불가능합니다. 반면에 제가 고소공포증이 있어서 비행기를 무서워한다고 가정해봅시다. 과연 비행기가 저를 인천에서 뉴욕까지 데려다 줄 수 있을까 늘 의심하며, 때로 불안증세까지 보인다고 해봅시다. 하지만 저의 부족한 믿음과 상관없이 믿음의 대상인 비행기가 충분한 능력이 있다면 인천에서 뉴욕까지 가는 것은 아무 문제가 될 수 없습니다.

믿음은 '구원의 원인'이 아니라, '구원의 도구'에 불과합니다. 그러기에 우리는 믿음을 또 하나의 '행위'로 만들어서 안 됩니다! 믿음 그 자체에는 자랑할 것이 없습니다. 우리가 믿음이 깊어서 구원을 받았다는 생각을 가지면 믿음은 또 하나의 율법 행위가 되어 하나님의 은혜보다는 우리 자신의 공로를 앞세우게 될 것입니다. 율법에 의한 의는 율법을 지키는 행위에 대한 보상으로 주어지는 것이지만, 복음에 의한 의는 신앙을 매개로 해서 주어지는 무상無償의 선물입니다. 그러기에 제아무리 믿음이라는 수단이 중요해도 신앙제일주의(sola-fideism)에 빠져서는 안 될 것입니다. 바로 이 점에서 16세기 성공회 신학자 리처드 후커(Richard Hooker, 1554-1600)의 말을 귀담아들어야 할 필요가 있습니다.

> 하나님이 믿는 자를 의롭게 하시는 것은 믿는 자의 믿음이 훌륭해서가 아니라 믿음의 대상이 되신 예수 그리스도께서 훌륭하시기 때문이다.

믿음은 어쩌면 굶주린 걸인의 손과 같다고 할 것입니다. 배고픈 거지가 저절로 손을 내밀어 빵을 선물로 받아들이려고 하듯이, 우리의 믿음 역시 하나님을 향해 손을 뻗쳐 하나님의 은혜를 받아들이는 통로입니다.

그러기에 방향이 중요합니다. 우리의 믿음 때문에 하나님의 은혜로 나아가는 것이 아니라, 하나님이 먼저 베푸시는 은혜 때문에 예수 그리스도를 믿을 수 있게 된 것입니다. 우리의 믿음조차도 우리 스스로의 수고나 공로에 의해 생겨난 것이 아니라 하나님의 은총의 선물입니다!

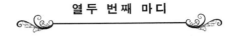

자랑할 것이 없는 사람

A Person Who Has Nothing to Boast

〈3:27-31〉

이신칭의의 보편성

로마서 3장 21-26절에서 바울은 복음의 심장인 이신칭의를 제시했습니다. 사람이 의롭게 되는 것은 '오직 예수 그리스도를 믿음으로 값없이 주시는 하나님의 은혜' 때문에 가능합니다. 믿음으로만 의롭게 되고, 예수 그리스도를 통한 하나님의 은혜로만 구원을 받을 수 있다면, 누구도 하나님 앞에서 자랑할 수 없습니다. 칭의가 자기가 일해서 정당하게 받은 보수가 아니라, 공짜로 얻은 선물이기 때문이지요. 또한 하나님은 유대인들뿐만 아니라 이방인들의 하나님도 되시므로, 이 동일한 하나님이 베푸시는 구원 방법 역시 '오직 믿음에 의해 하나님의 은혜로만'이라는 동일한 방법일 수밖에 없습니다.

본문은 유대인이나 이방인이나 그 어떤 인종을 막론하고 오직 믿음으로만 의롭게 된다는 '칭의의 보편성' 문제를 재천명하고 있습니다. 바울은 이처럼 칭의론에 함축된 보편성의 의미를 해명하고자 2장 1-5절과 2장 17-19절 그리고 3장 1-8절에서 가상의 적수를 내세워 질문을 던지게 한 뒤 본인이 대답하는 식의 비방(Diatribe)이라는 수사학적 방법을 다시 쓰고 있습니다. 본문은 가상의 대화 상대자로 하여금 크게 세 가지 질문을 던지게 한 후 바울이 대답하는 식으로 되어 있습니다.

첫째, 사람이 자랑할 것이 있느냐고 묻습니다(27-28절). 바울은 이신칭의는 일체의 자랑거리를 배제한다는 사실을 힘주어 강조합니다. 둘째, 하나님은 오직 유대인만의 하나님이시냐고 묻습니다(29-30절). 바울은 하나님은 유대인(할례자)이나 이방인(무할례자)이나 불문하고 모든 민족의 동일하고 유일한 하나님이실 뿐 아니라, "오직 믿음으로 의롭게 된다"라는 동일한 구원 방법을 제시하신다는 사실을 강조합니다. 셋째, 믿음이 율법을 파기破棄하느냐고 묻습니다(31절). 바울은 믿음이 율법을 폐하기는커녕, 도리어 굳건히 세운다는 사실을 역설합니다.

질문 I : "사람이 자랑할 데가 어디 있느냐?"

바울이 로마서를 집필하던 당시에 로마인들은 자랑거리가 수두룩했습니다. 어쩌면 무엇을 자랑하는가 하는 자랑의 대상은 한 사람의 정체성이나 신분을 말해준다고도 볼 수 있습니다. 로마인들은 혈통이나 가문을 자랑했습니다. 외모와 지식을 자랑했습니다. 돈과 집과 토지와 의상과 음식물을 자랑했습니다.

이렇게 자랑거리가 홍수처럼 넘치던 시대에 아주 소수의 무리로 뭉쳐 있던 그리스도인들에게는 자랑거리가 많지 않았습니다. 거의 밑바닥 수준이었던 노예나 천민이 다수를 차지했던 교회공동체 사람들은 자랑거리가 그리 많지 않았던 것이지요. 하지만 유대교를 믿다가 기독교로 개종한 유대인 신자들만큼은 남달랐습니다. 유대인으로 태어났고 율법과 할례를 받았다는 사실에 엄청난 자부심을 가졌습니다. 바울은 이와 같은 유대계 기독교인들을 겨냥해서 질문을 던집니다.

그런즉 자랑할 데가 어디냐 있을 수가 없느니라(27a절).

헬라어로 'οὖν'(oun)은 '그러므로'(therefore), '그런즉'(then)을 뜻하는 부사인데, 앞에서 말한 칭의론과 연결된다는 사실을 보여줍니다. 사람이 하나님 앞에서 의로워지는 것이 오직 믿음으로만 가능하다면, 유대인이라고 해서 자랑할 거리가 있겠느냐는 반문이지요.

여기에서 '자랑하다'는 말은 헬라어로 'καύχησις'(kauchesis)인데 교만과 같은 불순한 동기로 자랑하는 것을 말합니다. 흥미롭게도 '자랑하다'라는 영어 동사 'boast'는 '전쟁터'를 뜻하는 명사 'battlefield'에서 왔다고 합니다. 군인이 전쟁터에 나가는 이유는 순전히 승리에 대한 확신이 있기 때문입니다. 군인 숫자나 무기의 질이나 전술 전략 등등, 적군보다 모든 것이 우위에 있다는 자부심이 있을 때 전장戰場으로 나가게 됩니다.

그러므로 우리가 이길 수 있다는 확신은 곧 우리가 가진 것을 자랑한다는 뜻이 됩니다. 마치 거인 장수 골리앗이 이스라엘 군대를 업신

여기며 기를 죽일 때 자신의 괴력을 자랑하듯이(삼상 17:8-11), 자랑하는 것은 내가 가진 것으로 상대방을 제압할 수 있다는 확신을 의미할 것입니다.

오늘 우리가 자랑하는 것은 우리가 어떤 사람인지 정체성을 보여줍니다. 인생의 가치를 어디에 두는지, 사랑하는 것이 무엇인지를 알려면 자랑하는 것을 알면 됩니다. 하지만 믿음으로 의로워지고 하나님의 값없이 베푸시는 은혜 때문에 구원을 얻는다면, 그 어떠한 자랑거리도 일시에 무색無色해집니다. 설령 유대인으로 태어났고, 이방인들이 갖지 못한 율법을 소유했고 선민의 외적 표시인 할례를 받았다고 할지라도, 그것 때문에 구원을 받는 것이 아니기에 하등의 자랑거리가 될 수 없습니다.

그러기에 믿음으로 의롭다고 인정을 받게 될 경우 사람이 자랑할 데가 있느냐는 질문에 대한 바울의 대답은 격한 부정입니다. "있을 수가 없느니라." 헬라어로 ʼἐξεελείσθη(exeleisthe)는 ʼ배제된다ʼ(excluded), 혹은 ʼ차단된다ʼ(shut out)는 뜻입니다. 있을 수 없다는 극한 부정이지요! 자신의 자격이나 공로 때문이 아닌, 하나님께서 예수 그리스도를 통해 값없이 베푸시는 은혜 때문에 구원을 받는다면 인간 편에서 자랑할 것은 그 어디에도 없습니다! 모조리 배제됩니다!

자랑할 것이 없다는 사실은 바울 자신의 극적인 체험과 직결되어 있습니다. 바울은 빌립보서 3장 5-6절에서 회심하기 전 자신이 어떤 육체적인 자랑을 일삼았는지 자세히 고백합니다.

나는 팔일 만에 할례를 받고 이스라엘 족속이요 베냐민 지파요 히브리인 중의 히브리인이요 율법으로는 바리새인이요 열심으로는 교회를 박해하고 율법의 의로는 흠이 없는 자라.

혈통과 신분, 학력, 도덕성, 종교적 열심 등등, 자랑거리가 너무나 많았습니다. 하지만 예수 그리스도를 믿음으로 의롭게 된다는 진리를 온몸으로 겪은 뒤에는 일체의 자랑거리가 사라졌습니다.

> 그러나 무엇이든지 내게 유익하던 것을 내가 그리스도를 위하여 다 해로 여길뿐더러 또한 모든 것을 해로 여김은 내 주 그리스도 예수를 아는 지식이 가장 고상하기 때문이라 내가 그를 위하여 모든 것을 잃어버리고 배설물로 여김은 그리스도를 얻고(빌 3:7-8).

칭의는 일체의 자랑을 원천적으로 배제합니다. 우리가 잘 나서 의롭다고 인정을 받고 구원을 받은 것이 아니기 때문입니다. 그러므로 칭의야말로 모든 인간을 하나님 앞에 평준화시키고 무장해제시키는 가장 강력한 무기가 아닐 수 없습니다.

백인이다 흑인이다, 인종적 자랑을 할 수 없습니다. 부자다 빈자다, 높은 자리에 앉았다 낮은 자리에 앉았다, 신분과 지위고하를 자랑할 수 없습니다. 남자다 여자다, 성性의 차이를 자랑할 수 없습니다. 그 누구도 자신의 인종이나 신분, 계급, 성, 학력, 나이, 경제력 등등을 자랑할 수 없습니다. 이런 것들을 자랑하는 사람은 마치 물에 빠져 죽어가는 사람이 손에 돈뭉치나 족보, 토지 증서, 박사학위증 등등을 흔들며 자랑하는 것과 진배없습니다. 결코 이런 자랑거리가 우리를 구원하는 것이 아닙니다!

바울은 이와 같은 '원천적 자랑배제'를 한 단계 더 밀고 나가기 위해 무슨 '법'으로 의롭게 되느냐고 묻습니다. 믿음으로, 하나님의 은혜로 의로워진다면 우리 스스로 자랑할 것은 아무 데도 없다고 이미 단언했습니다. 그런 뒤 무슨 법으로 우리가 의로워지느냐고 그동안 여러 차례 강조했던 질문을 다시금 반복해서 묻는 이유는 행위에 의한 인간 자신의 공로 때문이 아닌, 오직 믿음으로 하나님의 은혜로 의롭게 된다는 사실을 재차 강조하기 위해서입니다.

여기에서 '법'(νόμος/law)이 무엇을 의미하는가에 대한 해석이 분분합니다. 모세의 율법, 즉 '모세오경'(Torah)을 지칭한다고 생각하는 사람도 있고, 아니면 '구약성경' 전체를 의미하는 것으로 보는 이도 있습니다. 하지만 전후문맥으로 볼 때, 여기에서 말하는 법은 어떤 '원리'(principle)나 '규칙'(rule)으로 해석하는 것이 자연스러울 것입니다. 다시 말해 어떤 '원리'로 의롭게 되느냐는 질문이지요. 여기에 대해서 바울은 '행위'(ἔργων/works)의 법으로 의롭게 되느냐고 되묻습니다. 대답은 '아니다'(οὐχί/no)라는 것입니다. 그러면 어떤 법으로, 즉 어떤 원리로 의롭게 됩니까? '믿음의 법을 통해'(διὰ νόμου πίστεως /through the law of faith) 의롭게 됩니다!

율법이 유대인의 까다로운 음식규정이나 안식일 준수와 같은 '의식법'을 의미하든지, 아니면 인간 생활에서 지켜나가야 할 '도덕법'을 의미하든지 간에, 율법을 지키는 행위를 통해 의로워진다면 율법을 더 많이 더 잘 지킨 사람은 자신의 행위를 자랑하는 마음이 생길 수 있습니다. 공로의식 때문에 은근히 교만한 마음을 품게 되고, 자기보다 율법을 제대로 지키지 못한 사람을 판단하고 정죄하게 됩니다.

사실 율법을 지키는 행위 자체는 전혀 탓할 바가 못 됩니다. 오히려 율법을 잘 지키는 사람을 칭찬하고 상 주는 것이 당연합니다. 하지만 율법을 지킬 때마다 마음 깊은 곳에 똬리를 트는 자부심, 공로의식, 우월감이 문제입니다. 다시 말해 율법을 지킴으로써 하나님께 무엇인가를 주장할 수 있고, 구원받는 일에 자신이 기여할 수 있다는 교만과 착각이 '율법 준수 행위의 법'에 있어서 가장 심각한 문제입니다.

이와 반대로 '믿음의 법'으로, 즉 예수 그리스도를 믿는 원리로 의롭게 된다면 우리 쪽에서 가질 수 있는 공로의식은 하나도 없습니다. 내가 잘나서 구원을 받는 것이 아니라 오직 하나님의 은혜로 선물로 의로워졌기 때문에 교만하고 자랑할 것이 아니라 겸손하게 감사할 수밖에 없습니다.

그러기에 우리는 믿음조차도 또 하나의 율법 행위가 되지 않도록 조심해야 합니다. "다른 사람이 믿지 못하는 것을 나는 믿었기 때문에 내가 구원받았다." 이러한 신앙우월감이야말로 바울이 그토록 경계하는 원천적인 자랑의 배제를 거슬리는 또 하나의 '행위의 법'이 되고 말 것입니다. 믿음은 언제나 믿음의 대상과 연관될 때에만 존재할 수 있는 것이지, 결코 독립된 실체가 아닙니다! 믿음은 믿음의 대상이신 하나님 없이 홀로 설 수 없는 하나의 도구요, 통로, 수단인 것을 잊지 말아야 합니다. 칭의와 구원이 전적인 하나님의 선물로 온 것이기에 우리는 주님만 힘써 자랑해야 할 것입니다(고전 1:31).

> 너희는 그 은혜에 의하여 믿음으로 말미암아 구원을 받았으니 이것은 너희에게서 난 것이 아니요 하나님의 선물이라 행위에서 난 것이 아니니 이는 누구든지 자랑하지 못하게 함이라(엡 2:8-9).

이와 같이 오직 믿음으로 의롭게 된다는 사실을 바울은 28절에서 다시 한 번 힘써 강조합니다.

> 그러므로 사람이 의롭다 하심을 얻는 것은 율법의 행위에 있지 않고
> [오직] 믿음으로 되는 줄 우리가 인정하노라.

이 구절은 루터가 '믿음으로' 바로 앞에 '오직'(allein/only)이라는
부사를 덧붙여서 논란이 된 유명한 구절입니다. 헬라 원어에는 '오직'
이라는 부사가 나오지 않습니다. 루터가 이렇게 함으로써 종교개혁의
제1원리가 된 'sola fide'(오직 믿음으로)가 생겨난 계기가 되기도 했
지만, 확실히 루터는 전후문맥을 정확히 파악했고, 무엇보다도 바울
의 의도를 정확히 꿰뚫었기에 이것은 참 잘 한 일이라고 생각합니다.

이처럼 그냥 '믿음으로'가 아닌, '**오직** 믿음으로'가 훨씬 더 설득력
이 있다는 것은 바울이 똑같이 강조하는 '율법의 행위에 있지 않고'(χω
ρὶς ἔργων νόμου/apart from works of the law)라는 구절 때문입니다.
율법에 있어서는 언제나 율법을 지키는 '행위'가 중요하다면, 하나님
의 은혜로 의롭다 인정을 받는 데에는 절대적으로 '믿음'이 중요합니
다. 우리가 의롭다고 인정을 받는 것은 율법의 행위와 상관없이 '오직
믿음으로만' 가능할 뿐입니다!

질문 II: "하나님은 유대인만의 하나님이신가?"

바울은 칭의의 보편성을 강조하기 위해 또 한 가지 질문을 던집니다.

> 하나님은 다만 유대인의 하나님이시냐 또한 이방인의 하나님은 아니

시냐 진실로 이방인의 하나님도 되시느니라(29절).

앞에서 던진 '자랑' 문제와 상관없이 뜬금없이 던진 질문처럼 보이지만 관계가 있습니다. 이스라엘 백성들은 유일신(唯一神/monotheism) 사상으로 똘똘 뭉친 사람들입니다. 어릴 때부터 "이스라엘아 들으라"(쉐마)로 시작되는 유일신 신앙을 자나 깨나 고백하고 암송합니다.

이스라엘아 들으라 우리 하나님 여호와는 오직 유일한 여호와이시니 너는 마음을 다하고 뜻을 다하고 힘을 다하여 네 하나님 여호와를 사랑하라(신 6:4-5;막 12:29-30 참조).

만일 율법의 행위로 칭의를 얻는다면, 율법을 소지하지 않은 이방인들은 자연스레 배제될 수밖에 없습니다. 하지만 하나님은 유대인들만의 하나님이 아니라 이방인들, 지구상에 거하는 온 인류의 창조주 하나님이십니다. 그러기에 이 유일한 하나님이 창조하셨고, 그 하나님의 은총 아래에 있는 이방인들이 하나님의 구원계획에서 배제된다는 것은 있을 수 없습니다.

그러므로 바울은 다름 아닌 '칭의의 보편성' 혹은 '통일성' 문제를 거론하기 위해 유일신 신앙을 끄집어낸 것이지요. 하나님이 유대인들의 하나님이실 뿐 아니라 이방인들의 하나님이시기도 한다면, 하나님이 주시는 구원 방법도 하등의 차이가 있을 수 없습니다. 그래서 바울은 하나님의 유일성을 말한 뒤 곧바로 하나님의 동일한 구원 방법을 지적합니다.

할례자도 믿음으로 말미암아 또한 무할례자도 믿음으로 말미암아 의롭다 하실 하나님은 한 분이시니라(30절).

만일 의롭게 되는 것이 율법의 행위로만 가능하다면, 율법을 소지했고 그 율법을 준행하는 유대인들만 의롭게 되고 구원을 받게 될 것입니다. 그렇다면 하나님은 유대인들만의 하나님일 뿐, 이방인들의 하나님은 될 수 없습니다! 하나의 부족신이 되고 마는 것이지요! 아니면, 적어도 이방인이 유대인처럼 할례를 받고 음식이나 절기 규정을 지키면서 유대인화 되어야만 할 것입니다.

하지만 하나님은 분명히 유대인들과 이방인들, 온 인류의 하나님이십니다! 이러한 유일신 신앙은 유대인들조차도 부인하지 못할 자신의 탯줄과도 같은 근본적인 신앙고백이지요. 율법 없는 이방인들이 믿음으로 구원을 얻는다면, 율법 가진 유대인들 역시 예외가 될 수 없습니다. 이방인의 하나님은 곧 유대인의 하나님이신 까닭에 이방인이나 유대인을 막론하고 하나님이 베푸시는 구원 방법도 동일할 수밖에 없기 때문이지요. 유대인이 믿는 하나님이 다르고, 이방인이 섬기는 하나님이 다르지 않다면, 그 동일하신 하나님이 인류에게 베푸시는 구원 방법 역시 '이신칭의'가 될 수밖에 없고, 그렇기에 할례자(유대인)나 무할례자(이방인)나 가리지 않고 똑같이 믿음으로 말미암아 의롭게 됩니다.

예수님이 오신 뒤 믿음으로 의롭게 된다는 구원론의 대전제로 인해 이제 적자嫡子인 유대인과 서자庶子인 이방인 사이에 모든 구분과 차별이 무너졌습니다. 적자나 서자나 동일한 아버지의 자식들일 뿐 아니라, 그 한 아버지가 자식들을 받아들이는 방법에도 일체의 차이가 사라졌습니다. 결국 '믿음으로 의롭게 된다'는 원리에는 유대인이나 이방인 사이에 머리카락 한 올의 차이도 없습니다! (헬라어 성경에는 할례자의 의화를 말할 때에는 'ἐκ πίστεως'[ek pisteos], 즉 '믿음에 의해'[by faith]로, 무할례자의 의화를 말할 때에는 'διὰ τῆς πίστεως'[dia tes pisteos], 즉 '믿음을 통해'[through the faith]로 기록되었기 때문에 유대인과 이방인의 구원 방법이 서로 다른 것처럼 해석하는 이들이 있지만, 모두 '믿음으로 말미암아'라는 동일한 의미를 '수사학적으로 달리 표현한 것'[stylistic variations]에 불과합니다.)

바울이 볼 때 유일신 신앙이야말로 유대인과 이방인 사이에 선명하게 그어져 있는 경계선을 지워줄 뿐 아니라, 칭의의 보편성과 통일성을 보증해주는 뿌리가 됩니다. 오직 예수 그리스도를 믿어야지만 의롭게 된다는 사상이야말로 온 인류가 일체의 장벽을 뛰어넘어 한 식탁에서 한솥밥을 먹는 한 식구라는 사실을 일깨워줍니다.

질문 III: "믿음으로 말미암아 율법을 폐기廢棄하는가?"

이제 바울은 맨 끝절에서 아주 중요한 질문을 던집니다.

그런즉 우리가 믿음으로 말미암아 율법을 파기하느냐(31a절).

율법의 행위가 아닌, 오직 믿음으로만 의롭게 된다면 당연히 이 질문이 뒤따를 수 있습니다. "그렇다면 이제 율법은 어떻게 되는가?" "이제 믿음 때문에 율법은 아무짝에도 쓸모가 없게 되는 것은 아닌가?" 이른바 '율법무용론' 혹은 '율법폐기론'이 고개를 들 수밖에 없습니다.

사실 바울이 선교활동을 펼치면서 이신칭의를 강조할 때마다 유대인들로부터 가장 많이 들었던 비난이 바로 칭의론이 율법을 무효화시킨다는 오해였습니다. 이 문제는 너무나 중요했기 때문에 바울이 반드시 해명해야만 할 숙제였습니다.

실제로 바울은 로마서 6-8장에서 이와 같은 '반反율법주의' 혹은 '무無율법주의'를 자세히 논증합니다. 하지만 4장으로 넘어가 구약에서 믿음으로 의롭다고 인정을 받은 대표적 인물인 아브라함의 실례를 들기 전에 아주 짤막하게 단언을 내릴 뿐입니다.

그럴 수 없느니라 도리어 율법을 굳게 세우느니라(31b절).

율법의 행위가 아닌, 믿음으로 의롭게 된다고 해서 율법의 가치가 손상되거나 폐기되는 것이 아닙니다. 'μὴ γένοιτο'(me genoito), '절대로 그럴 수 없다'(by no means)는 것입니다! 믿음은 무조건 좋고, 율법은 무조건 나쁜 것이 아닙니다. 오히려 믿음은 율법을 굳게 세워줍니다. 어떻게요?

만일 율법이 모세오경을 비롯한 구약성경 전체를 가리킨다면, 율법은 하나님의 전반적인 구원계획에 있어서 나름 긍정적인 역할을 할 수 있습니다. 예컨대 복음과 은혜의 시대가 도래하기 전까지 죄가 무엇인지를 일깨워주고, 죄를 드러내고 정죄하고 심판하는 구실을 할 수 있습니다. 다시 말해 율법은 그리스도 예수의 복음을 준비케 하는 역할을 할 수 있습니다.

율법을 행함과 연결시켜 생각할 때 '믿음'과 '행함'은 대립되거나 모순되는 것이 아니라, 상호보완적인 것이 됩니다. 루터는 믿음을 지나치게 강조한 나머지 행함을 강조하는 야고보서를 '지푸라기 서신'(Strohbrief)으로 혹평한 적이 있습니다. 하지만 바울과 야고보는 결코 상호모순되는 말을 하는 것이 아닙니다. 사람이 의롭게 되는 것은 오직 믿음으로 가능하지만, 이 믿음은 옳다고 고개만 끄떡이는 '지적 승인'이 아니라 구체적인 순종 행위를 수반하는 전인격적 실행이 되어야만 합니다.

이런 맥락에서 바울 역시 율법의 중요성을 부인하지 않았으며, 로마서 1장 5절에서 '믿음'을 말할 때 그냥 '믿음'이라고 하지 않고, '믿음의 순종'(obedience of faith)으로 지칭했던 것입니다. 바로 이 점에서 믿음의 순종을 보였던 대표적 인물이 구약의 아브라함이었기 때문에 31절이야말로 믿음이 율법 행위를 폐하지 않는다는 사실을 구체적 사례를 들어 논증하기 위한 하나의 전환점이라고 할 수 있습니다.

이신칭의의 보편성에 대한 바울의 주장은 온 인류를 하나님의 은총 앞에 겸손히 세웁니다. 칭의가 나의 공로가 아닌 전적으로 하나님의 은혜 때문에 무상의 선물로 주어졌다면 자랑할 것이 없습니다. 그저 감사할 뿐입니다. 무상으로 칭의를 얻은 사람이 자랑한다면, 이것은 마치 값비싼 생일선물을 받은 사람이 감사하지 않고 자기가 그 선물값을 치렀다고 생떼를 쓰는 것과 마찬가지입니다. 자신이 그 값을 치렀다면 더 이상 선물이 될 수 없습니다. 그러므로 인간 편에서 의롭다고 인정을 받기 위해 무엇인가 기여했다는 생각이야말로 큰 착각이고 교만입니다.

칭의야말로 일체의 자랑과 구분과 차별, 불평등을 배제하게 만듭니다. 칭의와 구원이 우리 자신의 자격이나 공로가 아닌, 하나님의 값없이 주시는 은혜로 가능해졌다면, 이제 우리는 자신에 대한 자랑을 하나님에 대한 자랑으로 전환해야 마땅합니다. 세상에서 벌어지는 배제와 혐오, 거부와 분열은 모두 인간의 덧없는 자기 자랑에서 비롯되었기 때문에 이신칭의의 원리 하나만 바로 붙들어도 인간은 겸손으로 하나가 될 수 있을 것입니다.

> 그러나 내게는 우리 주 예수 그리스도의 십자가 외에 결코 자랑할 것이 없으니(갈 6:14a절).

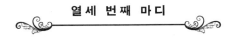

아브라함 = 이신칭의의 원조
Abraham = The First Father of Justification by Faith

〈4:1-25〉

왜 아브라함과 다윗을?

바울은 3장에서 하나님 앞에 사람이 의롭게 되는 것은 행위가 아닌, 오직 믿음에 의해서 주어지는 하나님의 은혜 때문이라는 진리를 설파했습니다. 이른바 이신칭의의 교리를 논증한 것이지요. 하나님께서 온 인류를 구원하시는 이 이신칭의의 방법에는 아무런 차이가 없습니다. 할례자(유대인)나 무할례자(이방인)나 다 똑같이 믿음을 통해서 의롭다는 인정을 받습니다.

이제 바울은 이신칭의의 생생한 실례를 멀리 아브라함과 다윗에게서 찾습니다. 사실 4장의 대부분은 아브라함이 어떻게 행위나 할례, 율법, 눈앞에 보이는 현실과 상관없이 오로지 굳건한 믿음 하나로 말미암은 하나님의 은혜로 의롭다 인정을 받았는가를 논증하지만, 아브라함의 이신칭의를 보완하기 하기 위해 아주 살짝(6-7절) 다윗의 예까지도 함께 들고 있습니다.

예수님은 건축이나 결혼, 농사 등 팔레스타인의 일상생활에서 벌어지는 구체적인 실례를 비유로 엮어 하나님이 어떤 분이신지, 하나님의 나라가 어떤 나라인지에 대해서 설명하신 적이 있습니다. 이와 같이 잘 보이고 알려진 실례를 들어 보이지 않고 알려지지 않은 추상적인 진리를 논증하는 것은 설득력을 높일 수 있다는 장점이 있습니다. 바울 역시 칭의가 어떤 것인지를 좀 더 설득력 있게 전달하기 위해 구체적인 실례를 듭니다. "믿음으로 의롭다고 인정을 받는다"라는 진리주장에 대한 예증은 성경의 권위에 근거한 것이어야 했고, 무엇보다도 유대인들이나 이방인들 모두가 수긍할 수 있는 것이어야만 했습니다. 아브라함과 다윗이야말로 이러한 이신칭의의 최고의 실례가 될 수 있었습니다.

구약에 나오는 그 수많은 인물들 가운데 바울은 왜 하필이면 아브라함과 다윗 두 사람을 이신칭의의 모델로 들었을까요? 그것은 아브라함이 이스라엘 민족의 조상일 뿐 아니라 온 민족의 조상으로 여겨졌기 때문입니다. 실제로 세계 3대 종교인 유대교와 기독교, 이슬람교가 모두 아브라함의 허리에서 나왔습니다.

게다가 아브라함은 최초의 유대교 신자였을 뿐 아니라, 유대인들이라면 누구나 떠받드는 신앙의 아버지 상像이었기 때문입니다. 아브라함에 대한 존경과 신뢰가 어느 정도였는지는 "아브라함이 그렇게 말했고, 나도 그렇게 믿었으니 그것으로 문제는 해결되었다"라는 유대인들의 속담에서 입증될 수 있습니다(사 51:1-2절 참조). 만일 아브

라함이 믿음으로 하나님 앞에 의롭다는 인정을 받았다면 아브라함의
후손인 유대인들은 입을 닫고 무조건 이 사실을 긍정할 수밖에 없었
던 것이지요.

바울은 로마서 4장에서 아브라함을 '예수 그리스도를 믿음으로써
구원을 얻는 모든 믿는 자들의 조상'으로까지 확대시킵니다. 바울의
이런 논리를 극대화시킨다면 아브라함은 신앙의인화를 경험한 최초
의 크리스천이라고까지 말할 수 있습니다. 믿음으로 의롭게 되는 모
든 이들은 아브라함의 후손이 되어서 우주적인 아브라함의 가족에 자
연스레 편입됩니다.

그다음에 다윗은 이스라엘 역사에 있어서 가장 걸출한 군주였습
니다. 이스라엘의 전성기를 연 영웅이었을 뿐 아니라 탁월한 믿음의
사람이었습니다. 숱한 죄를 저질렀지만 하나님의 특별하신 사랑과 은
혜를 입었습니다. 더욱이 육신으로 메시아가 다윗의 혈통에서 왔습니
다. 이처럼 아브라함과 다윗은 구약 시대에 그 역사적 위치나 개인적
신앙에 있어서 가장 걸출한 두 영웅이었습니다. 이 때문에 마태복음
1장 1절은 예수님의 족보를 소개하는 첫 시작에서부터 "아브라함과
다윗의 자손 예수 그리스도의 계보라"라고 소개합니다.

바울은 유대인들이 가장 존경하는 이 두 인물에서 이신칭의의 확
실한 실례를 발견합니다. 유대인들이 그토록 애지중지하는 구약성경
에서 칭의의 구체적 사례를 발견해냈다는 것은, 먼저 **유대인들에게** 칭
의론이 바울이 갑자기 발명해낸 새것이 아니라 멀리 유대인들의 조상
인 아브라함에게까지 소급되는, 오랜 성서적 근거를 가지고 있다는
역사적 사실을 보여줍니다. 그런가 하면 **이방인들에게는** 오직 예수를
믿음으로써 구원을 얻는다면 인종과 종교를 초월해 이방인들조차 아

브라함을 믿음의 조상으로 모실 수 있는, 풍요로운 영적 유산을 구약 성경에서 찾을 수 있다는 사실을 보여줍니다.

그러기에 **구약 시대**에는 '율법'에 순종함으로써 구원을 받았고, **신약 시대**에는 '믿음'으로써 구원을 얻는다는 주장은 옳지 않습니다. 마찬가지로 **유대인들**은 율법을 준수하는 행위로써 의로워지고, **기독교인들**은 복음을 믿음으로써 의로워진다는 주장도 틀립니다. 한 마디로 신앙의인화야말로 구약이나 신약을 불문하고, 유대인이나 이방인을 막론하고, 하나님이 온 인류를 구원하시는 유일한 방법임이 입증되었습니다.

로마서 4장은 독자들이 창세기에 나오는 아브라함의 이야기에 친숙하다는 전제를 깔고서 아브라함이 '행위'나 '할례', '율법' 혹은 '보이는 현실'과 '상관없이'(χωρὶς/apart from) 하나님의 약속을 믿음으로써 의로워졌다는 사실을 크게 3단계로 논증합니다.

첫째로, 1-8절에서 아브라함의 의인화는 행위로 된 것이 아니라 믿음으로 된 것이기에 자랑할 것이 없다고 주장합니다. 둘째로, 9-12절에서 아브라함의 의인화는 '할례'가 아닌, '믿음'으로 된 것임을 논증합니다. 셋째로, 13-22절에서 아브라함에게 주어진 약속은 율법에 따라 사는 이가 아닌, 아브라함이 보여준 믿음에 따라 사는 이에게 실현된다는 사실을 주장합니다. 특히 아브라함이 눈앞에 보이는 절망적인 현실과 상관없이 절대적 믿음을 가졌기에 약속이 실현되었다는 사실을 강조합니다.

이와 같이 아브라함에게서 이신칭의의 구체적인 실례를 찾은 뒤, 바울은 맨 마지막 23-25절에서 아브라함의 칭의를 예수 그리스도의 십자가와 부활과 연결시켜 오늘 우리에게 적용합니다.

'행위'가 아닌, '믿음'으로 의롭게 된 아브라함

바울은 1절에서 육신상肉身上으로 유대인의 조상인 아브라함이 무엇을 얻었는지를 질문함으로써 논증을 시작합니다. 두말할 필요도 없이 아브라함은 이스라엘 민족의 원조이기에(창 17장 참조), 육신상으로 아브라함의 후손이 되었다는 사실은 여간 큰 영예와 특권이 아니었습니다. 그런데 유대교의 랍비들은 아브라함이 하나님의 말씀에 순종했기 때문에, 즉 그의 행위로 인해 복을 받았다는 확신을 가졌습니다.

바울은 아브라함이 과연 무엇을 얻었느냐는 질문을 던진 뒤, 오답과 정답을 내립니다. 먼저 틀린 답은 행위로 의로움을 얻었다는 것입니다.

> 만일 아브라함이 행위로써 의롭다 하심을 받았으면 자랑할 것이 있으려니와 하나님 앞에서는 없느니라(2절).

여기에서 '행위'(ἔργων/works)라는 말은 로마서 4장에서만 세 번 나오고, 서신 전체에서는 아홉 번이나 등장합니다. 이 행위는 모세의 율법을 준수하는 행위로 보기가 어렵습니다. 그 이유는 모세의 율법이 아브라함이 살았던 시대로부터 500년 이상이 지난 뒤에 주어졌기 때문입니다. 그러기에 여기에서의 행위는 인간이 하나님의 마음에 들기 위해 하는, 순종을 비롯한 일체의 인간적 노력을 의미하는 광범위한 용어로 볼 수 있습니다. 다시 말해 하나님의 은혜가 아닌, 인간 스스로 애써서 하나님의 의에 이르려는, 일체의 인간적 시도를 의미한다고 볼 수 있습니다.

아브라함의 경우, 만일 그가 하나님의 말씀에 순종함으로써, 즉 자신의 행위에 의해서 의로워졌다면, 아브라함 자신이 하나님의 의로움을 얻는데 기여했기 때문에 자랑할 것이 있을 것입니다. 하지만 아브라함은 행위에 의해서 하나님의 의를 얻은 것이 아니기에, 사람 앞에서는 혹 자랑할 것이 있을지 모르지만, 하나님 앞에서 자랑할 것이 하나도 없습니다(2절). 그러므로 '이행득의以行得義'는 명백한 오답입니다! 그렇다면 정답은 무엇입니까?

> 성경이 무엇을 말하느냐 아브라함이 하나님을 믿으매 그것이 그에게 의로 여겨진 바 되었느니라(3절).

바울은 정답을 말할 때 성경을 끄집어들입니다. 자신의 주장이 아닌, 유대인들이면 누구나 절대적 권위를 인정하는 성경 말씀에서 정답을 유추해내겠다는 말이지요. 유대인들의 입을 틀어막기 위해서 성경에서 인증합니다.

바울은 창세기 15장 6절의 말씀, "아브람이 여호와를 믿으니 여호와께서 이를 그의 의로 여기시고"를 인용합니다. 아브라함은 자신의 행위 때문에 하나님과 특별한 관계를 시작했고 유지했던 것이 아닙니다. 성경은 그가 순전히 믿음 하나로 의롭다는 인정을 받았다는 사실을 명백히 밝힙니다. 그러기에 아브라함은 하나님 앞에 내세울 것이 전혀 없습니다. 자랑 뚝! 혹 사람들 앞에서는 자랑거리가 있을지 모르지만, 창조주 하나님 앞에 선 피조물로서, 구세주 앞에 선 죄인으로서는 오직 믿음으로 인한 하나님의 은혜 때문에 구원을 얻었기에 자랑할 것이 없습니다.

이것을 삼단논법으로 정리하면 다음과 같습니다.

| 1. 인간이 자신의 행위를 통해 의롭게 된다면 자랑할 것이 있다. |
| 2. 아브라함은 행위가 아닌, 믿음으로 의롭게 되었다. |
| 3. 그러므로 아브라함은 하나님 앞에 자랑할 것이 없다. |

여기에서 바울은 다시 한 번 유대인을 비롯한 모든 인간의 민족적 특권이든, 개인의 경건성이든, 여하한 자랑거리도 원천적으로 배제합니다.

그런데 참으로 중요한 말은 "의로 여겨진 바 되었다"입니다. 헬라어로 "ἐλογίσθη εἰς δικαιοσύνην"(elogisthe eis dikaioshnen)은 "의로움으로 인정받았다"(reckoned as righteousness)라는 뜻입니다. 특히 '인정받았다'는 'ἐλογίσθη'는 4장에서만 네 차례(9, 10, 22, 23절) 나옵니다. ('인정받는다'는 또 다른 헬라어 'λογίζεται'[logizetai]까지 합치면 4장에서만 모두 11번이나 나옵니다.)

이 말은 재정적으로 돈을 계좌에 입금시키는 것과 관계가 있습니다. 그래서 영어로 'credited', 즉 '입금된다' 혹은 '~으로 여겨진다'는 말로 번역될 때가 있습니다. 예를 들면, 어떤 집을 세를 내어서 살다가 완전히 자기 집으로 사기로 결심했다고 가정해봅시다. 만일 한 3년 동안 매달 집세를 내다가 완전히 사기로 결정했을 때 그 3년 동안 냈던 돈은 고스란히 'credit'으로 인정받을 수 있습니다.

그런데 우리 계좌에 돈이 입금될 수 있는 방법은 두 가지가 있습니다. 우리가 일한 뒤에 정당한 보수로서 일정량의 돈이 입금되는 방법이 있고, 부모님이 자식에게 보내주는 돈과 같이 아무 한 일도 없지만 은혜의 선물로서 입금되는 방법이 있습니다. 바로 이 점을 바울 역시 하나의 예로 들고 있습니다.

> 일하는 자에게는 그 삯이 은혜로 여겨지지 아니하고 **보수**로 여겨지거
> 니와 일을 아니할지라도 경건하지 아니한 자를 의롭다 하시는 이를
> 믿는 자에게는 그의 믿음을 의로 여기시나니(4-5절).

일하고서 받는 품삯은 하나의 빚이 되어서 당연한 보상으로서 받습니다. 품삯은 고용주가 의무적으로 고용인에게 당연히 주어야 할 보수지요. 그런데 아브라함이 하나님께 의롭다고 인정받은 것은 그가 어떤 일을 해서 그 공로로 받은 보수가 아닙니다. 아브라함 편에서 하나님의 은혜를 받을 만한 아무런 행위도 하지 않았지만, 오직 믿음으로 의롭다는 인정을 받았습니다. 아무런 공로도 없지만 그의 믿음이 의로 여겨져 불의한 자가 의롭다는 하나님의 인정을 선물로 공짜로 받았다는 것이지요.

> 일을 아니할지라도 경건하지 아니한 자를 의롭다 하시는 이를 믿는
> 자에게는 그의 믿음을 의로 여기시나니(5절).

아브라함이 믿음으로 의롭다는 인정을 받았을 때 그는 의로운 자, 즉 경건한 자가 아니었습니다. 하나님은 결코 경건한 자를 의롭다고 인정하신 것이 아닙니다. 그러기에 그가 의롭게 된 것은 털끝만치도 그 자신의 경건성이나 의로움 덕분이 아닙니다. 오로지 그의 믿음이 의로 여겨졌습니다. 이것은 믿음이 의가 되었다는 뜻이 아닙니다. 아니면, 아브라함의 믿음이 본래 의로운 것이라는 뜻도 아닙니다. 의가

모자랄 때 믿음은 벌충될 수 있는 또 다른 대안이 아닙니다. 만일 그렇다면, 믿음은 또 하나의 공로가 되고 말 것입니다. 믿음은 의를 대체할 수 있는 대안이 아니라, 의롭다는 인정을 받을 수 있는 수단일 뿐입니다.

아브라함에게는 믿음이 의로 간주되었습니다. 다시 말해 아브라함이 하나님을 믿었기 때문에 하나님께서 아브라함이 의롭게 사는 것처럼 인정해주셨다는 뜻이지요. 아브라함의 인격이나 그가 가진 믿음 자체가 의로운 것은 아니지만, 하나님께서 그의 믿음을 의로운 것으로 인정해주셨다는 뜻입니다. 아브라함 자신은 결코 한 점 흠이 없는, 의로운 사람이 아닙니다. 하지만 그가 하나님을 믿었을 때 은혜로 의롭다는 인정을 받았습니다.

하나님은 사람에게 그 어떤 빚도 지신 적이 없기에 의무감 때문에 행동하실 필요가 전혀 없습니다. 어떤 의무감이나 필연성이 아닌, 하나님의 전적인 자유에서 흘러나오는 은혜 때문에 아직 불경건하고 불의한 자이지만 그의 믿음 하나를 보시고 의롭다고 인정해주시는 것입니다.

그러기에 앞에서 말한 '인정받음'을 뜻하는 'ἐλογίσθη'나 'λογίξεται'는 아브라함의 공로를 장부에 적어놓는 식의 부기(簿記/Verbuchung/booking)가 될 수 없습니다. 다시 말해 아브라함의 행위 때문에 하나님의 의를 얻었다고 회계 장부에 일일이 기입하는 식이 아니라, 믿음에 의한 하나님의 은혜 때문에 하나님과 새로운 관계를 맺게 되었다는 법적 신분의 변화에 대한 선언입니다.

이제 바울은 잠시 초점을 다윗에게로 옮깁니다. 아브라함의 이신칭의를 말하는 창세기 15장 6절에서 다윗이 쓴 시편 32편 1-2절로 전환합니다.

> 불법이 사함을 받고 죄가 가리어짐을 받는 사람들은 복이 있고 주께
> 서 그 죄를 인정하지 아니하실 사람은 복이 있도다 함과 같으니라
> (7-8절).

바울은 5절에서 하나님이 "경건치 않은 자를 의롭다 하신다"라는 사실을 강조했습니다. 적어도 다윗이 시편 32편을 썼을 때는 명백히 죄를 범한 뒤 불경건한 상태였습니다. 다윗은 밧세바를 범한 뒤 그의 남편인 우리아까지 죽였습니다. 간음죄와 살인교사죄라는 무서운 두 가지 죄를 동시에 저질렀지만, 하나님은 다윗의 그러한 '불법'(ἀνομίαι /lawlessness)을 사해주셨습니다. 그의 '죄'(ἁμαρτίαι/sins)를 '가리어', 즉 '덮어' 주셨습니다. 다윗이 한 일은 아무것도 없습니다. 오직 자신이 용서받아야 할 죄인임을 순순히 자백하고, 하나님의 용서와 은혜를 절실히 구했을 뿐입니다.

비록 다윗은 큰 죄를 범해서 큰 벌을 받아야 할 큰 죄인이었지만 하나님의 은혜로 죄를 용서받았고, 허물이 가리어졌던 것입니다. 그러기에 칭의에는 분명히 '죄의 사면'이라는 용서가 포함됩니다! 다윗의 계좌에 죄와 벌을 입금하신 것이 아니라, 용서와 은혜를 입금하셨는데 이 역시 다윗이 어떤 의로운 일을 했기 때문이 아니라, 순전한 마음으로 믿었을 때에 하나님의 은혜로 그렇게 된 것입니다!

결국 우리의 '행위'가 아닌, '믿음'으로 하나님께서 우리를 의롭다고 여기시는 의는 '수동적 의'(passive righteousness)요, '전가된 의'(im-puted righteousness)라고 할 수 있습니다. 다시 말해 믿음으로 얻는 의는 우리 자신의 수고나 노력으로 만들어진 '능동적 의'라고는 털끝만치도 포함되지 않은, 순도 100%의 예수 그리스도를 통한 하나님의

객관적 의가 우리에게로 그대로 전가된 것뿐입니다.

그러므로 의인화는 하나님의 의가 우리 안에 **주입**되어서 우리의 인격 전체가 의롭게 변화된 것이 아니라, 여전히 죄인임에도 불구하고 예수 그리스도의 의를 우리에게 **전가**시켜주어서 의롭다고 선언하는 것에 불과합니다. 우리의 신분이 변화되어 하나님과 새로운 관계를 맺게 되었다는 선언입니다. 여전히 죄가 우리 안에 있지만, 하나님은 그 죄를 우리에게 전가시키지 않고 예수 그리스도의 어깨 위에 대신 전가하십니다. 그 어떤 자랑할 만한 의도 우리에게 없지만 예수 그리스도의 의를 우리에게 전가하십니다. ('의롭다고 선언하는 것'과 '실제로 의롭게 만드는 것'은 다릅니다. 의인화는 법적 선언이고, 실제로 의롭게 되는 것은 성화의 과정을 통해서 꾸준히 점진적으로 일어납니다.)

'할례'가 아닌, '믿음'으로 의롭게 된 아브라함

바울은 구약성경에서 가장 중요한 두 인물이 행위가 아닌, 믿음으로 의롭게 된다는 사실을 증언했습니다. 바울의 이신칭의론을 듣고 있던 이방인 신자들은 바울에게 하나의 질문을 던지고 싶은 충동을 느꼈을 것입니다. 칭의가 할례자, 즉 아브라함의 육신의 후손인 유대인뿐만 아니라 자기들과 같은 무할례자, 즉 이방인에게도 가능한가라는 질문이지요.

바울이 볼 때 이 질문에 대한 정답은 아브라함이 **언제** 의롭다는 인정을 받았는가 하는 **시점**에 달려 있습니다. 다시 말해 할례를 받기 전에 의로워졌는지, 아니면 할례를 받은 후에 의로워졌는지를 성서적으로 고증할 필요가 있습니다.

만일 칭의가 '할례'라는 순종행위 뒤에 이루어졌다면 아브라함은 행위에 의해서 구원을 받았다는 말이 될 것이고, 그 결과 할례를 먼저 받지 않으면 칭의를 받을 수 없다는 논리가 성립됩니다. 반대로 할례보다 칭의가 앞서서 일어났을 경우, 칭의는 할례와 상관없이 독립적으로 일어날 수 있으며, 그 결과 할례받지 않은 이방인들조차도 믿음으로 칭의를 받을 수 있게 됩니다.

이와 같이 아브라함의 '칭의'와 '할례'가 연대기적 순서로 볼 때 어떤 것이 앞서서 일어났느냐의 문제는 무할례자의 칭의 문제를 해결하는데 결정적으로 중요합니다. 이 질문에 대한 바울의 답은 너무나 간결하고 직선적입니다.

> 그런즉 그것이[하나님께서 아브라함의 믿음을 의로 여기신 것이] 어떻게 여겨졌느냐 할례시냐 무할례시냐 할례시가 아니요 무할례시니라 (10절).

창세기를 보면 아브라함이 믿음으로 의롭다는 인정을 받은 것은 15장에, 그와 온 집안 남자들이 할례를 받은 것은 17장에 나옵니다. 할례를 받은 것은 아브라함의 나이 99세 때의 일이기에 믿음으로 의롭다는 인정을 받은 후 적어도 14~29년 정도가 지난 뒤의 사건이지요. 이처럼 순서상으로 칭의가 할례보다 먼저 왔기에 아브라함은 할례로 인해 의로워진 것이 절대 아닙니다! 그럼에도 칭의와 할례는 여전히 긴밀히 연결되어 있습니다.

그가 할례의 표를 받은 것은 무할례시에 믿음으로 된 의를 인친 것이
니(11a절).

할례가 아브라함이 의롭게 된 결정적 근거는 아니지만, 그럼에도 할
례의 '표'($\sigma\eta\mu\epsilon\hat{\iota}o\nu$/sign)가 믿음으로 된 의를 '인친 것'($\sigma\phi\rho\alpha\gamma\hat{\iota}\delta\alpha$/seal)
이 됩니다. 실제로 할례는 언약 백성이요, 아브라함의 후손으로서 이
스라엘 백성이 되었다는 외적 표증이자 상징이었습니다. 인친 것, 즉
'인증샷'이었습니다!

그럼에도 불구하고 아브라함 자신이 할례 받기 전에 이미 믿음으
로 의로워졌기 때문에 할례로 인해 의로워지는 것은 절대로 아닙니
다. 하나님이 아브라함과 맺은 계약관계를 결정짓는 것은 이신칭의일
뿐, 할례라는 의식이 아닙니다. 할례는 아브라함의 의로워진 신분을
외적으로 확인해주는 표시에 지나지 않습니다.

마치 우리가 예수 그리스도를 믿음으로 구원받은 후 세례를 받을
때 세례는 우리가 하나님의 구원받은 자녀가 되었다는 외적 표증일
뿐, 세례 자체가 우리를 구원하는 것이 아닌 것과 마찬가지 이치입니다.

바울의 논리를 따라가면 자연스레 하나의 결론에 이릅니다. 아브
라함이 할례를 받은 후에 그의 모든 후손들은 할례를 받아야만 했고,
이로써 할례 받은 유대인과 할례 받지 않은 이방인이라는 민족경계가
선명하게 나뉘게 됩니다. 그렇다면 아브라함이 할례 받기 훨씬 전에
믿음으로 칭의를 얻었을 때에는 유대인이나 유대교 신자로서가 아니
라 하나의 인간으로서 그렇게 된 것입니다!

그러기에 바울이 굳이 '유대교 이전의 아브라함의 이신칭의'를 역사
적으로 고증하는 이유는 한 사람의 자연인으로서 하나님 앞에서 의롭

다 인정을 받은 아브라함이야말로 할례자와 무할례자를 막론하고 칭의의 원형元型으로서 온 인류의 믿음의 조상이 될 만한 분이기 때문입니다. 이제는 무할례자도 얼마든지 아브라함의 실례를 따라 믿음으로 의롭게 될 수 있다는 것이지요!

> 이는 무할례자로서 믿는 모든 자의 조상이 되어 그들도 의로 여기심을 얻게 하려 하심이라 또한 할례자의 조상이 되었나니 곧 할례 받을 자에게뿐 아니라 우리 조상 아브라함이 무할례시에 가졌던 믿음의 자취를 따르는 자들에게도 그러하니라(11b-12절).

> 그런즉 믿음으로 말미암은 자들은 아브라함의 자손인 줄 알지어다 (갈 3:7).

결국 아브라함은 단지 할례 받은 유대인의 조상일 뿐 아니라, 할례는 받지 않았지만 아브라함처럼 믿음으로 의로워지는 온 인류의 믿음의 조상이 될 수 있습니다. 아브라함에게 할례가 의인화의 필수적 선결 조건이 아니었듯이, 할례가 그 누구에게도 의화의 조건이 될 수 없습니다. 심지어 이신칭의 없이 할례라는 의식 자체만으로 할례 받은 사람을 하나님의 백성으로 만들 수도 없습니다. 할례라는 표증을 가능케 한 칭의 없이 할례 그 자체는 아무 의미가 없을뿐더러, 할례라는 의식 자체도 칭의에 하등의 영향을 미칠 수 없습니다.

'율법'이 아닌, '믿음'을 따라 사는 이에게 주어지는 약속의 축복

칭의가 '행위'나 '할례'에 의한 것이 아니라면, 당연히 '율법'에 의한 것도 아닙니다. 바울은 이제 13-22절에서 아브라함에게 주신 약속의 축복이 실현된 것은 율법에 **순종했기** 때문이 아니라, 오로지 그 약속을 **믿었기** 때문이라는 사실을 논증합니다. 사실 율법은 아브라함 이후에 약 5백여 년이 지난 뒤 모세를 통해 주어진 것이기에 아브라함은 율법 계명에 순종했기 때문에 하나님이 그에게 주신 약속이 실현된 것이 아닙니다.

바울은 믿음과 이 믿음에 의한 칭의가 할례보다 우선할 뿐 아니라, 율법보다도 훨씬 더 우선한다는 사실을 논증합니다. 특히 율법은 칭의가 일어난 이후 할례보다도 훨씬 더 나중에 모세 시대에 주어진 것임을 주지周知해야 할 필요가 있습니다.

여기 13절에 처음 등장하는 '약속'(ἐπαγγελία/promise)은 4장에서만 다섯 번 나오는 중요한 말입니다. 그런데 이 약속의 실현을 불러오는 것은 율법을 준수하는 데 있지 않고, 믿음입니다.

그렇다면 '율법'과 '약속'은 이 두 언어가 속한 사고의 범주가 전혀 다릅니다. 율법은 "…한 계명을 지키라"라며 **순종**을 요구하지만, 약속은 "내가 …한 복을 주리라"라는 약속에 대한 **믿음**을 요구합니다. 따라서 하나님께서 아브라함에게 주신 약속은 "…한 율법 계명에 순종하라. 그리하면 내가 너에게 …한 복을 주리라"라는 말씀이 아닙니다. "내가 …한 복을 주리니 너는 이것을 믿으라"라는 믿음을 요구합니다.

아브라함이나 그 후손에게 세상의 상속자가 되리라고 하신 언약은 율
법으로 말미암은 것이 아니요 오직 믿음의 의로 말미암은 것이니
라"(13절).

하나님께서 아브라함과 그 후손에게 세상을 물려받을 상속자가
되리라고 약속하신 언약은 어떤 것일까요? 먼저 창세기 12장 3절에
서 아브라함이 축복의 통로가 되게 하시겠다는 약속이 떠오릅니다.

너를 축복하는 자에게는 내가 복을 내리고 너를 저주하는 자에게는
내가 저주하리니 땅의 모든 족속이 너로 말미암아 복을 얻을 것이라
하신지라.

하나님이 주신 약속대로 아브라함이 하늘의 별같이 바다의 모래
알같이 허다한 사람들의 조상이 되어 그의 후손들이 온 세상에 두루
흩어졌지만, 이보다 훨씬 더 중요한 축복은 아브라함의 허리에서 메
시아, 그리스도 예수께서 오신다는 약속입니다.

이 약속들은 아브라함과 그 자손에게 말씀하신 것인데 여럿을 가리켜
그 자손들이라 하지 아니하시고 오직 한 사람을 가리켜 네 자손이라
하셨으니 곧 그리스도라(갈 3:16).

그리스도께서 아브라함의 후손으로 이 땅에 오심으로써 이루어질
하나님의 약속은 율법을 근거로 주어진 것이 아닙니다. 율법을 의지
하는 사람들이 이 약속의 상속자가 된다면 믿음은 무의미한 것이 되

고, 약속은 헛된 것이 되고 맙니다(14절). 타락한 인간이 율법을 완전히 지키는 것이 아예 불가능하기 때문에 율법 준수에 근거한 약속의 실현 역시 전혀 무망無望한 것이 되고 말 것입니다.

> 율법은 진노를 이루게 하나니 율법이 없는 곳에는 범법도 없느니라
> (15절).

율법은 우리가 지키지 못할 경우에 정죄하고 고발하는 기능을 합니다. 예컨대, 잔디밭에 '접근 금지'라는 팻말이 있음에도 불구하고 잔디밭에 들어갈 경우 우리는 범법자가 되고 맙니다. 이 금지법을 알고서도 의도적으로 범했기 때문이지요. 그러기에 바울은 율법과 연계된 잘못을 말할 때 단순히 '죄'라고 하지 않고, 훨씬 더 무거운 의미의 '범법'(犯法/παράβασις/transgression or violation)이라는 용어를 씁니다. 그냥 그렇고 그런 일반적인 죄가 아니라, 특수한 율법 계명을 의도적으로 어긴 죄를 의미합니다. 성문법 없이 죄를 짓는 것보다 하나님이 지시하신 구체적인 율법 계명을 알고서 짓는 죄는 훨씬 더 무겁습니다.

그렇다면 모든 범법이 죄가 되지만, 모든 죄가 범법인 것은 아닙니다. 이런 이유로 모세의 율법을 고의적으로 어기는 범법행위는 훨씬 더 격렬한 하나님의 진노와 심판을 초래합니다. 결국 바울은 율법에 사면이나 구원과 같은 긍정적 기능이 없다는 사실을 분명히 합니다. 모세의 율법을 위반할 경우 평범한 죄도 심각한 범법행위가 된 나머지 죄질이 무거워져 훨씬 더 심각한 하나님의 진노를 자아낼 수밖에 없습니다.

여기 순서상 '율법' → '범법' → '진노'의 연쇄 고리는 모두 동일한 언어와 사고 범주에 속합니다. 율법을 고의故意로 어기면 범법이 되고, 이 범법은 진노를 불러일으킵니다. 무엇보다도 우리가 율법을 의지할 경우 하나의 보상을 기대하는 것이 되므로, 언제나 하나님의 자유로운 선물로 오는 약속을 받아내기 어렵습니다.

이제 이와는 전혀 다른 새로운 언어와 사고 범주가 있습니다.

> 그러므로 상속자가 되는 그것이 은혜에 속하기 위하여 믿음으로 되나니 이는 그 약속을 그 모든 후손에게 굳게 하려 하심이라 율법에 속한 자에게 뿐만 아니라 아브라함의 믿음에 속한 자에게도 그러하니 아브라함은 우리 모든 사람의 조상이라(16절).

여기 그 순서상 '약속' → '믿음' → '은혜'라는 연쇄 고리는 율법과 이에 대한 순종요구, 범법, 진노, 정죄와는 차원이 다른 언어입니다. 하나님께서 "아브라함이 복의 근원이 되어 그와 그의 후손들을 축복하는 자가 복을 받게 되고, 땅의 모든 족속이 하나님께 복을 받게 되리라"(창 12:1-3)고 하신 약속은 이 약속에 대한 믿음으로 인해 발생하는 하나님의 은혜 때문에 실현될 수 있습니다.

거듭 강조하지만 하나님이 주신 약속은 이 약속을 굳건히 믿을 때에 실현됩니다. 그러므로 하나님이 은혜로 베푸시는 약속을 사람이 믿음으로 받아들이기만 하면 됩니다! 아브라함에게 주신 약속은 아브라함처럼 믿음과 은혜를 따라 사는 사람들은 누구에게나 보장됩니다. 이런 이유로 아브라함은 믿음과 은혜로 사는 모든 자들의 조상이 됩니다!

| 율법 → 범법 → 진노 |
| 약속 → 믿음 → 은혜 |

바울은 특히 17-22절에서 '믿음의 합리성(reasonableness)'을 논
증합니다. 흔히 믿음은 '경신성'(輕信性/credulity/깊이 생각하지 않고
쉽게 믿음)과 동의어로 간주되고, 심지어 미신(迷信/superstition)으
로까지 치부置簿될 때가 있습니다. 비록 믿음은 과학적 이성 그 이상이
지만 반드시 믿을 만한 합리적 기초를 가집니다. 이것은 우리 믿음의
대상이신 하나님이 믿을 만한 분이시기 때문에 그렇습니다! 믿음의
합리성은 언제나 믿는 대상의 능력(power)과 신실성(faithfulness)
에 달려 있습니다.

> 기록된 바 내가 너를 많은 민족의 조상으로 세웠다 하심과 같으니 그
> 가 믿은 바 하나님은 죽은 자를 살리시며 없는 것을 있는 것으로 부르
> 시는 이시니라 아브라함이 바랄 수 없는 중에 바라고 믿었으니 이는
> 네 후손이 이 같으리라 하신 말씀대로 많은 민족의 조상이 되게 하려
> 하심이라 그가 백세나 되어 자기 몸이 죽은 것 같고 사라의 태가 죽은
> 것 같음을 알고도 믿음이 약하여지지 아니하고 믿음이 없어 하나님의
> 약속을 의심하지 않고 믿음으로 견고하여져서 하나님께 영광을 돌리
> 며 약속하신 그것을 또한 능히 이루실 줄을 확신하였으니(17-21
> 절).

아브라함은 현실을 무시하고 맹목적인 판타지에 빠진 채 믿은 것
이 아닙니다. 자신의 노쇠함과 사라의 불임성不姙性을 충분히 직시한

채 믿었습니다. 이와 같은 아브라함의 처지를 기가 막히게 잘 표현해 주는 말이 있습니다. "바랄 수 없는 중에 바라고 믿었으니"(18a절). 헬라 원어로는 "ὃς παρ᾽ ἐλπίδα ἐπ᾽ ἐλπίδι ἐπίστευσεν"(hos para el-pida epo elpidi episteusen/believed hoping against hope)로 되어 있습니다. 그야말로 모든 소망이 끊어진 상태에서 믿었다는 것이지요. 인간의 이성이나 상식으로 볼 때 아브라함은 도저히 하나님의 약속을 믿을 만한 처지가 못 되었을 바로 그때 믿었던 것입니다.

하지만 아브라함은 그런 가운데에서도 하나님이 약속을 실현시킬 만한 **능력**이 있다는 사실을 믿었습니다. 먼저 하나님은 "죽은 자를 살리시는" **부활의 하나님**이심을 믿었습니다! 그다음에 하나님은 "없는 것을 있는 것으로 부르시는" **창조의 하나님**이심을 믿었습니다!

사람이 가장 무서워하는 두 가지는 '죽음'(death)과 '절대 무'(absolute nothingness)입니다. 인류 최후의 적들이지요! 누구도 도망칠 수 없고, 도무지 통제 불가능한 세력들입니다. 하지만 아브라함은 하나님이 죽은 자를 살리시고, '무에서 유를 창조하시는'(creatio ex nihilo) 하나님이심을 믿었습니다. 죽음에 직면하여 다시 살리시는 부활의 하나님, 무에서 유를 이끌어내신 창조의 하나님, 이보다 더 하나님의 위대한 능력을 보여주는 표현은 없을 것입니다(렘 32:17; 엡 1:17 이하 참조).

아브라함은 하나님께서 약속을 지키실만한 능력이 있는 분임을 믿었기에 이미 나이 백 세가 되어 자신의 몸이 죽은 것이나 진배없었고, 사라의 태胎도 죽은 것이나 다름없는 줄 알면서도 굳건히 하나님의 약속을 믿었습니다(19절). '죽음'과 '무'라는 절망스러운 현실 한가운데에서도 전지전능하신 하나님을 믿었을 때, 과연 죽은 고목나무에서 생명이 움트는 부활과 창조의 새 역사가 일어났습니다.

또한 아브라함은 하나님이 약속을 능히 지키려는 **선한 의지**를 가진 인격적 하나님이신 것을 믿었습니다. 능력이 있어도 약속을 지키고자 하는 신실성이 없으면 약속은 이루어지지 않습니다. 아브라함은 하나님이 약속하신 것은 반드시 이루시고자 하는 선한 인격과 성품을 가진 분으로 믿었기에 자신의 '노쇠'와 사라의 '불임'이라는 절망스러운 상황에서도 믿음이 약해지지 않았고, 오히려 믿음이 더욱 굳세어져서 하나님께 영광을 돌렸습니다(20절).

한마디로 아브라함은 믿음의 대상이신 하나님이 믿을 만한 분이심을 믿었기에 한 치의 흔들림도 없이 믿을 수 있었던 것이지요. 하나님은 다름 아닌 이 믿음을 보시고 아브라함을 "의롭다고 여겨주셨던 것"(22절)입니다.

장 칼뱅의 말 그대로 우리가 하나님의 약속을 믿을 때 현실 상황은 그 약속과 정반대일 때가 많습니다.

> 그분은 우리에게 썩지 아니함을 약속하시지만, 우리는 부패와 타락에 둘러싸여 있다. 그분은 우리를 의롭게 여기신다고 선언하시지만, 우리는 죄로 온통 뒤덮여 있다. 그분은 우리에게 자비를 베푸시며 호의적이라고 증거하시지만, 겉으로 드러나는 징후를 보면 그분의 진노가 곧 닥칠 것 같다.

이처럼 하나님의 약속과 현실 사이에 엄청난 괴리가 있을 때마다 우리에게 절실히 요구되는 것은 아브라함의 태산준령泰山峻嶺과 같은 굳센 믿음입니다. 아브라함이 보이는 것에 연연하지 않고 오직 믿음

으로 약속을 신뢰했을 때 하나님은 그 믿음을 의로 여기셨고 그에게
주신 약속을 이루셨습니다.

믿음을 따라 사는 아브라함의 후예

이제 바울은 아브라함의 예증을 예수 그리스도의 십자가와 부활
을 믿는 모든 사람들에게 적용하는 것으로써 결론을 맺습니다.

> 그에게 의로 여겨졌다 기록된 것은 아브라함만 위한 것이 아니요 의
> 로 여기심을 받을 우리도 위함이니 곧 예수 우리 주를 죽은 자 가운데
> 서 살리신 이를 믿는 자니라 예수는 우리가 범죄한 것 때문에 내줌이
> 되고 또한 우리를 의롭다 하시기 위하여 살아나셨느니라(23-25절).

하나님께서 의롭게 여기신 아브라함의 믿음은 행위와 상관없는
믿음이었습니다. 할례, 율법, 보이는 것과 상관없는 '믿음에 의한 의'
였습니다. 이러한 '믿음에 의한 칭의'라는 하나님의 구원 방법은 이제
아브라함뿐만 아니라 온 인류에게도 동일하게 적용됩니다.

육신상으로 아브라함의 후손으로 오신 예수 그리스도의 십자가와
부활을 통해 온 인류가 의롭다는 인정을 받고 구원받을 길이 열렸습
니다. 예수님은 우리의 죄 때문에 죽으셨고, 우리를 의롭게 하시려고
부활하셨습니다. 그러므로 그리스도의 죽으심은 우리의 죄에 대한 죽
으심이요, 그의 다시 사심은 우리의 의를 위한 다시 사심입니다.

예수님을 믿을 때 우리의 모든 죄가 십자가에 전가되는 동시에 부

활하심으로 얻으신 예수 그리스도의 의가 우리에게 전가됩니다. 그러므로 그리스도의 십자가와 부활은 우리의 의인화의 결과가 아니라 원인입니다. 결국 우리가 예수 그리스도의 십자가 죽음과 부활의 은혜에 동참할 때에 온전한 의를 이루는 데 필요한 모든 부분이 채워질 것입니다.

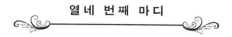

신앙의인화의 유익

The Benefits of Justification by Faith

〈5:1-11〉

믿음으로 의롭게 된 사람이 누리는 축복

바울은 로마서 1장 18절-4장 25절까지 오직 예수 그리스도를 믿음으로 의롭게 된다는 '이신칭의'의 대 주제를 한 치의 오차도 없이 정밀하게 논증했습니다. 더 정확히, 1장 18절-3장 20절에서 유대인과 이방인을 불문하고 칭의가 왜 필요한지를 규명했습니다. 그리고 3장 21절-4장 25절에서 도대체 믿음으로 의롭게 된다는 것이 어떤 것인지를 설명했습니다.

이제 바울은 칭의를 경험한 사람들의 삶이 구체적으로 어떻게 달라지는가를 설명합니다. 특히 5장 1절-8장 39절까지 이신칭의를 경험한 사람들이 누리게 될 유익과 축복을 쭉 설명해 나갑니다. 이러한 주제의 변화를 잘 보여주는 것이 주어의 변화입니다. 그동안 바울은 1인칭 단수 주격(I)이나 3인칭 복수 주격(they)을 주로 써왔는데, 5장 1절부터는 1인칭 복수 주격인 '우리'(we)로 전환합니다. 믿음으로 의롭다고 인정을 받는 모든 하나님의 백성 안에 자신을 포함시켜서 말하겠다는 의도지요.

더욱이 5장 이전에는 주로 유대인들을 겨냥해서 그들의 주장이나 바울 자신에 대한 비판을 반박하고 재반박하는 논쟁적(polemical) 입장을 보여 왔다면, 5장 1절부터는 다분히 신앙고백적(confessional) 입장을 취하고 있습니다.

본문은 신앙의인화가 우리의 삶 구석구석에 엄청난 영향을 미친다는 사실을 보여줍니다. 하나님과 우리와의 관계에는 물론이고 우리의 인생목표, 감정, 모든 행동에 이르기까지 지대한 변화를 가져옵니다. 그러기에 본문의 제목을 굳이 붙인다면 '칭의가 우리의 삶에 가져온 유익 혹은 축복'이라고 할 수 있습니다.

이제 서두부터 주제가 전환된다는 사실을 보여줍니다.

그러므로 우리가 믿음으로 의롭다 하심을 받았으니(1a절).

'οὖν'(oun/therefore), '그러므로'라는 관계접속사는 앞 문장의 결론으로 말하겠다는 것이지요. 지금까지 바울이 줄기차게 강조해온 요점은 무엇입니까? 이신칭의지요. 그러기에 "우리가 믿음으로 의롭다 하심을 받았으니"라는 이 한 문장이야말로 지금까지의 모든 주장을 다시 한 번 간결하게 요약해주는 표현입니다. '그러므로'라는 접속사는 또한 의인화가 가져오는 결과가 무엇인지를 서술하는 쪽으로 방향을 잡아주는 역할을 합니다.

화평

그렇다면 신앙의인화가 가져온 결과, 즉 유익과 축복은 무엇입니까? '화평'과 '소망'입니다!

우리 주 예수 그리스도로 말미암아 하나님과 화평을 누리자(1b절).

먼저 '화평', 즉 '평화'는 화목하지 않고 주어질 수 없기 때문에 '화목'(10절)과도 긴밀히 연결되어 있습니다. 칭의를 입은 사람은 예수님을 통해 하나님과 화목하게 되었으므로 하나님과의 평화를 누리게 됩니다.

'평화'는 히브리어 '샬롬'(Shalom)에서 왔는데, 흔히 '갈등이나 전쟁의 부재'(不在/absence)라는 소극적 의미부터 떠올리게 됩니다. 아니면 한 개인의 마음속에 주어지는 내적 안정이나 평정을 연상합니다. 하지만 바울이 말하는 평화 'εἰρήνη'(peace)는 하나님께서 주시는 '안녕', '번영', '행복', '구원'과 같은 적극적 의미가 더 강합니다. 이 평화는 예수 그리스도로 말미암아 하나님으로부터 오는 선물이기에, 단지 내적으로 마음이 고요한 상태로 그치는 것이 아니라, 우리의 내적 처지와 상관없이 항상 외적으로 주어지는 객관적 상태를 말합니다. 우리의 기분이나 세상의 형편에 구애拘礙받지 않고 주어지는 엄연한 현실이라는 말이지요.

중요한 것은 평화는 언제나 싸움의 극복을 전제하기에 우리가 평화를 얻기 전에 하나님과 원수가 되었다는 사실을 전제하지 않을 수 없습니다. 우리의 죄악으로 인해 하나님과 우리 사이에 반목과 불화가 계속되었지만, 화목제물로 십자가에 돌아가신 예수님 때문에 화목케 되었습니다. 그러므로 의인화된 성도가 누리는 평화는 언제나 예수님으로 말미암아 실현된, 하나님과 우리 사이의 화목 덕분에 주어지는 은총의 선물입니다.

그런데 바울이 1절에서 말하는 평화는 빌립보서 4장 7절에서 말하는 '하나님의 평화'($\acute{\eta}\ \epsilon\acute{\iota}\rho\acute{\eta}\nu\eta\ \tau o\hat{v}\ \theta\epsilon o\hat{v}$/the peace of God)가 아니라, '하나님과의 평화'($\epsilon\acute{\iota}\rho\acute{\eta}\nu\eta\nu\ \pi\rho\grave{o}\varsigma\ \tau\grave{o}\nu\ \theta\epsilon\grave{o}\nu$/peace with God)입니다. 하나님이 선물로 주시는 안정된 상태로서의 평화라기보다는, 예수님이 화목제물이 되심을 통해 하나님과 우리 사이에 반목과 불화가 사라져 하나님과 화목케 된 결과로서 우리가 하나님을 향하여 누리게 될 평화를 말하는 것이지요.

소망

칭의로 인해 우리가 얻게 될 또 하나의 영적 축복은 '소망'입니다.

또한 그로 말미암아 우리가 믿음으로 서 있는 이 은혜에 들어감을 얻었으며 하나님의 **영광**을 바라고 즐거워하느니라(2절).

칭의를 입은 이는 그리스도로 말미암아 '은혜의 자리'에 들어가게 됩니다. '들어간다'는 말은 헬라어로 $\pi\rho o\sigma\alpha\gamma\omega\gamma\grave{\eta}\nu$(prosagogen)인데, 크게 '소개'(introduction)와 '접근'(access)이라는 의미가 있습니다.

누가 누구를 소개할 때에는 잘 모르는 상태에서 처음 알게 되었다는 의미가 있습니다. 알고 난 뒤에는 다시 소개할 필요가 없겠지요. 반면에 접근이라는 말은 시간과 장소에 상관없이 항상 누릴 수 있다는 의미가 있습니다. 마치 ID 카드 하나만 있으면 언제나 해당 건물에 접근할 수 있는 것과 같은 이치입니다.

하나님이 값없이 주시는 선물인 '은혜'는 예수 그리스도 때문에 언제 어디에서나 항상 누릴 수 있으므로, '소개'보다는 '접근'이라는 번역이 더 어울립니다. 이제 우리는 예수님 때문에 언제 어디에서나 하나님과 더불어 인격적으로 친밀한 관계에 접근해 마음껏 누릴 수 있는 은혜로운 위치에 서게 되었습니다.

하지만 칭의를 입은 그리스도인들이 누리는 최고의 축복은 하나님의 영광에 이르게 될 소망을 품고 즐거워하는 것입니다. 하나님의 영광은 우리가 얻어야 할 최후의 선물입니다. 믿음으로 의롭게 된 우리는 장차 얼굴과 얼굴을 맞대고 하나님의 얼굴을 보게 될 '영화'(榮化/glorification)를 소망하게 되었습니다. '소망'을 뜻하는 헬라어 'ἐλπίς'(elpis/hope)는 일기예보를 하는 것과 같이 어떤 개연성이 있는 미래에 대한 막연한 기대가 아닙니다. 하나님의 영광에 대한 확고한 소망입니다.

바울은 바로 이러한 소망을 품고 즐거워한다고 했습니다. '즐거워하다'는 말은 헬라어로 'καυχώμεθα'(kauchometha)인데, 본래는 '자랑하다boast'라는 동사입니다. 실제로 대부분의 영어성경은 '자랑하다'로 번역해놓았습니다. 흥미롭게도 우리말 새번역은 '자랑하다'로 번역했지만, 개역개정판은 '즐거워하다'(rejoice)로 번역했습니다.

바울은 로마서 3장 27절에서 우리가 믿음에 의한 하나님의 은혜로만 구원을 얻을 수 있다면 여하한 자랑도 원천적으로 배제되어야 마땅하다고 선언했습니다. 아마 이런 이유 때문에 우리말 개역개정판은 '자랑하다'가 아닌, '즐거워하다'로 번역한 것 같습니다. 자랑하더라도 우리의 육적이고 인간적인 것을 자랑할 것이 아니라, 하나님의 영광에 이르게 될 것이라는 큰 소망을 품고 하는 영적인 자랑이 되어야만 할 것입니다.

'환난'이라는 공장이 생산해내는 세 가지 미덕

칭의를 입은 사람들은 하나님과 **평화**를 누리게 되었고, 장차 하나님의 영광에 이르게 될 큰 **소망**도 품게 되었습니다. 하지만 현실은 결코 녹록치 않습니다. 사방에 문제가 있고, 때로 가혹한 시련이 우리의 믿음을 시험할 때가 너무 많습니다. 그러기에 이제 중요한 물음은 칭의로 누리게 될 두 가지 영적인 유익, 즉 **평화**와 **소망**이 환난 가운데에도 여전히 지속될 수 있느냐는 것입니다. 바울의 대답은 절대 긍정입니다.

다만 이뿐 아니라 우리가 환난 중에도 즐거워하나니(3a절).

바울은 로마서에서 처음으로 그리스도인의 '환난'을 언급합니다. 헬라 원어 성경에는 환난 '중에도'($\dot{\epsilon}\nu$/in) '자랑하다'($\kappa\alpha\nu\chi\dot{\omega}\mu\epsilon\theta\alpha$/boast)로 되어 있습니다. 바울은 "환난 그 자체를 자랑하다", 혹은 "즐거워하다"라고 말하지 않습니다. 만일 환난 그 자체를 즐긴다면 그는 자기학대

(masochism)를 즐기는 도착된 사람일 것입니다. 단연 '환난 중에도 즐거워'(boast in sufferings) 합니다! 아무도 환난 그 자체를 달가워하지 않습니다. 할 수만 있으면 피하고 싶은 것이 인간의 본능이지요. 하지만 그리스도인들이 환난 중에도 즐거워할 수 있는 이유는 환난이 가져오는 유익 때문입니다. 바울에 따르면 환난은 일련의 연쇄작용을 일으킵니다.

> 이는 환난은 인내를 인내는 연단을 연단은 소망을 이루는 줄 앎이로다(3b-4절).

환난은 3대에 걸쳐 자녀들을 낳습니다. 먼저 '인내'라는 아들을 낳습니다. 환난이 없으면 참을 것이 없기에 인내도 없습니다. 인내는 헬라어로 'ὑπομονήν'(hypomonen]/endurance)인데, '한 가지 목표에 초점을 모으다'(single-mindedness)라는 의미가 있습니다. 몸의 한 부분에 통증이 있으면 온 신경이 그곳에 집중되어 모아집니다. 그래서 통증을 참아내려고 발버둥을 치게 됩니다. 환난을 당할 때마다 우리의 산란하고 복잡했던 마음이 '환난의 극복'이라는 한 가지 목표에 초점을 모으게 됩니다. 그래서 환난 뒤에 숨겨진 하나님의 뜻을 헤아려 잘 참아내는 것은 물론이고, 오히려 기뻐할 수 있습니다.

그다음에 '인내'는 '연단'이라는 아들을 낳습니다. 환난의 손자인 셈이지요. 연단은 헬라어로 'δοκιμήν'(dokimen)인데, 원뜻은 '입증'(proof)이라는 명사입니다. 그래서 영어성경 NRSV나 NIV는 모두 '인격'(character)으로 번역했습니다. 헬라 원어를 고려할 때 '검증된 인격'(proven character) 혹은 '시험에 합격한 인격'(tested character)

으로 번역하는 것이 가장 좋을 것입니다.

환난을 당할 때 하나님의 목적과 계획을 믿으며 잘 참아내면 당연히 우리의 인격이 연단을 받게 됩니다. 시편 119편 71절은 "고난당한 것이 내게 유익이라 이로 말미암아 내가 주의 율례들을 배우게 되었나이다"라고 고백합니다. 환난 속에서 인내심을 발휘할 때 우리의 신앙 인격이 한층 더 성숙해집니다. 여러 단계의 어려운 시험을 통과한 박사과정 학생이 성숙해지듯이, 온갖 험난한 전투를 치른 군인(veteran)이 노련하고 담력이 있듯이 환난을 당하면서 인내할 때 단련된 인격으로 성숙해질 수 있습니다.

이제 이 단련된 인격은 '소망'이라는 아들을 낳습니다. 환난에게는 증손자인 셈이지요. 하나님께서 환난을 통해 장차 비교할 수 없는 영광과 축복을 주실 것을 기대하게 됩니다. 이와 같이 환난은 3대에 걸쳐 후손들을 낳습니다. 환난이라는 공장에 3가지 연쇄적인 미덕들virtues, 즉 '인내 → 단련된 인격 → 소망'이 차례로 생산된 것이지요.

이신칭의를 입은 이들은 환난 중에도 슬퍼하거나 위축되지 않고, 오히려 즐거워하고 더욱더 확고한 소망을 붙들게 됩니다. 자신의 행위로 의롭게 되려고 하는 사람은 자신의 기대와 달리 환난이 찾아오면 금방 풀이 죽지만, 오직 믿음으로 인한 하나님의 은혜로 구원받은 사람은 오히려 이 환난 속에서 더욱더 즐거워하게 됩니다!

환난이 마지막으로 생산해낸 소망은 우리를 부끄럽게 만들지 않습니다. 헬라어로 'οὐ καταισχύνει'(ou kataischynei)는 '부끄러워하지 않는다'(not ashamed of)는 뜻입니다. 이것을 영어성경 NRSV는 'does not disappoint us'(우리를 실망시키지 않는다)로 번역했습니다. 왜 실망시키지 않습니까?

소망이 우리를 부끄럽게 하지 아니함은 우리에게 주신 성령으로 말미
암아 하나님의 사랑이 우리 마음에 부은 바 됨이니(5절).

성령의 역사하심으로 말미암아 하나님의 사랑이 우리에게 쏟아 부
어진다는 확신이 있기 때문에 실망하지 않습니다. 여기에서 '붓는다'는
말은 헬라어로 ἐκκέχυται(ekkechytai)인데, '쏟아 부어졌다'(poured
out)라는 뜻입니다. 하나님의 사랑이 차고도 넘치게 쏟아 부어졌다는
것이지요! 하나님이 나를 얼마나 사랑하시는가 내적 확신이 깊어질수
록 소망도 비례해서 깊어지기 마련입니다.

미국에 주민들 전체가 목화를 재배해서 먹고사는 동네가 있었습
니다. 어느 날 '면화씨 바구미'(ball weevil)라는 해충害蟲이 목화를 다
갉아먹어서 목화 농사를 망쳤습니다. 할 수 없이 사람들은 땅콩 농사
로 생계수단을 바꿀 수밖에 없었습니다. 하지만 땅콩 농사가 목화 농
사보다 훨씬 더 많은 수익을 올리게 해주었고, 이로 인해 마을은 더
부유해졌습니다. 동네 사람들은 바구미 때문에 동네가 축복을 받았다
며 바구미를 기리는 기념비를 세웠습니다. 환난이 궁극적 축복을 불
러오는 경우가 그 얼마나 많습니까?

맹자(孟子, B. C. 372-289)의 언행이 기록된『맹자』「고자장구告子
章句」하편下篇에도 이런 말이 나옵니다. "天將降大任於斯人也인대 必
先勞其心志하고 苦其筋骨하고 餓其體膚하고 空乏其身하여 行拂亂
其所爲하나니 是故는 動心하고 忍性하여 增益其所不能이니라"(하늘
이 장차 사람에게 큰 임무를 맡기려 하실 때에는, 반드시 먼저 그의 마음과
뜻을 괴롭히고, 근육과 뼈를 노고롭게 하며, 육체를 굶주리게 하고, 그 몸에
가진 것 없이 궁핍하게 해서, 그 하고자 하는 일마다 어그러뜨리고 어지럽게

하나니, 이렇게 하는 것은 그의 마음을 움직이고, 성품에 참을성을 길러주어, 할 수 없었던 일도 더 많이 잘 할 수 있게 하기 위함이다).

고난의 위기가 닥칠 때마다 덩샤오핑(邓小平, 1904~1997)이 두고 두고 곱씹었다는 유명한 문장이지요. 맹자는 이런 말을 하기 직전에 중국 역사에 현신賢臣으로 발탁되어 널리 이름을 떨친 이들이 모두 시련 한 가운데에서 우뚝 일어섰다는 사실을 차례로 예시합니다. 순舜은 논두렁 밭두렁에서 일하다가 발탁되었고, 부열傳說은 토목공사에서 인부로 일하다가, 교격膠鬲은 저자에서 생선과 소금을 팔다가, 관이오管夷吾는 감옥에서 옥리한테 잡혀 있다가, 손숙오孫叔敖는 바닷가의 비천한 사람으로 있다가, 백리해百里奚는 시장에서 천하게 굴러다니다가 각각 등용되었다는 사실을 말합니다. 환난 가운데 인격이 연단을 받아 큰 소망을 이루어냈다는 사실에는 동서고금에 차이가 없습니다!

우리를 향한 하나님의 절대적 사랑

이제 6-8절은 우리를 향한 하나님의 사랑이 얼마나 절대적인가를 예수 그리스도의 십자가에서 찾습니다. 사랑의 본질은 순전히 주는 데 있는데, 자신의 목숨을 내주는 것보다 더 큰 사랑은 없습니다.

사람이 친구를 위하여 자기 목숨을 버리면 이보다 더 큰 사랑이 없나니(요 15:13).

소중한 것을 타인에게 주는 것으로 사랑이 표현된다고 할 때, 사랑의 크기는 먼저 주는 사람에게 선물이 얼마나 값어치 있는가에 따라 측정됩니다. 시혜자(giver)에게 그 선물이 목숨처럼 귀하다면 그것을 수혜자(receiver)에게 거저 줄 때, 그 사랑은 참으로 가치 있는 것이 됩니다. 시혜자에게 그 선물의 가치가 많이 나가면 나갈수록 수혜자를 향한 사랑의 정도가 커지는 동시에 수혜자의 받을 자격도 비례해서 적어질 수밖에 없을 것입니다.

이런 논리로 볼 때 하나님은 자신에게 가장 소중한 분신分身인 예수님을 우리에게 선물로 주셨습니다. 십자가에 달려 죽게 하심으로써 우리를 죄와 죽음으로부터 건져내셨습니다! 하나님 자신에게 절대적 가치가 있는 독생자를 우리에게 선물로 내어주셨지만, 우리는 그 선물을 받을 자격이 눈곱만큼도 없는 사람들입니다.

이처럼 예수 그리스도라는 선물은 시혜자 하나님께는 절대적 가치가 있고, 수혜자인 우리에게는 그 어떤 자격도 없다는 사실을 바울은 우리의 처지를 4가지 상태로 기가 막히게 정리합니다.

첫째로, 우리가 아직 **'연약'**(weak)할 때였습니다. 둘째로, 우리가 **'경건하지 않을'**(ungodly) 때였습니다.

> 우리가 아직 연약할 때에 기약대로 그리스도께서 경건하지 않은 자를 위하여 죽으셨도다(6절).

연약하다는 말은 우리가 자신의 구원을 위해 어떤 일도 할 수 없는 무기력한 상태에 빠졌을 때였다는 말입니다. 또한 스스로 죄악을 이길 수 없는 무방비 상태에 빠져 있다는 말입니다. 불경건하다는 말은 하나님을 경외하지 않는 불신앙과 불순종 속에 있었다는 뜻인데, 성경에서 하나님의 뜻을 멸시하는 이들을 지칭하는 전형적인 용어지요. 그렇다면 하나님은 전혀 자격이 없는 우리를 위해 가장 귀한 선물 예수님을 희생 제물로 내주셨습니다.

셋째로, 우리가 아직 '죄인'(sinners) 되었을 때였습니다.

우리가 아직 죄인 되었을 때에 그리스도께서 우리를 위하여 죽으심으로 하나님께서 우리에 대한 자기의 사랑을 확증하셨느니라(8절).

바로 앞에 나오는 말씀이 흥미롭습니다.

의인을 위하여 죽는 자가 쉽지 않고 선인을 위하여 용감히 죽는 자가 혹 있거니와(7절).

앞에서 말하는 '의인'(righteous person)과 바로 뒤에 나오는 '선인'(good person)이 각각 무엇을 의미하는가에 대해 학자들의 의견이 분분합니다. 어떤 사람은 남을 위해 자신의 목숨을 버리기가 어렵다는 사실을 강조하기 위해 '의인'과 '선인'을 그냥 임의로 거론했을 뿐, 양자에는 큰 차이가 없다고 해석합니다.

하지만 앞에서 말하는 '의인'은 나와 큰 상관없이 많은 이들에게 존경을 받는 의로운 사람으로 해석할 수 있습니다. 예컨대 안중근 의사와 같은 분을 들 수 있겠지요. 아무리 그분이 의인이라고 할지라도 나와 직접 관련이 되지 않은 분이기에 그분을 위해 죽으려고 하지 않습니다. 하지만 뒤에서 말하는 '선인'을 사랑하는 사람으로 볼 경우, 나와 밀접한 관계를 맺고 있는 사랑하는 배우자나 자녀, 친구, 혹은 전우를 위해서는 혹 자신의 목숨을 던질 가능성이 좀 더 크지만, 이 역시 매우 드물다는 것이지요.

이와 같이 사랑하는 아내나 자녀를 위해 죽는 경우는 혹 있을지 모르고, 안중근 의사와 같이 나와 직접적으로 관계가 없는 의인을 위해 목숨을 내주는 것은 더더욱 드물다면, 하물며 아돌프 히틀러와 같은 악인을 위해 자신의 목숨을 버리는 일은 미치지 않는 한 어렵습니다!

의인이나 선인을 불문하고 남을 위해 자신의 목숨을 내던질 사람은 거의 없지만, 예수님은 우리가 아직 형편없는 죄인이었을 때 우리를 위해 죽으셨습니다. 우리가 숱한 죄를 저질러 그 어떤 개선이나 구원의 여지가 전혀 없었을 때 그리스도께서 우리를 위해 죽으셨던 것이지요.

넷째로, 우리가 '**원수**'(enemies) 되었을 때였습니다.

곧 우리가 **원수** 되었을 때에 그의 아들의 죽으심으로 말미암아 하나님과 화목하게 되었은즉 화목하게 된 자로서는 더욱 그의 살아나심으로 말미암아 구원을 받을 것이니라(10절).

단순히 우리 쪽에서만 하나님께 원수가 된 것이 아니라, 우리의 죄를 미워하고 진노해서 심판하시려는 하나님 쪽에서도 우리에게 원수가 되셔서 쌍방 간에 원수가 되었을 때에 하나님께서 예수님을 십자가에 못 박으심으로써 먼저 화해의 손을 내미셨습니다.

흥미롭게도 이와 같이 예수님을 통해 우리에게 쏟아부어주시는 하나님의 사랑을 말하는 6-8절은 모두 '죽었다'는 헬라어 $\dot{\alpha}\pi\dot{\epsilon}\theta\alpha\nu\epsilon\nu$(apethanen/died)으로 끝나게 했습니다. 목숨을 내어주는 사랑보다 더 큰 사랑은 없다는 것을 암시합니다.

'하물며' 논법

이제 9-10절은 '황차兄且 논법'(argumentum a fortiori/하물며 논법)으로 부를 수 있는 논리를 구사합니다. 다른 말로 'a minori ad maius', 즉 '작은 것에서 큰 것으로 옮아가는'(from the minor to the major) 논법을 씁니다. 예컨대 아무 여자와도 많은 말을 나누어서 안 된다는 율법이 있다고 할 때, 자신의 아내와도 말을 많이 하지 말라고 할 수 있습니다. 하물며(how much more) 타인의 아내와는 말할 필요가 없다는 식의 논리를 말하지요.

> 그러면 이제 우리가 그의 피로 말미암아 **의롭다 하심**을 받았으니 더욱 그로 말미암아 진노하심에서 **구원**을 받을 것이니(9절).

그리스도의 피로 의롭다는 인정을 받았다면, 하물며 하나님의 진노하심에서 벗어나 구원을 받을 것이라는 사실은 더욱더 명확해질 것입니다.

> 곧 우리가 원수 되었을 때에 그의 아들의 죽으심으로 말미암아 하나님과 **화목**하게 되었은즉 화목하게 된 자로서는 더욱 그의 살아나심으로 말미암아 **구원**을 받을 것이니라(10절).

예수님의 희생으로 우리가 하나님과 화목케 되었다면, 하물며 하나님의 생명으로 구원을 얻으리라는 것은 더욱더 확실하다는 말입니다. 이와 같이 황차 논법을 쓸 때 현재에서 미래로 나아갑니다. 하나님께서 죄인 된 우리를 **현재 의롭다** 하시는데, 하물며 **장차** 최후 심판 때에 우리를 진노로부터 **구원**해주실 것은 두말할 필요가 없다는 것입니다. 예수님의 죽으심으로 우리가 **현재** 하나님과 **화해하게** 되었다면, 하물며 **장차** 우리가 **구원**을 받을 것은 두말할 필요가 없습니다.

이와 같이 하물며 논법을 사용해 너무나 확실한 하나님의 구원을 강조할 때 9절에서는 '칭의'를, 10절에서는 '화목'을 각각 예로 듭니다. 1-8절에서 강조했던 그리스도인의 새로운 삶에 있어서 가장 중요한 두 가지 전제가 칭의와 화목이기 때문이지요! 실제로 바울에게 있어서 '칭의'와 '화해'는 뗄 수 없을 정도로 긴밀히 연결되어 있습니다. 그것은 하나님과 인간 사이에 화목제물이 되신 예수 그리스도의 화해 사역이 칭의의 결정적 근거가 되기 때문입니다. 하나님께서 전혀 죄를 알지 못했던 예수님을 죄 있게 만드신 것은 순전히 우리로 하여금 하나님과 화목하여 하나님의 의에 참여할 수 있게 만드실 뜻이었기 때문입니다.

하나님 안에서 자랑하며

11절에서 바울은 1-10절까지 강조해온 칭의의 유익이 최종적으로 하나님을 즐거워하는데 있음을 강조합니다.

이제 우리로 화목하게 하신 우리 주 예수 그리스도로 말미암아 하나님 안에서 또한 즐거워하느니라(11절).

우리가 **평화**를 누리지 못한 이유는 하나님과 불화했기 때문입니다. 하물며 하나님의 영광에 이를 한 가닥의 **소망**도 품지 못했던 이유역시 하나님과 반목했기 때문입니다. 하지만 이제 예수께서 화목제물이 되심으로써 우리는 하나님과 화해하게 되었습니다. 그렇다면 우리가 해야 할 일은 우리 주 예수 그리스도로 말미암아 하나님을 즐거워하는(자랑하는) 일 뿐입니다.

"καυχώμενοι ἐν τῷ θεῷ διὰ τοῦ κυρίου ἡμῶν Ἰησοῦ Χριστοῦ, δἰ οὗ νῦν τὴν καταλλαγὴν ἐλάβομεν"(kauchomenoi en to theo dia tou kyriou hemon Iesou Christou, di on nun ten katallagen elabomen/boasting in God through the Lord of us Jesus Christ, through whom now the reconciliation we received).

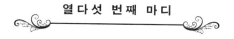

'아담' VS. '그리스도'

Adam VS. Christ

〈5:12—21〉

어떻게 한 사람이?

　본문은 이신칭의의 핵심을 제시한 로마서 3장 21-26절만큼이나 신학적으로 중요합니다. 인류의 첫 번째 조상인 아담과 인류의 구세주 그리스도를 비교해서 온 인류의 구속사를 한 눈에 조감(鳥瞰/bird-eye)해주기 때문이지요. 바울은 여기에서 더 이상 '유대인'과 '이방인'이라는 협소한 틀이 아닌, '온 인류'라는 우주적 범주를 사용합니다.

　이 세상 사람 누구나 다 온 인류 전체의 운명에 결정적 영향을 미친 두 사람이 대표하는 세계 가운데 어느 하나에 속합니다. 하나님 앞에 불순종해서 죄를 지음으로써 사망을 불러온 아담에 속하든지, 십자가에 달려 죽기까지 하나님께 순종하심으로써 영생을 불러오신 그리스도께 속하든지, 둘 중에 하나입니다.

더 정확히 말해서, 누구나 다 운명적으로 아담에게 속한 자로 태어나고 살아가지만 믿음으로 결단해서 예수 그리스도께 속한 자로 영생을 얻는 사람들이 있는가 하면, 믿지 않아서 그리스도께 속하지 못한 채 그냥 아담의 후손으로 죽는, 두 부류의 사람들이 있습니다.

출생 신분으로는 아담에게 속했으나 신앙적 결단으로 그리스도께 속해 영생을 선물로 받는 구원받을 사람들과 그리스도를 믿지 않아 끝까지 아담의 후예로 죄 속에 살다가 비참하게 죽는 이들이 있다는 말이지요. 출생 신분으로는 누구나 다 아담에게 속하지만, 믿음의 결단과 선택에 따라 그리스도께 속한 자와 속하지 못한 자가 갈라집니다.

결국 바울이 아담과 그리스도를 대조시킬 때 가정하는 대전제는 아담의 불순종으로 인해 초래된 '죄'와 이 죄의 결과로 찾아온 '죽음'이라는 보편적 현상입니다. 그리고 이러한 결과를 상쇄相殺시켜 온 인류를 회복시키는 그리스도의 구원사역이 바울 논증의 핵심입니다.

바울의 논증을 따라갈 때 언제나 잊어서 안 되는 한 가지 진실이 있습니다. 아무리 아담이 지은 죄와 이 죄의 형벌로 찾아온 죽음의 세력이 온 우주를 음울하게 뒤덮고 있다고 할지라도 그리스도로 말미암은 하나님의 은혜와 생명이 훨씬 더 강력하고 탁월합니다. 바울의 궁극적 목적은 '그리스도로 말미암은 은혜와 구원이라는 복음'을 제시하는 데 있지, '아담 안에서의 인간의 절망적 처지'를 한탄하는 데 있지 않습니다.

인간으로 태어난 이상 누구나 다 유전적으로 아담의 후손으로 태어나기에 아무도 이 혈연적 연대성이라는 선천적인 멍에를 벗어날 수 없습니다. 하지만 아담이 불순종으로 죄를 짓고 죄로 인해 죽음이 초래되었다면, 그리스도는 순종함으로 은혜라는 선물과 생명을 가져오셨습니다. 이와 같이 본문은 시간과 공간을 초월해 전 지구 위에 숨 쉬는 모든 인간의 공동 운명을 상징하는 두 인물을 유형론적(typological)으로 비교 대조한 신학적 역작力作임에 틀림없습니다.

물론 바울의 문장 자체가 워낙 난해하고 매끄럽지 않기에 해석하기가 쉽지 않지만, 바울 특유의 수학적 정밀성과 압축적 문장이 단연 돋보이는 명문名文입니다. 오히려 드문드문 나타나는 급격한 비약과 논리적 불일치성이야말로 연약한 인간의 이성을 뛰어넘는 하나님 말씀의 신비를 더 잘 드러내줍니다.

본문은 크게 세 부분으로 나눌 수 있습니다. 첫째로, 12-14절은 창세기 2-3장을 배경으로 한 인류 최초의 조상 아담의 타락 이야기를 소개함으로써 아담이 '불순종'과 '죄'와 '죽음'을 상징하는 온 인류의 원형(原型/archetype)임을 부각시킵니다. 굳이 아담을 끌어들이는 이유는 온 인류가 시간과 공간과 민족을 초월해 아담 안에서, 아담과 더불어 태어날 때부터 유전적으로 물려받는 원죄(原罪/original sin)에 동참한다는 사실을 강조하기 위함입니다. 이것은 이신칭의를 가능케 한 그리스도 사역 역시 모든 시간, 모든 장소, 모든 민족에게 두루 유효한 우주적 보편성을 지닌 것이기에 그리스도에 상응하는 한 모형을 아담에게서 찾은 것이지요.

둘째로, 15-17절은 온 인류를 대표하는 두 유형인 '아담'과 '그리스도'의 차이점을 찾아냅니다. 아담이나 그리스도는 똑같이 인류 전체의 운명을 결정지을 만큼 절대적 영향을 미쳤지만, 그 효력과 결과에 있어서는 천양지차天壤之差가 있습니다. 그리스도의 순종 행위가 아담의 불순종 행위를, 비길 데 없을 정도로 압도적으로 극복해내셨습니다. 아담은 죄로 인한 정죄(유죄판결)와 궁극적으로 사망을 불러왔지만, 그리스도는 은혜와 칭의(무죄 선언) 그리고 이로 인한 생명을 가져오셨습니다.

이처럼 아담의 행위에 비해 그리스도의 행위가 절대적으로 탁월하다는 사실을 바울은 15-17절에서 '~와 같지 아니하니'(οὐκ ὡς/not like, 15, 16절)나 '만일 ~하다면, 더욱더~하다'(εἰ··· πολλῷ μᾶλλον/if··· much more, 15, 17절)라는 수사학적 표현을 써서 강조합니다.

셋째로, 18-21절에서 아담과 그리스도의 차이점은 여전히 지속되지만, 특히 18-19절에서 둘 사이의 유사성을 찾아냄으로써 아담과 그리스도가 온 인류를 대표하는 상징적 인물임을 다시 한 번 드러냅니다. 이와 같이 양자 사이의 유사성을 찾아낼 때, '~한 것 같이 ~하다'(ὡς/ὥσπερ··· οὕτως καί/just as··· so, 18, 19, 21절)라는 표현을 써서 아담과 그리스도 사이의 유사성을 논증합니다.

흥미롭게도 5장 1-11절까지 사용했던 '우리'라는 1인칭 복수 주격은 잠시 사라지고 6장 1절에 가서야 다시 등장합니다. 신학적 주제나 문장의 흐름 등등, 여러 가지를 고려해 볼 때 본문은 앞부분(1-4장)보다는 뒷부분(6-8장)과 더 긴밀히 연결되어 있는, 하나의 중요한 도입부 역할을 한다고 볼 수 있습니다.

대표성의 원리

바울이 본문 바로 앞, 즉 5장 1-11절까지 줄기차게 강조해온 논지는 예수 그리스도 때문에 하나님과 인간 사이의 화목과 이신칭의 그리고 칭의로 인한 평화와 소망이 가능케 되었다는 사실입니다. 그렇다면 어떻게 다름 아닌 예수 그리스도라는 이 한 인물 때문에 온 인류가 이러한 구원과 영적인 축복을 누릴 수 있는가에 대해서 의문을 품는 이들이 있을 수 있겠지요. 다시 말해 어떻게 **한 개인**이 **전체의 운명**을 결정지을 수 있느냐는 질문을 던질 수 있습니다. 바울은 이러한 이들에게 이른바 '대표성의 원리'라는 방법으로 논증을 시도합니다.

사실 서구의 개인주의는 철저히 개인의 고유한 인격적 특성과 선택의 자유, 개별적 책임성을 강조하기 때문에 인류의 공동 운명이나 연대성, 집단적 책임에 대해서 반감을 가집니다. 그러기에 아담 한 사람이 잘못해서 내가 그 죄에 함께 연루되고, 공동으로 책임을 져야 한다는 논리에 동의하기 어렵습니다. 하물며 내 자신의 노력과 상관없이 그리스도께서 대신 나를 구원해주신다는 사실에도 회의懷疑를 품습니다. 공동 운명 혹은 연대적 책임을 말할 때 서구에서는 오로지 개인이 자발적으로 선택해서 그 집단에 가입할 때에만 발생하는 것으로 이해합니다.

하지만 아시아권에서는 '연좌제緣坐制'라는 매우 특별한 연대책임론이 있습니다. 아버지가 죄인일 경우 아들이 아버지의 죄에 전혀 직접적으로 참여하거나 책임질 일이 없다고 할지라도, 아들 역시 죄인의식을 갖게 되는 경우지요. 하지만 이와 같은 공동 연대성 혹은 집단 대표성은 한 국가 차원에서도 흔히 찾아볼 수 있습니다.

예컨대 어떤 국가에서 선전포고를 할 경우 대통령이 온 국민을 대표해서 결단을 내립니다. 적국이 금방이라도 공격해 와서 국민과 재산의 안전에 심각한 피해가 우려될 경우, 혹은 이미 적국이 쳐들어왔을 때는 국민투표를 하거나 해서 국민 전체의 의사를 물어볼 겨를이 없습니다. 더군다나 국가의 안전이나 국민의 생명과 재산에 심각한 위협이 될 만한 적국의 동향과 같은 고급 기밀 정보를 온 국민에게 세세히 알려줄 수 없습니다. 그러기에 국민의 의사를 묻기 전에 국무회의를 통해 대통령이 선전포고를 하면 온 국민이 어쩔 수 없이 다 함께 연대책임을 져야 합니다. 휴전이나 종전 선언을 하는 것도, 물론 국민 여론을 충분히 살펴서 신중하게 하겠지만, 대통령이 국민을 대표해서 결정하면 따라야만 합니다. 국가대표가 결정한 사항에 대해서 국민 각자가 이의를 제기하기가 무척 어렵다는 말이지요. 이처럼 국가 원수의 결정에 온 국민이 공동으로 연루되어 연대적 책임을 져야 할 때가 적지 않습니다.

역사 속에서 국민 모두가 공동 운명체로 연대의식을 가질 때가 적지 않기에, 국가의 최고 지도자가 국민의 운명을 결정짓는 '대표자'(representative) 혹은 '연방 우두머리'(federal head)가 될 경우가 있습니다. 바울은 이와 같은 대표성의 원리에 따라 '아담'을 온 인류의 '죄'와 이 죄로 인한 '죽음'의 대표자로, '그리스도'를 온 인류를 위한 '은혜'와 '생명'의 대표자로 각각 해석합니다.

아담과 그리스도의 대표성에 차이가 있다면, 아담이 대표하는 죄와 죽음은 온 인류가 아담의 후예라는 출생적이고 유전적인 요인으로 인해 나의 선택과 상관없이 저절로 미리 불가항력적으로 결정되는 것이라고 한다면, 그리스도로 대표되는 은혜와 생명은 저절로 전가되는 것이 아니라 오직 믿음으로 결단해야 얻을 수 있습니다.

하지만 이와 같은 대표성의 원리에 대해 숱한 이의를 제기할 수 있습니다. 예컨대 아담 한 사람 때문에 우리 모두가 죄인이 되었고, 이 죄의 결과로 죽음을 맞게 되었다면, 이것은 너무나 불공정한(unfair) 처사라고 불평할 수 있습니다. 왜 내가 자유롭게 선택하지 않은 사람이 나의 대표자가 되어 나의 운명을 결정짓는다는 말인가? 왜 아담이 저지른 잘못에 내가 책임을 져야 한단 말인가? 왜 나는 아담처럼 실수를 저지르지 않을, 더 좋은 대표자를 선택할 자유가 없단 말인가?

이와 같이 아담과 그리스도의 대표성을 말할 때, "왜 우리가 자유롭게 선택하지 않은 대표자에 의해, 멸망이든 구원이든, 이미 저질러진 죄나 이루어진 구원에 함께 연루되어야만 하는가?"라는 질문을 던질 수 있습니다.

사실 대표성의 원리에는 어느 정도의 독재성이 내포된 것이 사실입니다. 하지만 우리가 민주적으로 우리를 대표할 수 있는 적임자를 선출했다고 할지라도, 그가 우리가 원하는 대로 항상 최선의 대표성을 발휘할 수 있다는 확신이 서는 것은 아닙니다. 실제로 인간 역사에 있어서 절대 다수가 원해서 민주적인 대표자로 뽑힌 이들이 유권자들을 기만하고 실망시킨 사례가 부지기수로 많습니다.

바로 이런 이유 때문에 루이스(C. S. Lewis, 1898~1963)는 원죄 교리야말로 한 사람의 독재자에게 의존하지 않고 권력을 분산시키는 민주주의의 근거가 된다고 말했습니다. 사람은 누구나 다 아담의 후손으로 원죄를 타고 났기 때문에 100% 권력을 몰아줄 수 없다는 말이지요.

결국 우리가 인정할 수밖에 없는 것은 하나님께서 그냥 아담을 창조하신 것이 아니라, 우리의 대표자가 되도록 창조하셨다면, 우리는 하나님의 주권을 존중할 수밖에 없다는 사실입니다. 그러기에 피조물인 인간은 하나님께서 뽑아 세우신 아담과 그리스도라는 두 대표자를 순순히 받아들이는 수밖에 다른 도리가 없을 것입니다. 무엇보다도 이와 같은 연방 대표성의 원리가 우리에게 비길 데 없는 복음인 것은 아담이라는 인류의 대표 때문에 우리가 죄와 죽음을 피할 수 없게 되었을 때에는 별의별 이유를 다 갖다 붙여서 이의를 제기하고 불평할 수 있지만, 이 아담이 초래한 죄와 죽음을 극복하고 우리에게 생명과 구원의 길을 제시한 또 다른 대표자 그리스도에 대해서는 감사할 이유밖에 없기 때문이지요.

우리가 자유롭게 선택하지 않은 아담 때문에 우리가 죄와 죽음에 빠지게 된 것은 혹 불평할 이유가 있을지 모르지만, 도무지 우리 힘으로 극복할 수 없는 죄와 죽음의 문제를 하나님이 지정하신 또 다른 대표자 그리스도께서 대행해 해결해주신다는 사실은 크나큰 은혜요, 선물이요, 기적입니다. 아담으로 인해 어쩔 수 없이 자동으로 연대책임을 져야 하지만, 하나님께서 그리스도를 통해 아담의 길을 넘어설 수 있는 길을 대신 열어주셨습니다. 하나님은 이처럼 공평하신 하나님이십니다!

첫 사람 아담의 원죄를 따라

이제 이처럼 주로 종교개혁주의자들이 주장해 온 '연방 대표성의 원리'를 염두에 두고 바울의 논리를 차례로 따라 가봅니다.

먼저 12-14절은 한 사람 아담으로부터 '죄'와 '죽음'이 세상에 들어왔다는 사실을 강조합니다. 바울이 아담을 끌어들이는 이유는 어떻게 한 개인 그리스도가 온 세상을 구원할 수 있느냐는 질문에 그리스도에 상응하는 한 개인을 아담에게서 찾기 때문입니다.

> 그러므로 한 사람으로 말미암아 죄가 세상에 들어오고 죄로 말미암아
> 사망이 들어왔나니 이와 같이 모든 사람이 죄를 지었으므로 사망이
> 모든 사람에게 이르렀느니라(12절).

창세기 3장에 보면 아담이 하나님의 명령에 불순종함으로써 죄를 짓고 타락했으며, 이 타락의 결과로 죽음이 세상에 들어왔다는 사실을 알려줍니다. '아담의 불순종' → '죄가 세상에 들어옴' → '죄로 말미암아 죽음이 들어옴'이라는 연쇄작용으로 보건대, 온 인류가 죄를 짓고, 이 죄의 결과로 인해 죽음에 직면하게 된 것은 최초의 인간 아담에게까지 소급됩니다. 언제나 중요한 것은 죄가 먼저 있었고, 이 죄의 결과로 죽음이 찾아왔다는 사실입니다. 다시 말해 죄는 죽음의 원인이며, 죽음은 죄에 대한 형벌로 찾아온 결과였습니다.

12절은 문장론적으로 볼 때 미완성입니다. 바울은 '이와 같이'(just as), '또한 그러하다'(so also)라는 문장 형태를 취하려고 했지만, 이상하게도 앞 문장에서 한 것으로 말을 끊어버리고 맙니다.

"한 사람으로 말미암아 죄가 세상에 들어오고 죄로 말미암아 사망이 들어왔나니", 이 말 뒤에 "또 한 사람으로 말미암아 은혜가 세상에 들어오고 이 은혜로 말미암아 생명이 들어왔느니라"로 이어져야 정상입니다. 그런데 조건절에 상응하는 이러한 후속 귀결절이 나오는 대신에 "모든 사람이 죄를 지었으므로 사망이 모든 사람에게 이르렀느니라"라는 뜬금없이 비약적인 문장을 연결시켜 놓습니다.

바울은 그리스도를 믿음으로써 얻어지는 이신칭의가 어느 한 시

기나 한 장소, 한 민족에게만 유효한 것이 아님을 역설했습니다. 시간과 공간을 초월해 온 인류에 보편타당한 의미를 지닌다고 확신했습니다. 그러므로 바울은 이신칭의가 왜 그토록 필요한지를 논증하기 위해 먼저 온 인류의 보편적 죄성을 전제할 필요가 있었습니다. 다시 말해 그리스도의 '칭의 사역'을 아담의 '원죄 사역'과 나란히 병렬시킬 필요성을 느꼈기에 문장의 완전성에 굳이 연연해하지 않습니다.

이와 같이 로마서에서 때때로 발견되는 문장의 불완전성이야말로 인간의 유창한 말재주가 아닌, 오직 성령의 역사하심으로 구원의 깊은 도리를 깨닫게 하려는 심오한 뜻이 담겨 있는 것으로 볼 수 있습니다.

여기 12절의 세 번째 부분, 즉 "이와 같이 모든 사람이 죄를 지었으므로 사망이 모든 사람에게 이르렀느니라"라는 어거스틴이나 루터가 원죄론을 말할 때 전거典據로 삼는 참으로 중요한 구절입니다. 어떤 이는 이 구절을 아담의 후예들이 아담처럼 아담을 모방해서 개별적으로 죄를 짓기에 죽음이 모든 사람에게 임했다고 해석합니다. 이 경우의 죄는 원죄가 아니라, 아담과 상관없이 사람들이 자신의 의지대로 자유롭게 짓는 '본죄'(actual sin/自犯罪)를 의미합니다. 만일 그렇다면 바울이 아담과 그리스도를 비교할 논거가 하나도 없습니다.

바울이 이 표현을 쓸 때는 인류의 연방 대표자로서의 아담을 말하기 때문에 우리가 단순히 아담처럼 죄를 짓기에 죽음에 빠지는 것이 아니라, 아담과 운명적으로, 즉 유전적으로 연대해서 불가피하게 죄를 짓는다는 뜻일 것입니다. 다시 말해 아담 안에서 아담과 함께 연대해서 필연적으로 짓는 원죄를 말하는 것이지요! 죄를 모방하는 것으로 그치는 것이 아니라, 아담의 죄에 저절로 동참한다는 뜻입니다.

루터가 말한 대로 "원죄는 우리가 저지르는 죄가 아니라, 이미 있는 죄 때문에 고통당하는 죄"를 말합니다. 그러기에 원죄는 아담이 '최초로 지은 죄'(Ursünde)가 아니라 '유전죄' 혹은 '상속죄'(Erbsünde)를 의미합니다. 생물학적으로 대물림되는 죄라는 말이지요. (이처럼 독일어에서 원죄를 인류의 '최초의 죄'라는 의미에서의 'Ursünde'를 쓰지 않고, 유전적으로 상속된다는 의미에서의 'Erbsünde'를 쓰는 것은 의미심장합니다.)

바울이 '아담과 그리스도 안에서의 인류의 공동 운명성'을 말하려고 하는 뚜렷한 목적을 놓고 볼 때, 이제 각 개인이 짓는 개별적 죄 때문에 죽음이 찾아온 것이라는 주장이 아닌 것은 틀림없습니다. 물론 모든 사람이 자유의지대로 짓는 본죄 역시 그 죄에 대한 형벌로 찾아오는 죽음의 원인이 될 수 있습니다. 하지만 바울이 여기에서 말하는 죄는 본인이 마음대로 통제할 수 없는, 훨씬 더 근원적이고 선천적이고 불가항력적이고 우주적인 죄를 말합니다.

그리스도의 의가 우리에게 전가되는 것이 칭의이듯이, 이 경우의 죄도 아담이 지은 죄가 전가되는 것으로 봐야 합니다. 아담의 죄성이 온 인류의 핏속에 마성적魔性的으로 면면히 흐르고 있다는 말이지요. 그러기에 비율로 따져 95% 정도의 세상 사람들은 의롭고, 나머지 5%만 죄가 있다고 말할 수 없습니다. 100% 모두가 죄에 감염되어 있습니다. 그리고 이 죄의 결과로 찾아온 죽음 역시 단순한 육체적 죽음에 그치는 것이 아니라, 하나님과의 분리라는 영과 혼과 육의 총체적 죽음이라고 할 수 있습니다.

이제 죄가 보편적이기에 죽음 역시 누구도 피할 수 없는 보편 현상이 되고 말았습니다. 어쩌면 바울이 정말 말하고 싶은 것은 '원죄'라기보다는 '원사'(原死/original death)일 것입니다. 아담의 경우 이미 극명하게 드러났듯이 죄와 죽음에는 필연적인 인과관계가 있으며, 아담의 후예인 이상 그 누구든지 죄를 피할 수 없듯이 죄의 결과로 찾아온 죽음도 피할 수 없게 되었습니다. 다시 말해 '죽음'이라는 우주적 현상이야말로 인간이 아담의 죄성에 선천적으로 참여하고 있음을 단적으로 보여주는 우주적 증거입니다.

흥미롭게도 13-14절에서 바울은 인류 역사를 세 시기로 구분합니다. '아담 시대' → '모세의 율법 시대' → '그리스도 시대'로 구분 짓습니다. 그러면서 모세의 율법이 주어지기 전과 후에 어떤 차이가 있는가를 살핍니다.

> 죄가 율법 있기 전에도 세상에 있었으나 율법이 없었을 때에는 죄를 죄로 여기지 아니하였느니라 그러나 아담으로부터 모세까지 아담의 범죄와 같은 죄를 짓지 아니한 자들까지도 사망이 왕 노릇 하였나니 (13-14a절).

율법에 대해서 자부심을 갖고 있었던 유대인들이 반론을 제기할 수 있습니다. 율법 없이는 무엇을 어겼는지 죄의 뚜렷한 정의가 없기에 죄가 있을 수 없으며, 자연히 죽음도 없었을 것이 아니냐는 반론이지요. 여기에 대해서 바울은 모세의 율법이 주어지기 전에도 죄는 세상에 있었고, 무엇보다도 죽음의 세력은 여전히 맹위猛威를 떨치고 있었다는 사실을 지적합니다. 바울은 오직 율법 아래 있는 자들만이 죄를 저지르고 죽음의 형벌을 받을 수 있다는 주장을 반박하고자 합니다.

분명히 죄는 모세의 율법이 있기 전에도 세상에 있었습니다. 하지만 글자로 기록된 모세의 성문법이 주어짐에 따라 사람들은 그동안 죄인 줄 몰랐던 것이 비로소 죄가 된다는 사실을 알게 되었을 뿐입니다. 예컨대 "거짓말하지 말라", "도둑질하지 말라"라는 율법이 있기 전에는 하나님께서 마음 깊은 곳에 새겨주신 양심법에 따라 어렴풋이 이런 행위들이 죄가 된다는 사실을 알았겠지만, 율법이 온 후에 더욱더 확실하게 죄가 된다는 사실을 깨닫게 된 것이지요.

그러기에 율법 이전에는 어렴풋이 죄인 줄 알았어도 명시적으로 죄가 된다는 규정이 없었기에 죄책감도 적었습니다. 문제는 아담으로부터 모세에 이르는 시기에도 아담처럼 죄를 짓지 않는 사람도 여전히 죽음의 지배만큼은 확실히 받았다는 사실입니다.

"아담의 범죄와 같은 죄를 짓는다"라는 것은 창세기 2-3장을 근거로 한 말씀입니다. 하나님은 아담에게 에덴동산 정중앙에 있는 선악과는 먹지 말라는 구체적인 명령을 주셨습니다(창 2:17). 만일 이 명령을 어길 때에는 "정녕 죽으리라"는 경고까지 하셨습니다. 하지만 아담은 이와 같은 하나님의 계명을 **노골적으로** 어겼습니다(창 3:6). 그러므로 아담은 하나님의 명령을 듣고서도 명백하게 그 명령을 자유의지대로 위반한 '범죄'(犯罪/$\pi\alpha\rho\alpha\beta\acute{\alpha}\sigma\epsilon\omega\varsigma$/transgression)를 저질렀습니다. 하나님의 뜻에 의도적으로 반발했다는 말이지요.

사실 아담은 타락하기 전에 '죄를 짓지 않을 가능성'(posse non peccare)과 '죄지을 가능성'(posse peccare)을 다 갖고 있었으며, 마찬가지로 '죽지 않을 가능성'(posse non mori)과 '죽을 가능성'(posse mori)을 동시에 지니고 있었습니다. 하지만 아담은 하나님의 명령에 불순종함으로써 죄지을 가능성과 함께 죽을 가능성까지 몽땅 선택하고 말았습니다. 이제 문제는 아담의 후예들이 죄짓지 않을 가능성과 함께 죽지 않을 가능성을 영영 상실하고 말았다는 기막힌 현실에 있습니다. 필연적으로 죄를 지을 수밖에 없게 되었고, 그 결과로 반드시 죽어야만 할 비극적 운명에 처하게 된 것이지요.

모세 시대가 도래하기 전에는 아직 율법이 없었기에 죄를 지어도 그다지 죄인지도 몰랐고, 설령 죄를 저질렀어도 큰 죄책감도 없었으며, 그러기에 죄를 지어도 죽어 마땅하다고 생각할 수 없었음에도 불구하고, 왜 죽음만큼은 피할 수 없었느냐는 질문이 제기됩니다. 왜 죄가 죄인 줄 몰랐던 모세 이전의 시대에도 우주적 죽음의 세력이 '왕노릇'(ἐβασίλευσεν/reigned)했느냐는 말이지요.

그것은 두말 할 필요도 없이 사람들이 '아담 안에' 있었기 때문입니다. 아담이 저지른 원죄에 운명적으로 연루되었기 때문에 죄의 결과로 찾아온 죽음에 꼼짝없이 지배를 당할 수밖에 없었던 것입니다. 예컨대 영아나 정신박약아는 죄가 무엇인지에 대한 개념도 없고, 죄를 지을 가능성이 거의 없습니다. 하지만 그들 역시 죽음 앞에서는 속수무책束手無策입니다. 모두 아담 안에 있기 때문이지요!

결국 인간인 이상 누구나 다 죽는다는 사실, 그러기에 모세의 율법이 도래하기 전 모세의 율법이 아직 없었기에 고의적으로 어떤 계명을 어기려야 어길 수 없었던 시대에도 모든 사람들이 죽었다는 사실이야말로 아담 안에서 죄를 지었다는 인간의 현실을 그대로 입증해줍니다.

이제 이와 같이 죄와 죽음이라는 연쇄 고리에 아담과 운명적으로 얽혀있는 인간에게 출구가 있습니다. 첫 사람 아담에 필적하는 둘째 사람 그리스도가 있습니다. 14절 후반부에 바울은 아담이 장차 오실 분 그리스도의 '모형'(τύπος/type/豫型)으로 소개합니다. 아담은 오실 그리스도의 모형, 즉 표상(表象/pattern), 예시, 예표, 혹은 전조였습니다.

첫 사람 아담과 둘째 사람 그리스도의 차이

이제 15-17절에서 바울은 아담과 그리스도의 차이점을 논증합니다.

그러나 이 은사는 그 범죄와 같지 아니하니 곧 한 사람의 범죄를 인하여 많은 사람이 죽었은즉 더욱 하나님의 은혜와 또한 한 사람 예수 그리스도의 은혜로 말미암은 선물은 많은 사람에게 넘쳤느니라 또 이 선물은 범죄한 한 사람으로 말미암은 것과 같지 아니하니 심판은 한 사람으로 말미암아 정죄에 이르렀으나 은사는 많은 범죄로 말미암아 의롭다 하심에 이름이니라 한 사람의 범죄로 말미암아 사망이 그 한 사람을 통하여 왕 노릇 하였은즉 더욱 은혜와 의의 선물을 넘치게 받는 자들은 한 분 예수 그리스도를 통하여 생명 안에서 왕 노릇 하리로다(15-17절).

물론 아담이나 그리스도나 온 인류의 운명에 결정적 영향을 미쳤다는 사실에는 공통점이 있지만, 차이점이 훨씬 더 많습니다. 그리스도가 아담과 같은 것은 둘 다 인류에 미치는 영향력 때문입니다. 한 사람 아담 안에 있는 이들이 저절로 전가된 죄 때문에 죽을 수밖에 없게 된 것처럼, 또 한 사람 그리스도 안에 있는 이들은 믿음으로 그들에게 전가될 그리스도의 의로 말미암아 살 수 있는 길이 열립니다.

하지만 이와 같은 유사성은 아담이 한 일에 비해 그리스도께서 하신 사역이 비길 데 없이 탁월하다는 사실을 부각시킬 뿐입니다. 다시 말해 그리스도의 의와 은혜와 생명이 아담의 죄와 정죄와 죽음보다 훨씬 더 탁월합니다.

바울은 아담과 그리스도 사이에 엄청난 차이점이 있다는 사실을 강조하기 위해 '~와 같지 않다'(not like)라는 표현을 씁니다. 하나님께서 그리스도를 통해 은혜를 베푸실 때 생긴 일은 아담 한 사람이 범죄했을 때에 생긴 일과 **같지 않습니다**(15절). 하나님께서 그리스도 안에서 주시는 선물은 한 사람 아담의 범죄의 결과와 **같지 않습니다**(16a절).

15절	the free gift is *not like* the trespass(이 은사는 범죄와 같지 아니하니)
16a절	the free gift is *not like* the effect of the one man's sin(이 선물은 범죄한 한 사람으로 말미암은 것 같지 아니하니)

그런가 하면 '만일 ~라면, 더욱더'(if~, much more)라는 표현도 씁니다. 한 사람 아담의 범죄로 많은 사람이 죽었다면, 하나님의 은혜와 예수 그리스도 한 사람의 은혜로 말미암은 선물은 많은 사람에게 **더욱더** 넘치게 되었습니다(15b절). 아담 한 사람으로 말미암아 죽음이 왕노릇 하게 되었다면, 그리스도 한 분으로 말미암아 생명 안에서 왕노릇 하게 되는 것은 **더욱더** 확실합니다(17절).

15b절	For if … *much more* (~은즉 … 더욱)
17절	If … *much more*(~은즉 … 더욱)

이와 같이 '같지 않다'나 '더욱더'라는 수사학적 방법을 쓰는 이유는 우리가 아담 안에서 처한 암담한 운명보다 둘째 아담 그리스도께서 가져온 구원 사역이 훨씬 더 희망적이고 위대하다는 사실을 강조하기 위함입니다.

이렇게 아담과 그리스도를 대조할 때 '한 사람'(ἑνὸς/one man)과 '많은 사람'(πολλοὶ/many)이 대조되고 있습니다. 히브리 사람들의 의식구조로 볼 때 '많다'는 말은 종종 '모든 것'을 지칭할 때가 있기에, 바울이 쓰는 '많은'을 '온 인류'를 지칭하는 것으로 볼 수도 있지만 이용어가 얼마나 포괄적인지는 문맥에 따라서 달라집니다.

곧 한 사람의 범죄를 인하여 **많은 사람**이 죽었은즉… 또한 한 사람 예수 그리스도의 은혜로 말미암은 선물은 **많은 사람**에게 넘쳤느니라 (15절).

여기에서 아담과 관련해서의 '많은 사람'은 '온 인류'를 지칭하겠지만, 그리스도와 관련해서의 '많은 사람'은 그 논리적 가능성에 있어서는 예수 그리스도를 믿고 구원받을 모든 사람을 지칭합니다. 그럼에도 신앙과 상관없이 모든 인류를 지칭한다고 보기에는 어려울 것입니다. 그러므로 그리스도와 관련해서 '많은 사람'을 '온 인류'로 해석하기보다, '엄청나게 많은 사람들'(a very great multitude)로 보는 것이 좋을 것입니다. 그럼에도 언제나 중요한 것은 교도소에 수감된 죄수들보다 선량한 자유인들이 훨씬 더 많은 것처럼, 그리스도에 의해 구원받을 숫자가 훨씬 더 많을 것이라는 낙관적인 희망을 품는 것입니다.

또한 아담 한 사람의 범죄 때문에 심판이 뒤따르고, 온 인류가 정죄(유죄판결)를 받게 되었지만, 아담 이후에 온 인류가 역사의 고비마다 지은 죄들은 거대한 산을 이루고 그 깊이를 알 수 없는 대양을 이룰 정도로 많은 범죄가 누적累積되었지만, 은혜가 뒤따라 의롭다하심(칭의/무죄 선언)이 내려졌습니다(16절).

이제 '정죄에 이르게 한 사람 아담의 범죄'와 '칭의에 이르게 한 한 사람 그리스도의 은혜'를 대조해 봅시다. 범죄에 심판과 정죄가 뒤따른다면, 많은 범죄는 더욱더 큰 정죄와 심판을 불러올 수밖에 없음에도 불구하고, 하나님은 그리스도를 통해 은혜가 이 모든 범죄와 심판과 정죄를 능가하게 만드셨습니다.

이제 17절은 '아담과 그리스도 비교'의 요약이자 절정입니다. 아담한 사람 때문에 죽음이 왕 노릇 하게 되었다면, 하나님의 넘치는 은혜와 의의 선물(칭의)을 받는 사람들은 다름 아닌 그리스도 한 분으로 말미암아 죽음에서 생명으로 옮겨져 생명 안에서 죽음이 아닌, 우리자신이 왕 노릇하게 될 것입니다. 아담 안에서는 죽음이 주체가 되지만, 그리스도 안에서는 우리가 죽음을 몰아내고 주체가 된다는 말입니다. 죽음은 죄의 결과로서 이미 결정된 운명이라고 한다면, 생명은우리가 하나님의 은혜에 믿음으로 반응할 때 주어지는 선물입니다.

바울이 지금까지 설명한 아담과 그리스도의 차이를 요약한다면, 특히 세 가지 측면에서 현격한 대조를 이룬다고 볼 수 있습니다.

첫째로, **동기**에 있어서 다릅니다. 아담은 고의로 죄를 지었습니다. 단순한 일반적 죄가 아니라 하나님의 명령에 노골적으로 불순종해서 명백한 범죄를 저질렀습니다. 무엇보다도 자기를 하나님처럼 높이고자 하는 '자기과시' 혹은 '자기 확대'라는 교만하고 불순한 동기로 범죄했습니다. 하지만 그리스도는 의로운 행위, 즉 십자가에 죽기까지 순종하심으로써, 즉 자기희생과 겸손으로써 하나님의 의를 이루셨습니다.

둘째로, **결과**가 다릅니다. 아담의 불순종과 죄는 유죄판결과 육체적 죽음을 가져왔습니다. 하지만 그리스도의 의로운 순종은 무죄 선언(칭의)과 생명을 불러왔습니다. 아담의 불순종 행위는 궁극적으로

'죽음'이 왕 노릇 하게 만들었지만, 그리스도의 순종 행위는 우리로 하여금 '생명' 안에서 왕 노릇하게 만들었습니다. 아담은 죄와 죽음이 우리의 왕이 되게 해서 죄와 죽음의 노예가 되도록 만들었지만, 그리스도는 우리 모두를 생명 안에서 노예가 아닌 왕처럼 살게 만드셨습니다.

셋째로, 그 **능력**이 다릅니다. 아담의 행위가 미친 범위나 능력보다 그리스도의 사역이 미친 범위와 능력이 훨씬 더 큽니다. 아담의 범죄로 인해 찾아온 죽음보다 그리스도로 인해 주어진 하나님의 은혜의 선물이 훨씬 더 위대하고 강력합니다. 아담의 죄로 인해 온 인류가 사망의 지배를 받게 된 것과 비교할 때, 그리스도로 인해 생명 안에서 왕 노릇하는 것이 훨씬 더 놀라운 기적입니다.

'아담의 불순종 → 정죄' VS. '그리스도의 순종 → 칭의'

바울은 18-19절에서 한 사람이 많은 사람에게 우주적 파급효과를 미친다는 점에서 아담과 그리스도 사이의 유사성을 언급합니다. 하지만 이러한 유사성 속에서 양자가 끼친 영향은 엄청난 차이가 있다는 사실도 여전히 강조됩니다.

> 그런즉 한 범죄로 많은 사람이 정죄에 이른 것 같이 한 의로운 행위로 말미암아 많은 사람이 의롭다 하심을 받아 생명에 이르렀느니라 한 사람이 순종하지 아니함으로 많은 사람이 죄인 된 것 같이 한 사람이 순종하심으로 많은 사람이 의인이 되리라(18-19절).

여기에서 바울은 '~한 것 같이 ~하다'(just as… so)라는 방법을 써서 아담과 그리스도가 인류에 끼친 영향력의 유사성을 말하지만, 그 내용에 있어서는 정반대입니다. 한사람 아담의 범죄로 '많은 사람'이(이 경우에는 '온 인류'가) 정죄에 이른 것 같이, 그리스도의 의로운 행위 때문에 '많은 사람'이(이 경우에는 '그리스도를 믿게 될 엄청나게 많은 사람들'이) 칭의를 얻어 생명에 이르게 되었습니다.

아담의 불순종으로 인해 많은 사람(온 인류)이 죄인이 된 것처럼, 그리스도의 순종으로 인해 많은 사람(그리스도를 믿게 될 엄청나게 많은 사람들)이 의인으로 판정을 받게 될 것입니다. 아담이 하나님의 말씀을 노골적으로 어겨 온 인류를 운명적으로 죄인이 되게 했지만, 그리스도께서 전 생애 동안 십자가에 달려 죽기까지 순종하셨기에 죄인인 인간이 의롭다 인정받을 수 있는 길이 열렸습니다.

18절	*just as* one man's trespass … , *so* one man's act of righteousness (한 범죄로 ~ 같이, 한 의로운 행위로 말미암아 …이르렀느니라)
19절	*just as* by the one man's disobedience … , *so* by the one man's obedience(한 사람이 순종하지 아니함으로 ~된 것 같이, 한 사람의 순종하심으로 ~되리라)
21절	*just as* sin … , *so* grace(죄가 ~한 것 같이, 은혜도 ~하려 함이라)

여기 아담과의 연대성은 육적이며, 유전적인 것이기에 불가항력적인 것이지만, 그리스도와의 연대성은 영적이며 신앙적인 것이기에 자신의 공로와 상관없이 하나님의 은혜의 선물로 주어진다는 차이가 있습니다. 모든 사람이 아담 안에 있지만, 모든 사람이 그리스도 안에 있다고 말할 수는 없습니다. 그러므로 아담 안에서 우리 자신을 보면

아무런 범죄를 저지르지 않았어도 우리는 죄인이 되고, 그리스도 안에서 우리 자신을 보면 그 어떤 의로운 일도 한 일이 없음에도 우리는 의인이 됩니다.

한마디로 그리스도를 통한 하나님의 은혜와 생명이 아담을 통한 죄와 죽음의 세력을 압도합니다! 바울이 아담과 그리스도를 비교한 것을 도식으로 정리하면 아래와 같습니다.

아담: 불순종 → 죄 → 정죄(유죄판결) → 죽음
그리스도: 순종 → 은혜 → 칭의(무죄 선언) → 생명

이제 바울은 '아담과 그리스도의 비교'에 대한 최종 결론을 내리기 전에 잠시 인류의 구속사에 있어서 율법의 역할과 기능에 대해서 언급합니다. 바울은 이미 13-14절에서 율법이 도래하기 전에도 죄와 죽음이 있었다는 사실을 말했습니다. 여기에 대해서 유대인들은 그렇다면 율법이 군이 역사 속에 들어와 한 일이 무엇이냐고 반문할 수 있을 것입니다. 바울은 "율법이 들어온 것은 범죄를 더하게 하려 함이라"(20a절)고 대답합니다.

여기에서 '들어왔다'는 말은 헬라어로 $\pi\alpha\rho\epsilon\iota\sigma\widehat{\eta}\lambda\theta\epsilon\nu$(pareiselthen)인데, 신약에서 딱 두 군데, 즉 여기와 갈라디아서 2장 4절에만 나옵니다. 갈라디아 교회에 잠입한 유대주의자들을 말할 때 이 표현을 썼는데, "가만히 몰래 들어왔다"(sneaked in)라는 부정적 의미가 있습니다. 물론 율법이 노골적으로 악한 목적을 품고 인류사에 몰래 들어왔다고는 할 수 없지만, 유대인들과 달리 바울은 율법의 역할을 상대화하기 위해 이 표현을 쓴 것이 틀림없습니다.

그렇다면 바울은 왜 율법이 범죄를 증가시키기 위해 끼어들어왔다고 말할까요? 그것은 율법은 아담이 초래한 인류의 절망적 현실을 개선시키기는커녕 악화시킨다는 바울의 확신 때문일 것입니다. 바울 자신의 경험으로 보건대 율법은 범죄를 제거하기는커녕 증가시킵니다. 인간의 부패한 본성은 아담이 그랬던 것처럼 율법 계명으로 금하는 것을 더 하고 싶은 충동을 불러일으켰습니다. 율법을 지킴으로써 자신의 의와 안전만 증가시키고, 율법을 제대로 지키지 못하는 사람들에 대해 상대적 우월감을 지니고 판단하고 정죄하기에 바쁩니다. 율법은 사람들로 하여금 하나님의 뜻이 담긴 율법 계명을 노골적으로 범함으로써 하나님께 반기反旗를 드는 또 하나의 아담이 되게 했던 것입니다.

율법이 오기 전에는 아담과의 운명적 연대로 인해 온 인류가 '한 범죄'를 공유했지만, 율법이 온 다음부터는 율법의 다양성만큼이나 범죄도 다양하고 복잡해졌습니다. 하지만 바울의 목적은 율법의 역기능만 들추어내는 것이 아닙니다. 하나님의 은혜가 이 모든 부정적 기능을 상쇄하고 압도합니다! 율법이 많아 죄가 많은 곳에 은혜도 더욱 넘치게 되었습니다(20b절). 그러므로 율법의 궁극적 목표는 헤아릴 수 없이 수많은 구체적인 범죄들을 증식시키는데 있는 것이 아니라, 하나님의 더욱더 넘치는 은혜를 보여주기 위함이었습니다.

이런 맥락에서 이제 21절은 '바울의 아담과 그리스도 비교'의 요약이자 절정입니다.

이는 죄가 사망 안에서 왕 노릇 한 것 같이 은혜도 또한 의로 말미암아 왕 노릇 하여 우리 주 예수 그리스도로 말미암아 영생에 이르게 하려 함이라.

넘치는 은혜에 멈추지 않고 은혜가 사람을 지배하여 영생에 이르게 하는 데까지 나아갑니다. 죄가 죽음으로 하여금 사람의 왕 노릇(지배)하게 했다면, 은혜가 의를 통해 우리의 왕 노릇 합니다. 죽음이 은혜에 의해 최종적으로 패배했다는 말이지요!

무엇보다도 온 인류 역사의 궁극적 목적이 '우리 주 예수 그리스도로 말미암아'($\delta\iota\grave{\alpha}$ $ {}^{\prime}I\eta\sigma o\widehat{v}$ $X\rho\iota\sigma\tauo\widehat{v}$ $\tauo\widehat{v}$ $\kappa\upsilon\rho\acute{\iota}o\upsilon$ $\dot{\eta}\mu\widehat{\omega}\nu$) 영생에 이르는 데 있음을 분명히 밝힙니다.

아담 안에서 우리가 공동으로 연루되어 있다는 이른바 원죄론은 우리에게 겸손을 가르쳐줍니다. 죄악의 보편성을 깊이 깨닫는다면 날마다 흉악한 범죄를 저지르는 사람들보다 우리가 더 낫다는 생각을 할 수 없습니다. 외적으로 간음이나 살인과 같은 범죄를 저지르지 않았다고 할지라도 우리 역시 본질상 진노의 자녀로서 전적으로 부패하고 타락했다는 사실을 기억하고 항상 겸손해야 할 것입니다. 그리고 무엇보다도 그리스도께서 아담이 초래한 모든 혼란과 무질서를 바로 잡으시고 우리의 원죄를 치유할 길을 열어주신 것을 감사해야 할 것입니다.

율법주의 (Legalism)	복음 (Gospel)	자유방임주의 (Liberalism)
하나님은 거룩하시다	하나님은 거룩하시며 사랑이시다	하나님은 사랑이시다
당신 자신의 의를 얻으라	하나님이 베푸시는 온전한 의를 받으라	온전히 의로워질 필요가 없다
물질은 악하고 우리는 타락했다 - 그러므로 육체적 쾌락을 경계하고 거부하라(금욕주의)	물질은 선하나 우리는 타락했다 - 그러기에 육체적 즐거움은 괜찮지만 지혜롭게 살아라	물질은 선하고 우리는 타락하지 않았다 - 당신의 육체적 욕구를 충족시키라

죄는 개인에게만 영향을 미친다 – 그러므로 개인전도만 열심히 하라	죄는 개인이나 사회구조 모두에 영향을 미친다 – 개인전도와 사회구원 활동 모두를 하라	인간의 죄의 깊이에 대해서 순진하다 – 사회구원 활동만 하라
사람은 변화될 수 없다/ 변화는 쉽다	사람은 변화될 수 있으나 곧바로 고칠 수는 없다	사람은 변화될 필요가 없다
죄책감을 가지라 – 죄책감을 털어버리라	죄책감을 겪어라 – 하지만 그리스도 안에서 안식하라	죄책감 따위는 버리라 – 당신이 잘 하고 있다고 확신하라
지은 죄를 회개하라	죄와 자기의를 회개하라	지은 죄나 자기의를 회개하지 마라

* Timothy Keller, *Romans 1-7 for You*, p. 136.

제4부

복음과 성령 안에서의 새로운 삶

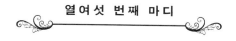

열 여 섯 번 째 마 디

그리스도와 연합한 삶:
죄에 대해 죽고, 하나님 위해 살고
Life United with the Christ:
Dying to Sin, Living for God

〈6:1-14〉

'칭의' vs. '성화'

바울은 5장 12-21절에서 온 인류의 운명이 두 사람 안에 있음을 역설했습니다. 먼저 인간으로 태어난 이상 누구나 다 아담과 연합됩니다. 생물학적으로 연합되어 아담이 지은 죄와 그 '죄'의 결과로 찾아온 '죽음'에 운명적이고 불가항력적으로 연루連累됩니다. 반면에 그리스도와 연합된 삶이 있습니다. 아담과의 연합은 개인의 선택과 상관없이 필연적으로 얽혀지는 것이라고 한다면, 그리스도와의 연합은 인간 편에서 믿음으로 결단할 때 하나님의 은혜로 이루어지는 새로운 선물로서의 관계입니다.

유전적으로 아담의 죄와 죽음을 대물림 받아 아담과 어쩔 수 없이 연합된 사람에게는 반드시 '원죄'라는 필연적 죄와 함께 스스로 짓는 자범죄自犯罪가 있고, 이 죄의 대가로 죽을 수밖에 없습니다. 아담이 하나님의 말씀에 불순종해서 죄를 지었고, 이 죄에 대해서 사형이라는 유죄판결을 받았고, 결국 죽을 수밖에 없게 된 것처럼, 아담과 연합한 온 인류는 죄와 죽음이라는 보편적이고 불가항력적 인간 조건을 누구도 거역할 수 없게 되었습니다.

하지만 둘째 사람 그리스도는 하나님께 죽기까지 순종함으로써 무죄 선언(칭의)을 얻어 냈으며, 이 그리스도 덕분에 믿음으로 그리스도와 연합한 사람들 역시 칭의를 얻고 영생을 얻을 수 있게 되었습니다. 그러기에 이신칭의는 다름 아닌 '그리스도에 의한 칭의'가 됩니다.

요약하면, 온 인류에게 아담의 죄가 전가되면서 누구나 다 아담 안에서 정죄와 죽음에 이르게 되었지만, 그리스도 예수를 믿는 이는 누구에게나 자신의 의가 아닌, 그리스도의 의가 전가되어 그리스도 안에서 칭의와 생명을 얻게 됩니다.

이제 바울은 이와 같이 그리스도와 연합한 삶이 어떤 삶인지를 말하고자 합니다. 우리의 믿음과 하나님의 은혜로 말미암아 그리스도와 연합해 칭의를 얻은 이들이 어떤 삶을 살아야만 하는지, 즉 '성화'를 설명하려는 것이지요. 1-5장까지 주로 '칭의'를 설명했다면, 6-8장에서는 그리스도인의 거룩한 삶, 즉 성화를 강조하고 있습니다.

칭의는 순전히 **하나님께서 우리를 위해 하시는 일**이라고 한다면, 성화는 **하나님께서 우리 안에서 우리와 더불어 하시는 일**이라고 할 수 있습니다. 사실 하나님의 은혜는 값없이 주어지는 '선물'(gift)이지만, 동시에 우리의 책임적 참여를 독려勸勵하는 '요구'(demand)이기도 합니다. 그러므로 하나님의 은혜는 그리스도의 공로와 의로 말미암아 우리를 의롭다고 인정하는 선물로서의 은혜이지만, 이와 동시에 그리스도를 닮아 거룩한 삶을 살도록 유도하고 책임을 촉구하는 은혜이기도 합니다.

쬐인인 우리가 의로우신 재판관이신 하나님으로부터 무죄 선언, 즉 의롭다는 선언을 들을 수 있는 것은 오직 믿음으로 하나님이 값없이 베푸시는 은혜로 말미암아 100% 그리스도의 의가 일방적으로 우리에게 **전가**(imputation)되기 때문에 가능한 것이라고 한다면, 성화는 우리 쪽에서 그리스도 예수의 인격과 삶을 닮아나가기 위해 날마다 하나님의 은혜에 **동참**(impartation)하는 머나 먼 순례의 과정입니다.

이것을 좀 더 쉽게 정리를 한다면, 칭의는 우리 쪽에서 조금도 손을 쓸 수 없을 정도로 순식간에 일어나는 100% 하나님 주도의 은혜의 사건이라고 한다면, 성화는 우리 쪽에서 꾸준히 적극적으로 참여해서 하나님의 거룩성을 우리의 인격과 삶 전체에 체현體現해 나가는 지속적인 과정이라고 할 수 있습니다.

중요한 것은 기독교 구원 과정의 순서상 반드시 칭의가 성화보다 먼저 일어나지만, 양자는 뗄 수 없을 정도로 긴밀히 연결되어 있다는 사실입니다. 다시 말해 믿음으로 의롭다고 인정을 받은 사람은 반드시 성결한 삶을 살아갈 수밖에 없다는 것이지요. 우리는 결코 우리의 선행을 비롯한 그 어떠한 성화의 노력 때문에 의로워지는 것은 아니지만, 그럼에도 불구하고 반드시 성화를 **향하여**(unto) 의로워집니다. 참된 신앙 때문에 진정한 칭의를 얻게 된다면, 이 칭의는 반드시 성화로 이어질 수밖에 없다는 말입니다.

이처럼 그리스도와 연합해 칭의를 얻은 그리스도인들의 실제 삶의 문제를 다룰 때 바울은 가상의 적수(아니면, 바울 자신일 수도 있음)가 던지는 짤막한 질문에 바울 특유의 핵심을 치는 응축된 문장으로 대답하는 식으로 논리를 전개하고 있습니다.

아담과 연합한 사람들은 죄의 노예가 되어 죄의 지배를 받을 수밖에 없지만, 그리스도와 연합한 이들은 죄의 종노릇 하는 상태에서 벗어나 하나님과 의를 섬기는 종이 될 수밖에 없다는 사실을 바울은 역설합니다. 짤막짤막한 대화체와 여기에 대한 부연 설명으로 전개되는 6장 전체는 크게 두 부분으로 나뉩니다.

첫째로, 1-14절은 세례의 빛에서 그리스도와 연합한 삶의 본질을 조명합니다. 둘째로, 15-23절은 그리스도인이 죄에서 해방되어 하나님의 종이 되었다는 사실을 강조함으로써 기독교적 회심의 본질을 다룹니다.

이제 6장 1-14절은 다시 크게 두 부분으로 나눌 수 있습니다. 세례와 연관시켜서 그리스도와 연합한 삶의 본질을 해명하는 1-11절과, 더 이상 죄의 지배를 받지 말라는 윤리적 권고로 이루어진 12-14절로 대별大別될 수 있습니다.

특히 전반부인 1-11절은 이신칭의를 오해한 사람이 던질 수 있는 교묘한 질문부터 먼저 1절에서 제기한 뒤, 곧바로 2절부터 이 질문에 대한 바울 자신의 답변을 제시하는 것으로써 말문을 엽니다. 여러모로 볼 때 6장의 중심 주제라고 할 수 있는 이 2절에서의 바울 자신의 답변을 보충 설명하기 위해 3-4절과 5-7절, 8-10절에서 세 차례 논증을 펼칩니다. 그리고 이 부분에 대한 결론이 11절에 제시되어 있습니다.

1절:	문제 제기
2절:	바울의 답변
3-4절:	세례의 이미지를 사용한 답변에 대한 첫째 해설
5-7절:	답변에 대한 둘째 해설
8-10절:	답변에 대한 셋째 해설
11절:	문제 제기 및 바울의 답변에 대한 결어
12-14절:	윤리적 권고

흥미롭게도 본문 바로 앞에서 갑자기 사라진 1인칭 복수 주격 '우리'(we)가 6장 1절부터 다시 등장해 11절 전체를 지배합니다. 또한 2인칭 복수 주격 '너희'(you)가 3절에서 잠깐 나왔다가 사라졌다가 다시 11절에서 등장한 뒤, 아예 12-14절에서는 지배적 칭호로서 자리를 잡습니다. 바울이 특히 2인칭 복수 주격을 사용한 이유는 다분히 로마 교인들을 권고하기 위한 의도로 풀이될 수 있습니다.

은혜를 더 하게 하려고 죄를?

바울은 가상의 적수나, 아니면 자신의 마음속으로 칭의에 대해서 흔히 품을 수 있는 반론을 질문 형태로 제기합니다.

그런즉 우리가 무슨 말을 하리요 은혜를 더하게 하려고 죄에 거하겠느냐(1절).

이미 5장 20절에서 바울은 죄가 많은 곳에 은혜도 더욱 넘치게 되었다고 선언했습니다. 어차피 우리가 스스로의 노력 때문에 죄 용서를 받아 칭의를 얻는 것이 아니라고 한다면, 죄가 많은 사람이 용서도 더 크게 받아 하나님의 은혜에 대한 감격도 더 커질 것입니다. 문제는 이것을 빌미로 엉뚱한 궤변을 늘어놓을 수 있다는 점입니다. 죄가 많을수록 은혜도 정비례해서 커지는 것이라고 한다면, 하나님의 더 큰 은혜를 받기 위해서는 죄도 더 많이 지어야 하지 않겠느냐는 반론이지요.

바울은 이미 3장 8절에서 이러한 형태의 궤변을 언급한 적이 있습니다. "선을 이루기 위하여 악을 행하자 하지 않겠느냐"라며 적수들이 이신칭의의 허점을 물고 늘어질 수 있음을 인정했습니다. 사실 바울이 로마서 집필에 뛰어들기 전 지중해 동방 선교를 펼치는 동안 이신칭의의 교리를 설파할 때마다 줄곧 따라다녔던 꼬리표가 바로 이러한 형태의 '반反 율법주의' 혹은 '무無 율법주의'였지요.

우리의 수고나 공로와 상관없이 순전히 하나님의 값없이 주시는 선물로서 칭의를 얻는다면, 결국 우리 쪽에서는 아무것도 할 필요가 없지 않느냐는 오해입니다. 율법을 지킬 필요도 없고, 아예 율법 자체가 소용없지 않느냐는 극단적 생각까지도 할 수 있습니다. 무엇보다도 죄와 은혜가 정비례하는 것이라고 한다면, 할 수 있는 대로 죄를 많이 지어야 은혜도 더 많이 받지 않겠느냐는 오해가 생길 수도 있습니다. 한마디로 칭의가 성화의 필요성을 무력화시키지 않느냐는 질문입니다.

바울은 이러한 궤변을 아주 단호하게 반박합니다. 칭의는 성화를 무효화하지 않고, 바늘 가는데 실 가듯이 오히려 칭의는 성화를 절대적으로 요구한다는 것이지요! 하나님의 은혜는 죄를 용서하는 것으로 그치지 않고, 적극적으로 죄와 싸워서 이기도록 이끈다는 것입니다.

바울은 물론이고 그의 노선을 잇는 루터, 칼뱅 등 종교개혁주의자들에게 가장 집요하게 따라붙었던 혐의가 바로 이와 같이 율법과 상관없고, 선행이나 성화의 노력과도 상관없는 기독교인의 방종에 대한 오해였습니다. 이것은 특히 바울과 루터 등의 개혁주의자들의 충성스러운 추종자들로 자처하는 이들 속에 더 흔히 일어난 오해였습니다. 오직 믿음으로만 얻는 칭의에 덧붙여 인간의 선행, 즉 성화를 함께 강조하다보면 오직 믿음으로 얻는 이신칭의의 복음을 약화시키거나 오염시킬 수 있다는 우려였습니다.

하지만 참된 믿음에 의해 칭의를 얻은 사람에게는 대개 성령의 내주하시는 능력에 의해 '거듭남'(rebirth)이나 '중생'(regeneration)도 함께 일어나기 때문에 믿음으로 칭의를 얻은 사람에게 순종의 행위, 즉 성화의 삶이 반드시 뒤따르기 마련입니다. 만일 칭의와 성화를 전혀 상관없는 별개의 문제로 간주할 경우, 우리가 믿는 그리스도가 우리를 죄와 죽음에서 건지시는 '**구주**'(Savior)는 되실 수 있지만, 매 순간 우리의 인격과 삶 전체를 왕으로서 다스리시는 '**주님**'(Lord)은 될 수 없게 하는 것과 같습니다.

우리는 이것을 '의자'와 '원'(圓/circle)의 이미지를 들어 설명할 수 있습니다. 첫째로, 다름 아닌 자신이 의자, 즉 영광의 보좌 위에 앉아 주인 노릇 하고 그리스도는 원 바깥에 머물러 계시도록 할 수 있습니다. 기독교로 개종하기 전 불신자의 삶이지요.

둘째로, 그리스도께서 원 안에 들어와 계시기는 하지만, 의자 위에는 여전히 자신이 앉아 있는 경우가 있습니다. 그리스도께서 자신을 죄와 죽음에서 건져주신 구주라는 사실은 믿지만, 자신이 그리스도의 종이 되어 그리스도를 주인으로 섬기려고는 하지 않는, 칭의는 얻었지만 성화의 삶을 살려는 의지가 없는 반쪽 신자의 경우를 말합니다.

셋째로, 그리스도께서 의자 위에 앉아 계시고 자신은 그리스도 앞에 무릎을 꿇고 종으로 순종하며 사는 사람이 있습니다. 그리스도를 **구주**로 믿고 칭의를 얻은 것으로 그치지 않고, 그리스도를 **주님**으로 모시고 그리스도의 뜻에 순종하며 적극적인 성화의 삶을 살아가는 온전한 그리스도인의 경우입니다.

이와 같이 대개 중생과 함께 일어나는 칭의가 곧바로 성화의 완전을 만들어내는 것은 아니지만, 필연적으로 성화의 삶을 살도록 재촉하는 것은 사실입니다. 예수님을 구주로 모셔 들여 의롭게 된 사람은 반드시 그 예수님을 자기 인생의 참 주인이요, 왕으로 모시고 성결의 삶을 시작할 수밖에 없다는 말이지요. 우리가 조금이라도 손 쓸 겨를도 없이 돌발적으로 순식간에 일어난 칭의와 중생은 우리 편에서 지속적으로 성화의 과정을 밟아나가는 것으로 이어지다가, 마침내 천국에서의 '최후 영화'(final glorification)로 찬란한 완성을 이루게 될 것입니다.

이것이 정확히 바울의 생각이라고 속단하기는 어려워도 바울 신학에 영향을 받은 감리교회의 교조敎祖 존 웨슬리가 제시하는 '구원의 길'(via salutis), 혹은 '구원의 순서'(ordo salutis)는 다음과 같습니다.

① 은혜, 창조 그리고 인간의 타락 → ② 죄를 자각케 하는 은혜와 최초 회개 → ③ 믿음에 의한 하나님의 은혜로 말미암은 신앙의인화(Justification) → ④ 믿음을 통한 하나님의 은혜에 의하여 주어

지는 신생 혹은 중생(New Birth or Regeneration) → ⑤ 구원의 확신(Assurance) → ⑥ 인간의 참여와 하나님의 은혜에 의한 성화 (Sanctification) → ⑦ 최후 의인화 혹은 영화(Final Justification or Glorification)

바울과 개혁주의자들의 영향을 받은 웨슬리는 특히 '회개'가 종교의 **현관**(porch)이라면, '칭의'는 종교의 **문**(door)이며, '성화'는 **방**(room), 즉 **종교 그 자체**로 보면서 유독 성화의 중요성을 역설했습니다. 루터 나 칼뱅과 같은 개혁주의자들은 칭의가 일어나는 순간 어느 정도의 성화도 함께 일어난다고 보았기에 칭의와 성화를 날카롭게 구분하지 않았습니다. 하지만 웨슬리는 칭의는 기독교적 구원의 출발점이며, 진정한 크리스천으로 자라나가는 과정은 성화에 의해 결정된다고 보 았기에 성화를 강조했던 것입니다.

이제 바울이 로마서에 말씀하는, 좁게는 '칭의'와 '성화'의 관계, 넓 게는 '믿음'과 '행함'의 관계를 도표로 정리하면 다음과 같이 될 것입니다.

가톨릭교회	칭의 = 믿음 + 행함
개신교회	**참된 믿음 = 칭의 + 행함(성화)**
반율법주의	참된 믿음 = 칭의 − 행함(성화)

위에서 보여준 것처럼 바울신학이야말로 가톨릭주의와 반율법주 의에 모두 문제가 있으며, 개신교의 교리가 가장 설득력이 있다는 사 실을 보증해주는 근거가 됩니다. 가톨릭교회가 말하는 것처럼 우리가 하나님의 의을 얻기 위해서는 믿음만으로 부족하고, 선행이 가미加味 되어야만 한다는 것은 바울의 생각이 아닙니다. 오히려 바울은 우리

가 칭의를 얻는데 믿음조차도 인간의 공로가 될까 봐 경계할 정도입니다. 100% 그리스도의 의가 우리에게로 넘어오는 것이 칭의이기에 '믿음 + 선행 = 칭의'라는 도식은 바울의 의도를 크게 빗나간 것입니다.

그렇다고 해서 칭의를 얻은 사람에게 성화의 노력 따위는 필요 없다고 보는 반율법주의자들 혹은 율법 폐기론자들의 생각도 잘못입니다. 바울이 볼 때 진정한 믿음의 열매가 칭의라면, 이 칭의는 반드시 그리스도를 닮아나가는 성화의 과정으로 이어져야만 합니다.

죽은 자는 말이 없다!

은혜를 더하기 위해 계속 죄 안에 머물러야 하느냐는 질문에 대해 바울의 입장은 강경합니다.

> 그럴 수 없느니라 죄에 대하여 죽은 우리가 어찌 그 가운데 더 살리요 (2절).

그럴 수 없다고 잘라 말합니다. 사실 헬라어 $μὴ\ γένοιτο$(me genoito/by no means)는 혐오감까지 내포한 매우 강경한 부정이므로 '천부당만부당千不當萬不當'으로 번역하는 것이 가정 적절할 것입니다. 복음과 칭의는 우리를 계속해서 죄 안에 머무르게 할 수 없다는 것이지요!

그 이유는 무엇입니까? 왜 죄 속에 머물러서는 안 됩니까? 우리가 죄에 대해서 죽었기 때문입니다! 어쩌면 6장 전체를 이해하는데 결정적으로 중요한 말씀이 바로 2절의 "죄에 대하여 죽은 우리가 어찌 그

가운데 더 살리요"라는 부분입니다. 말 그대로 죽었으면 아무것도 할수 없습니다. 죽은 자는 말이 없습니다. 죄에 대해서도 이미 죽었는데, 여전히 죄에 머무르는 것은 있을 수 없다는 말이지요.

그렇다면 바울이 말하는 "죄에 대하여 죽었다"($\dot{\alpha}\pi\epsilon\theta\alpha\nu o\mu\epsilon\nu \tau\ddot{\eta}\dot{\alpha}\mu\alpha\rho\tau\iota\alpha$/died to sin)는 주장은 도대체 무엇을 의미할까요? 이것은 우리가 천사처럼 되어서 더 이상 죄를 짓지 않는 완벽한 존재가 되었다는 뜻이 아닙니다. 만일 칭의를 얻은 신자가 더 이상 죄를 지을 수 없는 무흠한 존재가 되었다면, 바울 서신 곳곳에 등장하는 "죄와 싸워서 이기라"는 수많은 윤리적 권고가 나올 필요가 없을 것입니다.

이것은 또한 칭의를 얻은 신자의 삶에 죄의 영향력이 약화되었다는 뜻도 아닙니다. 오히려 각종 죄의 유혹은 더더욱 기승을 부릴 수 있습니다. 더 이상 죄책감을 느끼지 않게 되었다는 뜻도 아닙니다. 오히려 칭의를 입은 그리스도인은 작은 죄에도 더욱더 민감해져 예전보다 더 예민한 죄책감을 느낄 수 있습니다. 또한 죄에 대해 죽었다는 말은 우리의 오감五感이 다 죽어서 그 어떤 죄도 느끼지 못하는 무감각증에 빠졌다는 뜻도 아닙니다. 죽은 시체가 외부의 자극에 일절 반응을 보이지 않는 것처럼, 죄의 유혹을 전혀 느끼지 못한다는 말이 아닙니다.

그렇다면 바울이 죄에 죽었다는 표현을 쓸 때 정말 강조하고 싶은 것은 죄의 영향력이 완전히 소멸되었다는 뜻이 아니라, 그리스도를 믿어 의롭게 되는 순간에 우리와 죄에 대한 관계가 결정적으로 바뀌었기에 '참된 그리스도인'과 '죄'는 양립할 수 없다는 뜻입니다.

'죽었다'는 표현은 문자 그대로 정말 죽어서 시체가 되었다는 말이 아니라, 죽음의 이미지를 통해 깊은 뜻을 전달하려는 하나의 비유일

뿐입니다. 마치 예수께서 "어린 아이들과 같이 되지 않으면 천국에 들어가지 못한다"(마 18:3)라고 말씀하셨을 때 정말 어린 아이들처럼 **되라는** 뜻이 아닙니다. 어린이들이 보이는 단순성과 의존성을 강조하기 위해 하나의 비유를 든 것이지요. 마찬가지로 죄에 대해서 죽었다는 것도 하나의 법률적 비유로서 죽음을 죄의 결과로 인한 하나의 형벌로 보자는 것이지요.

그리스도께서 죄에 대해 죽으신 것은 우리가 지은 죄에 대한 대가를 다 치르기 위해 유죄판결을 받으시고 심판을 당하셨다는 뜻입니다. 그러기에 그리스도께서 죗값을 다 치르셨으므로 죄에 대해서 죽은 그리스도에 대해서 그 어떠한 죄도 더 이상 하등의 권리도 주장할 수 없습니다. 그리스도께서 우리의 죄를 뒤집어쓰고 죄에 대해 죽으셔서 죄의 대가를 다 치르고 죄로부터 자유롭게 되셨으므로 죄가 더 이상 왕 노릇할 수 없게 되었다는 뜻입니다.

마찬가지로 그리스도와 연합한 우리에게도 죄가 더 이상 우리를 지배하지 못하게 되었다는 말입니다. 그리스도를 믿기 전이나 후에나 죄는 여전히 맹위猛威를 떨치고 있지만, 예전에는 꼼짝없이 죄의 지배를 받았습니다. 죄의 노예가 되어 죄가 시키는 대로 굴종을 당할 수밖에 없었습니다.

하지만 그리스도께서 죄에 대해 죽으신 것처럼, 그리스도와 연합하는 사람마다 그리스도 안에서 죄를 물리칠 수 있는 능력을 갖게 되었습니다. 우리를 지배하는 주인이 죄가 아니라, 은혜와 생명의 능력이 되었다는 사실을 알기 때문입니다. 더 이상 죄가 독재자처럼 강압적으로 우리를 일방적으로 지배할 수 없게 되었다는 것이지요.

물론 칭의를 입은 뒤에도 죄의 유혹을 받고 죄의 지배를 받을 수 있지만, 예전과 달리 일방적 지배와 패배의 차원이 아니라 죄를 다스리고 이길 수 있는 새로운 길이 열렸다는 뜻입니다. 그리스도와 함께 우리가 죄에 대해 죽었으므로, 이제 죄도 우리에 대해서 죽었기 때문입니다.

이것을 좀 더 알기 쉽게 정리하기 위해서 하나의 비유를 들어봅시다. 우리가 예전에 아담 안에 있었을 때에는 '죄'가 우리라는 '말'馬 위에 탄 형국이었습니다. 죄가 우리의 입에 재갈을 물리고 말고삐를 잡고 우리를 노예처럼 마음대로 부려먹었습니다. 가라는 데로 갔고, 서라면 섰습니다. 도무지 자유가 없었습니다!

하지만 그리스도를 믿고 성령의 능력 안에 살게 되었을 때 그리스도께서 죄를 밀쳐내고 우리 위에 올라타신 것은 사실이지만, 그렇다고 해서 죄가 마구간으로 완전히 줄행랑을 친 것은 아닙니다. 죄는 자신의 노예 하나를 잃은 것을 분개하며 다시금 우리의 입에 재갈을 물리고 말고삐를 잡고 우리를 자기 고집대로 부리려고 온갖 수작을 다할 것입니다.

중요한 사실은 우리가 그리스도 안에 있을 때 우리 위에 타신 분은 더 이상 죄가 아니라 그리스도라는 것이지요! 예전에는 완전히 죄가 우리를 점령했지만 이제는 그 죄를 밀쳐내고 그리스도가 우리 인생의 주인이 될 수 있는 길이 열렸다는 것입니다. 그리스도를 믿은 후에도 죄의 유혹은 여전히 거세지만, 예전처럼 속수무책으로 당하지 않고 물리칠 수 있는 길이 활짝 열렸다는 것입니다.

세례를 통해 그리스도와 죽고 다시 살고

이제 중요한 질문은 "우리가 언제, 어떻게 죄에 대해서 죽었는가?"라는 것입니다. 바울은 우리가 죄에 대해 죽은 것을 '세례'를 통해 우리가 그리스도와 연합했다는 사실에서 찾습니다.

> 무릇 그리스도 예수와 합하여 세례를 받은 우리는 그의 죽으심과 합하여 세례를 받은 줄을 알지 못하느냐 그러므로 우리가 그의 죽으심과 합하여 세례를 받음으로 그와 함께 장사되었나니 이는 아버지의 영광으로 말미암아 그리스도를 죽은 자 가운데서 살리심과 같이 우리로 또한 새 생명 가운데서 행하게 하려 함이라(3-4절).

바울의 편지를 받은 로마 교인들은 다 세례를 받았습니다. 그러기에 세례의 의미를 로마서의 수신자들이 다 알고 있다는 전제하에 세례를 하나의 비유로 듭니다. (여기에서 바울의 목적은 세례 신학을 해명하는 것에 있지 않고, 그리스도 안에서의 거룩한 삶을 강조하기 위해 하나의 비유로서 세례를 끌어들이는 것뿐입니다.)

사실 세례는 **구원의 수단**이 아니라, **구원의 상징**입니다. 믿음이야말로 칭의와 구원을 얻는 유일한 수단이지요. 항상 먼저 믿어서 구원을 얻은 뒤에 세례라는 상징 의식이 뒤따라오는 것이지, 세례가 믿음에 앞서 오지 않습니다. 세례는 우리의 믿음으로 인한 하나님의 은혜로 말미암아 우리가 의롭게 되었으며 구원을 얻었다는 사실을 객관적으로 확인해주는 표식(sign)이요, 상징(symbol)입니다.

마치 결혼식을 올릴 때 부부가 되기로 서약한 다음에 이 서약을 확인해주는 하나의 표시로 반지를 교환하는 것과 같습니다. 이때의 반지는 결혼 서약의 엄숙성을 확인해주는 징표(token)에 불과합니다. 먼저 한 서약이 결정적으로 중요하지, 반지가 중요한 것은 아닙니다. 그럼에도 신랑 신부가 맞교환한 반지를 바라볼 때마다 서약을 다시금 기억하고 결혼의 순결성을 지켜나가려고 애씁니다.

마찬가지로 믿음으로 인한 하나님의 은혜만이 구원의 수단일 뿐, 세례라는 의식이 우리를 구원하는 수단이 아니지만, 그럼에도 세례는 우리가 그리스도와 하나가 되었다는 사실을 알려주는 매우 중요한 징표입니다.

세례는 초대교회 때부터 아주 중요한 의미를 간직한 기독교의 핵심 성례聖禮였습니다. 루터는 마귀가 유혹해 올 때마다 이렇게 외쳤다고 합니다. "마귀야, 꺼져라! 나는 세례받은 사람이란 말이야!" 세례야말로 우리가 그리스도와 연합해 그리스도와 함께 **죽었고, 묻혔고, 다시 살아났다**는 사실을 보여주는 상징 의식이었습니다. 세례는 우리가 옛사람을 청산하고 그리스도와 새로운 관계 속에 들어간다는 사실을 알리는 신호탄이었습니다.

예수님 시대나 초대교회 때에는 물속에 완전히 들어갔다가 나오는 전신 침례가 대세였던 것으로 보이는데, 물에 빠지는 것은 옛 사람이 죽는다는 의미가 있고, 다시 나오는 것은 부활하신 그리스도와 함께 다시 산다는 의미가 있습니다. 세례를 통해 '십자가 죽음' → '장사 지냄'(묻힘) → '부활'이라는 그리스도가 겪으신 과정을 우리도 고스란히 겪는다는 의미가 있습니다. 다름 아닌 세례라는 의식을 통해 그리스도와 인격적으로 연합해 하나가 되어서 그리스도가 겪으신 십자가와 부활의 과정을 고스란히 체험한다고 보았던 것이지요.

바울은 특히 5절에서 세례를 통한 그리스도와의 연합이 하나의 비유임을 강조합니다.

> 만일 우리가 그의 죽으심과 **같은 모양으로** 연합한 자가 되었으면 또한 그의 부활과 **같은 모양으로** 연합한 자도 되리라.

여기에서 아주 흥미로운 표현이 '같은 모양으로'(ὁμοιώματι/like)입니다. "내 마음은 호수와 같다"라는 은유법을 쓸 때, 마음이 곧 호수는 아닙니다. 호수가 갖는 맑고 깨끗한 이미지를 닮았다는 사실을 보여줄 뿐입니다. 마찬가지로 우리가 세례를 통해 경험하는 죽음이나 부활 역시 그리스도께서 겪으셨던 죽음이나 부활과 똑같은 것이 아니라, 그 의미상 비슷하다는 뜻입니다.

다시 말해 수세자가 그리스도의 십자가 죽으심과 부활에 동참해 그리스도와 연합한다는 사실을 보여주는 상징적인 사건이 세례라고 한다면, 비록 세례를 통해 우리의 옛 사람이 물에 들어가 죽고, 물에서 다시 나와 새 사람으로 부활하는 경험이 그리스도의 죽음이나 부활과 동일한 것이 아니라고 할지라도, 그 상징적 의미에서는 비슷하다는 말입니다.

알코올 중독자가 죽으면 더 이상 알코올의 유혹을 받지 않습니다. 술을 볼 수도 없고, 냄새 맡을 수도 없고, 맛볼 수도 없지요. 마찬가지로 우리가 그리스도와 함께 죄에 대해 죽었다면 더 이상 죄 안에 머무를 수 없고, 그리스도와 함께 새로운 삶을 살아야 마땅합니다.

이제 바울은 6-7절에서 이와 같은 옛 사람의 죽음과 새 사람의 탄생을 재차 강조합니다.

우리가 알거니와 우리의 옛 사람이 예수와 함께 십자가에 못 박힌 것
은 죄의 몸이 죽어 다시는 우리가 죄에게 종노릇 하지 아니하려 함이
니 이는 죽은 자가 죄에서 벗어나 의롭다 하심을 얻었음이라.

하나님께서 예수 그리스도를 통해 우리에게 바라시는 궁극적 목
적은 죄의 종노릇하는 상태에서 벗어나 은혜와 생명 안에 사는 것입
니다. 이것은 어떻게 가능합니까? 먼저 '죄의 몸'부터 멸해야 합니다.

그런데 바울이 말하는 '죄의 몸'($\tau\grave{o}$ $\sigma\tilde{\omega}\mu\alpha$ $\tau\tilde{\eta}\varsigma$ $\grave{\alpha}\mu\alpha\rho\tau\iota\alpha\varsigma$/the body of
sin)은 무엇을 의미할까요? 이것은 죄에 오염된, 부패하고 타락한 우
리의 몸을 말하는 것이 아닙니다. 우리의 육체 자체가 죄라는 뜻도 아
니고, 우리가 느끼는 신체의 욕구가 죄악이라는 뜻도 아닙니다. 성경
은 '영혼' 못지않게 '육체'도 좋은 것으로 보기에 영혼은 무조건 선하고
육체는 무조건 악하다는 생각은 '영지주의'(靈知主義/gnosticism)라
는 이원론적 이단에 빠지는 것이기에 경계해야 합니다.

그렇다면 바울이 말하는 '죄의 몸'은 다름 아닌 '죄의 지배를 받는
육체'를 말할 것입니다. 우리의 육체가 죄가 시키는 대로 움직이는 죄
의 도구로 전락했다는 뜻입니다. 다시 말해 죄의 유혹과 지배를 받아
서 죄에 팔린 우리의 인격과 삶 전체를 의미한다고 볼 수 있습니다.

고대의 어떤 지역에서는 살인자가 자신이 살해한 시신을 자기 몸
에 매달고 다니는 형벌을 준 적이 있다고 합니다. 서서히 부패해가는
악취가 진동하는 시체를 끌고 다니는 것 자체가 고역이고 큰 형벌이
었을 것입니다. 마찬가지로 바울이 말하는 '죄의 몸' 역시 죄가 마구
끌고 다니는 우리의 삶 전체를 의미합니다. 이제 이처럼 일방적으로
죄에 끌려다니는 우리의 몸이 죽어야지만, 즉 무력화無力化되어야지

만, 죄로부터 벗어날 수 있습니다.

이 죄의 몸을 멸하기 위해 우리의 옛 사람이 그리스도와 함께 십자가에 달려 죽었습니다. 우리의 '옛 사람'($\pi\alpha\lambda\alpha\iota\grave{o}\varsigma$ $\acute{\eta}\mu\tilde{\omega}\nu$ $\ddot{\alpha}\nu\theta\rho\omega\pi o\varsigma$/our old self)은 아담 안에 있었던 나의 인격과 삶 전체, 즉 죄의 지배를 받으며 하나님께 반역하며 자기중심적으로 살았던 그리스도 이전의 비참한 삶을 말하는데, 이 옛 자아는 세례를 통해 그리스도와 함께 십자가에 못 박혀 죽었습니다.

그런데 바울이 "십자가에 못 박힌다"라는 표현을 쓸 때에는 크게 두 가지 의미가 있습니다. 먼저 그리스도와 하나가 되어 우리의 죄에 대해서 죽는다는 의미가 있습니다. 그리스도와 함께 우리의 원죄와 본죄, 즉 모든 죄로 가득 찬 옛 자아가 못 박혔다는 뜻입니다. 심판받아 대가를 치렀다는 말이지요. 바울이 로마서 6장 6절에서 말씀하는 십자가에 못 박힌다는 표현은 바로 이런 의미입니다.

이것을 우리는 **법적인 죽음**, 즉 '우리가 지은 죄의 형벌에 대한 죽음'으로 볼 수 있습니다. 이것은 과거, 즉 이천 년 전의 일이고, 유일무이하고 다시 되풀이할 수 없습니다. 그렇다면 그리스도의 십자가와 함께 우리는 이미 죄에 대해서 죽었습니다.

그런가 하면 그리스도를 닮아서, 즉 본받아서 우리의 못된 자아를 날마다 십자가에 못 박아 멸한다는 의미가 있습니다. 우리의 죄된 본성을 그 욕심과 함께 십자가에 못 박아 날마다 그리스도를 닮아 거룩한 삶을 산다는 말이지요. 바울이 갈라디아서 5장 24절에서 말씀하는 경우가 여기에 속합니다.

그리스도 예수의 사람들은 육체와 함께 그 정욕과 탐심을 십자가에 못 박았느니라.

이것을 우리는 **도덕적 죽음**, 즉 '죄의 능력에 대한 죽음'으로 볼 수 있습니다. 이것은 현재의 일이고 계속해서 되풀이될 수 있고, 또 그렇게 해야 마땅합니다. 죄에 대해서 날마다 죽는 성화의 삶을 말하는 것이지요.

중요한 것은 바울이 말하는 십자가의 죽음은 첫 번째 차원을 말하는 것인데, 이 첫 번째 의미의 십자가 죽음, 즉 '법적 죽음' 없이 두 번째 차원의 '도덕적인 십자가 죽음'은 일어날 수 없습니다.

그렇다면 우리의 옛 자아가 십자가에 달려 죽은 것이 어떻게 우리의 죄의 몸을 멸하여 우리로 하여금 다시는 죄의 노예가 되지 않게 만들까요? 그 대답은 7절에 있습니다.

이는 죽은 자가 죄에서 벗어나 의롭다 하심을 얻었음이라.

여기에서 바울은 우리의 **죽음**(그리스도와 함께 십자가에 못 박힘)과 **칭의**(죄에 대해서 죽은 뒤 얻는 무죄 선언)가 죄로부터 벗어날 수 있는 근거가 된다고 했습니다. 죄로부터 벗어나는 길은 우리 자신이 죄의 대가를 치르든지, 아니면 하나님께서 우리를 대신해 지정하신 대리자가 우리의 죄의 대가를 대신 치르게 하든지 해야 됩니다. 유죄판결을 받은 죄수는 형량대로 교도소에 수감되어 죄의 대가를 치른 다음에야 죄로부터 풀려나 원점으로 되돌아갈 수 있습니다. 법이 요구하는 만큼의 응당의 형벌을 받으면 더 이상 경찰이나 공권력을 두려워할 필요가 없습니다. 이러한 상태를 우리는 '죄로부터 의로워진 상태'라고 말할 수 있습니다.

아직 사형 제도가 시퍼렇게 살아있는 사형 존치국가에서는 사형수가 사형을 받게 될 경우 지상에서의 삶은 영영 종식되고 맙니다. 죄에 대해 대가를 치렀기에 의로운 처지가 되었지만 그것으로 모든 것은 끝났습니다. 죽었기에 지상에서 의롭게 될 기회가 영영 사라집니다!

놀랍게도 기독교 구원론에 있어서는 죄로 인해 우리가 죽게 될 경우에 그것으로 그치는 것이 아니라, 부활이 있어서 그리스도와 함께 영원히 살 수 있습니다. 우리를 대신해 십자가에 달려 돌아가심으로써 죄의 대가를 다 치르셨고, 특히 부활하심으로써 우리는 의롭다고 인정을 받는 새로운 삶을 계속 누릴 수 있게 된 것입니다.

'믿음'과 '세례'를 통해 우리는 우리를 대신해 십자가에 달리신 그리스도와 연합할 뿐 아니라, 그리스도와 함께 죽고 다시 삽니다. 그리스도와의 연합으로 말미암아 십자가의 죽음은 우리의 죄에 대한 죽음이 되었고, 그리스도의 부활은 우리 자신의 부활이 되었습니다. 그리하여 우리는 죄에 대해 죽었고 칭의를 얻은 새로운 삶을 살 수 있게 된 것입니다. 더 이상 죄가 우리를 지배할 수 없고, 우리는 죄로부터 벗어나 의로운 삶을 살 수 있게 된 것이지요!

그 옛날 해병대에서 아주 무섭기 짝이 없는 상관 밑에서 군대생활을 한 병사가 제대를 했다고 가정해봅시다. 군에 있을 때에는 그 상관만 만나면 오금을 못 펴고 항상 긴장했습니다. 명령하는 대로 꼼짝없이 복종해야만 했습니다. 하지만 이제 제대했습니다. 그런데 민간인이 되어서 사회에 나온 이 사람이 그 해병대 상관을 길거리에서 우연히 만나면 자신도 모르게 그 옛날 군대에서 그랬던 것처럼 얼어붙어 차렷 자세를 취하고 설설 길 수도 있습니다. 하지만 이내 자신이 군복

무를 마쳤다는 사실을 **아는** 순간, 그 상관의 명령에 순종할 필요가 조금도 없다는 사실을 깨닫고서는 하등의 위축감도 느끼지 않은 채 어깨까지 툭툭 치며 자유를 만끽할 수 있을 것입니다.

여기에서 이 사람의 태도를 결정짓는 것은 자신이 더 이상 군인이 아니라 민간인 신분이 되었다는 사실을 **아는 것**에 달려 있습니다. 깜빡 잊고 몰랐을 경우에는 사회에서 만난 그 상관에게 굴종적인 태도를 취할 수밖에 없었지만, 현실을 알게 될 경우에는 자신의 행동이 미련하다는 것을 금방 깨닫고서는 의연해질 수가 있는 것이지요.

마찬가지로 우리 역시 믿음과 세례로 인해 그리스도와 함께 우리의 옛 자아가 십자가에 못 박혔고 죄에 대해서 죽었고 다시 살게 되었다는 사실을 **알게** 될 때, 죄의 명령에 복종할 필요가 없는 자유인이 되었다는 사실을 분명히 깨닫고 죄로부터 벗어날 수 있습니다.

바로 이런 이유 때문에 바울은 세 번씩이나 '안다'는 말을 강조해서 쓰고 있습니다. 3절에서 "알지 못하느냐?"(ἀγνοεῖτε/Do you knot know), 6절에서의 "우리가 알거니와"(γινώσκοντες/we know) 그리고 9절에서도 "앎이로라"(εἰδότες/we know)라는 표현을 써서 **앎의 중요성**을 강조하고 있습니다. 바른 인식이 바른 실천을 가져온다는 것이지요!

이천 년 전 그리스도의 십자가 죽음과 부활로 인해, 무엇보다도 우리의 세례를 통해 그리스도와 연합해 우리의 옛 사람과 죄가 죽었고 새 사람으로 거듭나 은혜와 생명의 삶을 누리게 되었다는 사실을 **알게 될 때** 우리는 더 이상 죄의 지배를 당하지 않게 됩니다. 죄에 끌려다니지 않고, 거꾸로 죄를 호령하며 죄의 왕 노릇할 수 있습니다. 이와 같이 바울 신학에 있어서는 언제나 '**바로 아는 것**'(교리/doctrine/ orthodoxy)이 '**바른 윤리**'(morality/orthopraxis)를 결정짓습니다. 다시 말해 모르기 때문에 여전히 죄의 종노릇할 수밖에 없게 되는 것이지요!

이것이 가장 큰 차이입니다! 그리스도를 믿기 전, 세례를 받기 전에는, 즉 우리의 옛 자아가 아담 안에 있었을 때에는 죄가 명령하는 대로 꼼짝하지 못하고 죄의 종노릇을 할 수밖에 없었는데, 믿음과 세례로 그리스도와 연합하고 난 뒤에는 우리의 옛 자아가 완전히 죄에 대해 죽었다는 사실을 알고서는 이제 죄를 다스리고 이길 수 있게 된 것이지요!

그리스도와 함께 죽고 함께 살고

바울은 5절에서 강조했던 그리스도와 연합할 때 그리스도와 함께 죽고 함께 산다는 사실을 8-10절에서 재천명합니다. 특히 8-9절은 그리스도의 부활의 빛에서 그리스도와 연합한 그리스도인들이 누리는 새 생명을 부각시킵니다.

> 만일 우리가 그리스도와 함께 죽었으면 또한 그와 함께 살 줄을 믿노니 이는 그리스도께서 죽은 자 가운데서 살아나셨으매 다시 죽지 아니하시고 사망이 다시 그를 주장하지 못할 줄을 앎이로라(8-9절).

먼저 그리스도와 함께 십자가에 죽은 사람은 반드시 그리스도와 함께 살아납니다. 그리스도께서 부활하셨기 때문이지요! 이처럼 새 생명의 근거를 바울은 그리스도의 부활에서 찾습니다. 그리스도의 부활은 나사로의 소생과는 차원이 다릅니다. 나사로는 죽었다가 다시 살아났으나, 다시 죽고 말았습니다. 하지만 그리스도의 부활은 죽음 그 자체뿐만 아니라 모든 죽음의 세력을 정복하셨다는 것을 뜻합니다. 죽음을 최종적으로 단절하신 것이지요! 그러기에 바울이 9절 후반부에 힘주어 강조하듯이, "사망이 다시 그를 주장하지 못하게" 된 것입니다. 그리스도는 이제 '부활의 첫 열매'가 되셔서 그리스도 안에 있는 모든 사람도 부활하게 될 것을 예고하고 보증해주십니다(고전 15:22-23).

바울은 10절에서 그리스도의 죽으심과 사심에 대해서 언급합니다.

> 그가 죽으심은 죄에 대하여 단번에 죽으심이요 그가 살아 계심은 하나님께 대하여 살아 계심이니.

여기 바울이 말하는 그리스도의 '죽으심'과 '사심' 사이에는 몇 가지 차이가 있습니다. 먼저 **시간**이 다릅니다. 죽으심은 과거에 일어났지만, 사심은 지금 여기에서 생명을 누리는 현재적 사건입니다.

성질이 다릅니다. 그리스도의 죽으심은 죄에 대해 죽으신 것입니다. 한 점 죄가 없으셨음에도 불구하고 스스로 우리의 모든 죄를 대신 짊어지시고 죄에 대한 심판으로서 십자가에 달려 죽으신 것이지요. 하지만 그리스도의 사심은 더 이상 죄가 지배할 수 없는 상태에서 하나님의 영광을 구하며 하나님께 사신 것입니다.

또한 **질적인** 차이도 있습니다. 그리스도의 죽으심은 '영단번에'($\dot{\epsilon}\varphi$ $\dot{\alpha}\pi\alpha\xi$/once for all) 일어난 유일회적 사건이지만, 그리스도의 부활의 생명은 영원히 계속됩니다. 이제 그리스도와 연합한 우리 역시 그리스도와 함께 죄에 대해서는 영단번에 죽었지만, 그리스도의 부활과 더불어 영생을 누리게 되었습니다.

나이 40세에 기독교로 개종한 현재 80세 된 크리스천이 있다고 가정해봅시다. 이 분의 삶은 정확히 이등분됩니다. 40세 이전의 회심 전의 삶과 40세 이후의 회심 후의 삶으로 나누어집니다. 믿음과 세례를 통해 그리스도와 연합함으로써 그의 옛 자아는 그리스도와 함께 죄에 대해 죽었습니다. 이와 동시에 그리스도와 함께 다시 살아나 하나님을 향해 새로운 인생을 살게 되었습니다. 이처럼 40세 이전에는 아담 안에 거하며 죄에 대해서 살았고, 하나님을 향해서는 죽었던 사람이 40세 이후에는 그리스도를 믿고 세례를 받음으로써 그리스도와 함께 죄에 대해 죽고, 그리스도와 함께 하나님을 향해 살게 된 것이지요.

이제 바울은 11절에서 그리스도 안에서의 새로운 삶을 다음과 같이 간결하게 정의합니다.

이와 같이 너희도 너희 자신을 죄에 대하여는 죽은 자요 그리스도 예수 안에서 하나님께 대하여는 살아 있는 자로 여길지어다.

지금까지 바울이 강조했던 그대로 그리스도의 죽으심이 죄에 대한 죽으심이었고, 다시 사심이 하나님을 향한 다시 사심이었다면, 믿음과 세례로 그리스도의 십자가 죽으심과 사심에 연합된 우리 역시 그리스도의 경우와 똑같이 죄에 대해 죽은 자요, 하나님을 향해 산 자가 되었습니다.

바로 이런 이유 때문에 바울은 우리가 죄에 대해서는 죽은 자요, 하나님께 대해서는 살아있는 자로 **여길지라**고 했습니다. '여긴다'는 말은 헬라어로 'λογίζεσθε'(logizesthe)인데 말씀이나 지혜, 합리성을 뜻하는 로고스(λόγος)에서 온 동사입니다. 흔히 '고려하다'(con-sider), '셈하다'(reckon), '간주하다'(regard) 등의 의미로 번역되는데, 모두 합리적 근거가 있다는 뜻이 중요합니다.

그러기에 그리스도의 십자가와 부활 때문에 우리가 예수를 믿고 세례를 받는 순간, 우리의 죄가 그리스도와 함께 십자가에서 죽었고 그리스도와 함께 살아났다고 여기라는 것입니다. 물론 우리 자신을 죄에 죽고 하나님께 산 자로 여긴다고 해서 없던 믿음이 갑자기 생겨나는 것은 아니지만, 아담 안에 있던 우리의 옛 자아가 죽고 그리스도 안에서 새 자아로 다시 살아났다는, 놀라운 신분의 변화를 확인해주는 계기가 되는 것은 사실입니다.

마치 결혼한 여성이 여전히 시집 안 간 처녀로 착각할 수 있는 것처럼, 믿음과 세례로 그리스도와 연합한 신자 역시 여전히 죄 속에 머물러 사는 것처럼 착각할 때가 있습니다. 그런 착각 속에 있던 여성이 결혼반지나 결혼사진, 아니 가장 정확하게는 남편과 연합해 함께 산다는 현실을 확인할 때마다 자신이 더 이상 처녀가 아니라 가정주부인 것을 확실히 깨달을 수 있습니다.

칭의를 얻은 그리스도인 역시 여전히 아담 안에서 살고 있는 것처럼 착각할 수 있지만, 그때마다 세례받았다는 사실을 **알고** 자신이 죄에 죽고 하나님께 산 자로 **여길** 필요가 있습니다. 이처럼 그리스도 안에서 우리의 신분이 바뀌었다는 사실을 주기적으로 '알고'(knowing), '여기는 것'(considering)이 그리스도와 연합해 거룩한 삶을 살아가는데 얼마나 중요한지 모릅니다.

여전히 어린아이인 것처럼 착각하며 사는 성인이, 시집 안 간 처녀인 것처럼 착각하며 사는 가정주부가, 만기 옥고를 치르고 출소했지만 여전히 교도소에 수감되어 있는 것처럼 착각하는 자유인이, 각각 여러 가지 현실적인 증거들을 통해 자신의 변화된 신분을 알게 될 때 미몽迷夢과 착각에서 벗어날 수 있듯이, 그리스도인 역시 자신이 세례 받았을 때 그리스도와 함께 죄에 대해 죽었고 그리스도와 함께 하나님을 위해 다시 살았다는 사실을 **알고서는** 여전히 죄 속에 있다는 미몽에서 깰 수 있습니다.

직설법에서 명령법으로

이제 바울은 12-14절에서 '**생각**'(교리)에서 '**행동**'(윤리)으로 초점을 옮깁니다. 죄에 죽고 하나님께 산다는 것이 어떤 삶인지를 구체적으로 권고합니다. 칭의를 얻은 사람이 실제로 어떤 성화의 삶을 살아가야 하는지, 바울은 두 가지를 금지하고 한 가지를 권장합니다. 이와 같이 부정적 권면과 긍정적 권면이 묘하게도 성화의 삶을 위해 상호 보완이 됩니다.

> 그러므로 너희는 죄가 너희 죽을 몸을 지배하지 못하게 하여 몸의 사욕에 순종하지 말고 또한 너희 지체를 불의의 무기로 죄에게 내주지 말고 오직 너희 자신을 죽은 자 가운데서 다시 살아난 자 같이 하나님께 드리며 너희 지체를 의의 무기로 하나님께 드리라(12-13절).

첫째 금령禁令은 죄가 우리의 죽을 몸을 지배하지 못하게 해서 몸의 정욕에 굴복하는 일이 없도록 하라는 것입니다(12절). 여기에서

'죽을 몸'(mortal bodies)이라는 표현으로 보건대, 죽어서 썩고 말 우리의 '신체'를 말하는 것이 분명해 보입니다. 하지만 몸을 영혼에 반하는 육체로만 보지 말고, 죄에 휘둘리기 쉬운 우리의 '삶 전체'로 보는 것이 타당합니다. 결국 바울의 첫 번째 권면은 죄에 저항해서 싸워 이기라는 말입니다.

둘째 금령은 우리의 지체를 죄에 내맡겨 불의의 '무기'(weapons) 혹은 '연장'(instruments)이 되지 말게 하라는 것입니다(12a절). 흥미롭게도 바울이 말하는 대상은 점점 더 구체적이고 실제적이 되어갑니다. '너희'(you)라는 막연한 대상에서 '몸'(bodies)으로 그리고 다시 '지체'(members)로 범위가 점차 좁혀집니다. 그만큼 성화의 삶을 살라는 권고도 점점 더 구체적이 되어가고 있습니다.

지체는 몸을 이루는 손이나 발과 같은 다양한 기관들을 의미하는데, 이것을 죄를 섬기기 위한 불의의 연장으로 쓰지 말라는 것이지요. 예컨대 우리의 손으로 도박이나 도둑질하는데 쓰지 말라는 명령이지요. '연장'을 뜻하는 헬라어 'ὅπλα'(hopla)는 '무기'(weapons)로 번역될 수도 있는데, '연장'을 의미할 경우 모든 종류의 연장을 뜻하는 일반명사입니다. 그러기에 우리의 지체로 여하한 죄도 짓지 말라는 훈계로 읽을 수 있습니다.

이와 같이 두 가지 부정적인 금지령을 내린 뒤 바울은 한 가지 긍정적인 권고를 합니다. 우리를 하나님께 드리고, 우리의 지체를 의의 연장으로 하나님께 바치라는 것입니다(13b절). '바치다' 혹은 '드리다'는 말은 종이 주인에게, 혹은 신하가 왕에게 자신을 헌신獻身한다는 의미가 있습니다. 자신을 구속하는 상전上典에게 충성한다는 의미지요.

바울은 죽은 사람들 중에서 살아난 사람답게 우리 전체를 하나님께 바치라는 권고에 연이어 우리의 손과 발 같은 지체까지도 하나님께 '의의 연장으로' 바치라고 권면합니다. 죄에 대해서 이미 죽었고, 하나님께 대해서 이미 살았기에 우리 자신을 죄에 바쳐서는 안 되고, 하나님께 바치는 것이 지극히 당연하다는 것이지요! 그렇다면 죄가 아닌, 하나님께 우리 자신을 바쳐야만 하는 결정적 이유는 무엇일까요?

> 죄가 너희를 주장하지 못하리니 이는 너희가 법 아래에 있지 아니하고 은혜 아래에 있음이라(14절).

율법 아래 있는 자들에게는 죄가 주인이 됩니다. 율법은 죄를 지적하고 고발하고 정죄하는 데에만 관심이 있기에 늘 죄에 끌려다닐 수밖에 없고, 죄와 싸워서 이길 힘 또한 주지 못합니다. 우리의 부족함과 실패를 지적하는 데에는 탁월하지만, 부족함을 보충해주고 실패를 만회해주지는 못합니다.

오직 하나님의 은혜만이 우리에게 죄를 이기고 다스릴 수 있는 능력을 줍니다. 율법은 율법을 지키는 자신의 의에 의존하지만, 은혜는 자신의 무능을 인정하고 하나님께 기대도록 하기에 의롭게 하는 것은 물론이고 죄와 싸워서 이길 수 있는 능력까지 제공합니다. 결국 바울이 도달한 최종 결론은 은혜가 죄를 조장하기는커녕 죄를 단념하게 만들고 엄금嚴禁합니다. 의롭게 하시는 하나님의 은혜는 우리가 날마다 죄와 싸워서 이기고 거룩한 삶을 살도록 이끄십니다.

6장에서 눈여겨볼 문학 양식은 '직설법'과 '명령법'이 뒤섞여 사용되고 있다는 사실입니다. 예컨대 우리는 세례받을 때 그리스도와 연합해서 그리스도가 겪은 죄에 대한 죽음과 하나님에 대한 삶을 동시에 체험했습니다. 이것은 진실을 있는 그대로 서술하는 직설법이지요. 우리가 그리스도를 믿음으로 하나님의 값없이 주시는 은혜로 말미암아 의로워진다는 내용도 직설법입니다. 바울에게 직설법적 표현은 하나님의 약속일 뿐 아니라, 복음의 의미와 진리를 서술하는 교리입니다.

그런데 이 직설법 다음에는 반드시 명령법이 뒤따릅니다. 그리스도와 함께 죄에 대해 죽었고 하나님을 위해 살았으므로(직설법), 바울은 우리로 하여금 우리 자신과 우리의 지체를 불의의 도구로 죄에 바치지 말고, 의의 도구로 하나님께 바치라고 권고합니다(명령법). 이처럼 바울에게 직설법은 우리의 노력과 상관없이 하나님께서 우리를 위해 하시는 일을 말하는 방법이라고 한다면, 명령법은 우리가 하나님과 이웃을 위해 무엇을 어떻게 해야 하는지를 알려주는 방법입니다.

그러기에 '직설법'과 '명령법'은 구별(distinction)은 해야 하지만, 분리(separation)해서는 안 됩니다. 이것은 '믿음'과 '행함'이 구별은 해야 하지만 분리해서 안 되고, '칭의'와 '성화'를 혼동해서는 안 되지만 떼어놓아서 안 되는 이치이기도 합니다.

직설법(indicative): 약속, 믿음, 교리, 칭의
명령법(imperative): 명령, 행함, 윤리, 성화

'죄의 종' VS. '의의 종'

The Slave of Sin VS. The Slave of Righteousness

〈6:15-23〉

은혜 아래에 있다고 해서 죄를?

바울은 6장 1절에서 이신칭의의 복음에 대해 흔히 던질 수 있는 질문을 제기했습니다. 은혜를 더하게 하려고 여전히 죄 가운데 있어야 하느냐는 질문이지요. "그럴 수 없느니라"(μὴ γένοιτο/by no means). 바울의 대답은 강력한 부인이었습니다! 그리스도인은 믿고 세례를 받았을 때부터 이미 죄에 대해서 죽었고, 하나님을 위해 산 사람이었기에 더 이상 죄 안에 머물러 있을 수 없습니다.

6장 15절에서도 이와 비슷한 질문을 던집니다. 우리가 율법 아래에 있지 않고, 은혜 아래에 있다고 해서 마음대로 죄를 지어도 되느냐고 반문합니다. 이 질문에 대한 바울의 대답은 역시 강경한 부인입니다. "그럴 수 없느니라."

1절의 질문과 15절의 질문은 약간씩 다릅니다.

| 1절: | "은혜를 더하게 하려고 죄에 거하겠느냐?" (Should we continue in sin in order that grace may abound?) |
| 15절: | "우리가 법 아래에 있지 아니하고 은혜 아래에 있으니 죄를 지으리요?" (Should we sin because we are not under law but under grace?) |

분명히 '계속해서 죄 가운데 머무는 것'(1절)과 '죄를 짓는 것'(15절)은 다릅니다. '은혜를 **더하게 하려고** 죄를 짓는 것'(1절)과 '은혜 아래에 있기 **때문에** 죄를 짓는 것'(15절)도 다릅니다. 특히 15절과 관련해서 율법을 소중히 여기는 유대인들이 볼 때 율법 아래에 있지 않다는 사실은 죄를 규정하는 율법이 사라졌으므로 죄에 무방비로 노출된다는 것을 의미했습니다. 십계명을 비롯한 율법 계명들을 지킬 필요가 없다고 생각해서 이제 이런 계명들이 죄로 규정하는 것들을 마음껏 해도 좋다는 것이 아닌가 하는 오해를 살 수 있었던 것이지요.

이처럼 1절과 15절이 던지는 질문에는 약간의 차이가 있다고 할지라도, 그 본질에 있어서는 다르지 않습니다. 1절과 15절은 공히 "은혜가 죄를 허용하는가?" 심지어 "은혜가 죄를 더욱 조장하는 것은 아닌가?"라는 질문으로 요약됩니다.

물론 두 질문에 대한 바울의 답변은 모두 단호한 부정 일색이지만, 이 부정에 도달하는 방법에는 차이가 있습니다. 3-14절에서는 특히 세례를 통해 우리와 그리스도가 연합되었으므로 '죄짓는 자유'와 '죄에 죽은 그리스도인의 삶'이 양립兩立할 수 없음을 강조했습니다. 세례를 통해 그리스도와 연합해 죄에 죽었고 하나님께 살았다면 더 이상 죄 가운데 머물러 살 수 없다는 말이지요.

이제 바울은 16-23절에서 '종-주인'의 이미지를 사용해 우리가 죄의 종에서 벗어나 '순종의 종', '의의 종', '하나님의 종'이 되었다는 사실을 역설합니다. 회심을 통해 죄의 지배를 받던 처지에서 벗어나 자신을 하나님께 드려 하나님의 종이 된 사람은 더 이상 죄지을 자유를 말해서는 안 된다는 것이지요.

한 마디로 바울이 6장 전체를 통해 강조하고 싶은 핵심 주제는 '믿음으로 의로워진'(칭의) 사람은 '죄에서 벗어나 거룩한 삶'(성화)을 살아야 마땅하는 것입니다. 다시 말해 '칭의'와 '성화'는 쌍둥이처럼 떼려야 뗄 수 없는 필연적 연쇄관계에 있다는 것이지요. 바울은 '죄로부터의 자유'가 곧 '죄를 지을 수 있는 자유'가 아니며, '율법으로부터의 자유'가 곧 '율법을 반대하고 심지어 폐기하는 자유'가 아니라는 사실을 논증함으로써 이신칭의의 복음에 대한 두 가지 극단적 오해, 즉 '율법주의'와 '반율법주의'(방종주의) 모두를 넘어서고 있습니다.

본문은 내용상 병행을 이루는 두 개의 단락 15-18절과 19-23절로 구성되지만, 15절에서 제기한 바울의 질문과 대답을 어떤 **주제**로 논증하는가에 따라 스토트(John Robert Walmsley Stott, 1921~2011년)의 『로마서의 메시지*The Message of Romans*』가 분류한 대로 다섯 부분으로 나누어 살펴보고자 합니다.

원리: "자신을 누구에게 내어주는가에 따라 그의 종이 된다"(16절).

바울은 은혜가 마음대로 죄를 짓는 생활로 이끌지 않는다는 사실을 보여주기 위해 먼저 기본 원리부터 제시합니다.

> 너희 자신을 종으로 내주어 누구에게 순종하든지 그 순종함을 받는
> 자의 종이 되는 줄을 너희가 알지 못하느냐(16a절).

여기에서 바울은 이른바 '종'($\delta o \acute{u} \lambda o \upsilon \varsigma$/slaves)의 원리를 끄집어냅니다. 바울이 로마서를 집필했을 당시의 로마는 바야흐로 노예 전성시대였습니다. 전체 인구의 1/3이 노예로 이루어졌습니다. 피라미드 사회의 맨 밑바닥 기층구조를 이루며 모든 영역에 노동과 기술을 제공했기 때문에 노예들은 로마 사회를 굴러가게 만든 실질적 주역들이었습니다. 혹여나 노예들이 압도적인 숫자로 세력화되는 것을 막기 위해 노예들만이 입는 유니폼을 따로 착용하지 못하도록 했다는 말도 있습니다.

자유인으로 있다가 전쟁 포로로 잡혀가거나 도저히 빚을 갚지 못할 경우 노예로 전락하는 경우가 왕왕 있었습니다. 하지만 가난한 사람들 중에는 의식주衣食住의 생존 문제나 복지 문제를 해결하기 위해 자발적으로 노예가 된 이들도 적지 않았습니다. 중요한 것은 로마 교인들 가운데 절반 정도가 노예 신분으로 있었거나, 아니면 노예로 있다가 자유인이 된 사람들이었을 것으로 추정됩니다. 그러기에 바울이 말하는 '노예-주인'의 비유는 로마 교인들 누구나 다 쉽게 이해할 수 있는 생생한 소통 도구였습니다.

누구에겐가 자신을 내맡겨 순종하면 그 사람의 '종'이 된다는 것이 바울의 기본 전제입니다. 그러기에 종의 제일가는 특징은 '순종'($\acute{u} \pi \alpha \kappa o \upsilon \acute{\eta} \nu$/obedience)입니다. 주인이 시키는 대로 한다는 말이지요. 누구의 종이 된다는 말은 그 주인의 통제 아래 들어가 자유함을 잃어버린다는 뜻입니다. 바울이 종의 이미지를 통해 강조하려고 하는 것은 종

이 단순히 법적인 신분질서의 문제가 아니라, 일상생활에서 누구도 피할 수 없는 경험적 현실이라는 사실입니다. 사람은 누구든지 어느 한 주인을 선택해서 종으로 들어가는 수밖에 없는데, 특히 두 가지의 가능성이 있습니다.

> 혹은 죄의 종으로 사망에 이르고 혹은 순종의 종으로 의에 이르느니라
> (16b절).

'죄의 종'이 되든지, '순종의 종'이 되든지, 둘 중에 하나라는 것이지요. 중립은 없습니다. 누구든지 어느 한 주인을 섬길 수밖에 없는 것이 인간의 운명인데, 죄에게 자신을 내맡겨 사는 '죄의 종'이 되는 길이 있는가 하면, '순종의 종'으로 사는 방법이 있습니다.

사실 '죄의 종'과 정반대되는 짝 개념으로서 '의의 종', 혹은 '하나님의 종'을 연상할 수 있는데, 바울은 굳이 '순종의 종'이라는 말을 씁니다. 그것은 '순종'이야말로 노예제도의 핵심이기 때문이 아닐까요? '죄의 종'으로서 죄의 눈치를 보며 죄가 명령하는 것에 습관적으로 복종하며 살아왔던 사람이 회심한 다음에 하나님의 종이 되었다면, 그에게 가장 필요한 미덕 역시 **순종**이기 때문에 순종을 강조하기 위해서 '순종의 종'이라는 말을 썼을 것입니다.

무엇보다도 죄의 노예 상태에서 벗어나 하나님의 종이 된 사람이 누리는 자유, 즉 '기독교적 자유'는 무엇이나 다할 수 있는 방종으로서의 자유가 아니라, **'하나님께 순종하는 자유'**임을 일깨워 주기 위함일 것입니다. 다시 말해 기독교적 자유는 '···으로부터의 자유'(freedom from something)라는 소극적 자유에 그치는 것이 아니라, '···을 위한

자유'(freedom for something), 특히 **순종을 위한 자유**'라는 적극적 차원을 포함한다는 사실을 일깨워줍니다.

그렇다면 죄의 종이 도달하는 결론은 무엇입니까? '사망'($\theta\acute{a}\nu\alpha\tau o\nu$ /death)입니다! 여기서의 죽음은 단순히 육체적 죽음만 말하는 것이 아니라, '하나님과의 분리'라는 영원한 죽음을 말합니다. 반대로 순종의 종으로 살면 '의'($\delta\iota\kappa\alpha\iota o\sigma\acute{u}\nu\eta\nu$/righteousness), 즉 그리스도의 의를 덧입는 칭의뿐만 아니라 윤리적 거룩함에까지 이르게 됩니다.

바울이 볼 때 회심은 누구에겐가 자신을 내맡기는 길인데, 내맡기는 것은 곧 그를 주인으로 모셔서 종으로 순종한다는 것을 의미합니다. 예수께서 한 사람이 두 주인을 섬길 수 없다고 말씀하신 것처럼(마 6:24), 죄의 종이 되어 사망에 이르든지, 하나님께 순종하여 의에 이르든지 두 가지 가능성이 있을 뿐입니다.

적용: "회심은 주인을 바꾸는 것이다"(17-18절).

바울은 16절에서 제시한 순종을 생명으로 하는 종의 원리를 로마 교인들에게 적용합니다. 로마 교인들의 회심하기 전과 회심한 후의 삶을 대비시키면서 이 종의 원리를 적용하는 것이지요.

하나님께 감사하리로다 너희가 본래 죄의 종이더니 너희에게 전하여 준 바 교훈의 본을 마음으로 순종하여 죄로부터 해방되어 의에게 종이 되었느니라(17-18절).

바울은 먼저 로마 교인들이 죄의 종에서 벗어나 그리스도인으로 회심했다는 사실을 생각할 때 먼저 하나님께 감사부터 드립니다. "하나님께 감사하리로다"(Thanks be to God). 로마 교인들의 처지를 생각하니 자기도 모르게 감사의 찬미가 터져 나온 것이지요.

바울이 정리한 로마 교인들의 회심 과정은 ① '전에는 죄의 종이었으나' → ② '이제 전해 받은 교훈의 본을 마음으로 순종하여' → ③ '죄에서 해방을 받아' → ④ '의의 종'이 된 것입니다. 결국 기독교적 회심이란 '죄의 종'에서 벗어나 '의의 종'이 되는 점진적 과정에 다름 아닙니다!

그런데 이 회심 과정에서 눈여겨봐야 할 참으로 흥미로운 대목이 있습니다. "**교훈의 본**을 마음으로 순종했다"는 구절입니다. '교훈의 본'은 헬라어로 'τύπον διδαχῆς'(typon didaches/the form of teaching)인데, 초대교인들에게 전승되어온 초급 교리나 윤리적 교훈을 모아둔 것입니다. 교인들을 가르치기 위한 일종의 교리문답서catechism와 같은 것이었을 것입니다.

중요한 것은 이 '교훈의 본'이 로마 교인들에게 넘겨진 것이 아니라, 로마 교인들이 이 '교훈의 본'에 위탁委託, 즉 맡겨졌던 것입니다(εἰς ὃν παρεδόθτε τύπον διδαχῆς/the form of teaching to which you were entrusted). 그것도 형식적으로 대충대충 이 본에 순종한 것이 아니라, '마음으로부터'(from the heart) 순종했던 것입니다.

초대교회에서 그리스도인이 된다는 사실은 이 교훈의 본과 같이 권위 있는 진리의 가르침을 인정하고 그것에 의해 만들어지는 과정임을 알 수 있습니다. 기독교인의 인격과 삶은 그저 믿음에 의해서만 형성되는 것이 아니라, 이 '교훈의 본'(교리 + 윤리)과 같이 어떤 권위 있는 진리의 가르침에 의해 체계적으로 훈육되는 과정이었던 것이지요.

유비: '죄의 종' VS. '의의 종'(19절)

이제 19절에서 바울은 하나의 유비(類比/analogy)를 들어 또다시 자신의 논점을 쉽게 전달할 뜻을 비칩니다. 먼저 매우 흥미로운 양해부터 구합니다. "너희 육신이 연약하므로 내가 사람의 예대로 말하노니." 종의 비유를 쓸 수밖에 없는 것에 일종의 유감 표명을 한 것이지요.

사실 오늘날도 '노예' 하면 아프리카의 흑인 노예 시장이나 인종차별, 남북전쟁 등 부정적 이미지부터 먼저 떠오릅니다. 이런 부정적 이미지를 기독교인의 삶과 연관시키는 것이 부적절해보이지만, 로마 교인들의 육신이 연약하므로 어쩔 수 없이 이 비유를 쓸 수밖에 없다며 양해를 구합니다.

'육신이 약하다'는 말은 헬라어로 'ἀσθένειαν τῆς σαρκὸς(astheneiantes sarkos/the weakness of the flesh/natural limitations)'인데, 타락한 인간의 본성 때문에 이해력이 부족하거나, 영적인 현상에 무감각하다는 사실을 암시합니다. 아니면 육신이 약하기에 죄의 유혹에 따라 마음대로 살려는 인간의 본성을 의미할 수도 있는데, 이 경우라면 로마 교인들이 연약한 육신을 따라 살지 말고 도덕적으로 바르게 살라고 훈계하기 위해 종의 비유를 쓴다고도 볼 수 있습니다. 이처럼 대석학 바울도 인간의 비유가 제아무리 그럴듯해도 한계가 있음을 너무나 잘 알고 있었습니다.

바울은 19절에서 종의 비유를 써서 로마 교인들의 삶을 다시 한번 대조시킵니다.

> 전에: "너희 지체를 **부정**과 **불법**에 내주어 **불법**에 이른 것 같이"
>
> 이제는: "너희 지체를 **의**에게 **종**으로 내주어 **거룩함**에 이르라"

바울은 여기에서 "…하였으므로, …하라"(Just as, so now)라는 수사학적 표현법을 씁니다. 회심하기 전에는 우리 몸의 온 기관들을 '**부정**'(ἀκαθαρσία/impurity)과 '**불법**'(ἀνομία/inequity)에 빠지게 해서 점점 더 깊이 **불법**에 빠져들게 되었습니다. 하지만 회심한 다음 이제는 우리 몸의 전 지체를 **의**에게 **종**으로 내맡겨 '**거룩함**'(ἁγιασμόν/ sanctification)에 이르게 해야 한다는 것이지요.

회심 전의 삶을 말할 때에는 직설법 과거형을, 회심 후의 삶을 말할 때는 명령법 현재형을 쓰는 것이 이채異彩로운데, 회심 전에 죄의 노예가 되어서 도덕적 악화일로를 치달렸던 생활을 직시하며, 회심 후에는 정반대로 의의 종이 되어서 도덕적 성화의 길을 걸어야 마땅함을 역설하고 있습니다.

역설: "종이 되는 것은 자유인이 되는 것이고, 자유인이 되는 것은 종이 되는 것이다"(20-22절).

죄를 짓는 것은 아무것에도 얽매임이 없이 자유롭게 되는 것으로 착각할 때가 있습니다. 그래서 방종한 사람일수록 자신이 대단한 자유인인 양 오해할 때가 있지요. 하지만 그런 사람이 실상은 가장 구속과 제약을 많이 받는 노예입니다. 죄를 상전으로 모시고 철저히 죄가 시키는 대로 움직이기 때문에 자유가 없다는 뜻이지요.

반면에 교회에 다니면서 하나님의 말씀대로 사는 사람들을 세상 사람들은 측은하게 여깁니다. 술 담배도 못하고, 세상 사람들이 죄의식 없이 자유롭게 할 수 있는 일들을 하지 않기에 제약이 많은 것처럼 보입니다. 하지만 죄가 아닌, 하나님의 종이 될 경우 오히려 구속보다는 자유함이 더 많습니다. 주인이 비루하면 종도 비루해집니다. 섬기는 대상이 고상하면 종도 고상해집니다. 죄는 자유로운 것처럼 보이나 자신을 섬기는 종들을 비루하게 구속하지만, 하나님은 하나님의 종들을 자유롭게 하십니다!

> 너희가 죄의 종이 되었을 때에는 의에 대하여 자유로웠느니라(20절).

죄의 종이었을 때에는 의에 구속을 받지 않았다는 역설을 말하는 것이지요. 죄에게는 종이었으나 의에는 자유인이었다는 뜻입니다. 이것을 거꾸로 말하면, 바울이 말하는 '순종의 종', '의의 종', '하나님의 종'이 될 경우, 오히려 죄에게는 자유인이 되는 것입니다.

이처럼 자유인인 줄 알았는데, 실상은 종인 경우가 있습니다. 죄의 종으로 살 때에는 뭐든지 다 할 수 있는 자유가 있는 줄 알았는데, 실상은 철저한 노예였습니다. 하나님의 종으로 살 때에는 자유가 없을 줄 알았는데, 지긋지긋한 죄로부터 자유하니 오히려 참 자유가 있습니다.

이제 과연 '죄의 종'(의에 대한 자유)과 '하나님의 종'(죄에 대한 자유) 두 가지 중에 어떤 것이 더 나은지를 평가하는 방법은 양자가 가져오는 '열매'($καρπὸν$/fruit/advantage)를 보는 것입니다.

> **그때에 죄의 종**(의에 대해서는 자유)이었을 때: "그러한 생활을 **부끄러워했다**" → "그러한 생활의 마침은 **사망**이다"(21절).
>
> **이제는 하나님의 종**(죄로부터 해방)이 되어: "**거룩함**에 이르는 열매를 맺었고" → "그 마지막은 **영생**이다"(22절).

바울의 논리는 너무나 선명합니다. 회심하기 전, 죄의 종으로 살며 하나님의 의로부터는 자유로웠을 때에는 그러한 생활이 가져오는 열매라고는 양심의 가책으로 인한 '**부끄러움**' 밖에는 없었고, 그러한 생활이 다다르게 될 최종 목적지는 '**사망**'(θάνατος/death)이었습니다.

누가복음 15장에 나오는 탕자가 그랬지요. 아버지에게 얽매이는 것이 싫어서 더 나은 자유를 찾아 대처大處로 나갔습니다. 하지만 아버지로부터의 자유는 곧 종의 노예가 되는 길이었고, 자신의 지체를 '**더러움**'과 '**불법**'의 종으로 내맡겨 점점 더 심각한 '**불법**'에 빠져들었고(19절), 마침내 유대인으로서 이방인의 종이 되었고 유대인이 가장 혐오하는 돼지치기로 전락해서 돼지가 먹는 쥐엄 열매 하나도 못 먹는 '**부끄러운 상태**'로 전락했고, 그 마침은 외국에서 비참하게 '**죽는 것**'이었습니다(21절). 하나님으로부터 자유했으나 새로운 주인인 죄의 노예가 된 탕자가 빠져들어 간 수령의 과정이 정확히 바울이 말한 그대로였던 것이지요!

'**죄의 종됨**'이 부정적이고 파괴적인 열매를 맺는다면, '**하나님의 종됨**'은 긍정적이고 건설적인 열매를 맺습니다. '**거룩함**'(ἁγιασμόν /sanctification), 즉 '**성화**'에 이르는 열매를 맺습니다. 그리고 이러한 생활이 도달하게 될 마지막(τέλος/end)은 '**영생**'(ζωὴν αἰώνιον/eternal life)입니다.

그러기에 '죽음을 가져오는 자유(freedom)'가 있습니다. 의로부터 자유했지만 죄의 종이 되는 방종이지요! '생명을 가져오는 구속(拘束 /bondage)'이 있습니다. 죄로부터 해방되어 하나님의 종이 되는 경우 지요!

21-22절의 말씀을 다시 한 번 정리하면 다음과 같습니다.

시점	신분	열매	최종 결과
그때(회심 전)	죄의 종(의로부터 자유)	부끄러움	사망
이제(회심 후)	하나님의 종(죄로부터 자유)	거룩함(성화)	영생

결론: '사망' VS. '영생'

이제 23절은 6장 전체의 결론이자, 가히 대석학 바울다운 촌철살 인寸鐵殺人의 지혜를 보여줍니다.

죄의 삯은 사망이요 하나님의 은사는 그리스도 예수 우리 주 안에 있 는 영생이니라.

먼저 죄는 삯을 지불합니다. 우리가 죄라는 주인을 섬기는 종이 되 어 죄가 시키는 대로 열심히 일하면 일한 대가만큼 품삯이 지불됩니 다. 헬라어로 '삯'은 ὀψώνια(opsonia/wages)인데, 본래 군인들에게 지급하는 양식이나 월급을 의미했습니다. 바울이 이 말을 쓸 때에는 로마 시대의 주인이 노예가 일한 대가로 주는 용돈을 의미했을 것입 니다.

죄를 주인으로 섬기며 열심히 죄가 명령하는 대로 일을 하다 보면 반드시 품삯을 받는데, 그것은 **죽음입니다!** 죄를 충성스레 섬겼으니 반드시 대가를 보상받는데, 아이러니하게도 죽음입니다! 죽을 둥 살 둥 죄를 위해 수고했는데 그 모든 수고의 합계로 받는 대가치고는 너무나 잔인하지 않습니까?

하지만 죄로부터 해방되어 '순종의 종', '의의 종', '하나님의 종'이 되면 하나님께서 선물을 주십니다. 너무나 흥미롭게도 하나님의 종이 되어 하나님을 위해 살게 되면 일한 대가, 즉 품삯을 우리에게 주시는 것이 아니라 선물($\chi\alpha\rho\iota\sigma\mu\alpha$/free gift/恩賜)을 주십니다. 우리의 수고나 공로와 상관없이 값없이 주시는 선물은 '**그리스도 예수 우리 주 안에 있는 영생**'($\zeta\omega\dot{\eta}$ $\alpha\dot{\iota}\dot{\omega}\nu\iota\sigma\varsigma$ $\dot{\epsilon}\nu$ $X\rho\iota\sigma\tau\tilde{\omega}$ $I\eta\sigma\sigma\tilde{\nu}$ $\tau\tilde{\omega}$ $\kappa\nu\rho\dot{\iota}\omega$ $\dot{\eta}\mu\tilde{\omega}\nu$/eternal life in Christ Jesus our Lord)입니다! 이 영생은 우리가 일해서 얻을 수 없고 오직 하나님의 선물로만 받을 수 있습니다.

죄는 우리가 죄를 위해 일한 대가로 '죽음'을 삯으로 주지만, 하나님은 우리가 받을 자격이나 공로가 전혀 없어도 '영생'을 선물로 주십니다. 죄라는 주인은 '삯'을 주고, 하나님이라는 주인은 '선물'을 주십니다! 죄를 위해 열심히 일하면 일하수록 더 많은 삯을 받게 될 텐데, 그것은 우리를 망치고 불행하게 만드는 것일 뿐 아니라 고작 우리가 얻는 최후의 품삯은 사망입니다! 이처럼 죄는 언제나 자신을 위해서 일하는 종들을 고갈시킵니다. 주지는 않고 계속해서 빼앗기만 합니다. 탕자가 죄의 종이 되었을 때 다 빼앗기고 탕진하고 고갈되어서 알거지가 된 것처럼 말이지요.

하지만 하나님을 위해서 우리가 제아무리 열심히 일해도 영생을 얻을 길이 없지만 순전히 **그리스도 예수 우리 주님 안에서 영생을 선물**로 받습니다! 영생이라는 선물을 받을 수 있는 유일한 **근거**는 그리스도 예수의 대속 때문이며, 이러한 은혜의 선물을 누릴 수 있는 유일한 **조건**은 그리스도 예수 안에 있어서 그리스도와 연합하는 길입니다.

누구의 종이 될 것인가?: '죄' VS. '하나님'(순종, 의)
종됨의 결과는?: '부정과 불법에 내주어 **부끄럽게 되고**' → '죄를 위해 일한 대가로 죽음의 삯을 받음' VS. '**거룩함**에 이르는 열매를 맺고' → '**영생**을 선물로 받음'
결과를 얻는 수단은?: '삯' VS. '은사'

결국 바울은 아담과 그리스도의 관계를 대조시킬 때에도 그랬지만, 우리 앞에 두 가지의 길을 다시 제시합니다. 죄의 종으로 살다가 수치와 계속되는 불의와 불법의 악화일로 속에서 최종적으로 죽음에 이르게 되는 넓은 길이 있습니다. 하나님의 종으로 말씀에 순종하며 지속적인 성화의 길을 밟아 나가 마침내 영생에 이르게 되는 좁은 길이 있습니다.

아담 안에서 누구나 다 죄의 종으로 살지만, 그리스도를 믿고 회심할 때 죄의 종살이에서 벗어나 하나님의 종이 될 수 있습니다. 이제 죄의 종으로 살든지, 아니면 하나님의 종으로 살든지, 양자택일 밖에 없습니다. 두 주인을 섬길 수 없습니다. 중립은 없습니다.

오늘날 너무나 많은 사람들이 죄의 종으로 삽니다. 돈, 인기, 명예, 권력, 향락, 술, 도박, 포르노에 중독되어 다양한 죄들을 주인으로 섬깁니다. 스스로 착각하기를 자유로운 영혼이라고 말하지만, 실상은 죄의 지배를 받는 가련한 종으로 삽니다!

이러한 죄의 종의 상태에서 벗어나려면 어떻게 해야 합니까? 바울이 말씀하는 순서 그대로 첫째, "그럴 수 없느니라!"라고 외치며, 죄의 종이 되는 길을 단호히 거부해야 합니다. 둘째, "우리가 누구인지를 알아야" 합니다. 바른 인식이 바른 실천을 가져옵니다. 세례받았을 때 그리스도와 함께 이미 죄에 대해 죽었다는 사실을 알아야만 합니다(3절). 죄가 시키는 대로 살면 죄의 종이 된다는 사실을 알아야만 합니다(16절). 그리하여 종이지만 자유인이고, 자유인처럼 보이지만 실상은 종이라는 역설적 진리를 바로 알아야만 할 것입니다.

그리스도께서 우리를 자유롭게 하려고 자유를 주셨으니 그러므로 굳건하게 서서 다시는 종의 멍에를 메지 말라(갈 5:1).

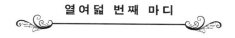

율법의 족쇄에서 벗어나다
Discharged from the Shackles of the Law

〈7:1-6〉

'율법주의'와 '반율법주의'를 넘어서

로마서 5-8장은 그리스도와 함께 죽고 다시 살아남으로써 죄-율법-죽음에서 벗어나는 구원의 길을 제시합니다. 6장에서는 우리가 죄에 대해서 죽었고(2절), 죄에서 해방되었으므로(18, 22절), 더 이상 죄가 우리를 다스릴 수 없음이 분명해졌습니다. 이제 7장 1-6절에서는 초점을 '죄'에서 '율법'으로 옮겨 우리가 죄에 죽은 것과 마찬가지로 율법에 대해서도 죽었고(4절), 율법에서 풀려났기 때문에(6절), 율법이 더 이상 우리를 지배하지 못한다는 사실을 논증합니다.

6장에서 강조한 대로 '죄로부터의 자유'는 우리로 하여금 의와 하나님을 섬기는 종이 되게 함으로써 '거룩함에 이르는 열매'를 맺게 하는 것처럼(18-22절), 7장에서는 '율법으로부터의 자유'가 율법 없이 방종하는 삶이 아니라, '하나님을 위하여 거룩함과 사랑의 열매'를 맺게 한다는 사실(4-6절)을 보여줍니다.

	로마서 6장	로마서 7장
무엇으로부터의 자유?	죄로부터(6:7, 18)	율법으로부터(7:4)
무엇에 죽는가?	죄에(6:2)	율법에(7:4)
어떻게?	세례를 받아 그리스도와 하나가 됨으로써(6:3)	그리스도의 몸으로 말미암아(7:4)
무엇에 연합?	그리스도의 부활에 (6:4-5)	부활하신 그리스도께 속함 (7:4)
우리의 변화는?	새 생명 안에서의 삶 (6:4)	영의 새로운 것으로 섬김 (7:6)
열매는?	거룩함에 이르는 열매 (6:22)	하나님을 위한 열매(7:4)

바울은 6장에서 '종'의 비유를 사용해 '죄로부터의 해방' 문제를 다루었다면, 7장에서는 '혼인'의 비유를 사용해 '율법으로부터의 해방' 문제를 다룹니다. 6장에서는 죄의 종이 하나님의 종으로 변하는 '주인 바꾸기'를, 7장에서는 율법의 아내가 그리스도의 정결한 신부로 변하는 '남편 바꾸기'를 각각 시도합니다.

7장의 초점은 '율법'인데, 지금까지 율법에 대한 바울의 시선은 대단히 부정적이었습니다. 율법은 우리를 '의롭게'(義化)할 수도 없고, '거룩하게'(聖化)할 수도 없습니다. 한 마디로 율법은 구원의 길이 될 수 없다는 것이 바울의 핵심 논지였습니다.

율법은 죄를 드러내고, 고발하고, 정죄하고, 하나님의 진노와 심판을 불러일으킬 뿐입니다. 누구도 율법을 완벽하게 지키는 사람이 없기에 율법은 언제나 우리의 부족함과 범법 사실을 지적해서 죄책감만 불러일으킵니다. 더군다나 율법을 지켜서 칭의와 성화에 이르려고 할 때마다 겸손히 하나님을 믿고 의지하기보다는 자신의 의를 더 자랑하는 나머지, 자신의 윤리 기준에 미치지 못하는 이들을 비난하고 정죄하는 일에 바쁠 뿐입니다.

바울은 이처럼 우리가 의롭게 되고 거룩하게 되는 일에 율법이 끼치는 역기능을 조목조목 지적했습니다. 그러다가 로마서 6장 14절에 가서 바울의 율법 비판은 절정에 이르렀습니다. "우리가 율법 아래에 있지 않고 은혜 아래에 있다"라는 대선언이지요. 인간이 구원을 얻는 것은 율법을 지켜서가 아니라, 그리스도를 믿어서 값없이 주시는 하나님의 은혜 때문에 가능하다는 것입니다.

바울은 인간이 율법을 지킴으로써 의롭게 되고 거룩하게 되고 구원에 이를 수 있다는 '율법주의'를 강력히 비판합니다. 율법 계명에 순종해서 의롭게 되는 것이 아니라, 오직 믿음으로 무상으로 베푸시는 하나님의 은혜 때문에 의롭다 칭함을 받습니다. 마찬가지로 율법 계명을 세세히 지키려고 발버둥 친다고 해서 거룩함에 이르는 것이 아니라, 성령의 내주하는 능력 때문에 성화의 삶을 살 수 있습니다. 이처럼 칭의와 관련해서 우리는 율법이 아닌, 은혜 아래에 있고, 성화와 관련해서도 율법이 아닌, 성령의 능력 아래에 있습니다. 우리가 율법으로부터 해방되었다는 사실은 순전히 이런 의미에서입니다.

바울이 율법주의에 동조하지 않는 것은 자명하지만, 그렇다고 해서 율법 자체가 필요 없다는 '무율법주의'나 율법을 지켜야 할 의무감이 없다는 '반율법주의'도 강력히 비판합니다. 사실 바울이 전파한 이신칭의의 복음에 대해서 가장 빈번하게 제기되었던 혐의가 이러한 '무율법주의'와 '반율법주의'를 포괄하는 '도덕적 방종주의'였는데, 바울은 이러한 입장에도 동의할 수 없었던 것입니다.

율법이 칭의나 성화와 같이 구원의 길을 제시할 수 없지만, 그럼에도 구원받은 신자는 하나님의 뜻을 계시해주는 율법을 지켜서 거룩한 삶을 살지 않으면 안 된다는 것이 바울의 부동의 확신이었습니다. 율법 아래에 있지 않다는 말은 율법이 지시하는 하나님의 공의와 사랑으로부터 벗어났다는 사실을 의미하는 것이 아니라, 오히려 성령의 역사하심을 따라 율법을 더 열심히 지키는 성화의 삶으로 인도한다는 것이지요.

결국 율법주의자들은 율법을 두려워한 나머지 억지로 지키려고 하다가 율법의 족쇄에 얽매이게 되고, 반율법주의자들은 율법을 증오한 나머지 율법을 거부하고 폐기하려고 한다면, 은혜 아래에 사는 신자는 자신의 힘이나 외부의 강요에 의해서가 아닌, 성령의 능력 안에서 기꺼이 율법을 지키려고 합니다.

본문에서 바울은 우리가 율법의 족쇄에서 풀려나 그리스도와 연합했다는 사실을 강조하기 위해 먼저 법적인 일반 원리를 제시한 뒤(1절), 이 원리를 '결혼'이라는 특수한 사례에 적용하고(2-3절), 다시 이 결혼의 비유를 기독교인의 삶과 연관시킨 뒤(4절), 율법에서 풀려나기 전과 후의 삶을 날카롭게 대조합니다(5-6절).

일반 원리: "율법은 살아 있는 동안에만 유효하다."

형제들아 내가 법 아는 자들에게 말하노니 너희는 그 법이 사람이 살 동안만 그를 주관하는 줄 알지 못하느냐(1절).

먼저 바울은 로마 교인들을 '형제들'로 지칭합니다. 매우 다정한 호칭이지요. 게다가 이 형제들은 율법을 아는 사람들입니다. 바울이 말하는 '법'이 모세의 율법(Torah)을 비롯해 로마의 법 등등, 모든 법을 아우르는 포괄적 용어라는 견해가 있지만, 여기에서는 주로 구약의 율법을 염두에 두고 있다고 보는 것이 옳을 것입니다. 왜냐하면 바울이 언급한 혼인법의 경우, 바울 당시의 로마법에 의하면 남편이 죽은 뒤 곧바로 재혼할 수 없었고, 최소한 12개월 정도 애도하는 기간이 필요했기 때문입니다.

그러므로 적어도 혼인법과 관련해서 말한다면, 바울이 말하는 법은 모세의 율법, 그중에서도 신명기 24장 1-4절(마 5:31-34; 19:1-12절 참조)을 염두에 둔 것으로 볼 수 있습니다. 그렇다면 바울이 말하는 형제들 역시 주로 유대교적 배경을 가진 신자들로 볼 수 있지만, 이방인들 가운데에도 유대교 율법이나 의식에 친숙한, 이른바 '하나님을 두려워하는 이들'(God-fearers)이 있었기에 '유대교의 율법에 익숙한 모든 신자들'을 아우르는 것으로 봐야 할 것입니다.

바울은 먼저 이들이 잘 알고 있는 일반적인 법률 원리 하나를 제시합니다. 법적인 구속력은 당사자가 살아 있는 동안에만 발생된다는 원리지요. 법적으로 쌍방 계약관계에 있는 당사자들 중에 어느 한 사람이 죽을 경우 법적 책임과 의무는 사라진다는 것입니다. '공소권公訴權

없음'이 되는 것이지요. 이러한 원리는 "한 사람이 사망할 경우 모세의 율법으로부터 풀려나 율법 계명을 지키는 의무에서 벗어난다"라는 랍비들의 격언에서도 찾아볼 수 있습니다.

여기 '주관한다'는 말은 헬라어로 *κυριεύει*(kyrieuei/lord over)인데, 원뜻은 '주인 노릇하다'라는 것입니다. 강압적으로 구속한다는 뜻이지요. 사람이 죽으면 이와 같이 법의 강제적 지배로부터 벗어나 자유롭게 된다는 법적인 공리를 제시했습니다.

혼인 비유

이제 바울은 이러한 법률 원리를 '혼인'이라는 특수한 경우에 적용합니다.

남편 있는 여인이 그 남편 생전에는 법으로 그에게 매인 바 되나 만일 그 남편이 죽으면 남편의 법에서 벗어나느니라 그러므로 만일 그 남편 생전에 다른 남자에게 가면 음녀라 그러나 만일 남편이 죽으면 그 법에서 자유롭게 되나니 다른 남자에게 갈지라도 음녀가 되지 아니하느니라(2-3절).

결혼은 배우자 쌍방 간에 법적인 책임과 의무에 제도적으로 묶이는 것이기에 바울의 논점을 다음과 같이 일목요연하게 정리할 수 있습니다.

1. 결혼한 여성은 남편이 살아있는 동안에 법적으로 남편에게 매인다.
2. 남편이 죽으면 그 매인 법, 즉 법적인 구속에서 벗어난다.
3. 그러므로 다른 남자에게 시집갈지라도 간부(姦婦)가 아니다.

법은 산 사람만 구속하기에 '**죽음**'은 법적인 구속력으로부터 벗어나게 만드는 결정적 계기가 됩니다. 바울이 예로 든 '죽은 남편'은 말할 것도 없고, '살아남은 아내'의 경우에도 남편에 대한 법적 구속력으로부터 해방되기에 자유롭게 재혼할 수 있습니다.

이처럼 다른 남자와 재혼한 아내를 간음녀가 되게 하느냐, 아니면 합법적인 재혼녀가 되게 하는가를 가름하는 결정적 근거는 전남편의 죽음입니다. 재혼이 법적으로나 도덕적으로 정당하다고 인정을 받을 수 있는 길은 남편이 죽은 뒤에 아내가 남편에 대한 의무와 책임에서 벗어날 때입니다. 바울이 혼인을 예로 들 때 정말 강조하려는 요점은 오직 **죽음**만이 결혼법으로부터 배우자를 자유롭게 해서 재혼할 수 있는 권리를 부여한다는 사실입니다.

신학적 적용

이제 가장 흥미로운 부분이자 본문의 핵심은 혼인 비유를 '율법과 그리스도인의 관계'에 신학적으로 적용한 4절입니다.

그러므로 내 형제들아 너희도 그리스도의 몸으로 말미암아 율법에 대하여 죽임을 당하였으니 이는 다른 이 곧 죽은 자 가운데서 살아나신 이에게 가서 우리가 하나님을 위하여 열매를 맺게 하려 함이라.

바울의 요점은 우리도 율법에 대해서 죽었다는 것입니다. '그리스도의 몸으로 말미암아'($\delta\iota\grave{\alpha}\ \tau o\tilde{v}\ \sigma\acute{\omega}\mu\alpha\tau o\varsigma\ \tau o\tilde{v}\ X\rho\iota\sigma\tau o\tilde{v}$/through the body of Christ)라는 말은 우리의 죄를 위해 십자가에 달려 돌아가신 예수 그리스도의 죽음에 동참하는 것을 의미합니다. 믿고 세례를 받을 때 그리스도와 연합해서 우리의 옛 사람과 죄에 대해서 죽었듯이, 여기에서는 율법에 대해서도 죽었다는 것이지요.

이와 같이 그리스도와 함께 율법에 대해서 죽은 우리는 자유롭게 되어 다른 남편, 즉 죽은 사람들 가운데서 살아나신 예수 그리스도에게 속하게 되었습니다. 한마디로 말해서 **율법**이라는 옛 남편의 굴레에서 벗어나 **그리스도**라는 새 남편과 재혼했다는 것입니다!

그런데 참으로 흥미롭게도 바울이 예로 든 혼인 비유가 4절에서의 신학적 적용과 정확히 일치하지 않습니다. 이것을 도식으로 정리하면 다음과 같습니다.

혼인 비유(2-3절)	① 첫째 남편 = 율법, ② 둘째 남편 = 그리스도, ③ 아내 = 크리스천
신학적 적용(4절)	① 첫째 남편(산 자) = 율법, ② 둘째 남편 = 그리스도, ③ 아내(죽은 자) = 크리스천

바울이 혼인 비유를 그리스도인의 삶에 적용할 때, **율법**이 **죽은 남편**이 되어야 **율법의 아내** 노릇했던 **우리가** 율법의 구속에서 벗어나 **새 남편인 그리스도**와 자유롭게 재혼한다는 식으로 풀어가야 옳지 않습니까? 그런데 바울의 적용은 비유와 정확히 맞아떨어지지 않습니다. '율법'이라는 전남편이 죽은 것이 아니라, '우리'가 죽었다는 것입니다! 그리고 죽은 우리가 그리스도라는 새 남편과 재혼했다는 것입니다.

바울과 같은 대석학이 이러한 허점을 보이다니요? 무엇인가 중대한 실수를 한 것은 아닐까요? 오해가 있었던 것은 아닐까요?

하지만 아무리 생각해도 바울과 같은 대석학이 이와 같이 초보적인 사실을 몰랐을 리가 만무합니다. 그렇다면 바울의 진짜 의도는 무엇이었을까요? 어떤 이들은 아내를 우리의 **자아**라고 할 때에, 첫 남편은 죄와 율법의 지배 아래 있던 우리의 **옛 자아**를 의미하고, 그리스도께 속했다는 것은 그리스도인이라는 **새 자아**로 거듭났다는 식의 삼중 자아로 풀이합니다.

아니면 칼뱅의 해석처럼 바울의 비유와 적용에 있어서 서로 비교되는 부분들이 완전히 일치하지 않는 점이 있기는 하지만, 그것은 "율법이 죽었다"라는 식으로 말할 경우 율법을 생명처럼 소중하게 여기는 유대인들을 격분시킬 수 있으므로 **완곡한** 표현법을 택했다는 식으로 해석할 수도 있을 것입니다. 다시 말해 유대인들을 고려해서 "**율법**이 죽었다"라고 말하지 않고, 그 대신에 "**우리가** 율법에 대해서 죽었다"라고 에둘러 표현했다는 것이지요.

"율법이 죽었다"라는 식으로 직선적인 표현을 쓸 경우 유대인들을 자극할 수 있었기에 그런 말을 노골적으로 하지는 않았지만, 바울의 의도는 분명하다는 것입니다. 율법은 우리의 옛 남편이었지만, 그 남편이 죽었으므로 자유의 몸이 되어 새 남편인 그리스도와 결합하게 되었다는 사실이지요.

만일 이러한 해석도 적절치 않을 경우, 아내인 우리가 전 남편인 율법에 죽었다면, 새 남편 그리스도와 재혼할 수 있는 방법은 딱 하나지요. 다시 살아나야 합니다! 그런데 우리는 그리스도와 함께 옛 사람과 죄가 십자가에서 죽었고, 그리스도의 부활과 함께 다시 살아났기에 그리스도와 재혼할 수 있습니다. 그리스도와 함께 율법에 죽었고 그리스도와 함께 다시 살아나 하나로 연합되었다는 뜻이지요. 바울이 우리가 율법에 죽었다가 그리스도와 재혼했다는 말을 할 때, 이러한 중생을 염두에 두었을 수도 있을 것입니다.

하지만 바울이 혼인 비유를 쓸 때에 **정말 강조하고 싶은 요점**은 단 하나입니다. 다름 아닌 **죽음**이 율법과의 관계를 끝낸다는 사실이지요! 율법이 죽든 우리가 죽든, 누가 죽든지 간에 먼저 **죽어야만** 우리를 집요하게 얽어매는 통제와 지배로부터 벗어날 수 있습니다. 죽어야지만 족쇄에서 풀려날 수 있다는 사실, '혼인 비유'를 쓸 때에 그 하나에 관심이 있었던 것입니다! 내가 율법에 대해서 죽어야지만 율법과의 관계를 청산하고 그리스도와의 새로운 혼인 관계 속에 들어갈 수 있다는 것입니다.

어쨌든 간에 혼인 비유에서 아내의 자유로운 재혼을 가능케 만든 것은 **남편의 죽음**이지만, 이 비유의 적용에서 우리가 율법의 구속에서 벗어나 그리스도와 자유롭게 재결합할 수 있게 만든 것은 **우리 자신의 죽음**입니다!

율법에 대해 죽는다는 말은 율법이 우리를 의롭게 하거나 성결하게 해서 우리를 구원할 수 없다는 사실을 깨닫고 율법 의지하는 길을 포기한다는 뜻입니다. 이렇게 율법에 대해서 죽을 때에만 율법이 초래하는 교만과 자기의自己義, 정죄와 심판으로부터 벗어날 수 있습니다. 그러므로 죄와 죽음은 우리가 옛 남편인 율법과 관계를 맺음으로써 찾아온 결과라면, 의와 생명은 새신랑 그리스도와 관계를 맺음으로써 비롯된 결과입니다.

진정한 기독교인이 되는 것은 이처럼 관계가 바뀌고 헌신의 대상을 바꾸는 것입니다. 언제나 엄격하고 메마르고, 사사건건 강요하고 고발하고 책망하는 율법이라는 옛 남편과의 관계를 정리하고, 늘 자상하고 생기 넘치고, 우리의 처지를 너무나 잘 헤아려 우리와 함께 계시고 마침내 당신의 목숨까지도 바쳐서 사랑해주시는 그리스도라는 새 남편에게로 개가改嫁하는 것이 기독교적 회심입니다.

이제 전 남편 율법과의 관계를 청산한 뒤 그리스도와 재혼한 우리는 새 신랑되신 그리스도를 기쁘게 하는 삶을 살아야 합니다. 율법이 완전히 사라진 것도, 지킬 필요도 없어진 것이 아니라, 오히려 성령의 능력 안에서 자발적으로 율법에 순종하게 됩니다. 바울은 이와 같이 '기꺼운 성화의 삶'을 4절 후반부에서 "하나님을 위하여 열매를 맺게 한다"로 표현합니다.

"하나님을 위하여 열매를 맺는다"(καρποφορήσωμεν τῷ θεῷ/bear fruit for God)라는 표현은 결혼 비유가 계속 연장된다는 사실을 암시합니다. '열매를 맺는다'는 것을 '아이를 낳는다'는 식으로 풀 수 있기 때문이지요. 새 신랑되신 그리스도와 결합해 열매를 맺는 것을 자녀를 출산하는 것으로 풀이할 수 있다는 말이지요. 전 남편인 율법과의 부부생활에서는 열매를 맺지 못하는 불임증에 시달렸지만, 새 남편 그리스도와의 사이에서는 성령의 열매를 비롯한 가지가지 알찬 열매들을 풍성히 맺을 수 있습니다.

'율법에 죽기 전의 삶' VS. '율법에 죽은 후의 삶'

율법은 죽은 사람을 지배할 수 없습니다. 하지만 율법에 죽어서 풀려났다고 해서 그리스도인의 삶이 아무거나 다 할 수 있는 방종의 삶이 되어서는 안 됩니다. 새 신랑되신 그리스도를 기쁘게 하는 거룩한 삶이 되어야 마땅하지요. 이제 이와 같이 그리스도와 재혼한 삶이 옛 남편 율법의 지배 아래 있을 때의 삶과 어떻게 달라졌는지 5-6절에서 날카롭게 대조합니다.

(이전에) 육신으로 있었을 때에는	"율법으로 말미암는 죄의 정욕이 우리 지체 중에 역사하여" → "사망을 위하여 열매를 맺게 하였다"(5절)
이제는	"율법에서 벗어나, 얽매였던 것에서 죽었으므로" → "율법 조문의 묵은 것이 아닌, 영의 새로운 것으로 섬긴다"(6절)

율법에 죽기 전의 옛 생활은 육신, 즉 죄의 정욕이 이끄는 대로 살았으며, '율법 조문'이라는 문자의 낡은 것으로 하나님을 섬기는 삶이었습니다. 하지만 이제 율법에 대해서 죽은 다음에는 '성령'의 새로움으로 삽니다. 바울에게 '육' → '죽은 율법 조문' → '낡음' 그리고 그 대척점에 '영' → '생명' → '새로움'은 각각 불가분의 연쇄관계에 놓입니다.

옛것($\pi\alpha\lambda\alpha\iota\acute{o}\tau\eta\tau\iota$/old)	율법 조문($\gamma\rho\acute{\alpha}\mu\mu\alpha\tau\sigma\varsigma$/written code)
새로움($\kappa\alpha\iota\nu\acute{o}\tau\eta\tau\iota$/new)	성령($\pi\nu\varepsilon\acute{u}\mu\alpha\tau\sigma\varsigma$/the Spirit)

율법에 얽매여 있던 옛 시대에는 율법을 문자 그대로 형식적으로 지켜서 사람들에게 칭찬이나 받고 자기 공로나 앞세우기 위한 수단으로 살았습니다. 하지만 율법에서 풀려난 새 시대에는 남이 지켜보기에 억지로 하거나 자기를 높이기 위한 불순한 동기로 율법을 지키는 것이 아니라, 성령께서 내주하심으로써 자발적으로 순종하여 기꺼이

섬기는 생활을 하게 되었습니다. 옛 시대에는 속사람과 상관없이 그저 딱딱한 문자에만 얽매인 '죽음의 섬김'을 했다면, 이제 새 시대에는 성령의 능력에 의한 중심에서 우러나온 '생명의 섬김'을 하게 된 것입니다.

한 마디로 그리스도를 믿고 회심하기 전 옛날에 우리는 **육체 → 율법 → 죄 → 죽음**의 연쇄적인 지배 아래에 있었습니다. 하지만 그리스도를 믿고 회심한 뒤 우리는 **육신**으로 있다가 **영**으로 살게 되었고, 율법에서 풀려나 하나님의 은혜와 **생명** 안에서 **하나님을 위해 열매**를 맺는 삶으로 변화되었습니다.

그러므로 율법에 죽은 그리스도인의 삶은 마음대로 '죄짓기 위한 자유'가 아닌, '하나님과 이웃을 더 잘 섬기기 위한 자유'를 누립니다. 우리가 다시금 섬기는 종이 되는 것은 예전에 죄나 율법이 그랬던 것처럼 그런 세력들이 우리의 왕 노릇 하면서 억지로 강요하기 때문이 아니라, 전적으로 새신랑 되신 그리스도를 기쁘게 해드리기 위해서 자발적으로 종이 된 것입니다.

결국 순종이 구원으로 이끌기 때문이 아니라, 구원이 순종으로 인도하는 까닭에 우리는 섬기는 종의 직분을 마다하지 않습니다. 우리가 의롭게 되는 것은 율법이 아닌, 은혜 아래에 있기 때문이며, 우리가 성결하게 되는 것은 율법 조문에 얽매인 낡은 정신으로가 아닌, 성령이 주시는 새 정신으로 그리합니다.

여전히 종이지만 율법의 종이 아닌, 그리스도의 종이며, 율법의 신부가 아닌, 그리스도의 정결한 신부로서 새 주인이요, 새 신랑이신 그리스도를 율법의 문자라는 낡은 것이 아닌 영의 새것으로 섬깁니다.

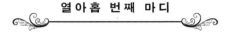

열아홉 번째 마디

율법은 죄인가?
Is the Law Sin?

〈7:7-13〉

'율법→죄→죽음'의 삼각관계에 대한 오해

지금까지의 율법에 대한 바울의 입장은 매우 부정적이었습니다. 율법을 소지했다는 사실만으로 그 어떤 구원의 특혜도 기대할 수 없습니다. 율법을 잘 지킨다고 해서 의롭게 되는 것도 아닙니다. 율법을 지키는 행위가 우리를 거룩하게 만드는 것도 아닙니다. 한마디로 율법은 우리를 구원할 수 없다는 것이 바울의 확신이었습니다. 율법 대신에 복음은 이러한 율법의 한계를 뛰어넘어 새로운 구원의 길을 제시합니다.

바울은 7장 1-6절에서 우리가 율법의 족쇄에서 풀려났다는 사실을 힘주어 강조했습니다. '율법'이라는 옛 남편으로부터 풀려나 '그리스도'라는 새 남편에게로 개가했다는 것이지요. 한 종이 두 주인을 섬길 수 없듯이, 율법과 헤어져 그리스도의 새 신부가 된 우리는 율법과 그리스도를 동시에 섬길 수 없습니다. '죽음'이 공소권을 소멸시키는 계기가 되듯이 율법과의 초혼이 죽음으로써 종결되었으므로 그리스도와 자유롭게 재혼하게 되었습니다. 이처럼 율법에 대한 죽음이 그리스도와의 재혼을 가능케 한 선결 조건임이 분명해졌습니다.

결국 지금까지 밝혀진 바울의 율법 이해는 로마서를 읽는 독자들에게 율법이 그리스도와의 혼인을 가로막고, 죄를 부추기고, 성령 안에서 사는 것을 방해하고, 마침내 죽음에까지 이르게 하는 원흉元兇처럼 비칠 수밖에 없었을 것입니다. 바울의 논리대로 본다면 하루라도 빨리 지긋지긋한 율법에서 벗어나는 것이 상책입니다. 이처럼 적어도 율법에 대한 바울의 입장은 반대파에게 '무율법주의'나 '반율법주의'의 화신처럼 보였을 것입니다. 바울은 이러한 오해에 대해서 긴급히 대응할 필요를 느꼈습니다.

무엇보다도 '율법' → '죄' → '죽음'이라는 바울 특유의 연결고리를 놓고 볼 때, 율법이야말로 '죄'와 '죽음'을 가져오는 궁극적 원인이 아니냐는 의구심에 대해서 신속히 응답할 필요를 느꼈습니다. "바울, 당신의 논리대로 한다면 **율법** 때문에 **죄**와 **죽음**이 오기 때문에 율법 따위는 전적으로 폐기되어야 마땅하지 않소?" 반대파가 던질 수 있는 이러한 종류의 날 선 질문을 예견하고서 바울은 자신이 '반율법주의자'라는 혐의에서 벗어나고자 애씁니다.

7장 7-25절은 율법에 씌워진 혐의를 풀어내고자 하는 목적으로, 크게 두 가지 질문에 대한 바울의 대답과 부연 설명으로 이루어집니다. 먼저 7장 7절에서 "율법이 **죄**냐?"라고 단도직입적으로 묻습니다.

그런 뒤 13절에서 "'선한 것'(율법)이 내게 **사망**이 되었느냐?"라고 또 묻습니다. 한 마디로 율법이 죄와 죽음을 가져오느냐는 돌직구를 던진 것이지요.

사실 바울이 율법의 한계를 지적할 때마다 귀가 따갑게 들어온 오해와 비난은 '율법 = 죄'라는 등식이었습니다. 특히 율법을 생명처럼 여기는 유대인들에게 "율법이 곧 죄가 된다"라는 주장은 이만저만한 불경죄가 아닙니다. 또한 율법 비판에 대한 바울식 논리의 종착점인 '율법 = 죽음'이라는 등식 역시 유대인들에게는 큰 도발로 비춰졌습니다.

율법이 죄이고, 율법이 사망이 되었느냐는 질문에 대한 바울의 대답은 모두 "그럴 수 없느니라"(μὴ γένοιτο/by no means), 단호한 부정입니다! 그러기에 7장 7-25절이야말로 바울의 '율법에 대한 변증'(Apologie des Gesetzes)이라고 할 수 있습니다. 6장에서 '은혜에 대한 변증'을 시도했다면, 여기에서는 특히 율법이 죄와 죽음이 되느냐는 오해를 불식시키고자 율법을 적극 변호합니다.

6장 (은혜의 변증)	"은혜를 더하게 하려고 죄에 거하겠느냐?"(6:1) → "그럴 수 없느니라"(6:2).	"은혜 아래에 있으니 죄를 지으리요?"(6:15) → "그럴 수 없느니라"(6:15).
7장 (율법의 변증)	"율법이 죄냐?"(7:7) → "그럴 수 없느니라"(7:7).	"율법이 내게 사망이 되었느냐?"(7:13) → "그럴 수 없느니라"(7:13).

6장에서 바울은 은혜가 죄를 조장하지 않고, 오히려 은혜와 죄는 양립할 수 없다고 잘라 말했습니다. 마찬가지로 7장은 바울은 율법이 죄와 죽음을 불러일으키는 것이 아니라 우리의 '죄성'(sinfulness), 즉 우리의 '타락한 본성'이 율법 계명을 기회奇貨로 삼아 죄와 죽음으로

이끈다는 사실을 역설합니다.

　명백히 법을 어겨서 검찰에서 조사를 받는 용의자가 자신이 아닌, 법이 잘못되었다는 논리를 펼 때가 있지요. 바울이 볼 때도 우리 자신이 지은 죄와 이 죄의 결과로 찾아오는 죽음에 대해서 율법과 계명이 잘못되었다는 식으로 둘러댈 수 있다는 것입니다. 하지만 율법 그 자체는 좋은 것이지만, 우리의 본성이 일그러지고 부패하고 죄성으로 가득 차 있기에 율법 계명을 죄짓는 도구로 삼는 데 근본적인 문제가 있습니다. 그러므로 7장 7절의 "율법이 죄인가?"에 대한 바울의 대답은 12절에서 율법은 "거룩하고 의롭고 선한 것"으로 결론이 납니다. 죄와 죽음에 대한 책임을 율법에게 물을 수 없다는 것이지요!

　바울의 율법관은 이와 같이 어느 양극단으로 치우치지 않고 매우 **균형적**입니다. 지나치게 부정적이지도 않고, 그렇다고 해서 지나치게 긍정적이지도 않습니다. 율법은 하나님이 주신 것이기에 그 근본 성격은 하나님의 뜻을 계시하는 거룩하고, 의롭고, 선한 것임에 틀림없습니다. 그럼에도 불구하고 율법은 우리를 의롭게 하거나 구원할 수는 없습니다. 오히려 율법이 죄와 결탁할 때 얼마든지 우리를 해치는 흉기로 둔갑할 수 있다는 것입니다. 여기에 율법의 양면성이 있습니다!

　본문은 "율법이 죄인가?"라는 질문으로 시작해서(7절), "율법은 거룩하고, 의롭고, 선하다"(12절)라는 결론으로 끝납니다. 바울은 대화체 수법을 써서 '질문' → '강력한 부정'(그럴 수 없느니라) → '설명' → '결론' 순으로 논증을 풀어갑니다. 죄가 본래 선한 율법을 악용해서 죽음을 가져왔다는 것이 바울의 기본 논지論旨입니다.

　율법이 죄와 죽음의 원인이라는 혐의를 벗겨내되, 그럼에도 율법이 곧 죄는 아니지만 여전히 죄와 밀접한 관계가 있다는 사실을 바울은 동시에 보여주고자 합니다. 율법이 죄를 인식하게 만드는 것은 좋은 일이지만, 인간의 죄성에 인질로 사로잡혀 도리어 죄를 충동질하고 악화시킬 수 있다고 보기에 율법이 죄와 전혀 무관한 것은 아니라는 것이지요. 이렇게 바울은 '율법' → '죄 → '죽음'의 삼각관계를 매우 미묘하게 재정립하고 있습니다.

'계명→탐심→죄'의 미묘한 삼각관계

율법이 죄냐는 질문은 충분히 예견된 것입니다. 바울은 이미 "율법이 범죄를 더 하게 하고"(5:20), "죄의 정욕을 불러일으킨다"(7:5)라고 주장했습니다. 이렇게 율법의 부정적인 기능을 비꼬았지만, 그렇다고 해서 바울이 곧 "율법 = 죄"라는 등식에 동의한 것은 아닙니다. 오히려 그럴 수 없다고 단호히 부정부터 먼저 합니다. 이렇게 율법이 죄가 아닌 것은 틀림없지만, 그럼에도 불구하고 율법과 죄는 긴밀히 밀착된 것 또한 사실입니다. 이제 중요한 사실은 도대체 율법이 죄와 어떤 밀월 관계를 갖게 되었느냐는 것입니다. 바울은 율법이 죄를 알려준다는 율법의 순기능을 지적하는 것에서부터 실마리를 풀어갑니다.

> 율법으로 말미암지 않고는 내가 죄를 알지 못하였으니 곧 율법이 탐내지 말라 하지 아니하였더라면 내가 탐심을 알지 못하였으리라 (7:7b).

바울은 이미 로마서 3장 20절에서 율법이 죄를 깨닫게 한다는 사실을 지적했습니다. 율법이 오기 전에는 하나님이 주신 양심이라는 자연법을 통해 막연히 어떤 행위가 죄가 된다는 사실을 알았으나, 율법이 온 다음에는 율법 계명을 어기는 행위가 곧 하나님께 반역한다는 점에서 더더욱 죄의 심각성을 깨닫게 됩니다. 율법을 통해 하나님의 의로운 기준이 제시되었으므로 율법 계명은 무엇이 죄가 되는지, 죄를 정의(defining)해 줍니다. 율법이야말로 어떻게 하는 것이 죄가 되는지, 죄를 특정特定해주는 척도가 된 것이지요.

흥미롭게도 바울이 죄를 깨닫게 하는 율법 계명의 한 예로 든 것은 십계명 중에 열 번째 계명입니다.

> 네 이웃의 집을 탐내지 말라 네 이웃의 아내나 그의 남종이나 그의
> 여종이나 그의 소나 그의 나귀나 무릇 네 이웃의 소유를 탐내지 말라
> (출 20:17).

'탐심'(ἐπιθυμίαν/lust or covetousness)의 금지는 모든 율법 계명을 요약해놓은 것이라고 볼 수 있습니다. 모든 죄가 '탐심', 즉 남의 것에 대한 '불법적인 욕망'(illicit desires)에서부터 비롯되기 때문에 그렇습니다. "남의 떡이 더 커 보인다." 혹은 "이웃집 정원의 버찌가 더 달콤해 보인다"라는 속담이 있듯이 남의 것을 탐내는 것은 인간의 마음 깊은 곳에 숨겨진 죄성 때문입니다. 그렇다면 이 탐심이야말로 하나님이 주신 것에 만족하지 못하고, 다른 사람들의 것을 엿보고 탐내기에, 하나님 대신에 탐내는 대상을 신으로 섬기는 우상숭배가 됩니다. 탐심이야말로 각종 죄로 들어가는 출입문이지요!

다른 모든 계명들은 외적으로 드러난 행위들만 죄로 규정합니다.

아무리 마음속으로 남의 물건을 탐냈다고 할지라도, 직접 물건을 훔치기 전까지는 도둑질을 했다고 볼 수 없습니다. 이처럼 대부분의 율법 계명이 외부로 표출된 구체적인 범법 행위만을 문제 삼지만, 열 번째 계명은 마음의 동기와 내적 태도 자체를 문제 삼습니다.

그러므로 설령 10계명 중에 아홉 가지 계명을 다 잘 지켰다고 할지라도 누구든지 한 가지 자신할 수 없는 죄가 바로 이 탐심의 죄입니다. 왜냐하면 탐심은 마음 깊은 곳에 잠복한 채 똬리를 틀고 있기 때문이지요. 놀랍게도 "바리새인 중에 바리새인으로서 율법을 지키는 일에는 흠이 없었던"(빌 3:5-6) 바울로 하여금 단 한 가지 자신할 수 없었던 계명 역시 이 탐심에 대한 계명이었습니다. 바울로 하여금 자신의 마음 깊은 곳에 숨어 있는 뿌리 깊은 죄성을 깨닫게 해 준 계명이 바로 이 열 번째 계명이었던 것이지요.

중요한 것은 "탐내지 말라"라는 계명이 있기 전에는 탐심이 무엇인지를 잘 몰랐고, 설령 알았다고 할지라도 그리 강렬하게 느끼지 않았는데, 이 계명이 왔을 때 비로소 마음 깊은 곳에 잠자고 있던 탐심이 꿈틀거려 죄가 된다는 사실을 알게 됩니다.

율법의 주요한 기능은 죄를 드러내고 알려주는 데 있습니다. 율법이 오기 전에 마음 깊은 곳에서 동면冬眠하고 있던 탐심을 비롯한 죄성들이 율법이 온 다음에 일제히 잠에서 깨어나 활약活躍을 하기 시작합니다. 그러기에 다름 아닌 율법을 통해서 죄가 나를 지배하는 하나의 인격적 세력이요, 강력한 실체라는 사실을 생생하게 깨닫게 됩니다. 바울은 이제 '계명'과 '탐심', '죄' 사이의 미묘한 삼각관계를 매우 함축적으로 설명합니다.

그러나 죄가 기회를 타서 계명으로 말미암아 내 속에서 온갖 탐심을 이루었나니 이는 율법이 없으면 죄가 죽은 것임이라(8절).

율법은 무엇이 죄가 되는지를 알려주는 나름대로의 긍정적 기능을 하는 것이 사실이지만, 우리 안에 있는 죄성이 이 율법 계명과 은밀히 공모共謀한다는 것이 문제입니다. 우리 안에 있는 죄가 "탐내지 말라"는 계명을 만나자 이것을 기회로 삼아 온갖 종류의 숨어 있던 탐심들을 밖으로 끌어내어 자극하고 충동질을 한다는 것이지요.

여기 '기회'라는 말은 헬라어로 'ἀφορμὴν'(aphormen/occasion or opportunity)인데, 성공적인 군사작전을 펼치기 위한 '교두보'(橋頭堡/bridgehead)를 의미합니다. 그러므로 죄가 우리 안에 잠복해 있던 갖가지 탐심을 자극하기 위해 율법 계명을 하나의 교두보로 삼는다는 말입니다.

바울은 분명히 율법이 죄라거나, 율법이 죄의 원인이라고 말하지 않고, 죄가 자신의 악한 목적을 이루기 위해 삼는 '전략적 작전기지' 혹은 '교두보'가 율법이라고 봅니다. 다시 말해 율법은 죄의 원인이 아니라, 죄를 짓는 통로(channel)요 수단(means)이라는 것이지요!

율법이 오기 전에 죄는 마음 깊은 곳에 잠복해서 잘 드러나지 않았습니다. 하지만 '탐내지 말라'는 계명이 오자 이것을 교두보로 삼아 우리 안에 잠자던 온갖 탐심이 갑자기 들끓어 오릅니다. 이처럼 율법은 단지 무엇이 죄가 되는지를 알려주는 것으로 그치지 않고, 죄성에 볼모로 잡힌 나머지 갖가지 죄를 자극하고, 악화시키고, 적극적으로 충동질하는 도구로 변질될 수 있습니다. 외과의사가 수술을 하기 위해 집어 든 메스가 사람을 죽이는 흉기로 둔갑할 수 있듯이, 또한 맛있는 요리를 빚어내야 할 부엌칼이 사람을 해치는 살상무기가 될 수 있듯이, 율법이 죄를 잘못 만나 악용될 수 있다는 것이지요!

바로 이런 이유 때문에 바울은 8절 후반부에서 "율법이 없으면 죄가 죽은 것"이라고 주장합니다. 죽었다는 말은 죄가 마음 깊은 곳에 잠복해 있는 상태에서 활약을 하지 않았다는 뜻입니다. 죄에 대한 지식이 사장死藏되었다는 뜻이기도 합니다.

아담과 하와가 그랬지요. "동산 중앙에 있는 선악과를 먹지 말라"(창 2:17)는 계명을 듣기 전에는 죄(특히 '탐심'이라는 죄성)가 그냥 마음 깊은 곳에 숨어서 굼뜬 상태로 있었습니다. 하지만 계명을 들은 후에는 '금단禁斷의 열매'를 따먹고 싶은 욕구가 갑자기 강렬해졌습니다.

이처럼 "…을 하지 말라"는 금령禁令을 더 하고 싶어 안달을 내는 것이 인간의 근본적인 죄성입니다. '입산금지', '출입금지', '과속금지', 'No Smoking' 등의 금지령이 있을 때 인간은 더더욱 그것을 어기고 싶은 충동을 느낍니다.

예컨대 어머니가 외출하면서 초등학교 2학년짜리 아들에게 냉장고 안에 있는 막걸리에 절대로 손대서 안 된다고 신신당부를 했습니다. 이 말을 듣기 전에는 냉장고는 물론이고 막걸리에 대해서도 전혀 관심이 없었던 아이가 이 명령을 들은 뒤에는 이상하게도 묘한 호기심과 유혹과 탐심을 강하게 느끼게 됩니다. 본래부터 이러한 죄성이 이 아이의 마음 깊은 곳에 있었지만, 어머니의 금지령을 듣기 전까지는 활약을 하지 않고 조용히 숨어 있었습니다. 하지만 어머니가 하지 말라는 말을 한 다음부터는 더 하고 싶어서 안달을 내게 되었고, 급기야 냉장고를 열어보니 예쁜 주전자에 우유같이 새하얀 액체가 보암직도 하고 먹음직도 해서 입에 대고 싶은 충동을 억제할 수 없습니다.

그래서 자신도 모르게 홀짝홀짝 마십니다! 이 경우에 아들의 마음 깊은 곳에 잠자고 있던 죄성이 어머니의 금지령(율법 계명)을 기회로 깨어 일어나 죄를 저지르게 된 것으로 볼 수 있습니다.

어거스틴의 『고백록』에 사춘기 시절 동네 친구들과 배 서리를 한 경험담이 나옵니다. 남의 집 과수원에 들어가 바구니 가득 배를 훔쳤습니다. 하지만 나중에 그 많은 배를 돼지들에게 던져 주고 말았습니다. 어거스틴은 자신이 배가 고파서 배를 훔친 것이 아니라, 단지 도둑질하지 말라는 금령을 더 하고 싶어 했던 죄의 충동 때문에 도둑질을 했다고 고백합니다.

이와 같이 바울은 율법 자체가 잘못된 것이 아니라, 언제나 우리의 죄성이 주범主犯이라는 사실을 분명히 합니다. 율법이 오기 전에는 죽어서 활동을 하지 않던 죄성이 율법이 오자 슬그머니 기지개를 켜서, 죄를 드러내고 정죄하는 율법의 순기능을 거꾸로 죄를 자극하고 악화시키는 역기능의 도구로 왜곡한다는 것이지요!

'죄'라는 살인자의 흉기로 둔갑한 '율법'

이제 9-11절에서 바울은 죄가 율법과 결탁하고 공모해서 어떻게 우리를 생명에서 죽음으로 인도하는지의 경로를 매우 간결하게 설명합니다.

전에 율법을 깨닫지 못했을 때에는 내가 살았더니 계명이 이르매 죄는 살아나고 나는 죽었도다 생명에 이르게 할 그 계명이 내게 대하여 도리어 사망에 이르게 하는 것이 되었도다 죄가 기회를 타서 계명으로 말미암아 나를 속이고 그것으로 나를 죽였는지라.

바울은 율법이 없었을 때에 죄도 없었다고 말하지 않습니다. 무율법 시대에도 엄연히 죄는 있었지요! 다만 여기에서 고백하는 '나'는 전에 율법이 없었을 때에는 살았다고 했습니다. "율법이 오기 전에 살았다"라는 말은 아직 율법이 없어서 죄가 무엇인지를 알려주지 않았기 때문에 죄가 활기를 잃고 쉬고 있었다는 뜻입니다. 반면에 율법 계명이 들어오면서 **죄는 살아났고, 나는 죽었습니다**. 죄가 무엇인지를 일깨워주는 율법이 온 다음에 마음 깊은 곳에 죽은 듯 잠자던 죄성이 일제히 깨어나 준동하기에 죄는 살아났지만, 본인은 죄에 대한 율법의 정죄와 심판을 받아 죽었다는 것이지요.

이처럼 '율법'이나 '죄'와 연관해서 바울이 말하는 '살았다'/'죽었다'라는 비유는 죄가 살아나 활약하면 내가 죽은 것이 되고, 죄가 죽어서 잠자고 활동을 하지 않을 때에는 내가 산 것이 됩니다. 율법이 오기 전, 죄의 심각성을 깨닫기 전에는 영적으로 살았다고 보는 것이고, 율법이 옴으로써 우리가 율법을 명시적으로 범한 뒤 죄의 심각성을 확실히 깨달았을 때에는 영적으로 죽은 것으로 보는 것입니다. 결국 **죄가 죽으면 우리는 살고, 죄가 살면 우리가 죽는다**는 비유입니다.

율법이 없었을 때에는 나름대로 하나님을 기쁘시게 한다는 죄에 대한 상대적 무지 때문에 영적으로 살았다고 착각했지만, 율법이 온 다음에는 자신이 100% 율법을 다 지킬 수 없어서 하나님을 기쁘게 하는 삶을 살지 못했다는 사실을 명확히 발견하고서는 영적으로 죽었다는 것, 즉 자신이 율법의 정죄와 심판을 받아 죽을 수밖에 없는 죄인이라는 사실을 깨달았다는 말이지요.

"전에 율법이 없었을 때에" (apart from the law)	"계명이 왔을 때" (When the Commandment came)
"죄가 죽었다"(8c절).	"죄가 살아났다"(9b절).
"나는 살았다"(9a절).	"나는 죽었다"(10a절).

여기에서 잠깐 바울이 말하는 '나'(ἐγώ/I)가 누구인지 알 필요가 있습니다. 바울은 7장 7-25절까지 일인칭 단수 주격 '나'를 사용해 대화체로 논증을 전개합니다. 율법이 없었을 때에는 "살았고"(죄는 죽었고), 율법이 온 뒤에는 "죽었다"(죄는 살아났고)라는 이 '나'는 도대체 누구를 말할까요?

먼저 로마서가 바울의 자전적 고백이라는 측면에서, '바울' 자신을 말한다는 의견이 있습니다. 그런가 하면 창세기 2-3장에 나오는 '아담'을 의미한다고 보는 견해도 있습니다. 그런가 하면 '이스라엘 백성'을 지칭한다고 보는 해석도 있습니다.

이 세 가지 견해가 다 나름대로 일리가 있다고 보기에, 우리는 범주를 '바울'이라는 좁은 개인에서부터 조금 더 큰 '이스라엘'이라는 민족국가 그리고 온 인류의 조상으로서 가장 포괄적인 '아담'에 이르기까지 **우리 모두**를 통칭한다고 보아도 무리가 없을 것으로 봅니다.

물론 바울이 말하는 율법은 모든 법을 일컫는 포괄적이고 일반적인 법이 아니라, 특별히 시내산에서 받은 '모세의 율법'(Torah)을 의미할 것이기에, 여기에서 말하는 '나'는 그 모세 율법의 직접적 영향권 아래에 있는 바울을 비롯한 유대인들을 지칭한다는 데에는 의문의 여지가 없습니다.

그럼에도 불구하고 이 '나'를 아담의 빛에서 읽을 경우, 아담의 후손인 우리 모두의 이야기가 되는 것 또한 부인할 수 없습니다. 즉 선악과를 탐내지 말라는 계명이 주어지기 전의 아담은 자신이 탐내는 것이 무엇인지를 몰랐습니다(7절). 그 계명을 듣자 비로소 아담 안에 도사리고 있던 죄성이 깨어나 온갖 탐심이 꿈틀거리고 올라왔습니다(8절). 금단의 열매에 대한 계명이 없었을 때에는 죄는 죽은 것이었고, 아담은 살았던 것이지요(8b절; 9a절). 하지만 계명이 옴으로써 죄는 살아났고, 아담은 죽었습니다(9b절; 10a절). 생명으로 인도해야 할 계명이 도리어 아담을 죽음으로 인도했고(10절), 마침내 아담을 속이고 죽였습니다(11절). 이처럼 아담 이야기와 연계해서 본문을 읽을 경우 양쪽이 정확히 대칭을 이루는 부분이 적지 않습니다.

결국 여기에서 말하는 '나'가 '바울'을 말하는지, 아니면 '이스라엘'이나 '아담'을 말하는지, 학계의 뜨거운 논쟁이 계속되고 있지만, '나'는 '바울' → '이스라엘' → '아담' → '우리 모두'를 아우르는 수사학적 표현으로 보면 좋을 듯싶습니다.

이제 죄와 공모한 율법의 역기능에 대한 바울의 탄식은 절정을 향해 치달립니다. 본래 나를 생명으로 인도해야 할 계명이 죽음으로 인도했습니다. 누구든지 율법을 지키면 생명을 얻을 것이라는 약속을 받았지만(레 18:5; 신 28:1-3), 아무도 그 율법을 완전히 지킬 수 없기에 정죄와 심판을 받고 죽을 수밖에 없게 된 것이지요. 그리하여 죄가 계명을 수단으로 삼아 기회를 잡아 나를 '속였고', 마침내 '죽였습니다'!

언제나 중요한 것은 율법이 나를 속이거나 죽인 것이 아닙니다. 죄가 그랬지요! 이제 죄와 죽음을 불러일으킨 주범이 율법이 아니라는 사실을 천명하기 위해 바울은 율법 그 자체에 대한 혐의를 깨끗이 풀어줍니다.

> 이로 보건대 율법은 거룩하고 계명도 거룩하고 의로우며 선하도다
> (12절).

본래 거룩하고 의롭고 선하던 율법이 죄의 사주使嗾를 받아 본래의 긍정적 기능을 상실하고, 죄를 폭로하고, 자극하고, 비난하고 정죄합니다. 그럼에도 죄와 죽음을 불러일으키는 주범은 율법이 아닙니다! 율법이 죄에 대해서 책임을 져야 할 필요가 없습니다. 우리의 죄된 본성이 율법을 채널로 해서 우리로 하여금 죄를 짓게 만들고, 마침내 죽음에 이르게 합니다.

그러기에 죄에게 책임추궁을 해야 마땅합니다! 율법은 무죄입니다. 어디까지 살인자는 죄이고, 율법은 살인자의 손에 잠시 흉기로 쥐어져 악용된 것뿐입니다! 따라서 살인자인 죄를 탓하지 않고, 살인자에 의해 흉기로 억울하게 악용된 율법을 탓할 수 없습니다! 이것이야말로 사람을 칼로 찔러 죽인 사람이 자기가 살인을 한 것이 아니라, 칼이 했다고 책임을 전가하는 것과 마찬가지입니다.

이제 7절에서 던진 질문, "율법이 죄인가?"에 대한 바울의 대답은 12절에서 분명해졌습니다.

율법($\nu\acute{o}\mu o\varsigma$/law)	'거룩하다'($\mathring{\alpha}\gamma\iota o\varsigma$/holy)
계명($\mathring{\epsilon}\nu\tau o\lambda\grave{\eta}$/commandment)	'거룩하고'($\mathring{\alpha}\gamma\acute{\iota}\alpha$/holy), '의롭고'($\delta\iota\kappa\alpha\acute{\iota}\alpha$/just), '선하다'($\mathring{\alpha}\gamma\alpha\theta\acute{\eta}$/good)

지금까지의 바울의 논리를 요약하면, 율법은 선한 것이지만, 율법을 통해 죄가 드러나고, 죄가 율법을 기회로 삼아 악용하기에 죽음이 옵니다. 특히 7장 10절은 까딱 잘못하면 율법 때문에 죽음이 왔다는 오해를 사기 쉬운 구절입니다. 생명으로 인도해야 할 율법 계명이 도리어 죽음으로 인도했다고 주장하기 때문이지요. 하지만 바울은 율법 때문에 죽음이 찾아왔다는 오해에 쐐기를 박습니다. 사형수가 자신의 책임을 인정하지 않고 법률 탓만 한다면 얼마나 우스꽝스럽습니까. 마찬가지로 우리가 죽게 된 것은 율법이 아닌, 우리의 죄성 때문입니다. 아담이 왜 에덴동산에서 쫓겨나 궁극적으로 죽어야만 했습니까? 선악과에 대한 하나님의 계명 때문이 아니지요! 그의 마음 깊은 곳에 잠복해 있던 죄성이 계명을 기회로 하나님께 반역하도록 했기 때문입니다.

바울은 13절에서 율법이 우리에게 죽음을 안겨주었다는 주장을 정면으로 반박합니다.

그런즉 선한 것이 내게 사망이 되었느냐 그럴 수 없느니라.

본래 거룩하고 의롭고 선하고, 신령한(7:14) 율법이 우리를 죽일 리 만무합니다. 그래서 율법이 죄가 아니라고 강력하게 부정했던 그대로, '그럴 수 없다'(μὴ γένοιτο/by no means)고 부인합니다. 율법이 아닌, 죄가 죽음을 가져옵니다. 그렇다면 율법이 죽음에 어떤 영향을 미치는 걸까요?

오직 죄가 죄로 드러나기 위하여 선한 그것으로 말미암아 나를 죽게

만들었으니 이는 계명으로 말미암아 죄로 심히 죄 되게 하려 함이라
(13b절).

죄의 결과로 죽음이 찾아오는데, 이 죄가 본래 선한 율법을 악용하기 때문에 문제가 됩니다. 순진무구한 어린아이들을 착취해서 만든 아동 음란물이 성인 음란물보다 훨씬 더 추악한 범죄가 되듯이, 본래 '선한 것'(율법)을 '악한 목적'(죽음)을 위해 이용하는 죄야말로 죄성의 고약함을 명백히 드러내줍니다. 죄는 언제나 나쁜 것이지만, 하나님의 뜻이 담긴 율법 계명을 의도적으로 범할 때 하나님에 대한 반역을 노골적으로 드러내는 것이기에 더더욱 '죄 되게'($\kappa\alpha\theta'\ \upsilon\pi\epsilon\rho\beta o\lambda\grave{\eta}\nu\ \dot{\alpha}\mu\alpha\rho\tau\omega\lambda\grave{o}\varsigma$/exceedingly sinful) 만듭니다. 바로 이런 이유 때문에 바울은 13절 후반부에서 죄가 계명을 방편으로 해서 죄를 극도로 죄답게 한다고 주장합니다.

결국 바울은 율법에 대한 갖가지 오해에 직면해서 율법을 멋지게 변호해냈습니다. 율법 때문에 죄와 죽음이 오는 것이 아닙니다. 우리의 죄성이 본래 선한 율법을 악용함으로써 죄와 죽음이 찾아온 것입니다. 사형수가 법이 자신에게 유죄판결을 내렸고, 결국 사형선고를 내렸다고 해서 법을 탓할 수 없습니다. 자신의 죄로 인한 것이기에 스스로 궁극적 책임을 져야 합니다! 그러므로 죄와 죽음은 다 율법 때문이라는 반反율법주의자들의 주장은 틀렸습니다.

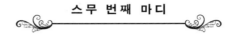
곤고한 사람
Wretched Man

<7:14-25>

율법 아래에서의 자아 분열

율법이 죄이고, 율법 때문에 죽음이 왔느냐는 질문에 대해서 바울은 강력히 부인했습니다. 율법은 본래 거룩하고 의롭고 선하고 신령한 것이지만, 이 율법을 대하는 인간의 뿌리 깊은 죄성이 율법을 오용하고, 남용하고, 악용합니다. 인터넷이 선한 것이지만 악한 의도를 가진 사람의 손에 사로잡힐 때 범죄의 도구가 되듯이, 생명으로 인도할 목적으로 주어진 율법이 부패한 인간에 의해 도리어 죽음으로 이끄는 흉기로 변질되고 말았습니다.

아담에게 주어진 "선악과를 먹지 말라"(창 2:17)라는 하나님의 계명은 아담을 살리기 위해 주어졌지만, 이 계명이 아담의 마음 깊은 곳에 잠자던 죄성을 깨워 노골적으로 어기도록 했고, 그 결과 에덴동산에서 추방되고 죽음에까지 이르도록 만들었습니다.

이처럼 언제나 문제가 되는 것은 인간의 죄성이지 율법이 아님에도 불구하고, 인간의 죄성(유한성)은 율법에게 지울 수 없는 약점을 안겨다 줍니다. 누구도 피할 수 없는 죄성으로 인해 율법을 완전히 지킬 수 없기에 율법으로는 구원받을 사람이 아무도 없습니다.

7-13절에서 율법에 가해진 혐의를 풀어준 바울은 다시금 우리의 죄성 때문에 율법으로는 거룩해질 수 없다는 인간 현실을 개탄합니다. 도덕적 안내를 받기 위해 율법에 의지하지만, 율법은 우리를 구원할 능력이 없습니다. 선하지만 약합니다. 거룩하지만 무능합니다. 한마디로 율법은 죄를 이길 수 있는 능력을 주는 발전기가 아닌, 온갖 종류의 죄악들을 끌어들이는 자석의 역할을 할 뿐입니다.

본문은 '나'는 율법이 요구하는 대로 살고 싶은 욕구가 있지만, 마음 깊은 곳에 뿌리박고 있는 죄성 때문에 그렇게 원하는 대로 하지 못하는 '분열된 자아'를 생생하게 보여줍니다. 아마 성경 그 어디에도 '소원'(willing)과 '실행'(doing) 그리고 '마음'(mind)과 '육신'(flesh) 사이의 괴리와 갈등과 분열을 이보다 더 생생하게 보여주는 구절은 없을 것입니다.

오직 예수 그리스도만이 이와 같이 분열된 자아를 극복할 수 있게 해줍니다. 모세의 율법은 우리를 구원할 수 없습니다. 율법이 하나님 앞에서 우리가 마땅히 해야 할 의무는 알려주지만, 그 의무를 이행할 수 있는 능력은 주지 못합니다.

본문은 크게 두 부분으로 나눌 수 있습니다. 먼저 14-20절에서 바울은 마음에는 율법이 원하는 대로 선을 행하고자 하는 의지가 있지만, 행동은 정반대로 원하지 않는 것을 행하는 분열된 자아를 예리하게 분석합니다. 그리고 21-25절에서는 다시금 내 자아 안에서 다투는 두 가지 세력을 관찰합니다.

먼저 14-20절은 강조할 목적으로 똑같은 주제를 되풀이하고 있는 14-17절과 18-20절로 다시 세분될 수 있습니다. 흥미롭게도 이 두 단락은 거의 같은 내용으로 시작하고 지속되고 결론을 맺습니다. 그만큼 중요하기에 두 차례씩이나 거듭 강조하는 것이지요.

'나' 자신에 대한 진솔한 고백

14절	주제	18절
"율법은 신령한 줄을"	안다	"내 속 곧 내 육신에 선한 것이 없다는 것을"
"나는 육신에 속하여 죄 아래에 팔린 몸"	자신에 대한 솔직한 고백	"선을 행하려는 의지는 있으나 그것을 행하지는 않음"

14절이나 18절은 모두 자신에 대한 정직한 고백으로 말문을 엽니다. 그래서 둘 다 '안다'는 동사를 써서 무엇에 대한 지식이 있음을 보여줍니다. 14절에서는 **우리가** 율법이 신령하다는 것을 압니다. 율법에 대해서 누구나 다 인정하는 일반적 지식을 말하는 것이지요. 모세의 율법은 거룩하신 하나님으로부터 왔으니 당연히 '신령'($πνευματικός$/spiritual)합니다. 율법이 신령하다는 것은 이와 같이 율법이 거룩하신 하나님으로부터 왔다는 율법의 신성한 기원을 강조하기 위함입니다.

문제는 율법이 신령하다는 사실은 바울이나 로마 교인들이나 다 알고 있는 바이지만, 율법을 지켜야 할 내가 신령하지 않다는 데 있습니다. 어쩌면 바울이 이미 강조했던 율법의 '거룩하고', '의롭고', '선한' 세 가지 성격에다가 굳이 '신령한' 성격을 더한 이유는 율법을 지키는 우리가 신령치 못하다는 사실을 대조하기 위함일 것입니다.

과연 14절 후반부에서 바울은 율법은 신령하지만 나는 "신령하지 못하다"(unspiritual), 즉 "육신에 속하여 죄 아래에 팔렸다"라는 사실을 자백합니다. 여기에서 '육신'이라는 말은 영혼에 반대되는 우리의 몸을 뜻하는 헬라어 'σῶμα'(soma/body)라는 말을 쓰지 않고, 'σάρξ'(sarx/flesh)라는 말을 골라 씁니다. 바울 서신에서 'σῶμα'는 우리의 신체를 의미하지만, 'σάρξ'를 쓸 때에는 타락하고 부패한 본성에 의해 지배를 받는 우리의 삶 전체를 의미합니다. 다시 말해 'σάρξ'는 아담 안에서 원죄의 지배를 받는 우리의 옛 사람을 일컫는 용어입니다.

그러기에 바울은 영혼은 선하고 육체는 악하다는 이원론을 주장하지 않습니다. 하나님이 지으신 우리의 몸도 신령하고 귀한 것이지만, 타락한 본성에 지배를 받아 항상 죄짓는 쪽으로 움직이는 우리의 옛 자아가 문제일 뿐입니다. 결국 "육신에 속했다"는 헬라어 형용사 'σάρκινός'(sarkinos/carnal)는 죄성의 지배를 받은 우리의 영혼과 정신, 육체 등 우리의 인격 전체가 신령하지 못하다는 사실을 보여줍니다.

"죄 아래에 팔렸다"라는 말은 마치 노예가 어떤 주인에게 팔려 주인의 지배와 통제 하에 들어가듯이, 꼼짝없이 죄를 주인으로 섬기는 종으로 전락했다는 뜻입니다. 노예로 팔려간 사람은 자유가 없습니다. 주인이 시키는 대로 해야 합니다. 마찬가지로 죄의 노예로 팔려간 우리 역시 죄의 눈치를 보며 죄가 시키는 대로 따라 해야 합니다.

이처럼 우리가 지켜야 할 율법은 신령하지만, 우리가 신령하지 못하기 때문에 우리 마음대로 지키기가 어렵습니다. 왜냐하면 우리가 육정에 매인 존재로서 죄의 지배와 영향력으로부터 벗어나기 어렵기 때문입니다

18절도 14절과 마찬가지의 논조로 시작합니다. "율법이 신령한 것"을 안 것은 **우리**인데, 여기에서는 **내**가 안다고 했습니다. 개인적이고 주체적인 시각에서 자신의 모순과 분열을 정면으로 마주하겠다는 태도지요. 내가 아는 것은 "내 속에"(ἐν ἐμοί/in me), 즉 "내 육신 속에"(ἐν τῇ σαρκί/in my flesh) 선한 것이 없다는 사실입니다. 부패하고 타락한 본성의 지배를 받는 나, 즉 육신에 속한 내 안에는 선한 것이 아닌, 죄가 자리를 잡고 있어서 나를 종 부리듯이 부린다는 고백이지요. 이와 같이 죄성의 지배를 받는 나는 기어코 분열될 수밖에 없습니다.

원함은 내게 있으나 선을 행하는 것은 없노라(18b절).

율법의 본성이 그렇듯이 우리에게 바라는 것도 거룩하고 의롭고 선하고 신령한 것입니다. 내 마음 속에는 율법이 기대하는 것을 하고 싶은 '원함'(θέλειν/willing or wishing)은 있습니다. 하지만 '행함'(κατεργάζεσθαι/doing)은 불가능합니다. 마음속으로 선을 원하지만 실행에 옮길 수는 없습니다. 왜냐하면 우리의 육신이 죄에 팔려 타락한 본성의 지배를 받기 때문이지요! 율법 아래에 있는 사람은 율법이 요구하는 것을 하고 싶어 하는 욕구는 있지만, 죄의 노예로 팔려있기에 그 선한 욕구를 선한 행위로 바꿀 수가 없는 처지입니다.

'내' 안에서 일어나는 영적 전투: 갈등과 분열

15절	주제	19절
"내가 원하는 것은 행하지 않고, 도리어 미워하는 것을 행함" (15b)	자아 분열	"내가 원하는 선한 일은 하지 않고, 도리어 원하지 않는 악한 일을 행함"

15절보다 우리 인생의 수수께끼를 더 잘 표현해주는 구절은 없을 것입니다.

> 내가 행하는 것을 내가 알지 못하노니 곧 내가 원하는 것은 행하지
> 아니하고 도리어 미워하는 것을 행함이라.

19절도 같은 뜻입니다. 원하는 선은 행하지 않고, 원하지 않는 악한 일을 행한다는 것이지요. 여기에서 '선한 일'(ἀγαθόν/the good)은 당연히 율법이 요구하는 것들이고, '악한 일'(κακόν/ the evil)은 율법이 거절하는 것들입니다.

바울은 자신의 행동 자체를 도무지 이해할 수 없다는 고백부터 먼저 합니다. "왜냐하면 내가 원하는 것은 하지 않고 내가 미워하는 바로 그것을 행하기 때문이지요"(For I do not what I want, but I do the very thing I hate). 일찍이 어거스틴이 "나 자신에게도 수수께끼가 되어버린 나"라는 표현을 쓴 적이 있지만, 정말 알 수 없는 것이 자신의 마음일 것입니다.

당연히 바울이 원하는 것은 율법이 명하는 거룩하고 의롭고 선하고 신령한 것들입니다. 마음에서는 그것을 하고 싶어서 안달인데, 우

리의 육체는 정반대의 것을 행합니다. 거룩하게 살고 싶은 소원은 있는데, 행동은 거룩하지 않은 쪽으로 갑니다. 마음의 뜻과는 정반대로 내가 하고 싶지 않은 일을 하게 됩니다. 이처럼 하고 싶은 일은 하지 않고, 하기 싫은 일은 하게 되는 모순을 어떻게 설명할까요?

주일 아침 마음속에는 교회에 가고 싶은 소원이 있는데, 행동은 정반대로 텔레비전 앞에 앉아 있는 모순을 경험할 때가 있지요. 분열된 '나'를 만나게 됩니다. 선을 원하고 악은 미워하는 '나'가 있는가 하면, 다른 한편에는 원하는 선은 하지 않고 미워하는 악을 행하는 '나'가 있지요!

욕구는 있지만 실행에 옮기지는 못합니다. 의지는 있지만, 이 의지를 실천할 수 있는 능력은 없습니다. 왜 그럴까요? 여전히 죄 아래에 팔려서 육적인 삶을 살기 때문이지요! 미안하지만 율법으로서는 이와 같은 자아의 분열과 갈등을 극복할 수 없습니다. 오직 예수 그리스도의 복음과 성령의 능력만이 이러한 딜레마에서 벗어나게 해줍니다!

자아분열의 주범 = 내 속에 거하는 죄

16-17절	주제	20절
"'그것을 행하는'(내가 원하는 것은 행하지 않고, 원하지 않는 것을 행하는) 자는 **내가** 아니요, 내 속에 거하는 **죄니라**"(17절)	왜 자아분열이 일어나는가?	"만일 내가 원하지 아니하는 그것을 하면 이를 행하는 자는 **내가** 아니요, 내 속에 거하는 **죄니라**."

내가 원하는 선을 행하지 못하고, 내가 원하지 않는 악을 행하는 이유는 내 안에 거하는 죄 때문입니다. 여기 16-17절과 20절에는 각각의 전제와 결론이 있습니다.

전제	"만일 내가 원하지 아니하는 그것을 행하면"(16a절) "만일 내가 원하지 아니하는 그것을 하면"(20a절)
결론	① "내가 이로써 율법이 선한 것을 시인하노니"(16b절) ② "이제는 그것을 행하는 자가 내가 아니요, 내 속에 거한 죄니라" 　　(17절) 　"이를 행하는 자는 내가 아니요 내 속에 거하는 죄니라"(20b절)

16절 전반부에 대한 우리 말 개역개정판은 번역이 좀 모호합니다. 사실 헬라어 원문 자체도 대단히 모호합니다. 영어 성경 NRSV 역시 모호하게 번역했습니다. "Now if I do what I do not want, I agree that the law is good."

아마 여기에서 바울이 직접 밝히지는 않았지만 율법이 원하는 것이 본래 선한 것이기에, 그것을 하려고 하는 의지 자체가 율법이 선하다는 사실을 미리 인정하기 때문에 행하려는 의지가 생긴다는 사실을 이미 가정하고 있는 듯이 보입니다. 다시 말해 "내가 원하지 않는 것을 행한다"라는 말을 거꾸로 하면, "내가 율법준수를 하기 원하지만 행하지 않는다"라는 말이 되므로, 율법을 지켜보려고 하는 의지 자체는 율법이 선하다는 사실을 시인할 때에만 가능할 것입니다. 이러한 모호성을 피하기 위해 새번역은 이렇게 번역했지만 이 역시 원문에 근사近似한 것은 아닙니다.

> 내가 그런 일을 하면서도 그것을 해서는 안 되겠다고 생각하는 것은, 곧 율법이 선하다는 사실에 동의하는 것입니다.

이제 중요한 것은 이러한 전제에 대한 결론인데, 17절이나 20절은 모두 동일한 내용입니다. 율법이 요구하는 선을 마음으로는 원하는데 육으로는 행하지 않고, 도리어 미워하는 악을 행하는 이유는 '내 속에 거하는 죄'($\dot{\eta}\ o\dot{\iota}\kappa o\hat{\upsilon}\sigma\alpha\ \dot{\epsilon}\nu\ \dot{\epsilon}\mu o\dot{\iota}\ \dot{\alpha}\mu\alpha\rho\tau\dot{\iota}\alpha$/sin dwelling in me) 때문이라는 것입니다! 죄는 우리 바깥에 있는 실체가 아니라, 다름 아닌 우리 마음 깊은 곳에 자리를 잡고 우리를 지배하고 조종하는 또 하나의 인격적 세력이라는 것입니다.

바울이 지금까지 충실히 율법을 변호해온 그대로 이와 같은 자아 분열에 대한 책임도 율법 때문이 아니고, 더욱이 내 자신 때문도 아닙니다. **나의** 잘못이 아니라, **내 안에 있는 죄**에게 잘못이 있다고 하니까, 율법을 지키지 못하고 죄를 지을 때마다 "내 책임이 아니고 다 죄 때문"이라며 발뺌을 할 수 있는 소지素地가 있습니다. 하지만 이것은 가당치 않은 변명입니다! 바울이 말하는 '나'($\dot{\epsilon}\gamma\dot{\omega}$/I)는 예수 그리스도를 믿고 왜곡된 하나님의 형상을 회복한 '본래적 나'(eigentliche Selbst)를 말합니다. 문제는 물과 성령으로 거듭나기 전, 아니 거듭난 후에도 죄의 지배를 받는 '비본래적 나'(uneigentliche Selbst)가 본래적 나를 종삼아 짓누르려고 한다는 데 있습니다. 다시 말해 바울이 '나'와 '내 속에 거하는 죄'를 언급할 때에는 이처럼 나의 집에 거주하는 '두 주인'을 의미합니다. 성령의 지배를 받으려는 '본래적 나'(새 사람)와 죄의 지배를 받으려는 '비본래적 나'(옛 사람)가 '한 지붕 밑에 두 살림'을 차리고 있다는 것이지요!

거듭 강조하지만 바울이 자아분열을 말할 때에는 이처럼 '진정한 나'(the authentic I)와 '거짓된 나'(false or counterfeit I) 사이의 분열을 말하기 때문에 '진정한 나' 때문이 아니라, 어디까지나 내 속에 똬리를 틀고 있는 죄, 즉 육신에 속하여 죄에 팔린 '거짓된 나'가 이와 같이 모순된 행동을 부추깁니다. 그러므로 내 속에 거주하는, 그 죄에 팔린 '나' 역시 나의 전체 인격 안의 한 부분이기에 내가 책임을 지지 않을 수 없습니다. 물론 마귀의 충동을 받는 등 영적으로 악한 세력과 외부 환경에 영향을 받는 것이 사실이지만, 전적으로 내 안에서 일어나는 갈등이기에 내가 책임져야 마땅합니다.

이처럼 내가 저지르는 죄악에 대한 최종적 책임은 나에게 있지만, 그럼에도 불구하고 내 마음대로 통제할 수 없는, '인격화된 세력으로서의 죄'가 내 안에 있다는 사실 역시 간과할 수 없습니다. 왜냐하면 내가 미워하는 악을 행하는 이유는 '진정한 나'가 자발적으로 하는 것이 아니라, 내가 가진 선한 판단과 의지에 어긋나도록 내 속에 있는 '거짓된 나'가 죄를 충동질하기 때문입니다.

나의 집에 또 하나의 거처를 마련해서 나를 마구잡이로 지배하며 주인 노릇하는 죄는 내 마음대로 쫓아내기가 어렵다는 것이 바울의 관찰입니다. 오직 그리스도 예수를 주인으로 모실 때에만 그 죄라는 거짓된 주인이 쫓겨나갑니다. 성령의 지배를 받아야지만 원하는 선을 행하고, 미워하는 악을 물리칠 수 있습니다. 그러기에 적어도 지금까지의 바울의 논리를 따라가 볼 때, 율법이나 인간의 선한 의지만 가지고서는 내 집에 주인 노릇을 하는 죄를 완전히 쫓아낼 수 없습니다. 율법이라는 전남편으로부터 벗어나 그리스도의 새 신부가 되고, 죄가 아닌 그리스도를 새 주인으로 모실 때에만 그 집요한 거짓 주인인 죄를 몰아내고 가정통일을 이룰 수 있습니다.

이처럼 인간의 집에는 늘 두 주인이 세력 다툼을 하기에 바람 잘 날이 없습니다. 그러므로 나의 인생이 '자기의 집'이라고 생각하면 착각입니다. 늘 죄라는 다른 주인에게 휘둘리기 일쑤입니다. 내 집 안에

둥지를 틀고 있는 죄라는 불청객 때문에 인간은 하나님과 자기 자신으로부터 다 소외되어서 자신의 집임에도 불구하고 자기 마음대로 다스리지 못합니다. 나의 집에 진짜 주인인 '진짜 나'는 언제나 선을 바라고 악을 미워하지만, 육신에 속해 내 속에 거주하는 죄에 팔린 가짜 주인인 또 다른 '가짜 나'가 정반대로 행동하도록 만듭니다.

"왜 우리가 원하는 선은 행하지 않고, 미워하는 악을 행할까?" "왜 옳고 선한 것을 하려는 의지는 있지만, 그것을 실행에 옮길 수는 없을까?" 이 질문에 대한 바울의 분석은 인격적 결함이나 의지적 약함, 심리적 문제를 찾으려는 시도가 아니라는 사실이 중요합니다. 훨씬 더 근원적인 죄의 세력에 지배를 당하고 있는 자아를 뚫고 들어가는 신학적 대답을 모색합니다.

담배 하나 끊는 데 45년 걸린 신학자

개혁주의 신학자 R. C. 스프로울(Robert Charles Sproul, 1939~)의 경험담입니다. 그는 대학 시절에 회심했습니다. 언어와 행동거지에 놀라운 변화가 왔습니다. 성경을 배우고자 하는 거룩한 열망도 불타올랐습니다. 하지만 오랜 습관인 담배를 끊을 수 없었습니다. 담배를 끊고 싶은 욕구는 간절했으나, 자기 뜻대로 되지 않았습니다.

이를 안타깝게 여긴 수학 교수님이 아이디어를 주었습니다. 만일 담배 피우고 싶은 생각이 간절할 때면, 담배 대신에 빨대를 입에 물고 담배 연기를 내마시고 들이마시는 식으로 해보라는 제안이었습니다. 하지만 소용없었습니다. 어떤 부흥강사는 정말 담배를 끊고 싶으면 예수님 사진을 담뱃갑에 붙여놓고서는 담배 생각이 날 때마다 그 사진을 보면서 "예수님, 사랑합니다!" 외쳐보라고 했습니다. 그러면 담배 생각이 싹 가실 것이라는 충고였습니다. 정말 예수님 사진을 담뱃갑에 붙여놓고서는 아무리 예수님을 사랑한다고 외쳐봤지만 담배에 대한 욕구는 더 강렬해졌습니다. 결국 예수님 사진을 떼어버렸습니다.

자기 힘으로 담배를 끊으려고 아무리 발버둥을 쳐도 잘 되지 않자 신실한 교인들에게 자기 머리에 손을 얹고 담배를 끊을 수 있도록 안수기도를 부탁한 적도 있습니다. 어떤 목사님은 자신의 손톱을 스프로울에게 주면서 호주머니에 넣고 다니라고 했습니다. 담배 피우고 싶은 생각이 날 때마다 예수님의 십자가 죽음을 생각하고 주머니에서 손톱을 꺼내 예수님이 너를 위해 죽었다는 사실을 기억하라고 했습니다. 몇 시간은 참을 수 있었지만 결국 참지 못하고 손톱도 버리고 말았습니다. 그야말로 백약이 무효였습니다!

스프로울은 자신이 크리스천이 된 뒤에 24시간 담배에 손을 대지 않게 되기까지 25년이 걸렸다는 고백을 합니다. 그리고 한 달 동안 금연 하는데 또 다시 10년이 흘렀습니다. 마침내 완전히 담배를 끊는데 또 10년이 지났습니다. 그가 담배를 끊는 데에는 자그마치 45년이 걸렸습니다! 스프로울은 그 45년 동안 늘 마음속에서 끝없는 갈등과 분열을 겪었다고 고백합니다.

스프로울은 영적인 삶을 살고자 육적인 삶을 청산해보려고 별의별 방법을 다 동원했지만 자기 뜻대로 되지 않았습니다. 갖가지 거룩한 방법들을 마음속으로 원해서 해보려고 했지만, 오히려 정반대의 행동이 불쑥불쑥 튀어나왔다고 고백합니다. "담배 피우지 말라"(禁煙)는 계명은 선한 것이지만, 그것을 행하려는 사람의 자아가 죄의 지배를 받기 때문에 지키기도 어렵고, 역으로 더 담배에 집착하는 결과를 빚게 된 것이지요!

스프로울의 경우에는 담배가 문제였지만, 오늘 우리 역시 각자의 형편에 따라 다양한 문제로 내적인 분열을 겪을 때가 있습니다. 그 이유는 우리 마음 깊은 곳에 자리를 잡고 있는 죄성 때문입니다!

자아분열로 겪는 내전內戰

이제 바울은 21-23절에서 자아분열에 대한 최종 결론을 내립니다. 인간이 처한 모순과 역설의 상황, 즉 이중二重 현실을 네 가지 주제로 다시 한 번 요약합니다. 스토트는 이것을 '두 개의 나'(two egos), '두 개의 법'(two laws), '두 개의 외침'(two cries) 그리고 '두 개의 노예 상태'(two slaveries)로 정리합니다.

첫째로, 두 개의 자아가 대립 투쟁을 합니다.

> 그러므로 내가 한 법을 깨달았노니 곧 선을 행하기 원하는 나에게 악
> 이 함께 있는 것이로다(21절).

먼저 바울은 하나의 '법'을 발견했다고 합니다. 여기에서 말하는 '법'(τὸν νόμον/the law)은 '모세의 율법'(Torah)을 말하기보다는 하나의 '원리'(a principle)를 의미한다고 볼 수 있습니다. 그 원리는 무엇입니까? 내 안에 두 개의 자아가 서로 다툰다는 원리지요. 나는 선을 행하려고 하는데, 악이 함께 있습니다.

악이 '함께 있다'는 말을 헬라어는 'ἐμοί'(emoi/to me/in me/by me)로 표현해서 내 가까이 찰싹 달라붙어 있다는 사실을 강조합니다. 내가 아무리 선을 품어도 악이 기생충처럼 찰싹 붙어서 도무지 떨어지지 않습니다. 내 속에 아무리 율법에 순종하려는 선한 의지와 욕구가 꿈틀거려도, 이 순종을 가로막는 악한 의지와 욕구가 동시에 찰거머리처럼 들러붙어 있다는 말이지요. 그래서 선과 악이 내 안에서 갈등을 일으킵니다.

둘째로, 두 개의 법이 다툽니다.

내 속사람으로는 하나님의 법을 즐거워하되 내 지체 속에서 한 다른 법이 내 마음의 법과 싸워 내 지체 속에 있는 죄의 법으로 나를 사로잡는 것을 보는도다(22-23절).

여기에서 바울은 두 가지의 법, 즉 '하나님의 법'과 '죄의 법'이 동시에 갈등을 일으킨다고 했습니다. 먼저 '하나님의 법'(τῷ νόμῳ τοῦ θεοῦ/the law of God)은 말 그대로 하나님이 주신 모세의 율법을 말합니다. 이 '하나님의 법'은 내 영혼이 사랑하고 즐거워하는 대상입니다.

그런데 흥미롭게도 이 '하나님의 법'을 즐거워한다는 말을 할 때 '내 속사람으로는'(κατὰ τὸν ἔσω ἄνθρωπον/according to the inner man)이라는 조건을 답니다. '속사람'은 물과 성령으로 거듭난, 진정하고 본래적인 나를 말할 것입니다. 왜냐하면 마음을 지녔다고 해서 누구나 다 하나님의 법을 절로 즐거워하는 것은 아니기 때문이지요. 하나님을 경외하는 경건한 유대교 신자나 물과 성령으로 거듭난 크리스천만이 하나님의 법을 즐거워할 수 있을 것입니다.

이와 같이 '속사람'을 따라서 '하나님의 법'을 즐거워하기에 이 법은 또한 '마음의 법'($\tau\tilde{\omega}$ $\nu\acute{o}\mu\omega$ $\tau o\tilde{u}$ $\nu o\acute{o}\varsigma$ μov/the law of my mind)이기도 합니다(23절). 다름 아닌 내 '마음'이 '하나님의 법'을 인정하고 즐거워하기에 이 법을 '마음의 법'이라고 부른 것이지요.

하지만 7장에서의 바울의 지속적인 관심은 **인간 안에서** 일어나는 모순과 갈등이기에 '속사람'을 군이 구속론적인 시각에서만 보지 말고, 인간론적인 측면에서 볼 필요도 있을 것입니다. 다시 말해 바울의 주관심이 인간에게서 일어나는 '의지'(willing)와 '행위'(doing) 사이의 불일치라고 한다면, '속사람' 역시 '육신'(14, 18절) 혹은 '지체'(23절)와 대조되는 개념으로 이해할 필요가 있습니다. 말 그대로 육체가 아닌, 마음 깊은 곳에서 율법이 원하는 대로 선하게 살기 원하는 나의 자아를 속사람으로 표현했다고도 볼 수 있습니다.

속사람(마음)	선한 의지, 인간의 내적이고 영적이고 정신적인 측면
육신(지체)	악한 행위, 인간의 외적이고 육적이고 물질적인 측면

22절에서 속사람으로 하나님의 법을 즐거워하는 '나'의 상태를 긍정적으로 평가한 뒤, 바울은 23절에서 다시금 부정적 평가로 돌아섭니다. 하나님의 법에 맞서는 또 하나의 법이 있다는 것이지요. 그것은 '죄의 법'($\tau\tilde{\omega}$ $\nu\acute{o}\mu\omega$ $\tau\tilde{\eta}\varsigma$ $\dot{\alpha}\mu\alpha\rho\tau\acute{\iota}\alpha\varsigma$/the law of sin)입니다!

도대체 '죄의 법'이 무엇일까요? 먼저 모세의 율법이 죄의 도구로 사용되듯이, 율법의 어그러진 측면을 말한다고 볼 수 있습니다. 하나님으로부터 온 율법은 본래 거룩하고 의롭고 선하고 신령하기에 속사람으로 바르게 순종만 한다면 얼마든지 우리에게 생명을 줄 수 있지만, 죄로 일그러진 나에 의해 악용될 경우 이 율법이 불순종과 각종 죄를 부채질해서 결국 죽음으로 안내할 수밖에 없습니다. 그러므로 '죄의 법'을 율법의 부정적 측면으로 해석할 경우 '하나님의 법'과 '죄의 법'은 두 가지의 서로 다른 법이 아니라, 모세의 율법을 서로 다른 동기와 태도와 결과로 해석해서 초래되는, 한 율법의 두 가지 양상에 불과하다고 볼 수 있습니다.

그러나 23절에서 바울은 이 '죄의 법'을 '한 다른 법'(ἕτερον νόμον /a different law)이라고 말함으로써, '하나님의 법'과 '죄의 법'이 서로 다르다는 사실을 분명히 합니다. 그러므로 여기에서 바울이 동일한 율법의 두 가지 다른 차원, 즉 긍정적으로 사용되는 '하나님의 법'과 부정적으로 사용되는 '죄의 법'을 말한다고 보기 어렵습니다. 더군다나 율법 자체가 하나님의 법도 될 수 있고, 죄의 법도 될 수 있다는 생각도 받아들이기 어렵습니다. 율법 그 자체는 언제나 거룩하고 의롭고 선하고 신령할 뿐, 죄의 법이 될 수는 없습니다. 율법을 그릇된 방향으로 몰고 가는 우리의 죄성과 율법에 순종하지 못하는 우리 자신에게 문제가 있는 것이지, 율법 자체가 죄가 되는 것은 아니기 때문입니다.

그렇다면 바울이 말하는 '죄의 법'은 무엇일까요? 바울은 3장 27절에서 '행위의 법'과 '믿음의 법'을 날카롭게 대조시킨 적이 있습니다. 구원이 '행함'이 아닌, '믿음'으로 이루어진다는 사실을 설명하기 위한 수사학적 표현법이지요. 마찬가지로 '하나님의 법'과 정반대인 '죄의 법'은 죄가 내 지체, 즉 내 육신의 여러 기관들을 점유하여 갖가지 죄를 짓도록 부추기는, 하나의 영적 원리로 볼 수 있습니다.

육체를 틈타 내 안에 몰래 들어와 죄에 감염되도록 만드는 일종의 영적 바이러스를 '죄의 법'이라고 할 수 있습니다. 바로 이런 이유 때문에 바울은 '죄의 법'이 다름 아닌 '내 지체 속'(ἐν τοῖς μέλεσίν μου/in the members of me)에 있다고 말씀합니다. 죄는 항상 내 육신의 구체적인 지체, 즉 여러 기관들을 통해서 역사한다는 것이지요. '하나님의 법'이 '속사람'과 연관된 것과 달리, 이처럼 '죄의 법'은 '육신의 지체'와 관계합니다.

중요한 것은 이 '죄의 법'이 '하나님의 법'을 따라 살려는 내 '마음의 법'에 맞서 전쟁을 일으키며, 결국 전쟁에 패배한 나를 '죄의 법'에 사로잡힌 포로가 되게 한다는 사실입니다. '사로잡는다'는 말은 전쟁 용어로서, 헬라 원어는 'ἀντιστρατευόμενον'(antistrateuomenon)입니다. 이 헬라어의 원뜻은 '전쟁을 한다'(warring against)는 것입니다. 그렇다면 나는 '하나님의 법'과 '죄의 법' 사이에서 날마다 전쟁을 치르는 영적 전사(戰士/warrior)입니다.

문제는 성령의 도움 없이, 즉 율법 아래에 있는 자연인 상태에서는 '하나님의 법'을 따르려는 '마음의 법'이 죄의 법을 도저히 이길 수 없다는 현실에 있습니다. 그리하여 '죄의 법'이 '마음의 법'과 맞서 싸워 이겨서 언제나 나를 '전쟁포로'(Kriegsgefangene)로 전락하게 만듭니다. 전쟁포로가 되었다는 말은 내가 승자인 죄의 노예가 되어서 죄가 시키는 대로 살 수밖에 없다는 뜻입니다.

하나님의 법 (마음의 법)	"속사람으로" (선한 의지)	"하나님의 법을 즐거워한다." (나의 자아에 대한 긍정적 평가)
죄의 법	"내 지체 속에" (악한 행동)	"내 마음의 법과 맞서 싸우며, 내 지체에 있는 죄의 법에 나를 포로로 만든다." (나의 자아에 대한 부정적 평가)

이와 같은 절망적인 자아 분석으로 볼 때 나는 자기 힘으로 이 포로 상태에서 풀려날 수 없습니다. 포로 상태에서 벗어날 수 있는 그 어떤 자력 출구도 완전히 차단된 것이지요! 그러기에 딜레마에 빠진 내가 할 수 있는 것이라고는 밖에서 오는 구원을 향해 외칠 수밖에 없습니다.

셋째로, 두 가지 탄식이 있습니다.

오호라 나는 곤고한 사람이로다 이 사망의 몸에서 누가 나를 건져내랴(24절).

첫 번째의 외침은 비극적 울부짖음입니다. 속마음으로 '하나님의 법'을 즐거워하며 순종하며 살기 원하지만, '죄의 법'이 훼방을 놓아 전투가 벌어지는데 결국 '죄의 법'이 승리해 나는 패잔병이 되어 속수무책의 포로로 전락했습니다.

한 집안에 두 주인이 서로 싸움질을 하니 자멸할 수밖에 없습니다. 당파싸움으로 갈기갈기 찢어진 나라가 외부의 적과 제대로 싸워보기도 전에 스스로 붕괴되는 이치와 마찬가지입니다. 여하한 '자아분열'과 '자아투쟁'도 자멸을 초래할 뿐입니다!

죄와의 전투에서 패배한 패잔병으로서 죄가 시키는 대로 꼼짝없이 비굴하게 사는, 참혹하고도 무기력한 상태에 빠진 '나'를 바울은 '곤고한 사람'($Ταλαίπωρος\ ἐγὼ\ ἄνθρωπος$/I am a wretched man)으로 표현합니다. 비참하고 불행한 사람이라는 뜻이지요. 율법을 지키려는 선한 의지는 있지만, 뿌리 깊은 죄성에 눌려 율법의 요구대로 살지 못하는 자신의 무기력성을 이보다 더 잘 보여주는 표현은 없을 것입니다.

더욱이 이 곤고한 사람은 '사망의 몸'($\tau o \tilde{\upsilon}\ \sigma \omega \mu \alpha \tau o \varsigma\ \tau o \tilde{\upsilon}\ \theta \alpha \nu \alpha \tau o \upsilon$ /the body of death), 즉 전쟁포로로 잡혀 꼼짝없이 죽어야만 할 몸이 되었습니다. '죄 아래에 팔려'(7:14), '죄의 종'으로 전락한 나의 '몸'은 열심히 죄를 섬긴 대가로 삯을 받는데, 그것은 죽음입니다(6:23). 그러므로 "오직 죽음만이 기다리는 이 사망의 몸에서 건져낼 자 누구냐?"라는 탄식은 스스로의 힘으로는 도저히 빠져나올 수 없다는 절망의 절규입니다!

이제 이와 같이 절망적이고 부정적인 절규 다음에 희망적이고 긍정적인 외침이 뒤따릅니다.

우리 주 예수 그리스도로 말미암아 하나님께 감사하리로다!(25a절).

첫 번째의 외침이 **물음표**로 끝난다면, 두 번째의 외침은 **느낌표**로 끝납니다. 도저히 스스로 빠져나올 수 없는 절망적인 상황에서 하나의 출구를 발견했습니다. 그것은 예수 그리스도의 복음입니다! 율법과 행위로는 구원받을 자가 없는데, 그리스도의 복음을 믿음으로써 하나님의 은혜로 인해 사망의 몸에 빠진 곤고한 사람이 구원받을 길이 활짝 열렸습니다!

그러기에 당연히 두 번째의 외침은 감사의 찬미로 표현됩니다. "$\chi \acute{\alpha} \rho \iota \varsigma\ \tau \tilde{\omega}\ \theta \epsilon \tilde{\omega}\ \delta \iota \grave{\alpha}\ '\mathrm{I} \eta \sigma o \tilde{\upsilon}\ X \rho \iota \sigma \tau o \tilde{\upsilon}\ \tau o \tilde{\upsilon}\ \kappa \upsilon \rho \iota o \upsilon\ \dot{\eta} \mu \tilde{\omega} \nu$"(karis to theo dia Iesou Christou tou kyriou hemon/Thanks be to God through Jesus Christ our Lord!).

자아분열로 일어나는 내전을 종식시킬 수 있는 분은 예수 그리스도 한 분밖에 없습니다. 예수 그리스도는 둘로 찢어진 것을 하나가 되게 하여 화평을 주기 위해 오신 분입니다(엡 2:14-22).

넷째로, 두 종이 다툽니다.

그런즉 내 자신이 마음으로는 하나님의 법을 육신으로는 죄의 법을
섬기노라(25b절).

저 같으면 이 구원의 출구를 발견한 것에 대해서 감탄하고 감사하
는 것으로 그냥 마무리를 지을 것 같은데, 흥미롭게도 바울은 25절
후반부에서 굳이 사족蛇足 하나를 덧붙입니다. 7장 14-23절까지 분
석한 '자아분열'에 대해서 다시 한 번 최종적인 요약을 시도하고 있습
니다. 지금까지 분석했던 '자아분열'을 다름 아닌 두 가지의 '섬김', 즉
종이 두 주인을 섬기며 종살이하는 것으로 비유해 요약하고 있습니
다. 학자들 중에는 본래 바울의 원문에 없었던 이 구절을 후대에 삽입
한 첨구(添句/gloss)로 보는 이들이 있습니다.

헬라어 원어로 '섬기다'는 $δουλεύω$(douleuo/serving as a slave)
인데, 말 그대로 노예로 섬긴다는 뜻입니다. 그런데 바울은 먼저 두 주
인을 섬기는 분열된 자신의 처지를 강조하고자 '나 자신'($αὐτὸς ἐγὼ$/
myself I)이라는 강조 용법을 씁니다. '나 자신'이라는 말이야 말로 마
음과 육신을 다 포함하는 전인격적이고 총체적인 나를 의미하는 말이
지요. 다시 말해 마음 따로, 육신 따로, 각기 떨어져서 각각 다른 두
주인을 섬기는 것이 아니라, 총체적이고 전인격적인 '내 자신 안에' 두
가지의 섬김이 동시에 일어난다는 뜻입니다.

나 자신이 마음으로는 '하나님의 법'을 주인으로 섬깁니다. 하나님

의 율법을 알고 사랑하고 행하기 원합니다. 하지만 이와 동시에 나 자신이 육신으로는, 즉 타락한 본성에 의해 지배를 받는 상태에서는 '죄의 법'을 섬깁니다. 한 마디로 마음으로는 '하나님의 법'에 동의해서 순종하고 싶지만, 육신으로 실제적인 실행에 옮기는 일에는 실패한다는 말이지요. 이렇게 마음과 육신이 각기 다른 주인을 섬기다 보니 내 자아가 분열되어 평화가 없습니다. 내전이 그치지 않습니다!

그렇다면 분열과 내전으로 만신창이가 된 자아를 통일시킬 수 있는 방법은 그리스도 예수의 복음밖에는 없습니다. 사망의 몸에서 풀려나는 방법은 복음밖에 없습니다. 그래서 이 구원의 출구를 발견한 기쁨에 겨워 감탄사를 발한 바울이 왜 하필이면 맨 끄트머리에서 또다시 분열된 자아의 비극을 언급한 것일까요? 물론 지금까지 관찰한 자아분열을 최종적으로 요약해준다는 의미가 있겠지만, 다분히 사는 날까지 지속될 인간 실존의 모순과 역설을 강조하려는 의도가 엿보입니다.

예수 그리스도를 통해 구원을 받는다고 할지라도, 여전히 죄 많은 이 세상에 사는 그리스도인은 루터가 말한 것처럼 "죄인이면서 의인이고, 의인이면서 죄인"(simul iustus est et peccat/Gerechter und Sünder zugleich/at the same time justified and yet a sinner)의 역설과 모순을 피할 길이 없다는 사실을 재천명한 것이라고 볼 수 있습니다. '속사람(마음)으로는'(23절) '하나님의 법'(22절)을 섬기기 원하지만, '육신(지체)으로는'(14b, 18, 23절) '죄의 법'(23절)을 섬기려는 갈등과 전쟁은 일생 동안 지속되기에 그 심각성을 일깨워준다는 말입니다.

불신자들은 말할 것도 없거니와 그리스도인들 역시 두 자아와 두 법, 두 외침, 두 섬김 사이의 끊임없는 투쟁으로 나타나는 '이중 현실'(double reality)을 피할 길이 없다는 것이지요. 이 이중의 모순과 역설을 극복할 수 있는 비결은 예수 그리스도를 믿고 '내 속에 거하는 죄'가 아닌, '성령의 내주하심'에 의해 지배를 받는 데 있습니다. 바울은 8장에서 이 문제를 다루게 될 것입니다.

　　지금까지 바울이 말한 두 개의 대립 투쟁을 도표로 만들면 다음과 같습니다.

두 가지 자아	'선을 원하는 나' VS. '악을 행하는 나'
두 가지 법	'하나님의 법'(마음의 법) VS. '죄의 법'
두 가지 외침	'절망과 탄식의 외침' VS. '희망과 감사의 외침'
두 가지 섬김	'마음으로 하나님의 법을 섬김' VS. '육신으로 죄의 법을 섬김'

이 '나'는 누구인가?

　　이제 가장 흥미로우면서도 지금까지 학계의 뜨거운 논쟁거리가 되고 있는 문제는 7장 14-25절에서 말하는 '나'(ἐγώ/I)는 도대체 누구를 말하는가라는 사실입니다. 이 '나'는 마음속으로는 율법에 순종하고 싶지만, 육신으로는 율법과 반대되는 행동을 합니다. 이러지도 못하고 저러지도 못하고 덫에 빠진 이 사람은 도대체 누구를 말할까요?

　　이 '나'의 정체성을 밝혀내기 위해서는 독자 자신의 편견이나 삶의 자리에 따라 자신의 구미口味에 맞는 식으로 접근해서는 안 될 것입니다. 로마서는 물론이고 바울서신 전체를 염두에 두고 바울 스스로 말하게 하는 것이 가장 바람직할 것입니다. 그렇다면 학계에서는 이 '나'에 대한 정체성의 문제에 있어서 지금까지 크게 세 가지 설이 서로 다

투고 있습니다.

첫째로, '나'를 그리스도를 영접하기 이전의 아직 아담 안에 있는 **불신자**로 해석하는 시각이 있습니다.

특히 초대교회 교부들이 이렇게 생각했습니다. 만일 '나'가 바울의 자전적인 고백이라고 한다면, 회심 이전의 바울, 즉 아직 율법 아래에서 불신자 상태에 있었던 바울을 의미한다고 볼 수 있습니다. 바꾸어 말해서 회심 후에 성숙한 크리스천으로서 로마서를 쓰고 있는 바울이라고 볼 수 없다는 뜻이기도 합니다.

그 이유는 이 '나'가 "육신에 속하여 죄 아래에 팔려있다"(14절)라는 고백을 하고 있기 때문입니다. 그리스도를 믿음으로써 율법의 종살이에서 벗어났다고 고백한 크리스천 바울이 자신은 지금 "죄의 법에 사로잡혀 있고"(23절), "곤고한 사람"이고 "사망의 몸"에 빠져 있다(24절)고 탄식할 수는 없다는 것입니다. 더욱이 본문에서의 '나'는 성령의 도우심을 전혀 받지 못한 채 스스로의 노력으로 분투하고 있을 뿐만 아니라, '죄의 법'과의 전투에서도 백전백패를 당하는 패병敗兵으로 묘사되고 있습니다.

이런 이유 때문에 '나'를 불신자로 볼 경우 기독교로 회심하기 이전에 아직 유대교의 율법 아래에 있었던 바울 자신을 가리킨다고 볼 수 있습니다. 아니면 기독교로 개종하지 않고 여전히 율법의 멍에 아래에서 신음하는 모든 유대인들이나 이와 비슷한 처지에 있는 불신자 일반을 아우른다는 시각도 있습니다.

둘째로, '나'를 기독교로 개종한 거듭난 **크리스천**으로 보는 시각이 있습니다.

이러한 시각은 특히 어거스틴-루터-칼뱅 계열의 종교개혁주의자들이 전형적으로 취한 입장이었는데, 루터의 "죄인이면서 의인이고 의인이면서 죄인"이라는 명구를 통해 널리 알려졌습니다. 죄인이 믿음으로 의로워졌지만, 의인이 되었다고 해서 죄의 영향력으로부터 완전히 벗어난 것이 아니라 일생 죄 많은 세상에서 계속 살아가야 하므로 의로워지고 거듭난 크리스천도 죄와 싸워야만 한다는 논리지요. 그러기에 이러한 시각으로 접근한다면 '나'는 교회 안에 있는 모든 보통 신자들을 의미하게 될 것입니다.

'나'를 이처럼 일반적인 기독교 신자로 보는 입장에도 나름 근거는 있습니다. 무엇보다도 이런 시각에서 본다면 '나'의 이야기는 회심한 후 바울 자신의 자전 고백이 될 것입니다. 흥미롭게도 헬라어 원문 성경의 7장 7-13절은 과거형으로 되어 있는데, 14-25절은 현재형으로 바뀐다는 사실이야말로 크리스천으로서의 바울의 현재 체험을 대변해주는 것으로 볼 수 있습니다.

이처럼 바울의 현재 고백으로서 본문의 내적 갈등을 읽을 경우 24절에서 바울이 찾는 최종적인 구원은 절망과 체념에서 우러나온 탄식이라기보다는 최후 구속에 대한 열망, 즉 '사망의 몸'에서 풀려나 영원히 썩지 않는 신령한 부활의 몸으로 변형될 것을 기대하는 것으로 풀이할 수 있습니다.

또한 "하나님의 법을 즐거워하고"(22절), "순종하려고 애쓰고"(15-20절), 심지어 "하나님의 법을 섬기는 것"(25절)도 거듭난 신자가 아니면 할 수 없는 일입니다. 만일 '나'가 바울 자신을 포함한 '모든 거듭난 신자들'을 의미한다고 볼 경우, 바울이 분석하는 자아분열은 구원받은 신자의 내부 안에서 일어나는, 죽기까지 지속되는 영적 갈등이 될 것입니다. 바울이 분석한 자아갈등이 매우 독실한 신자들을 포함해서 일반 신자들을 두루 포괄하는 상태로 본다면, 이 땅에서 죄를 완전히 정복해서 죄와의 싸움이 종식되었다고 주장하는 '기독교적 완전주의'(Christian perfectionism)는 발붙일 틈이 없게 될 것입니다.

셋째로, 불신자로 보는 견해와 신자로 보는 견해를 **절충**한 입장이 있습니다.

'나'를 기독교 신자가 되긴 했지만, 아직 온전히 거듭난 크리스천으로서 날마다 성령의 능력 안에 살지 못하는 '반쪽 크리스천'(half Christian)으로 보는 시각입니다. 이것은 특히 17세기 유럽 대륙의 경건주의자들(pietists)이 취한 입장이었는데, '나'를 신자로 보되, 아직 완전히 성숙하지 못한 '불완전한 크리스천'으로 보았던 것입니다. 다시 말해 '진짜 크리스천'(real Christian)이 아니라, 예수를 믿기는 했지만 아직 완전히 거듭나지 못한 '명목적 크리스천'(nominal Christian)으로 해석한 것이지요. 새로이 예수를 믿고 신자가 되었지만, 성령의 도움 없이 여전히 자신의 힘으로 기독교적 삶을 살아보려고 애쓰는 인본주의적 신자들이라는 것입니다.

현대에 들어서는 존 스토트가 이런 입장을 대표하는 신학자인데, 스토트가 이와 같은 절충주의적 입장을 취하는 이유가 있습니다. 본문에서 말하는 '나'를 거듭난 신자라고 할 경우 그가 원하는 선을 행할 수 없다는 사실도 이상하고, 만일 불신자로 본다고 할지라도 그가 율법이 요구하는 선한 것을 행하려는 의지가 있다는 사실도 모두 이상하다고 보았습니다. 거듭난 신자로 볼 경우 죄로부터 이미 해방된 독실한 크리스천이 죄의 포로요 노예로 있다고 서술하는 것이 기이_{奇異}하다고 본 것입니다. 마찬가지로 불신자라고 한다면 율법에 대해서 다분히 적대감을 품어야 할 그가 율법을 즐거워할 수 있는가에도 의문이 생긴다는 것입니다.

그러므로 '나'는 100% 참 신자도 100% 불신자도 공히 아니고, 예수를 막 믿어서 자신이 철저히 무기력한 죄인임을 자각하기 시작하면서 율법의 선한 것들을 자기 힘으로 지켜보려고 애를 쓰고는 있지만, 아직 물과 성령으로 거듭나지 못한 어중간한 50% 신자로 보았던 것입니다. '하나님의 법'을 즐거워는 하지만, 아직 그것을 지켜낼 능력은 찾지 못한 '젖먹이 신자들'을 가리킨다는 것이지요. 특히 이처럼 충분히 거듭나지 못한 신자는 성화의 삶을 살기 위해 성령의 능력에 의지하기 보다는 율법을 더 의지하는 경향성이 있으므로 본문의 '나'에 정확히 부합한다는 것입니다.

'나'는 그리스도께 속했지만 동시에 이 세상에 속한 이중적이고 역설적인 현실 때문에, 아담과 그리스도 안에 동시에 속해 있고, 이미 해방된 동시에 여전히 포로로 사로잡혀 있는 찢겨진 존재입니다. 예수 그리스도의 오심으로 시작된 하나님 나라의 '도래'(이미/already)와 최종적인 '완성'(아직 아님/not yet) 사이에 끼여서 그 중간기(between times)를 살아가는 이중 존재라는 것입니다.

이와 같이 스토트는 '나'를 기독교 신자가 되었지만, 아직 성숙치 못한 신자를 일컫는다고 보았습니다. 자기의 힘으로만 율법을 지키려고 노력할 뿐, 아직 성령의 능력을 알지 못하고 체험하지 못한 신자로 보았던 것입니다. 이런 시각에서 7장을 보면, 6절 딱 한군데에서만 잠깐 '성령'을 언급할 뿐, 온통 '율법'이란 말로 도배를 한 듯합니다. ('율법'이라는 말과 이와 비슷한 동의어를 무려 39회나 언급합니다.) 그러기에 7장은 여전히 율법 아래에서 신음하는 인간의 비극을 집중 조명하고 있고, 성령의 능력은 8장에 가서야 비로소 주목을 받게 될 것입니다.

(8장에서 '성령'은 무려 21회나 언급됩니다.)

결국 '나'는 아직 오순절 성령 강림을 체험하지 못한 채 구약의 율법 아래에 있었던, 예수님의 제자들을 포함한 '유대인 신자들'을 의미한다고 볼 수 있습니다. 이와 같은 구약의 신자들은 율법을 즐거워하고 율법대로 살고자 하는 뜨거운 열망은 있지만, 제대로 실행에 옮기지는 못한 채 내적인 갈등과 분열을 경험합니다. 성령의 내주하심을 경험하지 못했기에 자기 힘으로만 율법을 지키려고 하다가 무참히 무너져 내립니다. 단지 의인화뿐만 아니라 성화까지도 율법 아래에 있어서는 안 된다는 사실을 깨닫지 못한 것이지요. 그러기에 이런 '나'는 내적으로 고통스러운 갈등과 분열을 겪을 뿐 아니라, 죄와의 투쟁에서 언제나 패배할 수밖에 없습니다. 한마디로 이들을 스토트는 "율법을 사랑하지만 성령 체험은 하지 못한" 오순절 이전의 신자들로 부릅니다.

오늘의 '나'는?

로마서 전체에서 7장이 가장 뜨거운 논쟁의 중심이 되는 이유는 바울이 말하는 '나'의 정체성 문제 때문입니다. 지금까지의 설을 다시 한 번 정리를 한다면, '나'를 '회심 전의 바울'로 보든지, 아니면 '회심 후의 바울'로 볼 수도 있습니다. 기독교로 개종하지 않은 '유대인'이나 이와 비슷한 갈등에 빠진 '불신자 일반'을 지칭한다고도 볼 수 있고, 하나님의 은혜나 성령의 도우심 없이 자신의 힘으로 영적 전쟁을 치르는 '초보 기독교인'으로 볼 수도 있습니다. 아니면 충분히 성숙한 그리스도인이 되었음에도 불구하고 여전히 죄와 율법의 요구와 힘겨운 투쟁을 벌이는 '모든 기독교 신자'를 일컬을 수도 있습니다.

여러 가지 정황으로 볼 때에 바울이 말하는 '나', 특히 죄의 법에 포로로 잡혔고 사망의 몸에 빠져 '곤고해진 사람'은 기독교로 개종은 했지만 아직 완전히 율법과 죄에서 해방되지 못했고, 성령의 능력 아래가 아닌 율법 아래에서 사는 '미숙한 유대계 크리스천들'로 볼 수 있습니다.

복음이 아닌 율법을 의지하고, 영이 아닌 육을 의지하는 사람들은 필연적으로 이러한 자아분열을 겪을 수밖에 없다는 사실을 바울은 자전적 고백을 곁들여서 증언하고 있습니다. 다시 말해 바울은 율법 아래에 묶여있는 동료 유대인들과의 연대감 속에서 이 고백을 하고 있습니다. 그렇다면 바울의 '나'는 유대인의 대표성을 띠고 말하고 있으므로, 이 '나'는 바울 자신뿐만 아니라 율법 아래에 묶여있는 유대인들을 포함한 모든 사람들을 지칭하기 위한 수사학적 표현으로 보아도 무방할 것입니다. 이와 같은 처절한 자아분열을 극복하는 길은 율법이 아닌 복음을 의지해야 하고, 죽은 문자에 얽매인 자신의 노력이 아닌 값없이 주시는 성령의 선물을 의지하는 수밖에 없습니다.

이러한 '나'는 오늘을 사는 나에게 어떤 의미를 던져줄까요? 모름지기 성숙한 크리스천이 되기 위해서는 반드시 로마서 7장을 거쳐서 8장으로 넘어가야만 한다는 생각을 먼저 할 수 있습니다. 성령의 내주하심 없이 자아분열을 극복할 길이 없다는 것이지요!

또한 '반쪽 크리스천들'이 오늘날 부지기수로 많다는 사실도 직시해야 합니다. 그리스도를 믿고 율법을 즐거워하고 율법이 지시하는 대로 살기를 원하지만, 복음이 아닌 율법에 사로잡혀있고, 성령이 아닌 육신에 사로잡혀 있는 까닭에 여전히 큰 혼란과 갈등을 겪습니다. 죽은 나사로가 다시 살아났지만 온몸에 붕대를 둘둘 감고 있는 형국에 다름 아닙니다. 아직 온전한 자유와 해방을 경험하지 못한 것이지요!

무엇보다도 바울이 관찰한 인간 깊은 곳 자아의 실상은 비록 거듭나고 성숙한 신자라고 할지라도 죄의 문제를 피할 수 없다는 냉엄한 현실에 경종을 울립니다. 오히려 더 성숙한 크리스천으로 자라나가려고 발버둥 치면 칠수록 자신의 내부에서 끓어오르는 죄성도 비례해서 더더욱 강렬해집니다. 거룩해질수록 죄인 의식도 비례해져서 자신이 거룩하지 못하다는 사실로 더더욱 괴로워합니다. 상처 입은 곰이 더욱 사나워지듯이, 예수를 믿고 옛 자아가 상처를 입게 될 때에 우리 마음 밑바닥에 깔려있던 죄된 본성도 더더욱 격렬하게 저항할 수밖에 없습니다.

그럼에도 한줄기 위로가 되는 것은 우리가 크리스천이 된 다음에도 여전히 죄의 유혹은 강렬하고 죄와의 전투 역시 격렬하고 심지어 다시금 죄에 굴러떨어질 가능성도 있지만, 이 모든 내적 투쟁이 성숙한 크리스천으로 가는 여정에 필수적이라는 사실입니다.

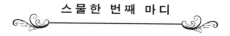

결코 정죄함이 없나니
No Condemnation

〈8:1-4〉

보석 중의 보석 '로마서 8장'

자신이 제일 좋아하는 꽃이 무엇인가에 대한 답은 사람마다 다를
수 있습니다. 내가 가장 선호하는 꽃이라고 해서 모든 사람들이 다 좋
아하는 것은 아닐 것입니다. 마찬가지로 로마서에서 가장 위대한 장,
구절, 단어가 무엇인가에 대한 답 역시 사람마다 차이가 날 수 있습니
다. 설교자나 평신도를 막론하고 로마서를 정독한 독자들마다 당연히
다를 수밖에 없겠지만, 상당수의 로마서 전문가들이 8장을 가장 위대
한 장이라고 서슴없이 주장합니다.

예컨대 제임스 보이스(James Boice, 1938~2000)와 같은 개혁주
의 신학자가 8장을 가장 위대한 장이라고 했습니다. 루터파 경건주의

자 필립 야콥 슈페너(Philip Jakob Spener, 1635~1705) 역시 다음과 같이 8장을 극찬했습니다. "만일 성경이 반지라고 한다면, 로마서는 반지 위에 얹힌 고귀한 보석이고, 8장은 '그 보석에서 가장 빛나는 부분'이다." 영국 웨일즈 의사 출신의 복음주의 설교자인 마틴 로이드-존스 역시 8장을 '성경 전체에서 가장 찬란한 보석'으로 보았습니다.

실로 8장은 "정죄함이 없나니"(1절)로 시작해서 "하나님의 사랑에서 끊을 수 없으리라"(39절)로 끝나는 그리스도인의 자유와 승리를 노래한, 성경 최고의 장이라고 할 수 있습니다.

사실 1-7장까지 죄와 율법과 죽음의 연속 사슬에 묶여 있는 인간의 다양한 실상을 낱낱이 파헤치며 복음의 필요성과 그 요체를 논증했던 바울은 8장부터 16장까지 복음이 우리의 실생활에 어떤 변화를 가져올 수 있는지를 묻습니다. 그중에서도 8장은 '진정한 기독교인'이 됨에 있어서 특히 '성령의 사역'을 강조합니다.

6장에서 죄에 대한 죽음을, 7장에서는 율법에 대한 죽음을 언급했던 바울이 이처럼 8장에서는 성령 안에서의 생명과 자유, 승리의 삶을 강조합니다. '영'($\pi\nu\epsilon\tilde{\upsilon}\mu\alpha$/Spirit)이라고 하는 말이 8장에서만 21번이 나오는데, 15절 전반부('종의 영')와 16절('우리의 영')을 제외하고서는 모두 '성령'을 가리킵니다. 그러기에 8장은 그리스도인의 삶이 다름 아닌 성령의 인도와 지배를 받는 삶임을 확실히 보여줍니다.

8장 1-4절은 그리스도인의 자유와 승리가 가능한 근거로서 '그리스도 예수의 대속 사역'과 '성령의 사역'을 동시에 강조합니다. 먼저 1절에서 바울은 8장 전체의 주제라고 할 수 있는 '정죄로부터의 자유'를 선언합니다. 8장의 나머지 부분은 왜 그리스도 예수 안에 있는 이들이 정죄를 받지 않는지에 대한 부연 설명이라고 할 수 있는데, 특히

2-4절에서는 영이 아닌 육을 따라 사는 죄된 성향의 지배로부터의 자유를 논증하고 있습니다. 2절은 1절에 대한 매우 간략한 설명의 시작 부분으로 그리고 3-4절은 조금 더 상세한 설명으로 볼 수 있습니다.

사망에서 생명으로

7장까지 복음 없는 인간이 처한 비참한 현실을 한숨 쉬며 탄식하던 바울은 8장 1절에서 희망 가득 찬 대 선언을 합니다.

> 그러므로 이제 그리스도 예수 안에 있는 자에게는 결코 정죄함이 없나니.

이 '정죄함이 없다는 선언'이야말로 그리스도인의 진지 위에 힘차게 휘날리는 승리의 깃발이 아닐 수 없습니다. '그러므로'(ἄρα/there fore)라는 접속사는 1절이 7장을 비롯해서 지금까지 바울이 전개해 온 모든 주장의 결론임을 암시해줍니다. '이제'(νῦν/now)라는 부사는 우리가 아담 안이 아닌, 그리스도 안에 있을 때 구원이 이미 우리의 것이 되었음을 보여줍니다. 아담 안에서의 죄와 죽음의 옛 시대가 끝나고, 그리스도 안에서의 의와 생명의 새 시대가 활짝 열렸다는 뜻이지요.

그리스도 예수 안에 있는 이들에게는 어떤 일이 일어납니까? 결코 정죄함이 없습니다! 죄와 율법과 사망의 권세 아래에서 신음하던 인간이 자유와 구원을 얻습니다. '정죄'(κατάκριμα/condemnation)라는 말은 우리가 지은 죄 때문에 하나님으로부터 분리되어 영원한 지옥 형벌을 받게 된다는 뜻입니다. 하지만 바울이 이 말을 쓸 때에는 '정죄'와 정반대 개념인 '의인화'를 염두에 두었을 것이므로, 정죄는 법정에서의 유죄판결을 의미하는 법률 용어로 볼 수 있습니다. 아담 안에 있는 이는 누구든지 원죄와 본죄로 인해 정죄, 즉 유죄판결을 받지 않을 수 없습니다. 그러므로 '정죄를 받지 않는다'는 말은 하나님께서 우리에게 무죄 선언을 내려주신다는 뜻입니다. 더 이상 죄인이 아니라 의롭다고 인정해주시는 칭의를 얻게 되었다는 말입니다.

이러한 의인화를 5장 1절은 긍정적 표현을 써서 기술했습니다.

그러므로 우리가 믿음으로 의롭다 하심을 받았으니 우리 주 예수 그리스도로 말미암아 하나님과 화평을 누리자.

이와 달리 8장 1절은 부정적 표현 방식이라고 할 수 있습니다.

그리스도 예수 안에 있는 자에게는 결코 정죄함이 없나니.

죄로 인해 꼼짝없이 유죄판결을 받은 우리를 무죄방면 하시는 하나님의 의화를 부정적으로 표현한 것이지요. 그렇다면 누가 정죄를 받지 않고 무죄 판결을 받을 수 있습니까? '그리스도 예수 안에 있는 사람들'입니다. 예수를 믿고 세례를 받음으로써 옛 사람은 죽고 새 사람으로 거듭나 그리스도 몸의 한 지체가 되어 그리스도의 뜻에 순복하는 이들이지요. 예수와 인격적으로 굳게 결합된 사람들입니다.

중요한 것은 그리스도 예수 없이 우리가 정죄, 즉 유죄판결로부터 벗어날 길이 없다는 사실입니다. 그것은 그리스도께서 우리의 죄로 인해 대신 정죄를 받으셨기 때문입니다. 그러므로 우리의 의인화, 즉 더 이상 정죄를 받지 않고 무죄 판결을 받을 수 있는 근거는 순전히 하나님께서 그리스도를 통해 이루신 대속 사역 때문입니다.

'생명의 성령의 법' VS. '죄와 사망의 법'

이제 바울은 2절에서 그리스도 예수 안에 있는 이들이 왜 정죄를 받지 않는지를 매우 압축적으로 부연 설명합니다.

이는 그리스도 예수 안에 있는 생명의 성령의 법이 죄와 사망의 법에서 너를 해방하였음이라.

우리말 성경에는 번역이 되어 있지 않지만 헬라어 원어 성경 2절에는 '왜냐하면'(γὰρ/because)이라는 접속부사가 맨 앞에 나옵니다. 이것은 2절이 1절에서 밝힌 대로 왜 정죄를 받지 않는지를 설명해준다는 사실을 보여줍니다. 그리스도 안에 있는 이가 정죄를 받지 않는 이유는 그가 구원을 가로막는 일체의 죄와 사망의 법에서 해방되었기 때문입니다.

2절에서 정말 흥미로운 대조는 '생명의 성령의 법'(νόμος τοῦ πνεύμ ατος τῆς ζωῆς/the law of the Spirit of life)과 '죄와 사망의 법'(νόμου τῆς ἁμαρτίας καὶ τοῦ θανάτου/the law of sin and of death)입니다. 예수 안에 있는 우리가 정죄를 받지 않고 무죄 선언을 받을 수 있는 이유

는 예수 안에 있는 '생명의 성령의 법', 즉 예수 안에서 '생명을 누리게 하는 성령의 법'(the life-giving law of the Spirit)이 우리를 죄와 죽음의 법에서 해방해주었기 때문입니다. (그러기에 '성령의 법' = '생명의 법'입니다.)

그런데 여기에서 걸리는 부분이 '법'입니다. 법이 법을 해방시킨다는 논리이기 때문이지요. 말 그대로 '모세의 율법'으로 보는 견해와 비유적으로 하나의 '일반 원리'나 인간을 '지배하는 세력'으로 풀이하는 시각도 있습니다. 먼저 이 법을 율법으로 볼 경우, 후자를 설명하는 데에는 큰 지장이 없습니다. 왜냐하면 바울이 지금까지 일관되게 주장해온 것은 율법이 죄와 사망과 긴밀히 연결되었다고 보았기 때문입니다. 그러므로 그리스도 안에서 죄와 사망의 법에서 해방된다는 것은 곧 죄와 사망을 가져오는 율법으로부터의 해방, 즉 더 이상 율법 아래에 있지 않다는 말이기도 합니다.

하지만 '생명을 주는 성령의 법'까지도 율법으로 보기는 어렵습니다. 물론 율법이 본래 거룩하고 의롭고 선하고 신령한 것이기에 우리가 성령에 사로잡혀 율법을 지킨다면 율법이 생명을 가져다줄 수도 있을 것입니다. 그럼에도 불구하고 바울이 이 두 가지 법을 대조하는 이유는 '같은 율법의 두 가지 다른 양상'을 비교하려는데 있지 않고, 완전히 다른 두 법을 극명하게 차별하려는데 있기 때문에, 이 두 법은 명백히 서로 달라야 마땅할 것입니다.

바로 이런 이유 때문에 바울이 뒤에서 말하는 '죄와 죽음의 법'은 모세의 율법을 의미한다고 볼 수 있는 여지가 있지만, '생명을 누리게 하는 성령의 법'은 비유적으로 해석해서 우리를 사로잡아 지배하는 '성령의 능력', 혹은 생명력을 불러일으키는 '성령의 원리'로 보는 편이 옳다고 봅니다.

아니면, 바울이 강조하려는 해방이 단순히 '율법으로부터의 해방' 뿐만 아니라 훨씬 더 범주가 넓은 '죄와 죽음으로부터의 해방'이라고 한다면, '죄와 죽음의 법' 역시 우리를 '지배하는 죄와 죽음의 세력', 혹은 진노와 심판을 불러일으키는 '죄의 세력'을 은유적으로 일컫는 하나의 원리로 보아도 무방할 것입니다. 그도 아니면, 전자前者의 법을 우리를 죄와 죽음에서 벗어나 자유와 생명을 누리게 하는 '복음'으로 풀이하는 것도 괜찮을 것입니다.

중요한 것은 우리가 정죄를 받지 않고 의롭다 칭함을 받을 수 있는 근거가 그리스도 안에서 생명을 누리게 하는 성령의 법, 곧 복음이 우리를 죄와 죽음의 법에서 해방시켰기 때문이라는 사실입니다. 그리스도인들은 정죄와 죽음으로 이끄는 '죄의 영역'으로부터 성령의 능력으로 말미암아 누리는 '생명의 영역'으로 '영역 이동'(realm transfer)을 한 사람들입니다! 죄와 죽음의 옛 영역에서 의와 생명의 새 영역으로 이끄시는 분은 다름 아닌 성령입니다.

그리스도를 보내신 뜻은?

그렇다면 '성령의 법', 즉 '복음'이 어떻게 우리를 죄와 죽음의 법에서 해방시킵니까?

율법이 육신으로 말미암아 연약하여 할 수 없는 그것을 하나님은 하시나니 곧 죄로 말미암아 자기 아들을 죄 있는 육신의 모양으로 보내어 육신에 죄를 정하사(3절).

안타깝게도 우리말 성경에는 나오지 않지만 헬라어 성경 3절에는 2절과 마찬가지로 '왜냐하면'($\gamma\grave{\alpha}\rho$)이라는 접속부사가 맨 앞에 나옵니다. 이것은 3절이 2절에서 말하는 해방이 어떻게 이루어졌는지, 아니 더 넓게 본다면 1절의 왜 정죄함이 없는지에 대한 이유를 계속해서 설명하려는 시도로 볼 수 있습니다.

우리가 정죄를 받지 않고 죄와 사망의 법에서 해방되어 생명의 성령의 법으로 넘어갈 수 있는 이유는 한 가지 때문입니다. 하나님께서 예수님을 보내셨기 때문입니다! 그러기에 죄와 죽음에서 우리를 건져내 생명에 이르게 하는 성령의 사역은 그리스도의 구속 사역 없이는 불가능합니다. 우리가 정죄 받지 않는 이유는 그리스도께서 우리의 죄를 뒤집어쓰고 대신 정죄를 받으셨기 때문입니다. 바울은 율법이 우리를 죄와 죽음으로 얼룩진 정죄에서 벗어나게 하지 못하기 때문에 하나님께서 손수 구원 사역을 먼저 시작하셨다는 사실을 강조합니다.

율법이 육신으로 말미암아 연약하여 할 수 없는 그것을 하나님은 하시나니.

율법이 본래 좋은 것이지만 인간의 육신이 율법의 요구를 충족시키기에는 턱없이 부족합니다. '육신'($\sigma\alpha\rho\kappa\acute{o}\varsigma$/flesh)은 '정신'에 반대되는 우리의 '몸뚱이'만 말하는 것이 아니라, 죄의 지배를 받는 우리 '인간성 전체의 도덕적 연약성'을 비유로 말한 것입니다. 율법이 무능해서가 아니라, 순전히 우리의 타락한 본성 때문에 율법은 우리를 구원하기는커녕 고발하고 정죄하기에 바쁩니다. 죄와 결탁해서 구원은커녕 사망으로 유도誘導할 뿐입니다.

　루터는 우리의 연약한 육신과 관련된 율법의 무능을 하나의 비유를 들어 설명합니다.

　　포도주를 좀 마시면 자신의 병이 나을 것이라고 생각하는 환자가 있습니다. 의사가 이 사실을 알고서는 포도주 자체에 대해서는 한마디도 비판하지 않고, 이렇게 말했다고 칩시다. "포도주가 당신의 병을 고치기는커녕 더 악화시킬 수 있습니다." 이처럼 의사는 포도주를 비판한 것이 아니라, 환자가 포도주에 거는 어리석은 믿음을 비판합니다. 환자가 회복되기 위해서는 다른 약을 쓸 필요가 있고, 회복된 후에야 포도주를 마실 수 있지요. 마찬가지로 우리의 타락한 본성을 고치기 위해서는 율법과는 다른 약[복음]이 필요하며, 그 약을 써서 건강을 회복한 뒤에라야 비로소 율법도 이룰 수가 있습니다.

　율법은 완전한데 인간이 불완전하기 때문에 율법의 요구가 이루어질 수 없습니다. 그러기에 어디까지나 죄 없는 사람 안에서만 율법이 완전히 실현될 수 있습니다. 율법이 요구하는 것을 온전히 이루기 위해서는 먼저 우리의 죄를 없애야만 합니다. 죄를 없애기 위해서는 지은 죄에 대한 응당應當의 형벌을 받아야만 합니다.

　하나님은 예수님을 이 땅에 죄인의 모양으로 보내셔서 우리의 모든 죄를 예수님의 어깨 위에 지워 십자가의 죽음을 당하시게 함으로써 우리의 죄를 심판하셨습니다. 다시 말해 율법이 할 수 없는 것을 하나님께서 대신 해주셨는데, 그것은 하나님의 아들 예수님을 이 땅에 죄인의 형상으로 보내신 일이었습니다. 바울은 예수께서 우리의 죄를 씻기 위한 속제물이 되셨다는 뉘앙스와 함께 예수님의 성육신(成肉身/incarnation)을 압축적으로 언급합니다.

> 곧 죄로 말미암아 자기 아들을 죄 있는 육신의 모양으로 보내어 육신에
> 죄를 정하사(3절).

참으로 흥미로운 부분은 바울이 예수님의 성육신을 표현하는 방법입니다. 바울은 '죄 있는 **육신으로**'(in the sinful flesh)가 아닌, '죄 있는 **육신의 모양으로**'(ἐν ὁμοιώματι σαρκὸς ἁμαρτίας/in the likeness of sinful flesh)라는 매우 미묘하고도 신중한 표현을 씁니다. 예수께서 우리와 똑같은 죄인의 형상을 입고 이 땅에 오셨음에도 불구하고 우리와 똑같은 죄인이 아니라는 사실을 동시에 강조하기 위한, 고르고 골라서 쓴 예술적 표현입니다. 바울은 예수님의 성육신에 대한 이중의 오해를 피하기 위해 이처럼 에둘러 표현하고 있습니다.

먼저 바울은 예수님이 진짜 죄된 육신을 입고 오신 것이 아니라 표면상으로만 육신을 입고 오셨다고 주장하는 영지주의자들의 오류에 빠지지 않기 위하여, 단순히 '**육신의 모양으로**'(in the likeness of flesh)라고 말하지 않습니다. '**죄 있는 육신의 모양으로**'라는 말을 골라 씁니다. 영지주의자들은 영혼은 무조건 좋고 육신은 무조건 나쁘다는 이원론적 사고를 가졌기에 예수님이 진짜 육신으로 오셨을리가 만무하고 겉으로 시늉만 육신으로 오셨다는 '가현설'(假現說/docetism)에 빠졌는데, 바울은 영지주의자들의 이 가현설을 경계한 것이지요.

그렇다고 해서 바울은 '**죄 있는 육신으로**'(in sinful flesh)라는 표현

도 쓰지 않습니다. 예수님은 우리처럼 타락한 본성을 지닌 죄인이 아니기 때문이지요. 그 대신에 '**죄 있는 육신의 모양으로**'라는 미묘한 표현을 써서 예수님의 인간성이 우리와 동일한 인간성인 동시에 "한 점 죄가 없다는 사실"(고후 5:21)을 동시에 보여주고자 합니다.

요약하면, 예수님의 인간성은 우리와 똑같지만 우리처럼 죄로 오염된 분은 아닙니다. 인간의 육신을 입었다는 사실에서는 우리와 똑같지만, 타락한 본성이나 죄성에 지배를 받지 않는다는 점에서는 우리와 전혀 다른 분입니다. 우리처럼 '죄 있는 육신'은 반드시 죄로 인해 죽음에 이르지만, 예수님처럼 '죄 있는 육신의 모양'은 우리의 죄를 대신해 죽으시되 '죄 없는 죽음'을 죽으셨기에 결국 다시 사십니다.

이제 또 한 가지 짚어봐야 할 중요한 사실은 하나님께서 이 예수님을 우리의 죄를 심판하기 위한 '대속 제물'로 보내셨다는 것입니다. 헬라어 'περὶ ἁμαρτίας'(peri hamartias/concerning sin)를 우리말 개역개정판은 '죄로 말미암아'로 번역했고, 영어 성경 NRSV는 'to deal with sin', 즉 '죄를 다루기 위해서'로 번역했습니다. 다분히 대속 희생제물의 의미가 숨어 있습니다.

예수님은 죄가 없었지만, 우리와 똑같은 죄 있는 육신의 모양을 취하셨습니다. 죄가 없다는 사실에서 하나님의 의를 충족시켜 우리의 구세주가 되실 수 있었고, 우리의 죄를 대신 뒤집어쓰고 십자가에서 우리의 죄를 대속하는 희생제물이 되셨기에 우리는 죄를 용서받을 길을 얻게 된 것입니다. 그러므로 고린도후서 5장 21절은 이렇게 말씀합니다.

하나님이 죄를 알지도 못하신 이를 우리를 대신하여 죄로 삼으신 것은 우리로 하여금 그 안에서 하나님의 의가 되게 하려 하심이라.

이와 똑같은 맥락에서 3절 맨 끝부분은 이렇게 말씀합니다. "육신에 죄를 정하사"(*κατέκρινεν τὴν ἁμαρτίαν ἐν τῇ σαρκί*/he condemned sin in the flesh). '육신에'라는 말은 우리의 죄성을 대신 짊어지신 예수님의 인성을 의미합니다. '정하셨다'는 말은 원어 그대로 하면, '단죄하셨다'(*κατέκριν*/condemned)는 법률 용어입니다. 죄를 물어 유죄판결을 내려 심판했다는 뜻이지요.

우리와 똑같은 인간이면서 죄는 없으신 예수님의 육신 혹은 인간성 안에서 하나님은 우리의 모든 죄를 단죄 혹은 정죄하셨습니다. 그러므로 그리스도 안에 있는 사람에게 하나님의 정죄가 없다는 말은 죄로 인해 우리가 마땅히 받아야 할 정죄를 예수님이 대신 받아주셨다는 뜻입니다. 예수님과 우리 사이에 '교환'(interchange)이 일어났습니다! 우리가 그리스도의 의를 얻을 수 있도록 그리스도께서 우리와 같은 죄인이 되심으로써 그리스도는 우리의 죄를 가지셨고, 우리는 그리스도의 의를 가지게 되었습니다.

율법의 의로운 요구를 이루고자

이제 바울은 하나님께서 예수님을 이 땅에 보내 우리의 죄를 심판해주신 궁극적 이유를 밝힙니다.

육신을 따르지 않고 그 영을 따라 행하는 우리에게 율법의 요구가 이루어지게 하려 하심이니라(4절).

여기에서 중요한 말이 '율법의 요구'($\tau\grave{o}\ \delta\iota\kappa\alpha\acute{\iota}\omega\mu\alpha\ \tau o\hat{v}\ \nu\acute{o}\mu o\upsilon$/the just requirement of the law)입니다. 우리말 개역개정판은 그냥 '율법의 요구'로 번역했는데, '$\delta\iota\kappa\alpha\acute{\iota}\omega\mu\alpha$'(dikaioma)가 '의롭다'는 뜻을 가진 명사이므로 '율법의 의로운 요구'로 번역하는 편이 더 좋을 것입니다.

율법의 의로운 요구는 수없이 많겠지만 '이웃 사랑'이 그 본질입니다(롬 13:8-10; 갈 5:14). 그렇다면 율법의 의로운 요구는 하나님의 모든 백성에게 부여된 '이웃 사랑'을 필두로 한 도덕적 실천에 대한 요구입니다. 그리스도께서 이 땅에 오셔서 우리의 죄를 대속해 주신 궁극적 목적은 우리로 하여금 이웃 사랑과 같은 율법의 의로운 요구를 이루게 하는 데 있습니다.

율법은 우리의 죄를 물어 고발하고 정죄하는 일에 바쁘지만, 우리를 죄와 죽음에서 구원할 수도 없거니와 율법을 온전히 지키게도 못합니다. 율법이 기독교 구원론의 양축인 '칭의'와 '성화'를 가져오기에 도무지 역부족이라는 말이지요. 무엇보다도 죄성으로 깊이 물든 우리의 연약한 육신으로는 죽었다가 깨어나도 율법의 의로운 요구를 도저히 다 충족시킬 수 없습니다.

바로 이런 한계 때문에 율법의 요구를 이루는 데 방해가 되는 죄의 문제를 해결하기 위한 대속 제물로 예수님이 이 땅에 오셨던 것입니다. 우리의 대리자로서 예수님은 죽기까지 하나님께 순종하심으로써 율법의 요구에 완벽하게 순종하셨으므로, 이제 그 예수를 믿고 성령을 따라 사는 사람은 그리스도의 의를 그대로 전가 받아 율법의 의로운 요구를 이룰 수 있는 단계까지 나아갑니다. 이처럼 율법의 의로운 요구를 이룰 수 있는 것은 우리 스스로의 자질이나 능력 때문이 아니라, 어디까지나 그리스도 안에서 성령의 능력을 따라 살 때에만 가능합니다.

또 한 가지 중요한 것은 '육'과 '영'은 우리 내부에서 다투는 두 세력이 아니라, 우리를 옭아매고 지배하는 두 세력으로 봐야 합니다. 그러기에 육신을 따라 산다는 말은 하나님을 거역하고 세상의 가치기준을 따라 산다는 뜻이며, 성령을 따라 산다는 것은 하나님께 순종하며 하나님의 뜻을 따라 산다는 말입니다.

사실 전후문맥으로 볼 때 바울이 4절에서 다음과 같이 말하는 편이 훨씬 더 자연스러울 것입니다.

하나님께서 우리가 정죄를 받지 않도록, 즉 칭의를 얻도록 예수님 안에서 죄를 심판하셨습니다.

만일 이런 취지로 4절을 이해한다면 4절은 반드시 의인론義認論의 의미로 풀어야 합니다. 다시 말해 우리가 죄를 지었기에 정죄를 받아야 마땅하다는 율법의 요구를 이루기 위해 하나님께서 예수 안에서 우리의 죄를 대신 정죄해서 우리를 의롭다고 인정하셨다는 것이지요.

하지만 하나님께서 친 아드님을 이 땅에 보내신 목적은 의인화에 국한될 수 없고, 성화를 비롯한 구원의 전 과정에까지 두루 미쳐야 할 것입니다. 예수님도 마태복음 5장 17절에서 당신이 오신 목적이 율법을 폐기하기 위함이 아니라 율법을 완성하기 위함이라고 말씀하셨습니다.

그러므로 적어도 율법과 관련된 바울의 입장은 역설적입니다. 율법의 '폐기'와 '완성', '율법으로부터의 해방'과 '율법에의 의무와 충성'을 동시에 주장합니다. 여태껏 바울이 줄기차게 강조해온 것처럼, 율법이 우리를 의화義化하거나 성화시킬 수 없기에 적어도 의화와 성화를 양축으로 하는 구원의 기능에서만큼은 율법이 무능하므로 폐기되어야 마땅합니다. 하지만 우리가 성령에 사로 잡혀 성화의 삶을 살아가기 위해서는 반드시 율법이 정하는 의로운 도덕적 요구를 지켜야만 하고, 또한 성령의 도우심으로 지킬 수도 있게 됩니다. 이러한 바울의 입장이야말로 그가 반율법주의(혹은 무율법주의)와 율법주의의 공동 오류에 빠지지 않으려고 얼마나 애쓰는지를 여실히 입증합니다.

이런 시각에서 4절을 접근한다면 4절이야말로 율법이 요구하는 사랑을 실천하기 위한 성화, 즉 성결한 삶이야말로 예수께서 우리의 죄를 대신해 심판받으신 대속 사건의 궁극적 목적임을 보여줍니다. 하나님께서 예수님을 이 땅에 보내신 것은 단지 우리가 율법의 저주에서 벗어나 칭의를 얻기 위한 목적뿐만 아니라, 궁극적으로 성령의 지배를 받아 율법의 거룩한 요구를 적극적으로 이루는 성화의 삶을 살도록 하기 위한 목적도 함께 있다는 것이지요.

결국 예수께서 본래 죄 없으신 분이지만 우리의 죄를 대신 입고 심판을 당하심으로써 죄와 이 죄의 결과로 찾아오는 사망의 저주에서 우리를 건져내심으로써 우리는 율법의 완전한 요구를 이룰 수 있는 데까지 나아가게 되었습니다. 그리고 율법의 요구를 이룰 수 있는 것은 어디까지나 육신이 아닌, 영을 따라 살 때에만 가능합니다. 육신을 따라 사는 한 율법의 요구를 충족시키기 어려우므로 반드시 영을 따라 살 때에만 율법이 요구하는 것을 이룰 수 있습니다. 죄성에 물든 육신은 율법을 무능하게 만들지만, 성령은 우리로 하여금 율법의 의로운 요구를 자발적으로 지킬 수 있는 능력을 부여해주기 때문이지요.

율법을 지키는 것이 '칭의의 근거'는 아니지만, '칭의의 열매'인 동시에 성화의 본질임에는 틀림없습니다. 성결은 예수를 닮는 것이고, 예수 닮는 성결 생활은 날마다 율법의 거룩한 요구에 순종하는 과정에 다름 아닙니다. 그리스도를 본받는 성화의 과정은 철두철미 성령의 사역이므로 바울이 8장 5절 이하에서 성령에 대해서 힘주어 강조할 것은 불을 보듯 뻔합니다.

'육신 → 죽음' VS. '영 → 생명과 평안'
The Flesh → Death VS. The Spirit → Life & Peace

〈8:5-13〉

'육신' VS. '성령'

바울은 죄의 지배를 받아 연약해진 육신으로는 율법의 의로운 요구를 이룰 수 없음을 분명히 했습니다. 오직 성령을 따라 살 때에만 율법에 온전히 순종하며 살 수 있습니다. 이제 바울은 이미 앞서 언급했던 '육신'과 '성령'의 대립 관계를 우리의 실생활에 적용합니다. 5-13절까지 '육신을 따라 사는 삶'과 '성령을 따라 사는 삶'이 다각도多角度로 날카롭게 대조되고 있는데, 그 요점은 '육신'은 '죽음'을 가져오지만 '성령'은 '생명'과 '평안'을 가져온다는 것입니다.

본문을 살펴보기 전에 바울이 8장에서 말하는 '육신'과 '영'이 무엇인지에 대한 명확한 개념 정리부터 할 필요가 있습니다. 먼저 바울이 말하는 '육신'($\sigma \acute{\alpha} \rho \xi$/flesh)은 뼈와 살로 이루어진 우리 몸의 신체구조를 말하는 것이 아닙니다. 인간의 동물적 본능이나 갖가지 욕심을 뜻하는 말도 아닙니다. 바울이 말하는 '육신'은 아담의 후예로서 죄성의 지배를 받는 우리 인간성 전체, 즉 하나님 없이 자기중심적으로 사는 부패한 본성을 의미합니다. 한 마디로 죄를 주인으로 섬기며 죄에 끌려다니는 타락한 자아를 일컫는 상징 비유지요.

그러므로 바울이 비판하는 것은 근골筋骨로 이루어진 우리의 '몸뚱이' 자체가 아니라, 육체를 제멋대로 끌고 다니는 '죄성'을 하나의 '원리'로 부르는 말입니다. 로마서를 집필한 바울이나 이 서신을 받는 로마 교인들 그리고 우리 모두는 육체를 입고 있기에 만일 바울이 육체 그 자체를 비난하고 저주한다면, 그것은 자가당착自家撞着에 빠지는 일입니다. 바울을 비롯한 성경의 저자들은 육신 그 자체를 부정하지 않습니다.

문제가 있다면 하나님이 아닌, 죄를 주인으로 모시면서 죄에 끌려다니는 우리의 뿌리 깊은 죄성에 있습니다. 우리의 자아는 하나이지만 무엇을 주인으로 모시는가에 따라서 달라집니다. 하나님을 주인으로 모시고 하나님의 뜻에 순종하며 살 때에는 성령의 지혜를 갖게 되지만, 죄를 주인으로 모시고 죄가 시키는 대로 따라 살면 육신의 사람이 됩니다. 마치 물의 본성은 하나이지만 추우면 얼어서 고체인 얼음이 되고, 더우면 녹아서 액체인 물이 되는 이치와도 같습니다.

그다음에 바울이 말하는 '영'($\pi \nu \epsilon \tilde{\upsilon} \mu \alpha$/Spirit) 역시 육체와 더불어 인간의 본성을 이루는 더 높은 차원, 즉 육체에 반反하는 정신적이고 영적인 차원을 말하는 것이 아닙니다. 우리로 하여금 하나님을 주인으로 모시고 하나님의 뜻을 따라 순종하며 살도록 우리 안에 내주하시는 '성령'을 의미합니다. 그러므로 영어 성경은 8장의 '영'을 번역할 때 인간의 영적이고 정신적인 차원을 의미하는 소문자 'spirit'이 아니라, 성령을 뜻하는 대문자 'Spirit'을 씁니다.

이와 같이 바울이 말하고자 하는 '육신'과 '성령'의 이항二項대립은 다분히 갈라디아서 5장 16-26절, 그중에서도 특히 17절 말씀을 연상시킵니다.

> 육체의 소욕은 성령을 거스르고 성령은 육체를 거스르나니 이 둘이 서로 대적함으로 너희가 원하는 것을 하지 못하게 하려 함이니라.

본문은 크게 세 부분으로 나눌 수 있습니다. 먼저 바울은 5-8절에서 '육신'과 '성령'의 두 원리를 대조하면서 육신은 죽음을, 성령은 생명과 평안을 가져온다는 사실을 강조합니다. 5-8절이 주로 육신을 따라 사는 삶의 한계를 지적한다는 점에서 '육신'과 '성령'의 관계에 있어서의 부정적 측면을 부각시킨다면, 9-11절에서는 긍정적 측면으로 전환해 로마 교인들이 성령 안에 있다는 사실을 힘써 알려줍니다. 그런 뒤 12-13절은 육신을 따라 살지 말고 성령을 따라 살 것을 권고하는 것으로 결론을 내립니다.

두 부류의 사고방식

먼저 바울은 5-8절에서 '육신'과 '영'에 의해 특성화되는 두 부류의 사고방식(mind-set)을 소개합니다. 어느 영역에 속해 어떤 세력의 지배를 받는가에 따라서 사고방식이 결정되는데, 곧 가치관과 삶의 행동양식이 달라집니다.

> 육신을 따르는 자는 육신의 일을, 영을 따르는 자는 영의 일을 생각하나니 육신의 생각은 사망이요 영의 생각은 생명과 평안이니라(5-6절).

여기 두 범주에 속한 사람들이 있습니다. 먼저 '육신을 따르는 자'는 헬라 원어에 κατὰ σάρκα ὄντες(kata sarka ontes/according to the flesh/being in the flesh), 즉 '육신을 따라 그 안에 존재하는 자'로 되어 있습니다. '영을 따르는 자'는 κατὰ πνεῦμα(kata pneuma/according to the Spirit/being in the Spirit), 즉 '성령을 따라 그 안에 존재하는 자'로 되어 있습니다. '육신을 따르는 자'는 하나님이 아닌, 죄에 끌려다니는 사람으로서 불신자나 아직 거듭나지 못한 반쪽 신자를 일컬을 수 있습니다. '영을 따르는 자'는 당연히 하나님을 주인으로 모시고 성령의 지시를 따라 사는 신실한 크리스천을 일컫는 말입니다.

중요한 것은 이 두 부류의 사람들이 생각하는 방향이 정반대라는 사실입니다. 육을 따르는 사람은 '육신의 일', 즉 육신에 속한 것을 생각하고, 영을 따르는 사람은 '영의 일', 즉 성령에 속한 것을 생각합니다. '생각하다'는 헬라 원어로 'φρονοῦσιν'(pronousin)인데, 그 본뜻은 '마음을 쓰다'(mind)입니다. '마음을 쓴다'는 것은 관심과 주의를 기울인다는 말이기에 우리의 생각과 말과 행동이 쫓아가는 일체의 사고방식을 일컫는 말로 볼 수 있습니다.

육을 따르는 자는 그 생각과 말과 행동에 있어서 하나님과 상관없이 육의 관심사에 따라 움직입니다. 반면에 영을 따르는 자는 그 생각과 말과 행동에 있어서 성령의 관심사에 따라 움직입니다. 따라서 이러한 사고방식의 정향(定向/orientation/어느 쪽으로 방향을 잡느냐의 문제)은 거듭난 크리스천으로서, 혹은 거듭나지 못한 반쪽 크리스천으로서, 아니면 불신자로서의 우리의 기본 성향을 그대로 보여줍니다.

그런데 참으로 중요한 사실은 우리가 육의 관심사에 주의를 기울이기 때문에 육에 따라 사는 것이 아닙니다. 영의 관심사에 주의를 기울이기 때문에 영에 따라 사는 것도 아닙니다. 육이든 영이든, 이들의 본성, 즉 '육에 속한 사람'이기에 육의 사고방식을 따라 살고, '영에 속한 사람'이기에 영의 사고방식을 따라 살 수밖에 없습니다. "선한 나무이기에 선한 열매를 절로 맺을 수밖에 없듯이"(善木善實), 순전히 우리의 '존재'(being)가 우리의 '행동'(acting)을 결정짓는다는 말이지요. 다시 말해 우리가 속한 '범주'(category) 혹은 우리가 처한 '위치'(positioning or stance)가 우리의 '사고방식'을 결정한다는 말이지요.

거듭 강조하지만 어느 진영, 어떤 위치에 속해 있고 어떤 세력의 지배를 받는가에 따라서 우리의 사고방식과 삶의 태도가 결정됩니다. 육에 속할 경우 죄가 우리를 사로잡아 뒤틀린 욕망대로 살도록 부추깁니다. 성령에 속할 경우 하나님을 주인으로 모시고 하나님을 기쁘시게 하고 하나님께 영광 돌리는 삶을 살게 됩니다.

이처럼 우리가 어떤 진영에 속해 우리의 마음을 어디에다가 고정시키는가에 따라서 우리의 운명이 결정됩니다.

육신의 생각은 사망이요 영의 생각은 생명과 평안이니라(6절).

죄된 본성의 지배를 받아 육적인 관심사에 신경을 쓰며 사는 육의 사람들을 기다리는 것은 죽음입니다. 이미 바울은 로마서 6장 23절에서 죄의 삯이 '죽음'이라고 선언했습니다. 육을 따라 사는 이들은 궁극적으로 영혼이 육체와 분리되어 이 땅에서 죽는 첫 번째 사망을 거쳐, 마침내 영혼마저 하나님과 영원히 분리되는 두 번째 사망에 이르게 됩니다.

하지만 영을 따라 사는 이들은 '생명'(ζωή//life)과 '평화'(εἰρήνη/peace)를 선물로 얻습니다. 성령은 기본적으로 우리에게 생명을 주시는 영입니다(롬 8:2; 고후 3:6). 무엇보다도 성령 안에서 사는 이에게 주어지는 최고의 선물은 '그리스도 예수 우리 주 안에 있는 영생'(롬 6:23)입니다.

또한 성령을 따라 사는 이에게 주어지는 두 번째 선물은 '평안' 혹은 '평화'입니다. 성령을 따라 살면 먼저 하나님과의 평화를 누리게 됩니다(롬 5:1). 이웃과 화목하게 지냅니다(롬 12:18). 자신의 마음 안에서 조화를 이루는 내적 평화를 얻게 됩니다.

이제 바울이 강조한 '육'과 '영'의 서로 다른 두 기본 성향을 도표로 정리하면 다음과 같습니다.

	육신을 따르는 자	영을 따르는 자
사고방식 및 삶의 태도	육적인 관심사에 신경 씀	영적인 관심사에 신경 씀
궁극적 결과	죽음	생명과 평안

바울은 두 가지 방향의 삶 중에서도 특히 육에 속한 삶의 부정적 측면을 다시 한 번 부각시킵니다. 이것은 육을 따르는 사람이 왜 필연

적으로 사망에 이르게 되는가에 대한 이유를 밝히는 설명이기도 합니다.

> 육신의 생각은 하나님과 원수가 되나니 이는 하나님의 법에 굴복하지
> 아니할 뿐 아니라 할 수도 없음이라 육신에 있는 자들은 하나님을 기
> 쁘시게 할 수 없느니라(7-8절).

육적인 것에 마음을 고정하는 것은 당연히 하나님 없이 죄가 시키
는 대로 마구잡이로 사는 인생이기에 하나님께 적대적일 수밖에 없습
니다. 아담의 후예로서 죄 아래 있는 인생들은 선천적으로 하나님의
뜻이나 이웃의 선익善益이 아닌, 자기 자신의 선과 이익을 구하기 마련
입니다. 인간의 마음 깊은 곳에서 우러나오는 온갖 형태의 이기적 욕
망들, 즉 식욕, 성욕, 물욕, 명예욕 등등은 모두 육을 따라 살기에 하나
님과 원수가 됨으로써 흘러나오는 자연스러운 결과들이지요.

이와 같이 육을 따라 사는 삶의 특징이 하나님과 적대적인 것이므
로 하나님의 법을 따르지 않고, 또 복종할 수도 없게 되는 것은 너무나
당연한 이치입니다. 8절에서 바울은 이것을 한마디로 요약해서 "육신
에 매인 사람은 하나님을 기쁘시게 할 수 없다"라고 잘라 말합니다.

육적인 사고방식과 삶의 태도가 사망으로 끝나는 이유는 이러한
성향이 근본적으로 품는 하나님에 대한 적대감 때문입니다. 이 처지
에서 벗어나기 위해서는 예수 그리스도를 믿고, 성령의 능력을 받아
야 하고, 성령을 따라 성령 안에서 성령과 더불어 성령을 위하여 살아
야 합니다.

보다 엄밀하게 요약하면, 바울은 '영적인 그리스도인'과 '육적인 그
리스도인'의 차이가 아닌, '구원받은 사람'과 '구원받지 못한 사람'의

차이를 대조합니다.

구원받은 자	구원받지 못한 자
"영 안에"	"육 안에"(5절)
"생명"	"사망"(6절)
"하나님과 평화"	"하나님과 원수"(6-7절)
"하나님을 기쁘시게 함"	"자신을 기쁘게 함"(8절)

성령 안에 있는 사람들

주로 육을 따르는 삶의 부정적 측면을 강조한 바울은 이제 로마서의 수신자인 로마 교인들을 향해서 말문을 엽니다. 그동안 주로 3인칭 복수 주격을 써오다가 9-13절에서는 2인칭 복수 주격 '너희'(ὑμεῖς/you)를 사용해 로마 교인들에게 직접 호소합니다.

육에 속한 나머지 매사에 육신에 속한 것을 생각하며 하나님께 적대적이고 하나님의 법을 따르지 않고 또 따를 수도 없어서 하나님을 기쁘시게 못 하는, 그리하여 그 결과로 죽음에 이를 수밖에 없는 세상의 불신자들과 로마 교인들은 근본적으로 다르다는 사실을 상기시킵니다.

바울은 육에 속한 세상의 불신자들과 로마 교인들이 다르다는 사실을, 안타깝게도 우리말 개역개정판에는 없지만, 역접 접속사 'δέ'(de/but), '그러나'로 시작합니다.

[그러나] 만일 너희 속에 하나님의 영이 거하시면 너희가 육신에 있지 아니하고 영에 있나니 누구든지 그리스도의 영이 없으면 그리스도의 사람이 아니라(9절).

하나님과 상관없이 세속의 관심사를 따라는 사는 육의 사람들과 로마 교인들은 다르다는 것이지요. 육 안에 있는 자들은 하나님을 기쁘시게 못 하지만 로마 교인들은 성령 안에 있기 때문에 그들과는 차원이 다릅니다. 다름 아닌 '하나님의 영'이 로마 교인들 안에 살아 계시므로 로마 교인들은 더 이상 육신 안에 있지 않고, 성령 안에 있습니다. 다시 말해 로마 교인들은 성령과의 인격적 관계를 맺어 성령이 그들 안에 '내주'(內住/οἰκεῖ/indwelling)하신 상태에 있습니다.

따라서 그리스도인들은 아담의 후예로서 죄와 죽음이 지배하는 '옛 시대'에서 그리스도를 믿음으로써 하나님의 자녀가 되어 의와 생명을 누리는 '새 시대'로 넘어간 사람들이며, '육의 영역'에서 '영의 영역'으로 옮아간 사람들입니다. 바로 이런 이유 때문에 바울은 9절 후반부에서 "누구든지 '그리스도의 영'이 없으면 그리스도의 사람이 아니라"는 사실을 새삼 경고합니다.

여기에서 우리는 '진정한 그리스도인 됨의 표식'이 성령의 '소유'(능동적)와 '내주하심'(수동적)에 있음을 알 수 있습니다. 불가항력적인 죄의 내주가 아담의 후예들의 특징이라면, 하나님의 자녀들의 특징은 내주하시는 성령의 능력으로 말미암아 내주하는 죄와 싸워 이기는 데 있습니다. 우리가 회개하고 예수를 믿을 때 처음으로 받는 선물이 성령이며, 성령이 하시는 수많은 사역들이 있지만 우리 안에 '내주하심'이야말로 그리스도인이 누리는 가장 큰 특권이요 선물입니다.

바울에게 있어서 '그리스도'를 알고 믿는 것'은 '성령'을 소유하거나 '성령의 내주하심'과 동일합니다. 특히 '우리가 성령 안에 거하는 것'은 '우리 안에 성령이 내주하심'과 동일합니다. 또한 8장에서 바울이 말하는 '하나님의 영'($\pi\nu\epsilon\tilde{\upsilon}\mu\alpha\ \theta\epsilon o\tilde{\upsilon}$/the Spirit of God)은 '그리스도의 영'($\pi\nu\epsilon\tilde{\upsilon}\mu\alpha\ X\rho\iota\sigma\tau o\tilde{\upsilon}$/the Spirit of Christ)과 동일합니다. 우리 안에 '그리스도의 영'을 갖는 것은 우리 안에 '그리스도'를 갖는 것과 같습니다. 우리가 그리스도 안에 있고, 그리스도께서 우리 안에 계심으로 그리스도와 우리는 굳건히 연합됩니다.

우리 안에 성령의 내주하심이 그리스도인의 특징임을 설파한 후에 바울은 10-11절에서 성령의 내주하심의 두 가지 결과를 말합니다. 흥미롭게도 이 두 구절은 모두 가정법 접속사 '$\epsilon\iota$'(ei/if)로 시작합니다.

"**그리스도**께서 너희 안에 계시면"	"**몸**은 **죄**로 말미암아 **죽은 것**이나, 영은 의로 말미암아 **살아 있는 것**이니라"(10절)
"예수를 죽은 자 가운데서 살리신 이의 **영**이 너희 안에 거하시면"	"그리스도 예수를 죽은 자 가운데서 살리신 이가 너희 안에 거하시는 그의 **영**으로 말미암아 너희 죽을 몸도 살리시리라"(11절)

여기에서 바울의 요점은 그리스도께서 계신 곳에는 반드시 성령도 함께 계신다는 사실입니다. 그럼에도 10절을 어떻게 해석하는가의 문제는 쉽지 않습니다. 먼저 조건절에서 가정하는 것처럼 그리스도께서 우리 안에 거하신다면, 어떤 결과가 일어납니까? '몸'은 '죄'로 인해 죽을 수 있어도, '영'은 '의'로 인해 산다는 것이지요.

앞에서 말하는 '몸'($\sigma\tilde{\omega}\mu\alpha$/body)은 말 그대로 우리의 정신에 반하는 '몸뚱이', 즉 '신체'로 볼 수도 있습니다. 이 경우 뒤에 나오는 '영'

($\pi\nu\epsilon\hat{\upsilon}\mu\alpha$/spirit) 역시 성령이 아닌 '인간의 영'으로 풀 수도 있을 것입니다. 그렇다면 10절을 해석할 때, "그리스도께서 우리 안에 계시면, 비록 몸(몸뚱이)은 죄로 말미암아 죽을 수밖에 없을지라도 영(정신)은 그리스도께서 우리에게 전가해주신 의로 말미암아 산다"로 풀이할 수 있습니다.

하지만 아무리 생각해봐도 여기에서의 영을 '하나님의 영' 혹은 '그리스도의 영', 즉 '성령'으로 해석하는 것이 타당할 듯싶습니다. 그 이유는 8장에서 바울이 말하는 영은 언제나 성령을 가리키기 때문입니다. (그럼에도 불구하고 "몸은 죽고 영은 산다"는 뚜렷한 대구[對句]를 놓고 볼 때 몸과 영을 모두 **인간학적으로** 풀어야 할 개연성도 없지 않아 있습니다.)

몸 → 죄 → 죽다
영 → 의 → 살다

"육체는 죽어가지만 영은 살아 있는", 이 기막힌 모순적 이중 상태의 원인은 무엇입니까? 죄 때문에 죽고, 의 때문에 사는 까닭이지요. 아담의 원죄 때문에 그 결과 우리의 육체는 다 흙으로 돌아가야 할 운명이지만(창 3:19), 그리스도의 의로 인해 우리의 영은 살 수 있습니다.

하지만 참으로 감사하게도 우리 육체의 궁극적 운명은 영영 죽어 없어지는 것이 아니라 몸의 부활로 이어집니다. 10절 후반부의 영을 '하나님의 영'으로 해석해야 하는 이유도 11절의 부활신앙과 연계시킬 때 더욱더 자연스럽습니다. 비록 우리의 육체가 소멸되고 말 운명이지만 우리에게는 부활의 소망이 있습니다.

그것은 우리 안에 내주하시는 하나님의 영이 생명의 영이자 부활의 영이신 까닭입니다. 바울은 예수님을 죽은 사람들 가운데서 살리신 하나님의 영이 우리 안에 살아 계신다면, 우리 안에 내주하시는 그 하나님의 영이 우리의 죽을 몸도 살리실 것을 확신합니다.

여기에서 우리는 '부활시키는 성부 하나님'과 '부활당하신 성자 하나님' 그리고 '부활의 영이신 성령 하나님'의 삼위일체의 흔적을 감지感知할 수 있습니다. 그리스도를 부활시킨 하나님의 영은 결국 우리도 부활의 소망에 참여하도록 이끄실 것입니다. 기독교의 부활은 결코 희랍철학에서 말하는 것처럼 '영' 혹은 '혼'이 육체에서 풀려나 불멸의 상태에 들어가는 것이 아니라, 하나님의 영이 우리의 죽을 몸에 생명을 불어넣어 '신령한 몸'(靈體)으로 변형되는 것입니다.

성령으로 몸의 행실을 죽이면

이제 바울은 육과 영의 두 영역에 각각 속해 사는 이들을 대조한 뒤, 12-13절에서 이것이 신자의 일상생활에 어떤 영향력을 미치는지를 설명합니다.

그러므로 형제들아 우리가 빚진 자로되 육신에게 져서 육신대로 살 것이 아니니라(12절).

먼저 바울은 우리가 다 '빚진 자들'(ὀφειλέται/debtors)이지만, 결코 육신에 빚을 진 것은 아니라는 사실을 강조합니다. 하나님과 이웃에게 사랑의 빚을 진 것은 사실이지만, 그렇다고 해서 육신에까지 빚을 진 것은 아닙니다. 빚을 졌으면 반드시 되갚아야 할 의무와 책임이 있듯이, 육체에 빚을 진다는 말은 육체의 눈치를 보며 요구하는 대로 끌려다녀야만 한다는 말이지요.

여기에서 말하는 '육체'도 식욕이나 성욕과 같은 동물적 본성뿐만 아니라, 하나님 없이 세상 풍속을 쫓아 사는 우리의 죄된 본성 전체를 말합니다. 우리에게 빚이 있다면 하나님의 자녀로서 의롭게 살아가야 할 의무와 책임으로서의 빚이 있을 뿐, 죄된 본성에 끌려다니며 육신을 만족시켜야 할 의무는 없습니다.

그럼에도 바울은 강력한 경고 또한 잊지 않습니다.

> 너희가 육신대로 살면 반드시 죽을 것이로되 영으로써 몸의 행실을 죽이면 살리니(13절).

죄의 지배를 받는 육신대로 살면 반드시 죽는다고 경고했는데, 여기에서 말하는 죽음은 우리의 신체적 죽음을 말하는 것이 아닙니다. 왜냐하면 육신대로 살지 않아도 육체의 죽음을 피할 도리가 없기 때문이지요. 바울이 말하는 죽음은 죄에 대한 형벌로서 하나님으로부터의 영원한 분리와 연관되어 있습니다.

하지만 성령으로 몸의 행실을 죽이면 삽니다. 여기에서 '죽인다'는 말이 중요합니다. 헬라 원어로 'θανατοῦτε'(thanatoute/put to death)는 말 그대로 '죽이다'는 뜻입니다. 여기 '몸의 행실을 죽인다'(put to death the deeds of the body)는 말은 기독교 생활에 있어서 '고행'(mortification)의 필요성을 일깨워줍니다.

예수님은 마가복음 8장 34절에서 "나를 따라오려거든 자기를 부인하고 자기 십자가를 지고 나를 따르라"라고 말씀하셨습니다. 바울 역시 갈라디아서 5장 24절에서 "그리스도 예수의 사람들은 육체와 함께 그 정욕과 탐심을 십자가에 못 박았다"라고 말씀했습니다.

몸의 행실을 죽이는 것은 오로지 성령의 내주하심으로 말미암은 성령의 능력으로만 가능합니다. 장갑掌匣이 그 자체로는 아무것도 하지 못합니다. 하지만 그 안에 손이 들어가면 손의 힘 때문에 무슨 일이든지 할 수 있습니다. 성령이 손이라면 우리는 장갑과 같은 처지입니다. 성령이 내주하실 때에만 우리는 육체의 못된 행실을 죽일 수 있습니다.

바울은 우리에게 두 가지 길을 제시합니다. '죽음으로 이끄는 생명'이 있는가 하면, '생명으로 이끄는 죽음'이 있습니다. 그러기에 우리는 진정한 생명과 진정한 죽음을 재정의할 필요가 있습니다. 이 세상이 '생명'으로 부르는 많은 것들이 실제로는 하나님께 반역하고 생명의 근원이신 하나님으로부터 분리되게 해서 '죽음'에 이르게 하지만, 성령이 우리 안에 내주하셔서 우리의 못된 욕심을 죽인다면 오히려 죽어서 영원히 살게 될 것입니다.

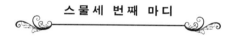

자녀 → 양자 → 상속자
Children → Adopted Children → Heirs

〈8:14-17〉

성령을 따라 사는 사람들

본문은 '육'이 아닌 '영'을 따라 사는 그리스도인이 어떤 신분과 특권을 누리는지를 말씀합니다. 겨우 네 구절밖에 되지 않지만 구절마다 그리스도인의 신분 혹은 정체성을 명확히 정의합니다. 14절에 '하나님의 아들'로, 15절에 '양자'로, 16절에 '하나님의 자녀'로 그리고 17절에 '상속자'로 각각 정의합니다. 성령을 따라 사는 그리스도인의 정체성을 이보다 더 명징明澄하게 정리해주는 구절도 없을 것입니다.

이러한 그리스도인의 정체성이 각각 무엇을 의미하는지를 살펴보기 전에 바울 서신 가운데 로마서만큼이나 중요한 갈라디아서 4장 5-7절과 로마서 본문이 그 형식이나 내용에 있어서 놀랄 만큼 유사하다는 사실을 주목해야 합니다.

갈 4:5-7	롬 8:14-17
"우리로 **아들의 명분**을 얻게 하려 하심이라"(5절)	"무릇 **하나님의 영**으로 인도함을 받는 사람은 곧 **하나님의 아들**이라"(14절)
"너희가 **아들**이므로 하나님이 그 **아들의 영**을 우리 마음 가운데 보내사 **아빠 아버지**라 부르게 하셨느니라"(6절)	"너희는 다시 무서워하는 **종의 영**을 받지 아니하고 **양자의 영**을 받았으므로 우리가 **아빠 아버지**라고 부르짖느니라"(15절)
	"성령이 친히 우리의 영과 더불어 우리가 **하나님의 자녀**인 것을 증언하시나니"(16절)
"그러므로 네가 이 후로는 **종**이 아니요 **아들**이니 아들이면 하나님으로 말미암아 **유업**을 받을 자니라"(7절)	"**자녀**이면 또한 **상속자** 곧 하나님의 상속자요 그리스도와 함께 한 상속자니 우리가 그와 함께 영광을 받기 위하여 고난도 함께 받아야 할 것이니라"(17절)

　　이러한 유사성을 고려할 때 그리스도인을 '하나님의 아들', '자녀', '양자' 그리고 '상속자'로 부른 것은 초대교회의 전통 유산이자 공중 예배 때의 중요한 고백이었던 것 같습니다. 한 마디로 하나님의 영, 곧 그리스도의 영, 성령에 사로잡혀 사는 이들은 누구나 다 하나님의 아들딸로서 세상의 그 어떤 것과도 비길 수 없는 영광과 특권을 누리게 된다는 신앙고백이지요.

　　14-17절은 바로 앞에 나오는 문장과도 연결되어 있으므로 8장 1-13절의 최종 결론이자 그다음에 전개될 주제를 미리 제시하는 교량 역할을 하고 있습니다. 13절에서 바울은 죄성의 지배를 받는 육신을 따라 살면 죽을 것이지만, 성령으로 몸의 행실을 죽이면 살 것임을

역설했습니다. 그렇다면 14-17절이야말로 "성령으로 몸의 행실을 죽이고 사는 그리스도인들"이 어떤 사람들인지 그 '신분'과 누리게 될 '특권'을 구체적으로 밝혀주는 말씀입니다.

중요한 것은 그리스도인의 정체성을 확정지어 주는 것은 언제나 성령의 사역이라는 사실입니다. 성령의 소유나 내주하심 없이 그리스도인은 몸의 행실을 죽일 수 없으며 하나님의 자녀로서의 새로운 신분과 특권도 획득할 수 없습니다.

그리스도인의 세 가지 신분

성령이 우리 그리스도인들을 확인시켜주는 새로운 신분과 특권은 무엇입니까? 크게 세 가지입니다. 첫째, '하나님의 아들딸', 즉 '하나님의 자녀'입니다. 둘째, 두려움을 지닌 종이 아닌, 하나님을 '아빠 아버지'로 자유롭고 담대하고 친밀하게 부를 수 있는 '양자'입니다. 셋째, 하나님의 자녀로서 그리스도와 함께 '공동 상속자'가 됩니다.

첫째로, 우리는 하나님의 자녀들입니다.

8장의 일관된 주제는 우리를 성결케 하시는 '성령의 사역'입니다. 이미 13절에서 바울은 성령의 힘으로 몸의 행실을 죽이면 산다는 사실을 강조했습니다. 그렇다면 성령으로 몸의 행실을 죽이는 사람은 어떤 사람일까요? 바울은 14절에서 살짝 이미지를 바꾸어 이런 사람은 다름 아닌 '하나님의 영으로 인도함을 받는 사람'이라고 부연 설명을 합니다.

"하나님의 영으로 인도함을 받는 사람"($\pi\nu\epsilon\acute{u}\mu\alpha\tau\iota\,\theta\epsilon o\tilde{u}\,\mathring{\alpha}\gamma o\nu\tau\alpha\iota$/all who are led by the Spirit of God)은 또한 어떤 사람일까요? 어떤 이는 '성령의 강제적 지배와 조종을 받는 사람'으로 해석합니다. 오순절 성령은사운동을 지향하는 분들 중에는 이것을 성령이 우리를 강권적으로 사로잡아 무아지경의 황홀경에 빠뜨려 우리의 자유의지를 꼼짝달싹 못하도록 묶어버린 채 우리를 마음대로 조종하는 상태로 해석합니다. 일종의 '거룩한 폭력'(holy violence) 혹은 '거룩한 구속拘束'(holy constraint) 상태를 의미하는 것이지요. 귀신들린 사람이 자기 힘으로 귀신의 힘을 제어하지 못한 채 끌려다니는 것처럼 성령의 강력한 힘에 압도당해 억지로 끌려다닌다는 의미입니다.

하지만 아무리 생각해봐도 하나님의 영이 우리를 허수아비나 로봇으로 만드는 영은 아닌 것 같습니다. 하나님의 영은 어디까지나 인격적 '자유의 영'이지, 우리를 일방적으로 조종하고 억압하고 강요하는 폭력의 영이 아닙니다. 성령은 우리를 설득해서 깨닫게 하시는 영이요, 우리의 죄악에 민감해서 근심하고 슬퍼하시는 영입니다(엡 4:30). 물론 성령은 우리의 욕심을 절제하도록 도와주시고 하나님의 뜻에 순복하도록 이끌어주시지만 결코 우리를 윽박지르거나 강요하는 충동의 영이 아닌 것은 분명합니다.

그러므로 '하나님의 영으로 인도함을 받는다'는 말은 13절의 '영으로써 몸의 행실을 죽인다'는 말씀을 다른 표현으로 풀어 쓴 것입니다. 성령으로 몸의 행실을 죽이는 사람이 결국 살 수 있는 것처럼, 하나님의 영으로 인도함을 받는 사람 역시 사는데, 14절에서는 한 걸음 더 구체적으로 '하나님의 아들'로서 살 것이라고 말씀합니다.

'하나님의 아들'은 헬라어로 'υἱοὶ θεοῦ'(hyioi theou)인데, 말 그대로 하나님의 '아들들'(sons)이라는 뜻입니다. 로마교회 안에는 남녀 교인들이 골고루 있었을 것이기에 여기에서의 '아들들'은 딸들까지 포괄하는 '자녀들'의 의미를 가질 것입니다. 그럼에도 바울은 왜 '자녀들'을 뜻하는 좀 더 중립적 용어 'τέκνα'(tekna/children, 8장 17절에서는 이 '자녀'라는 용어를 쓰고 있음)를 쓰지 않고 굳이 'υἱοὶ'(hyioi)를 썼을까요?

그것은 그리스도인들이 다름 아닌 '하나님의 아들'(υἱος θεοῦ/Son of God)이신 예수 그리스도를 통해서 '하나님의 아들들'(υἱοὶ θεοῦ/sons of God)이 되었다는 사실을 강조하려는 의도인 것 같습니다. 다시 말해 하나님의 아들 그리스도의 은혜 때문에 우리 역시 하나님의 아들들이 되었다는 사실을 강조하기 위해 일부러 '아들'이라는 표현을 골라 쓴 것처럼 보입니다. 하나님의 아들 예수처럼 우리도 하나님의 아들들이 되었다는 것이지요.

게다가 바울이 15절에서 말하게 될 양자 개념과 결부시킬 때 1세기의 로마 가부장 사회에서 양녀가 아닌, 특히 양자가 갖는 신분이나 영광, 유산 상속을 고려해서 의도적으로 '아들'이라는 용어를 채택한 것으로 보입니다. 언제나 중요한 것은 우리의 '아들됨' 혹은 '양자됨'은 '그리스도의 아들되심'에 근거한다는 사실입니다.

어쨌든 바울의 의도를 존중한다면, 그리스도인을 '그리스도의 신부'(계 21:2)로 비유하는 성서 표현에 남성들이 이의를 제기할 필요가 없듯이, 여성들 역시 '아들들'이라는 남성적인 표현에 분개할 필요가 없을 것입니다.

하나님의 영으로 인도함을 받는 사람이 하나님의 자녀가 된다는 사실은 또 한 가지 중요한 진실을 일러줍니다. 모든 사람이 선천적으로(by nature), 즉 자동적으로 하나님의 자녀가 되는 것은 아니라는 진실이지요. 물론 온 인류가 창조주 하나님이 지으신 피조물이라는 점에서는 하나님이 온 인류의 아버지 되심이 맞습니다. 이러한 피조성의 차원에서는 온 인류가 하나님의 자녀라는 표현을 쓸 수 있을 것입니다. 하지만 이와 같은 일반적 관계성에는 친밀한 교제가 결여되었습니다. 정반대로 하나님을 아버지로 믿지 않고 반역하고 불순종하는 뿌리 깊은 죄성이 있습니다.

친밀한 부자관계로서의 진정한 의미의 하나님의 자녀가 되어 하나님의 가족에 편입될 수 있는 것은 성령의 인도하심, 즉 성령을 소유하고 성령이 우리 안에 내주하실 때에만 가능합니다. 성령의 인도함을 받지 않으면 그리스도께 속할 수도 없거니와 하나님의 자녀가 될 수도 없습니다. 성령을 받은 사람들만이 하나님의 자녀라는 범주 속에 들어갈 수 있습니다. 이와 같은 하나님과 우리 사이의 관계의 특수성을 염두에 두고 바울이 골라 쓴 용어가 '양자'입니다.

둘째로, 우리는 하나님의 양자들입니다.

하나님의 영으로 인도함을 받아 하나님의 자녀로 사는 사람들의 뚜렷한 특징이 있습니다. 두려움이 사라지고 자유와 담력, 친밀감이 생깁니다. 하나님의 자녀가 된 이런 상태의 정반대는 '종살이의 두려움'입니다.

너희는 다시 무서워하는 종의 영을 받지 아니하고 양자의 영을 받았으므로 우리가 아빠 아버지라고 부르짖느니라(15절).

죄와 율법의 종이 되어 살 때에 나타나는 가장 두드러진 특징은 '두려움'입니다. 이것을 바울은 '종의 영'($\pi\nu\epsilon\hat{v}\mu\alpha\ \delta ov\lambda\epsilon i\alpha\varsigma$/a spirit of slavery)으로 비유합니다. 종이 주인에게 느끼는 주된 감정은 두려움이지요. 죄를 주인으로 섬길 때 율법마저도 죄의 도구로 전락해 인간을 억압하는 세력이 되고 맙니다. 그리하여 종의 영에 이끌려 살 때에는 늘 하나님의 심판과 형벌을 두려워하며 살 수밖에 없습니다. 하지만 우리는 예수 그리스도를 믿어 성령을 선물로 받고 이 종살이에서부터 해방되었습니다. '죄의 종' 상태에서 벗어나 '하나님의 자녀'가 된 것이지요!

종의 영은 우리를 무서워하게 만들지만 양자의 영을 받아 하나님의 자녀가 될 때에 우리는 하나님을 감히 '아빠 아버지'라고 부를 수 있을 정도로 하나님과의 자유롭고 담대하고 친밀한 관계를 맺을 수 있습니다. '아빠'는 예수님 시대의 생활언어였던 아람어로 '$\dot\alpha\beta\beta\dot\alpha$'(abba/daddy)인데, 어린아이가 아버지를 친근하게 부를 때 썼던 용어입니다. 정확히 우리말의 '아빠'에 해당되는 가족어였습니다. 연이어 나오는 '아버지'($\pi\alpha\tau\dot\eta\rho$/pater/father)라는 말은 이 아람어 '$\dot\alpha\beta\beta\dot\alpha$'를 모르는 헬라권 독자들을 위해 일부러 번역해 놓은 말입니다.

여기에서 우리는 바울이 아람어를 쓰는 히브리인들(유대인들)과 헬라어를 쓰는 이방인들 모두를 아우르는 우주적 하나님 가족을 염두에 두고 있음을 알 수 있습니다. 유대인이든 헬라인이든 누구든지 종의 영의 지배를 받지 않고 성령의 지배를 받는 사람들은 하나님을 더이상 두려워하지 않고, '아빠 아버지'로 부를 정도로 자유롭고 담대하고 친밀한 관계로 들어가게 된다는 것이지요.

예수께서 겟세마네 동산에서 기도하실 때에 하나님을 '아빠 아버지'로 부르신 것(막 14:36)은 그 당시 유대 관습으로 볼 때 매우 이례적異例的이었습니다. 유대인들은 하나님을 멀리 초월해 계시는 두려운 분으로 보았기에 하나님의 이름을 아예 부르지도 못하도록 막거나 부르더라도 매우 엄숙한 태도로 부르게 했습니다.

하지만 예수님은 일상 구어체이자 어린 아들과 아버지 사이에서만 통하는 친밀하기 이를 데 없는 가족 용어 '아빠'라는 말로 하나님을 부르셨습니다. 하나님이 더 이상 우리를 심판하시는 두려운 존재가 아니라, 한없이 우리를 사랑하시는 다정다감한 아빠처럼 되셨다는 사실을 보여줍니다.

예수께서 가르쳐주신 주기도문에서도 어린아이가 아버지를 다정히 부르듯이 '아버지'(마 6:9)라는 호칭으로 기도를 시작하게 하셨습니다. 누구도 하나님을 감히 이렇게 부르는 사람들이 없었을 때에 예수께서 이런 호칭을 쓰셨다는 사실과 더불어 그리스도인 역시 하나님을 똑같이 '아빠'로 부르게 되었다는 사실이야말로 우리가 종이 아닌, 하나님의 자녀가 되었다는 사실을 입증해줍니다.

여기에서 '부르짖는다'는 헬라어 *κράζομεν*(krazomen)은 '감탄과 기쁨이 섞인 채 큰 소리로 부르짖는다'(cry out/scream/shriek)는 매우 강력한 표현입니다. 예수께서 귀신을 쫓아내실 때 이 말을 쓰셨다고 합니다. 초대교인들은 개인 기도뿐만 아니라 공중 예배에서도 흔히 하나님을 '아빠 아버지'로 힘차게 불렀던 것으로 보입니다.

이제 중요한 것은 우리로 하여금 하나님을 더 이상 두려워하지 않게 하고 '아빠 아버지'로 자유롭고 담대하고 친밀하게 접근할 수 있도록 이끈 영을 바울은 '양자의 영'($\pi\nu\varepsilon\tilde{\upsilon}\mu\alpha\ \upsilon\iota o\theta\varepsilon\sigma\iota\alpha\varsigma$/a spirit of adoption)으로 비유합니다. 여기 '$\upsilon\iota o\theta\varepsilon\sigma\iota\alpha\varsigma$'(hyiothesias)라는 말은 직역하면 '아들로 삼음'(son-ize) 혹은 '양자로 들임'(to adopt a son)이라는 뜻입니다. '양자 신분'(adoptive sonship)을 얻는다는 뜻이지요.

이미 고대로부터 유대인 사회에서는 일반적으로 양자 개념 자체가 드물었습니다. 입양은 주로 로마 사회의 법적 제도였습니다. 그런데 2천 년 전 그리스-로마 사회에서 양자는 친아들이 갖는 모든 법적 권리를 그대로 누렸습니다. 상속자가 없는 부유한 가정에서 종종 신중하게 고려해서 양자를 들이는 경우가 있었는데, 일단 양자로 입적될 경우 친아들과 똑같은 대우를 받으면서 양부의 전 재산을 유산으로 물려받을 수 있었습니다. 한마디로 양자는 친자에게 조금도 뒤지지 않는 법적 신분과 지위를 보장받았던 것이지요.

그렇다면 바울은 왜 '친자'(親子/biological son or natural son)가 아닌, '양자'(養子/adopted son)라는 말을 골라 쓴 것일까요? 이것은 우리가 성령의 인도하심에 따라 하나님의 아들이 되는 것과 예수 그리스도께서 본질적으로 맺고 계시는 하나님의 아들 되심의 차원이 다르다는 사실을 보여주기 위해서 고심해서 쓴 말일 것입니다. 예수님은 본질적으로 하나님의 친 아드님이시지만, 우리가 하나님의 자녀가 된 것은 하나님의 가족에 양자로 입적된 것과 같다는 차이가 있습니다.

물론 양자가 되었어도 친자이신 예수님이 누리는 모든 특권을 우리 역시 함께 누리겠지만 그리스도인이 하나님의 아들이 되는 이치와 그리스도께서 하나님 아버지와 본질적으로 맺고 계시는 유일무이한 부자관계는 그 차원이 다릅니다.

더욱더 흥미로운 사실은 예수님과 달리 우리는 하나님의 일방적인 법률적 고려와 선택 때문에 양자로 편입되었다는 것입니다. 입양의 경우 양자될 사람 쪽에서 사정을 하거나 흥정을 해서 양자로 들어가는 경우는 거의 없습니다. 전적으로 양부가 될 사람의 자유로운 선택 때문에 입양이 결정됩니다. 그러기에 양자의 편에서 볼 때 입양은 양부로부터 일방적으로 얻은 선물이지요.

마찬가지로 우리가 하나님의 양자로 입양되는 것도 우리가 먼저 사정해서 될 문제도, 우리 쪽에서 흥정해서 될 일도 아닙니다. 전적으로 하나님의 자유로운 선택으로 일어난 은혜의 선물일 뿐입니다. 하나님의 친자이신 예수님과 달리 우리 모두는 생물학적 출생만으로 하나님의 가족에 저절로 편입될 수 없는 처지입니다. 오직 성령에 의해 하나님의 친자이신 예수 그리스도와 연합할 때에만 하나님께서 우리를 양자로 받아주십니다.

이와 같이 양자가 시사하는 중요한 의미는 누구도 태어날 때부터 저절로 하나님의 아들딸이 되는 것은 아니라는 사실입니다. 태어나자마자 자동으로 하나님의 아들이 되는 것이 아니라, 본래 우리는 영적 고아요, 종에 불과했지만 하나님의 은혜 때문에 하나님과의 부자관계를 누리게 된 것입니다.

우리가 기도하고 예배할 때 하나님을 '아빠 아버지'로 부를 수 있는 이유는 전적으로 '양자의 영'을 받은 결과입니다. 하나님의 양자가 된 우리는 친자이신 예수님이 하나님을 '아빠 아버지'로 부르는 것과 똑같이 하나님을 '아빠 아버지'로 친밀하게 부를 수 있는 특권을 얻었습니다. 그런데 우리가 하나님을 '아빠 아버지'라고 부를 때에 우리가 하나님의 자녀임을 확인시켜주는 분은 다름 아닌 성령입니다.

성령이 친히 우리의 영과 더불어 우리가 하나님의 자녀인 것을 증언
하시나니(16절).

하나님을 '아빠 아버지'로 부르며 기도할 때에 성령의 내적 증거를
체험합니다. '우리의 영'($\tau\tilde{\omega}\ \pi\nu\epsilon\acute{\upsilon}\mu\alpha\tau\iota\ \acute{\eta}\mu\tilde{\omega}\nu$/the spirit of us)에서 말하
는 '영'은 로마서 8장에서 유일하게 성령이 아닌 '인간의 영'을 의미합
니다. 양자의 영에 이끌려 하나님을 '아빠 아버지'로 부를 때에 우리가
하나님의 자녀라는 사실을 느끼는 속사람, 즉 심층적인 '자의식'(self-
consciousness)을 말하는 것이지요.

그런데 우리가 하나님의 자녀라는 사실을 느끼는 우리 자신의 영,
즉 우리의 자의식에 내적 확신을 주는 영이 바로 성령입니다. '아빠
아버지'라고 말은 우리가 하지만, 하나님의 자녀라는 의식을 가진 우
리의 속사람과 더불어 이 사실을 증거해주시는 분은 성령입니다. 구
약 시대에 공정한 재판이 이루어지기 위해서는 최소한 두 명 이상의
증인이 필요하듯이(신 19:15), 우리가 하나님의 자녀요, 하나님이 우
리의 '아빠 아버지'가 되신다는 사실을 증거해주는 '이중 증거'(double
witness)의 영은 '우리 자신의 영'과 더불어 '성령'이십니다. 하나님의
영과 우리의 영이 대화하고 교류하는 것이지요!

셋째로, 우리는 그리스도와 더불어 하나님의 유업을 물려받을 공동
상속자입니다.

우리 그리스도인들은 하나님의 자녀로 입양된 양자요 양녀들입니
다. 그런데 양자요 양녀인 우리는 하나님의 친자이신 예수님과 똑같

은 유산을 상속받게 됩니다. 그리하여 바울은 우리를 그리스도와 함께 한 '공동 상속자'로 부릅니다.

> 자녀이면 또한 상속자 곧 하나님의 상속자요 그리스도와 함께 한 상속자니(17a절).

하나님의 '자녀'($\tau\acute{\epsilon}\kappa\nu\alpha$)는 더 구체적으로 '양자'($\upsilon\iota o\theta\epsilon\sigma\acute{\iota}\alpha\varsigma$/adopted sons)이며, 양자가 된 우리는 하나님의 친자인 그리스도와 똑같은 '공동 상속자'($\sigma\upsilon\gamma\kappa\lambda\eta\rho o\nu\acute{o}\mu o\iota$/joint heirs)가 됩니다. 그리스도께서 받으실 상속을 우리도 고스란히 함께 받게 된다는 것이지요.

여기에서의 유산 상속은 두말할 필요도 없이 그리스도 때문에 우리가 거저 얻는 선물입니다. 우리가 잘 나서 얻게 되는 성취물이 아니지요. 그렇다면 우리는 장차 어떤 유산을 상속받을까요? 먼저 베드로전서 1장 4절 말씀이 떠오릅니다.

> 썩지 않고 더럽지 않고 쇠하지 아니하는 유업[유산/inheritance]을 잇게 하시나니 곧 너희를 위하여 하늘에 간직하신 것이라.

장차 도래할 천국의 유산을 상속받는다는 말이지요. 하지만 이 유산 상속은 하나님 자체일 수도 있습니다. 가나안 땅에 들어간 레위 지파 사람들은 다른 11지파와 달리 아무 유산도 상속받지 못했습니다. 왜냐하면 하나님께서 친히 레위인들의 유산이시기 때문이었습니다(신 18:2). 마찬가지로 우리가 상속받을 최고의 유산은 하나님 그 자체라고도 할 수 있습니다(애 3:24; 고전 15:28). 중요한 것은 우리가 하나님의 자녀라는 사실을 확신케 해주는 동일한 성령이 우리가 하나님의 상속자라는 사실도 확신시켜 준다는 사실입니다.

하지만 이와 같이 영광스러운 유산을 상속받기 전에 한 가지 잊지 말아야 할 조건이 있습니다.

우리가 그와 함께 영광을 받기 위하여 고난도 함께 받아야 할 것이니라(17b절).

복음서에서 고난은 언제나 영광에 이르는 첩경입니다(눅 24:26; 막 8:31). 십자가 없이 부활도 없습니다. 제자도의 본질은 그리스도와의 연합입니다. 그러므로 진정한 제자는 먼저 그리스도와 함께 고난 받는 것을 두려워하지 말아야 합니다.

누구든지 나를 따라오려거든 자기를 부인하고 자기 십자가를 지고 나를 따를 것이니라(막 8:34).

오히려 너희가 그리스도의 고난에 참여하는 것으로 즐거워하라 이는 그의 영광을 나타내실 때에 너희로 즐거워하고 기뻐하게 하려 함이라(벧전 4:13).

현재 그리스도와 함께 고난 받기를 기꺼이 할 때 장차 그리스도와 함께 영광스러운 유산을 상속받게 될 것입니다. 만일 우리에게 고난이 없다면 우리는 이 세상이 주는 안락과 행복에 깊이 빠져 하나님을 사랑하지 않게 될 것입니다. 고난을 받음으로써 이 세상을 사랑하지 않고 하나님을 더욱 사랑하게 됩니다.

하나님의 양자요 양녀로 입적된 우리는 하나님의 친자이신 예수님과 한 형제자매가 되었습니다. 하나님의 가족 안에 그리스도와 공동 상속자로 편입된 우리는 자연스레 그리스도와의 가족적 유사성으로 인해 그리스도를 닮을 수밖에 없습니다. 그러므로 친자이신 그리스도께서 고난을 통해서 순종을 배우셨고 영광을 얻으셨다면, 그리스도와 함께 하나님의 가족에 입양된 우리 역시 그리스도를 본받아 함께 고난을 겪을 수밖에 없고 그리스도가 장차 얻을 영광을 우리 역시 얻을 수밖에 없습니다.

팀 켈러는 '종의 영'과 '양자의 영'을 다음과 같이 도표로 정리합니다.

종의 영	양자의 영
"주인에게 꼼짝없이 순종해야 하기 때문에 강요하에서 어쩔 수 없이 순종함"	"아빠를 사랑하고 기뻐하기 때문에 순종함"
"고통이나 상실의 협박 때문에 일한다. 형벌로 보응을 받는다."	"응징의 수단이 아닌, 사랑의 가르침으로서의 연단을 받는다."
불안정성: "내가 실수하면 주인이 나를 때릴 것이다."	안정감: "내가 실수하더라도 아버지께서 용서하실 것이다."
"외적인 행동에 집중하고 규칙을 준수해야 함"	"관계와 태도에 집중함"
"일을 하지 않을 수 없지만, 영광은 받지 못함"	"영광을 받으며, 함께 일하도록 초청받음"

Timothy Keller, *Romans 8-16 for You*, p. 34.

제5부

끊을 수 없는 하나님의 사랑

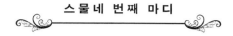

'고난' VS. '영광의 자유'

The Sufferings VS. The Freedom of the Glory

〈8:18-30〉

고난과 썩어질 육체 앞에서

바울은 8장 1절에서 위대한 선언을 했습니다.

이제 그리스도 예수 안에 있는 자에게는 결코 정죄함이 없나니.

그럼에도 그리스도인 역시 인간이면 누구나 다 겪을 수밖에 없는 고난으로부터 자유롭지 못합니다. 여기에서의 '고난'은 예수 믿는 이가 세상에서 당하는 반대와 핍박뿐만 아니라 인간이면 누구나 다 겪는 질병이나 기아, 경제적 곤궁, 사별 등등 심신 양면으로 허약하고 도덕적으로 취약한 총체적 의미로서의 고난입니다.

이러한 필연적 고난과 함께 우리는 또한 죄성罪性의 지배를 받는 '육'을 입고 있습니다. 의복이 낡아지듯이 이 육은 언젠가 죽어서 흙으로 돌아갈 운명에 처해 있습니다. 고난과 썩을 몸으로부터 완전히 벗어나야지만 '완전한 구원'에 이르렀다고 할 수 있는데, 지금 여기 땅에서의 구원은 아직 불완전합니다.

사노라면 맞닥뜨려야 하는 갖가지 고난 앞에서 그리고 썩을 육체를 입고 있기에 언젠가 찾아오게 될 죽음 앞에서, 이 땅에서는 아직 절반밖에 구원받지 못한 그리스도인은 어떤 태도를 취해야 할까요? 바울은 본문에서 현재의 고초苦楚를 견딜만한 가치가 있는 것으로 만드는 미래의 영광을 강조합니다.

본문에 '영광'은 모두 세 차례 나타나지만, '영광'으로 시작해서(18절) '영광'으로 끝나기에(30절), '영광'이야 말로 본문의 핵심 주제라고 할 수 있습니다. 그런데 영광은 반드시 고난과 결합되어 있습니다. 기독교 신앙에 있어서 고난과 영광은 결혼한 부부 사이입니다. 이혼할 수 없습니다. 예수께서 먼저 고난받으신 뒤에 영광을 얻으신 것처럼 예수님의 제자들 역시 현재의 고난을 소망 중에 잘 참고 기다릴 때 미래의 영광을 함께 누리게 될 것입니다. 로마서 8장 17절의 말씀처럼 "그리스도와 함께 영광을 받기 위하여 고난도 함께 받아야" 합니다.

하지만 그리스도인의 고난은 영원히 지속되지 않습니다. 이 세상에서만 고난을 받을 뿐 세상의 종말에 반드시 영광을 받게 되어 있습니다. 그리스도인은 '시간들 사이에'(between times) 끼여 사는 존재입니다. 예수를 믿음으로써 의로워졌지만 우리는 여전히 가지가지 고난을 당하고 죄의 유혹을 받고 육체의 죽음을 경험할 수밖에 없습니다. 구원이 지금 여기에서 '이미 시작되었지만'(already), 구원의 완성, 즉 영화(榮化/glorification)는 '아직 완전히 실현되지 않았습니다'(not yet). 그러기에 현세의 그리스도인은 필연적으로 역설과 모순 그리고 긴장 속에 처할 수밖에 없습니다.

본문은 크게 네 부분으로 나눌 수 있습니다. 먼저 18절에서 주제부터 제시합니다. '현재의 고난'과 '미래의 영광'을 날카롭게 대조합니다. 둘째로, 19-25절에서 바울은 "인간의 고난"(23-25절)뿐만 아니라 "자연 피조물의 고난"(19-22절)도 함께 거론하며, 온 우주를 향한 하나님의 최종 구원 목적과 계획을 소망 중에 참고 기다려야 할 것을 역설합니다. 인간의 고난을 자연 피조물 전체의 고난이라는 큰 틀 안에서 조망하는 것은 참으로 이채로운 일입니다. 넷째로, 26-27절은 특히 기도할 때에 불완전하고 연약한 우리를 위하여 성령께서 어떤 중보 사역을 하시는지를 설명합니다. 다섯째로, 28-30절은 하나님의 부르심을 받은 그리스도인들이 고난을 당할 때 어떻게 최종적으로 영화에 이르는지를 '황금 사슬'(golden chain)로 불리는 '연쇄 추론'(Kettenschluss) 방법으로 논증합니다.

'현재의 고난' VS. '미래의 영광'

먼저 바울은 본문의 핵심 주제부터 제시합니다.

생각하건대 현재의 고난은 장차 우리에게 나타날 영광과 비교할 수 없도다(18절).

'생각하다'는 헬라 원어로 'Λογίζομαι'(logizomai/reckon/con-sider)인데, 이성 혹은 말씀을 뜻하는 'λόγος'(logos/reason/Word)에서 왔습니다. 깊이 숙고해서 도달한 확신을 의미하지요. 바울이 냉철하게 사고해서 얻은 확신은 무엇입니까? 현재 우리가 겪는 고난은 장차 우리에게 나타날 영광과 비교가 안 된다는 확신입니다.

고난을 거치지 않고 영광에 이를 수 없기에 고난과 영광은 갈라설 수 없는 부부 사이입니다. 하지만 고난은 영광 근처에도 갈 수 없기에 비교가 불가능합니다. 접시저울의 이미지를 쓴다면, 영광이 워낙 무겁기에 고난을 다른 쪽 접시에 올려놓아 봤자 무게를 잴 수 없다는 뜻입니다.

바울은 결코 고난을 외면하거나 무시하지 않습니다. 그 자신도 엄청난 고난을 숱하게 겪었기에 고난의 위력을 너무나 잘 압니다. 그럼에도 고난은 장차 다가올 영광에 비하면 일시적이고 가볍습니다.

> 우리가 잠시 받는 환난의 경한 것이 지극히 크고 영원한 영광의 중한 것을 우리에게 이루게 함이니(고후 4:17).

'자연 피조계의 고난' VS. '영광'

현재의 고난은 미래의 영광의 빛에서 볼 때 충분히 견딜만한 가치가 있다는 사실로 말문을 연 바울은 먼저 자연 피조물의 고난부터 언급하면서 이 자연계 역시 구속을 갈망한다는 사실을 역설합니다. 고난을 말할 때에 대개 인간중심적으로 사람이 겪는 고난만 의미할 때가 많은데, 바울은 자연계의 고난까지 포괄하고 있습니다.

바울이 말하는 '피조물'은 헬라 원어에 'κτίσις'(ktisis)인데, 흔히 하나님이 지으신 '피조물'(creation)을 의미합니다. 특히 22절에서 말하는 '모든 피조물'(πᾶσα ἡ κτίσις/all the creation)이 무엇을 의미하는 가에 대해 학자들 간에 의견이 분분합니다. 인간과 천사를 포함한 '피조물 전체'로 보는 견해도 있고, 그리스도인들을 제외한 '불신자들을 포함한 피조물 전체', 혹은 '인간을 제외한 피조물 전체'로 보는 의견이 있습니다.

23-27절에서 바울은 우리 인간의 고난을 따로 언급하고 있기에 여기에서 말하는 피조물은 인간을 제외한 '인간 이하의 모든 피조물'(subhuman creation)로 보는 것이 타당할 것 같습니다. 이것은 특히 20절에서 말씀하는 대로 피조물이 **자기 뜻으로** 허무한데 굴복하지 않았다는 사실에서 모든 인간을 배제하는 것으로 볼 수 있습니다. 결국 피조물은 동식물과 생물 무생물을 총괄하는 인간 이외의 모든 자연생태계를 지칭한다고 볼 수 있습니다. 바울은 고난의 문제를 그야말로 우주적 시각에서 접근하고 있는 것이지요.

피조 자연계는 먼저 '하나님의 자녀들'이 나타나기를 고대합니다.

피조물이 고대하는 바는 하나님의 아들들이 나타나는 것이니(19절).

여기에서 말하는 '하나님의 자녀들'은 의롭게 되어 구속받은 사람들을 말합니다. 하지만 하나님의 자녀가 되었다고 해도 우리는 고난과 육체적 한계 때문에 아직 불완전성 속에 있습니다. 최후 심판 때에 하나님의 영광에 동참해서 썩을 몸에서 벗어나 신령한 몸으로 변형될 때에만 비로소 온전한 '하나님의 아들들'이라는 최종 신분을 획득할 수 있을 것입니다.

중요한 것은 동식물을 비롯한 일체의 자연생태계 피조물들이 다름 아닌 '하나님의 자녀들'이 나타나기를 고대한다는 사실입니다. 이것은 자연계의 관리를 위탁받은 인간의 특별한 지위를 일러줍니다. 피조물이 고난받는 것은 전적으로 인간의 죄로 인한 것이기에 인간이 하나님의 자녀로서 최종적으로 구속받기 전까지는 자연계의 회복과 구속 역시 불가능합니다.

저는 EBS에서 방영하는 〈세상에 나쁜 개는 없다〉라는 프로를 재미있게 봅니다. 사람만큼이나 개 역시 종류가 다양합니다. 생김새뿐만 아니라 성질이나 습관조차도 천차만별입니다. 개가 그런 성질과 습관을 갖게 되는 것은 철저히 주인 탓이라고 합니다. 예컨대 개의 습성을 잘 몰라서 과잉보호를 하다 보면 버릇이 없어집니다. 사나운 개 역시 주인이 그렇게 만든다는 것입니다. 심지어 주인을 함부로 무는 개도 있는데, 전적으로 주인이 개를 잘못 길들여서 그렇게 됩니다. 전문가가 나와서 하나둘 문제점을 분석하고 치료책을 제시하고 몇 차례 훈련으로 개가 달라질 때마다 다들 놀라게 됩니다.

오늘날 지구를 병들게 하는 온갖 환경오염, 공해, 지구온난화 등등 모든 생태환경의 파괴 배후에는 전적으로 인간의 죄악과 탐욕이 도사리고 있습니다. 자연계가 고통받는 이유는 순전히 인간의 죄 때문입니다! 아담과 하와 이래 의롭지 못한 어둠의 자식들이 자연 생태계를 마구잡이로 착취하고 남용해서 본래의 질서를 잃고 망가지고 말았습니다. 그러므로 자연계가 회복되려면 자연계의 관리자로서 1차적 책임을 맡은 인간이 온전히 구속받은 하나님의 자녀들로 나타나서 자연계와 새로운 관계를 맺어야만 합니다.

'고대하다'는 헬라어로 '$\dot{\alpha}\pi o\kappa\alpha\rho\alpha\delta o\kappa\acute{\iota}\alpha$'(apokaradokia/to wait with eager longing for)인데, 머리를 뜻하는 '$\kappa\acute{\alpha}\rho\alpha$'(kara)와 '쭉 뻗다'(stretch)라는 의미의 '$\delta\acute{\epsilon}\chi o\mu\alpha\iota$'(dechomai)와 '~으로부터 떨어져'(away from)를 의미하는 접두어 '$\dot{\alpha}\pi o$'(apo)가 결합된 말입니다. 그렇다면 이 동사야말로 기다리는 대상물에 시선을 고정한 한 채 머리를 들고 목을 쭉 내민 뒤 발끝으로 서서 간절히 기다린다는 의미를 함축합니다. 한마디로 '학수고대鶴首苦待', 즉 '학의 목처럼 목을 길게 내빼고 열렬히 기다린다'는 뜻이지요. 어서 빨리 하나님의 구속받은 온전한 자녀들이 나타나 자연계가 당하는 고난을 끝내주기를 열렬히 기다린다는 것입니다.

바울은 자연 피조계를 인격화해서 세 가지를 관찰합니다.

첫째로, 피조물은 허무에 굴복했습니다.

피조물이 허무한 데 굴복하는 것은 자기 뜻이 아니요 오직 굴복하게 하시는 이로 말미암음이라(20절).

이 말씀은 왜 피조물이 하나님의 자녀들이 나타나기를 학수고대하는지의 이유를 밝혀줍니다. 자연 피조물이 허무에 굴복해 있기 때문입니다. 헬라 원어로 '허무'는 '$\mu\alpha\tau\alpha\iota\acute{o}\tau\eta\tau\iota$'(mataioteti)인데, '공허'(emptiness), '목적상실'(purposelessness), '무상'(transitoriness), '부조리'(absurdity), '무용'(futility) 등을 뜻합니다. 한마디로 전도서 1장 1절에서 말하는 '헛되고 헛된' 상태를 의미합니다. 하나님이 지으신 그대로의 본래 목적을 상실한 채 헛바퀴를 돈다는 것입니다. 이런 의미로 '좌절'(frustration)로 번역해도 무방할 것입니다. 하나님의 본래적 창조 목적이 번번이 차질을 빚는다는 의미이기 때문입니다. 아무튼 자연계는 인간과 마찬가지로 유한한 시간과 공간에 묶여 허무하게 소멸될 운명에 처해 있다는 것이 바울의 관찰입니다.

창세기 3장 17-18절을 보면 아담과 하와가 타락한 후에 땅을 비롯한 자연계가 저주를 받습니다. 바울은 이 사실을 염두에 두었을 것입니다. 하지만 놀라운 사실은 피조물이 허무에 굴복하게 된 것은 자의自意가 아니라, 하나님께서 그렇게 하셨다는 것입니다. 흔히 생각할 때 아담의 범죄와 타락 때문에 자연계도 저주와 심판을 받았기에 이 '굴복의 주체'를 아담이나 아담의 후손인 인간으로 보기 쉽습니다. 아니면 아담을 유혹해서 타락하게 만든 사탄의 세력에 굴복했다고도 볼 수 있겠지요.

하지만 바울은 인간뿐만 아니라 자연생태계에도 심판과 저주를 내리시는 권세와 능력을 가진 분이 하나님이심을 분명히 합니다. 생태계를 심판하신 하나님은 생태계를 영광스럽게 회복하실 주권도 함께 갖고 계신 까닭입니다.

안타깝게도 우리말 개역개정판에는 헬라원문에 있는 말씀을 생략해놓았는데, 피조물이 허무한 데 굴복한 것이 하나님의 주권임을 밝힌 뒤 'ἐφ' ἐλπίδι'(epo elpidi/in hope), 즉 "아직 소망이 남아 있다는 사실"을 첨가합니다. 하나님은 아무 소망 없이 피조물을 허무에 방치하지 않으셨습니다. 자연계에도 한 가닥 구속의 희망을 남겨두셨습니다!

둘째로, 모든 피조물은 궁극적으로 해방될 것입니다.

그 바라는 것은 피조물도 썩어짐의 종노릇 한 데서 해방되어 하나님
의 자녀들의 영광의 자유에 이르는 것이니라(21절).

인간을 제외한 피조세계, 즉 동식물을 비롯한 현재의 자연생태계
는 '썩어짐의 종노릇'을 하고 있습니다. '썩어짐의 종노릇'은 원문대로
한다면 'τῆς δουλείας τῆς φθορᾶς'(tes doluleias tes phthoras), 즉
'썩어짐에 노예로 묶여 있다'(the slavery of corruption/bondage to
decay)는 뜻입니다. 노예가 자유를 잃고 주인의 세력에 철저히 예속
되어 있듯이 자연계가 '썩어짐'에서 한 발자국도 벗어날 수 없다는 말
입니다.

아담의 타락 이후에 자연계도 심판을 받아 생로병사生老病死의 순
환과정을 겪을 수밖에 없게 되었습니다. 동식물은 말할 것도 없고 모
든 생명체가 반드시 노쇠하고 죽고, 결국은 부패하고 해체될 수밖에
없게 된 것이지요. 우주는 지금까지도 힘차게 작동하며 때때로 형언
할 수 없는 웅장함과 아름다움을 뽐내지만, 그 이면裏面에는 좌절과 허
무, 부패와 해체가 있기 마련입니다.

그러나 이런 자연에게도 소망은 있습니다. '썩어짐의 종노릇'에서
벗어나 '하나님의 자녀가 누릴 영광의 자유'(τὴν ἐλευθερίαν τῆς δόξης
τῶν τέκνων τοῦ θεοῦ/the freedom of the glory of the children of
God)에 이르게 될 것입니다. 바울은 '영광'을 '자유'와 연결 짓습니다.
노예로 묶여 있는 한 영광을 볼 수 없습니다. 해방되어야 영광을 봅니
다. 자연 피조물이 하나님의 자녀가 누릴 영광을 얻게 되면 썩어짐의

종노릇 상태에서 풀려날 수 있습니다. 썩어짐에 노예로 매여 있다가 영광 때문에 썩지 않는 자유를 누리게 됩니다.

바울은 자연생태계도 인간과 똑같이 하나님의 자녀들이 누리게 될 영광의 자유에 함께 참여하게 될 것이라는 비전을 제시합니다. 생태계에 가해진 일체의 악과 고통이 사라지고 자유와 평화와 기쁨과 안정이 회복될 것이라는 전망이지요. 적어도 바울의 시각으로 볼 때 하나님이 베푸실 최종 구속, 즉 하나님의 자녀가 누릴 영광의 자유는 인간에게만 국한되지 않고, 하나님이 지으신 일체의 피조물을 총망라하는 '우주적 구속'(cosmic redemption)입니다. 이처럼 고난과 영광 모두에 인간은 자연계와 연대(連帶/solidarity)하고 있습니다!

셋째로, 온 피조물이 다함께 신음하고 있습니다.

> 피조물이 다 이제까지 함께 탄식하며[신음하며] 함께 고통을 겪고 있
> 는 것을 우리가 아느니라(22절).

자연 피조물은 과거에 허무한 것에 굴복되었습니다. 하지만 미래에 영광으로 해방될 것입니다. 이와 같이 **과거의** '썩어짐의 종살이'에서 벗어나 **미래의** 구속과 해방, 즉 '하나님의 자녀가 누릴 영광의 자유'로 나아가기를 기다리는 **현재의** 상태는 '탄식'(더 정확하게 '신음')으로 표현됩니다.

본문에서 세 차례 등장하는 헬라어 'στενάζω'(stenazo)를 우리말 개역개정판은 모두 '탄식'으로 번역했는데, 세심한 주의가 필요합니다. 22절의 '피조물의 탄식'과 23절의 '우리 인간의 탄식' 그리고 26절

의 '성령의 탄식'을 재검토해야 합니다. 'στενάζω'는 압제를 받는 이가 고통에서 벗어나게 해달라고 하나님께 간구할 때 내뱉는 '울부짖음'입니다. 고통으로부터 벗어나기를 간구하는 감정을 표현하는 말이지요.

하지만 '압제받는 고통'을 의미할 때에는 우리말 '신음'(呻吟/groan)이 적절한 번역일 것이고, 압제로부터의 구원을 바라는 외침일 때에는 '탄식'(歎息/sigh)이라는 번역이 적절할 것입니다. 그렇다면 자연과 인간의 경우에는 압제의 고통으로 몸부림친다는 뜻에서 '신음'으로, 성령의 경우에는 우리가 이 고통으로부터 벗어나도록 간구하실 때에 내뱉는 '탄식'으로 번역하는 것이 옳을 것입니다.

인간과 마찬가지로 자연계 역시 '이미'와 '아직 아니'의 역설적 긴장 속에 놓여 있습니다. 생태계 역시 인간과 '함께'(συν/together) 신음하며, 함께 고통을 겪고 있습니다. 하나님의 자녀들이 누릴 영광의 자유에 들어가기 위해 현재는 그 미래의 날을 고대하며 신음하고 있습니다.

참으로 흥미롭게도 현재 고통당하며 신음하는 상태를 바울은 '해산의 고통'으로 비유합니다. 안타깝게도 우리말 개역개정판은 22절을 그냥 '함께 고통을 겪고 있다'고 번역했지만, 헬라어 성경에는 'συνωδίνει'(synodinei)로 되어 있습니다. 이것은 '해산의 진통을 겪는다'는 의미의 'ὠδίνω'(odino/suffer birth pangs)에서 온 복합동사입니다. '산고産苦'는 단순한 고통이 아니라 희망을 동반한 고통입니다. 무의미한 고통이 아닌, 비길 데 없는 승리와 환희, 영광에 이르기 위한 고통입니다. 옥동자를 낳기 위해 기쁨과 기대와 흥분에 가득 차 참고 기다리는 고통입니다. 예수님도 요한복음 16장 20-22절에서 이 해산의 고통을 말씀하신 적이 있습니다.

내가 진실로 진실로 너희에게 이르노니 너희는 곡하고 애통하겠으나 세상은 기뻐하리라 너희는 근심하겠으나 너희 근심이 도리어 기쁨이 되리라 여자가 해산하게 되면 그 때가 이르렀으므로 근심하나 아기를 낳으면 세상에 사람 난 기쁨으로 말미암아 그 고통을 다시 기억하지 아니하느니라 지금은 너희가 근심하나 내가 다시 너희를 보리니 너희 마음이 기쁠 것이요 너희 기쁨을 빼앗을 자가 없으리라.

산모가 아기를 분만하기 전에 고통으로 몸부림치는 사진을 찍어서 보관하는 남편은 없습니다. 극심한 진통 끝에 낳은 아기를 품에 안고 기뻐하는 모습만 카메라에 담습니다. 지난 고통은 씻은 듯이 잊고 말할 수 없는 기쁨에 겨워하는 사진을 지갑 속에 넣어서 오랫동안 보관합니다.

마찬가지로 인간과 함께 자연계가 겪는 고난 역시 산모가 겪는 진통처럼 아무 대책 없이 무작정 당하는 무의미한 고난이 아닙니다. 하나님의 자녀가 누릴 영광의 자유를 예고해주는 고통이기에 기쁨과 소망 중에 얼마든지 참고 기다릴 수 있는 유의미有意味한 고통입니다. 순전히 장차 도래할 영광이 워낙 찬란하기 때문에 현재의 고난은 겪을 만하게 됩니다. 자연생태계는 영원히 멸망해서 사라지는 것이 아니라, 반드시 신령하고 영광스럽게 변형될 것입니다.

'하나님의 자녀들이 겪는 고난' VS. '영광'

자연 피조계의 고난과 구속의 소망을 다룬 바울은 이제 인간이 겪는 고난으로 돌아섭니다. 특히 기독교인들이 당하는 고난을 '신음'(탄식)을 매개로 해서 서술합니다. 인간과 함께 자연도 신음할 뿐 아니라, 우리 그리스도인들 역시 속으로 신음합니다. 그리스도인은 무엇을 바라고 신음할까요?

> 그뿐 아니라 또한 우리 곧 성령의 처음 익은 열매를 받은 우리까지도 속으로 탄식[신음]하여 양자 될 것 곧 우리 몸의 속량을 기다리느니라(23절).

자연계의 일반 고난에서 그리스도인의 특수 고난으로 방향을 바꾸었다는 사실은 '성령의 처음 익은 열매를 받은 우리'라는 표현에서 알 수 있습니다. 성령은 모든 사람들에게가 아닌, 크리스천들에게만 주어진 선물이기에 바울이 말하는 대상은 크리스천들입니다. 그런데 우리 그리스도인들은 '성령을 첫 열매로 받은 사람들'입니다.

헬라어로 '첫 열매'는 '$\dot{\alpha}\pi\alpha\rho\chi\dot{\eta}\nu$'(aparchen)인데, 한 해의 '첫 열매'(the first fruits), 즉 '맏물'을 의미합니다. 추수 때에 최초로 거두어들이는 첫 열매는 여러모로 의미가 남다릅니다. 먼저 추수가 시작됨을 알리는 신호탄입니다. 장 칼뱅의 말처럼 '시작 단계의 것'(primordia)으로서 완전히 수확이 끝난 것들과 대조가 됩니다. 첫 열매를 거두어들였기에 아직 완전한 추수가 이루어진 것은 아니지만, 앞으로 대대적인 추수가 있을 것을 예고해주는 보증이 됩니다. 더욱이 첫 열매는 앞으로 있게 될 풍성한 추수를 미리 맛보게 해줍니다. 첫 열매는 또한 그다음에 이어질 본격적인 추수를 이어주는 연결점이 되기도 합니다.

놀랍게도 바울은 우리 그리스도인들을 '성령을 첫 열매로 받은 사람들'로 정의합니다. 성령의 사역은 첫 열매와 같이 '추수', 즉 '하나님의 구속 사역의 첫 시작'을 알려주는 신호탄이자, 그 구속 사역을 미리 맛보게 해주고, 그다음에 이어질 본격적 추수와 이어지는 연결점으로서 우리가 받게 될 온갖 영광스러운 선물들을 예고하고 보증해줍니다.

이와 같이 성령은 하나님의 구속 역사의 시작을 우리에게 미리 알려주시며, 미리 맛보게 해주시며, 그 최종 완성을 확실히 보증해주십니다. 그러므로 '성령의 첫 열매'는 구원의 '첫 번째 분할 불입금'(the first installment)이자, 이러한 구원과정이 순차적으로 일어날 것을 보증해주는 '서약'(pledge)이며, 미래의 완불을 약속하는 '착수금'(down payment)으로 비유될 수 있을 것입니다. 우리가 아직 완전한 구속을 경험하지 못했지만, 그 구속이 지금 여기에서 이미 시작되어서 미리 맛볼 수 있게 되었고, 최종적인 완성으로 이어질 것을 보증해주는 것이 성령의 사역입니다.

그렇다면 성령을 첫 열매의 선물로 받은 우리 그리스도인들이 고대하는 것은 무엇입니까? '양자될 것'을 고대합니다. 바울은 이미 로마서 8장 15-17절에서 우리가 입양 자격을 갖춘 하나님의 자녀라고 말씀했습니다. 그런데 23절에서는 마치 우리가 아직 '하나님의 자녀 되기'(υἱοθεσίαν/adoption)를 기다리는 상태인 것처럼 표현합니다. 14절과 16절에서 하나님의 자녀가 되었다는 사실을 말할 때에는 현재형으로 되어 있지만, 여기 23절에서는 미래형으로 되어 있습니다. 완전한 하나님의 자녀가 되는 미래를 내다보고 있다는 것이지요.

바울은 미래에 우리를 하나님의 자녀로 삼아주실 것이 무엇을 의미하는가를 알려주기 위해 '곧 우리 몸의 속량'이라는 표현을 씁니다. 우리가 예수를 믿음으로써 하나님의 자녀로 입양되기는 했지만, 아직

'완전한 자녀 신분'을 획득하지는 못했습니다. 아직 부분적이고 불완전한 하나님의 자녀가 되었을 뿐이지요. 아직 그리스도를 닮아 '가족 유사성'(family resemblance)을 갖는 온전한 가족 됨의 단계에까지는 도달하지 못했다는 것입니다.

이것은 무엇보다도 우리가 아직 육체의 한계와 속박 안에 있으므로 그리스도와 함께 완전한 하나님의 자녀로 변형되지 못했다는 뜻입니다. 죄성과 죽음의 지배를 받는 육체에 포로로 잡혀 있는 한 하나님의 양자로 입양은 되었지만, 한 가족인 예수 그리스도와의 가족 유사성을 갖기에는 한계가 있습니다. 허무와 썩어짐에 볼모로 잡혀 있는 육체로부터 벗어날 때에만 온전한 하나님의 자녀가 될 수 있습니다. 그러므로 죄와 죽음에 얽매인 노예 상태에서 벗어나 하나님의 자녀가 누릴 영광의 자유, 즉 완전히 하나님께로만 향하고 완전히 하나님만 사랑하고 섬길 수 있는 신령한 존재에로의 변형, 즉 부활을 통한 최종 구속을 앙망할 수밖에 없게 된 것입니다.

바울이 23절에서 말하는 '양자', 즉 '하나님의 자녀가 되는 것'은 부활하신 그리스도와 같이 신령한 몸으로 변형될 때, 즉 '몸의 속량'($\tau\grave{\eta}\nu$ $\mathring{\alpha}\pi o\lambda \acute{v}\tau \rho\omega\sigma\iota\nu$ $\tau o\tilde{v}$ $\sigma\acute{\omega}\mu\alpha\tau o\varsigma$/the redemption of the body)이 일어날 때 비로소 가능해질 것입니다. 속량된 몸은 부활을 통해 신령한 몸으로 변형되어서 최종적으로 허무와 썩어짐으로부터 해방된 몸일 것입니다. 자연계와 마찬가지로 우리 그리스도인 역시 죄와 고난과 죽음의 지배를 받는 연약한 육체에서 벗어나 부활의 신령한 몸으로 변형되어 진정한 하나님의 자녀가 되는 영광의 그 날을 속으로 신음하며 기다립니다.

만일 땅에 있는 우리의 장막 집이 무너지면 하나님께서 지으신 집 곧 손으로 지은 것이 아니요 하늘에 있는 영원한 집이 우리에게 있는 줄 아느니라 참으로 우리가 여기 있어 탄식하며 하늘로부터 오는 우리 처소로 덧입기를 간절히 사모하노라 이렇게 입음은 우리가 벗은 자들로 발견되지 않으려 함이라 참으로 이 장막에 있는 우리가 짐 진 것같이 탄식하는 것은 벗고자 함이 아니요 오히려 덧입고자 함이니 죽을 것이 생명에 삼킨 바 되게 하려 함이라 곧 이것을 우리에게 이루게 하시고 보증으로 성령을 우리에게 주신 이는 하나님이시니라(고후 5:1-5).

'소망'과 '인내'의 미덕

부활의 신령한 몸으로 속량되는 최종 구속을 기다릴 때에 가장 중요한 미덕은 '소망'과 '인내'입니다. 우리는 지금 여기에서 이미 구원받았지만, 아직 완전히 구원받지는 못했습니다. 허무와 썩어짐에 종노릇하는 육체에 갇혀 죄와 죽음의 흔적을 완전히 말소抹消할 수 없습니다. 그렇다면 자연이나 인간이나 최종 구속을 목말라 기다릴 때 소망과 인내라는 미덕이 절대적으로 중요합니다.

우리가 소망으로 구원을 얻었으매 보이는 소망이 소망이 아니니 보는 것을 누가 바라리요 만일 우리가 보지 못하는 것을 바라면 참음으로 기다릴지니라(24-25절).

바울이 말하는 소망은 객관적 의미로 우리가 소망하는 **대상**이기도 하지만, 주관적 의미로 우리의 소망하는 **태도**를 의미할 수도 있습니다. 어떤 의미이든지 간에 보이는 것을 소망하는 사람은 없습니다. 아직 볼 수 없는 것을 보게 될 줄로 믿고 기다리는 것이 소망이지요.

바울에게 있어서 구원은 이미 시작된 것이지만, 그 완성은 참고 기다려야 할 미래의 것입니다. 첫 열매를 거둔 뒤에 본격적인 추수가 일어날 것을 소망 중에 기다려야 합니다. 종노릇하다가 풀려날 영광의 자유를 기다려야 합니다. 썩음 뒤에 썩지 않음이 있음을 믿고 기다려야 합니다. 산고 뒤에 신생아가 태어나는 환희의 순간을 기다려야 합니다. 열렬한 기대를 품고 인내함으로 기다려야 합니다.

이와 같이 소망과 인내 가운데 기다릴 때에 도와주시는 분이 성령입니다. 무엇보다도 기도의 영역에서 우리를 도우십니다.

> 이와 같이 성령도 우리의 연약함을 도우시나니 우리는 마땅히 기도할 바를 알지 못하나 오직 성령이 말할 수 없는 탄식으로 우리를 위하여 친히 간구하시느니라 마음을 살피시는 이가 성령의 생각을 아시나니 이는 성령이 하나님의 뜻대로 성도를 위하여 간구하심이니라(26-27절).

성령은 우리의 연약함을 도우시는 분입니다. '돕는다'는 헬라어 '$\sigma\upsilon\nu\alpha\nu\tau\iota\lambda\alpha\mu\beta\acute{\alpha}\nu\epsilon\tau\alpha\iota$'(synantilambanetail/help)는 의미가 매우 강합니다. 칼뱅의 말처럼 "성령 자신이 우리의 연약함을 억누르는 짐의 일부를 지심으로써 우리를 도와주고 구해줄 뿐 아니라 우리에게 힘을 북돋워주신다"라는 뜻이 있습니다. 연약한 우리가 지는 무거운 짐을 성령께서 함께 지신다는 것이지요.

우리는 육체적으로 나약할 뿐 아니라 영적 도덕적으로도 연약하기에 기도의 문이 꽉 막힐 때가 있습니다. 성령은 우리의 연약함을 도우시되, 특히 기도의 연약함을 도우십니다. 성령은 우리의 기도하는 태도나 스타일, 방법을 도우시기보다는 기도의 목적과 내용을 도우십니다. 우리가 무엇을 위하여 기도해야 할지를 도우십니다.

때로 우리는 무지해서 무엇을 기도해야 할지 모를 때가 있습니다. 사람의 지혜는 짧고 사람의 말은 어눌하고 쉽게 고갈되지만, 성령의 지혜와 말씀은 무궁무진합니다. 게다가 성령은 우리가 모르는 것을 다 아셔서 우리가 무엇을 기도해야 할지를 도우십니다.

기도할 때 삼위일체 하나님이 다 함께 관여하십니다. 먼저 성부 하나님은 우리의 기도를 들어주시는 분이고, 성자 하나님은 하나님 보좌 우편에 앉아서 우리가 기도할 수 있도록 중보하시고, 성령 하나님은 우리 마음속에 계셔서 우리를 위해 대신 탄식하며 중보기도해주십니다.

'말할 수 없는 탄식'을 어떤 이는 '방언'처럼 성령이 기도하시는 신비한 천상의 언어로 해석하지만, '말할 수 없는'을 뜻하는 원문 ἀλαλήτοις(alaletois)는 말 그대로 '말로 표현할 수 없다'(unutterable)는 의미입니다. 말로 다할 수 없는 탄식, 즉 방언이 아닐지라도 우리가 이해하지 못하는 성령님만의 기도하는 언어 방식으로 우리를 대신하여 중보기도하십니다.

자연계도 신음하고 인간도 신음하고 성령도 탄식하시지만, 그 성격과 목적에 있어서 양자의 신음과 성령의 탄식은 차원이 다릅니다. 자연이나 인간은 모두 최종 속량을 바라보며 고통과 압제 때문에 신음하지만, 성령은 불완전하시지 않습니다. 다만 우리를 불쌍히 여겨 우리의 신음을 들으시고 하나님의 뜻을 따라 우리가 이해할 수 없는 깊은 탄식으로 우리를 대신하여 기도해주십니다.

사람의 마음을 꿰뚫어 보시는 하나님은 당연히 성령의 생각도 훤히 다 아시기에 성령은 하나님의 뜻에 일치해서 우리를 대신해 중보 기도해주십니다. 성령과 하나님 사이에 완벽한 조화와 일치가 있다는 것이지요. 다시 말해 성령 안에서 하나님이 하나님 자신께 말씀하십니다. 그리고 성령 안에서 하나님은 우리 안에 현존現存하십니다. 우리 자신보다 우리의 필요를 더 정확히 아시고 그 필요를 우리 대신 하나님께 기도로 아뢰어 주십니다. 그리하여 성령은 우리가 하나님의 목적과 계획에 맞게 기도하도록 도우십니다. 진정한 기도는 언제나 하나님의 뜻에 우리의 뜻을 일치시키는 것입니다.

궁극적 선을 이루시는 하나님의 섭리

고난과 소망의 역설법적 긴장 속에 있는 자연과 인간, 특히 우리 그리스도인들(18-25절)을 성령께서 중보기도로 도우시기에(26-27절), 결국 모든 것이 하나님의 섭리로 합력하여 선을 이루게 될 것입니다(28절). 자연계도 몸살을 앓고 있고 모든 인간 역시 고난 한가운데에 있지만, 그럼에도 불구하고 인내와 기대를 품고 버틸 수 있습니다. 그것은 모든 것이 합력하여 선을 이룰 것이라는 확신이 있기 때문입니다.

영광의 소망은 아직 보이지 않기에 인내와 기대로 기다릴 수밖에 없습니다. 하지만 그 영광의 소망이 불확실한 것은 아닙니다. 하나님의 확고부동한 사랑과 섭리에 뿌리박고 있기에 한 치의 흔들림이 없습니다. 이런 맥락에서 28절은 성경에서 가장 널리 알려진 말씀이고 큰 위로와 소망을 주는 말씀입니다. 존 스토트가 말한 것처럼 "고단한 우리의 머리를 뉠 수 있는 베게"에 비유될 수 있는 명언입니다.

> 우리가 알거니와 하나님을 사랑하는 자 곧 그의 뜻대로 부르심을 입은 자들에게는 모든 것이 합력하여 선을 이루느니라(28절).

바울은 먼저 '안다'는 표현으로 말문을 틉니다. 두 가지를 압니다. 첫째로, 자연계나 인간계나 모두 고난 속에서 신음한다는 사실을 압니다. 둘째로, 그런 고난 한가운데에서도 하나님의 섭리론적 돌보심은 계속된다는 사실을 압니다. 자연과 인간 등 일체의 피조물이 고난으로 신음하고 있다는 사실과 그 가운데에서도 하나님의 한결 같은 사랑과 섭리는 계속되고 있다는 사실은 누구도 부인할 수 없는 진실입니다.

스토트는 28절 속에 하나님의 섭리에 관한 다섯 가지 부동의 확신이 숨겨 있다고 했습니다.

첫째로, 우리는 우리의 삶에 하나님이 역사하고 계심을 압니다.

우리의 인생은 우연이나 팔자소관八字所關에 따라 움직이는 것이 아니라, 하나님의 치밀한 계획 속에서 움직입니다. 인간뿐만 아니라 자연까지도 창조주 하나님의 섭리하심 가운데 움직입니다. 세상에 우연은 없습니다. 우리의 운명은 우리의 손이나 천체天體에 달린 것이 아닙니다. 그러므로 무엇인가 우리의 기대대로 되지 않는다고 해서 염려하거나 두려워할 필요가 없습니다. 하나님의 목적과 계획이 있기 때문이지요. 악과 고난 속에서도 하나님은 역사하시기 때문입니다. 세상의 눈으로 볼 때 해롭고 고난이 뒤따르는 것이라고 할지라도 하나님의 역사하심이 있기에 결국 유익한 것으로 바뀔 것입니다.

둘째로, 하나님은 <u>하나님의 백성들의 선을 위하여</u> 역사하십니다.
하나님은 본성상 선하시기에 하나님의 자녀들의 선을 위해서 일하십니다. 자녀들이 고통당하는 것을 즐기는 심술궂은 부모가 없듯이 하나님은 언제나 우리의 웰빙과 행복과 안전을 위해 일하십니다. 창세기 50장 20절에서 요셉은 자신의 고난을 섭리론적으로 해석합니다.

당신들은 나를 해하려 하였으나 하나님은 그것을 선으로 바꾸사 오늘과 같이 많은 백성의 생명을 구원하게 하시려 하셨나니.

악과 고난은 견디기 어렵습니다. 하지만 요셉은 형제들이 자신에게 끼친 해악害惡까지도 하나님의 섭리 때문에 선으로 변했다고 고백합니다. 심지어 우리가 저지르는 죄, 타락, 실수, 인격적 결함까지도 다 합력하여 궁극적으로 선이 됩니다.
바울이 말하는 '선'($\dot{\alpha}\gamma\alpha\theta\acute{o}\nu$/good)을 인간중심적으로, 이기적으로 해석하지 않는 것이 중요합니다. 이 선은 인간적이고 세상적으로 생각하기에 좋은 것, 즉 행복이나 건강, 물질 축복과 같은 개념이 아닙니다. 종말론적 영광입니다! 자연이나 인간 모두가 현재 당하는 고난과 허무와 썩어짐의 종노릇에서 해방되어 누리게 될 완전하고 최종적인 구원을 의미합니다. 무엇보다도 29절에서 말씀하는 것처럼 '하나님의 아들 예수 그리스도의 형상을 본받게 되는 인격의 변화'가 바울이 말하는 선입니다.

따라서 바울이 말하는 선은 구원의 완성과 예수님의 형상을 본받는 인격의 변화에 기여할 수 있는 모든 것을 의미합니다. 거듭 강조하지만 선을 해석할 때에 우리 인간 중심이 아닌, 하나님의 뜻에 따라서 바르게 해석해야 합니다. 바울이 말하는 궁극적 선은 우리가 지금 당하는 고난이 하나님을 더욱더 신뢰하고 사랑하게 만들 뿐 아니라, 일체의 고난을 참고 미래의 영광을 소망 중에 기다리게 만들어주는 확고한 기반이 됩니다.

셋째로, 하나님은 <u>모든 것</u>에 우리의 선을 위하여 역사하십니다.

여기 '모든 것'($πάντα$/all things)은 인간이 겪을 수 있는 모든 체험을 의미합니다. 하지만 이 말이 쓰인 전후 문맥을 고려할 때에는 우리가 당하는 현재의 악과 고난에 그 초점이 있습니다. 하지만 '모든 것'이라는 말 그대로 악과 고난뿐만 아니라 선과 쾌락, 심지어 실수와 죄, 죽음까지도 선이 됩니다.

넷째로, 하나님은 모든 것에 있어서 <u>하나님을 사랑하는 사람들</u>의 선을 위하여 역사하십니다.

바울에게 있어서 '하나님을 사랑하는 사람들'은 매우 드문 표현입니다. '우리를 향한 하나님의 사랑'은 수없이 자주 언급하지만, 우리가 하나님을 사랑한다는 표현은 좀처럼 쓰지 않습니다. 바울은 우리가 하나님을 향해 가져야 할 태도로 주로 '믿음'과 '순종'을 말했습니다.

그럼에도 하나님을 사랑하는 것은 율법이 정한 최고의 계명입니다(신 6:4-5 참조).

여기에서 중요한 것은 **누구에게나** 모든 것이 자동으로 합력하여 선이 되는 것은 아니라는 사실입니다. 매우 중요한 조건이 하나 붙습니다. '하나님을 사랑하는 사람들'에게만 그렇게 됩니다. 바울은 결코 일반적이고 피상적인 낙관론을 말하지 않습니다. 바울이 말하는 선이 일체의 고난과 허무와 썩어짐의 종노릇에서 완전히 해방되는 최종 구원을 의미한다면, 이 구원은 아무에게나 주어지는 것이 아니라 하나님을 사랑하는 사람들에게만 국한됩니다.

그러기에 복음을 한 번 듣고 믿었다고 해서 저절로 모든 것이 합력하여 선을 이루는 것으로 착각해서는 안 됩니다. 무엇보다 하나님을 적극적으로 사랑해야 합니다. 사랑한다는 말은 하나님과의 친밀하고도 인격적인 관계를 누린다는 뜻이지요. 하나님을 사랑하지 않는 자들에게는 자기들이 좋다고 여기는 것들이 하나님이 보시기에는 나쁜 것이 됩니다. 예컨대 향락, 물욕, 명예욕 등등이 제아무리 좋게 보여도 실제로는 해로운 것이 됩니다. 하나님을 사랑하지 않는 불신자들에게는 세속적으로 좋은 환경으로 보이는 것이 결국 교만과 이기심으로 이끌어 인생을 망치게 할 때가 얼마나 많습니까? 하지만 하나님을 사랑하는 이들에게는 열악한 환경이 오히려 겸손, 훈련, 교육의 장場이 되어 선이 됩니다.

다섯째로, 하나님을 사랑하는 사람들은 또한 <u>하나님의 뜻대로 부르심을 입은 사람들</u>입니다.

바울은 하나님을 사랑하는 자들에게 모든 것이 합력하여 선이 된다고 말씀한 뒤에 혹여나 우리 자신이 하나님을 사랑했기 때문에 이런 결과가 찾아왔다고 자랑할까 봐 또 하나의 조건을 겁니다. 모든 것이 합력하여 선을 이루기 위해서는 하나님을 사랑해야 할 뿐 아니라, 하나님의 뜻대로 부르심을 입은 자라야 된다는 것이지요.

물론 하나님을 사랑하는 것도 하나님의 은혜가 먼저 임할 때 가능한 것이기는 하지만 인간의 능동적 수고의 측면을 강조하는 것이라고 한다면, 혹 내가 하나님을 열심히 사랑했기 때문에 이런 결과가 찾아왔다고 자기 공로를 내세울 소지가 있습니다. 로마서에서 바울이 극구 경계하는 것은 구원을 이룸에 있어서 우리 자신의 자랑이나 공로의식입니다. 그 대신에 구원을 얻음에 있어서 하나님의 값없이 주시는 선물로서의 은혜를 강조합니다.

그러므로 우리가 하나님을 사랑할 수 있는 것도 먼저 하나님의 은혜로 우리를 불러주실 때에만 가능합니다. 하나님에 대한 우리의 사랑은 그보다 앞선 하나님의 불러주심, 특히 하나님의 뜻대로 불러주셨기에 가능합니다. 결국 "부르심을 입은 자들"이라는 표현은 인간 편에서 하나님의 초청을 자기 맘대로 수락하거나 거부할 수 있는 것이 아닌, 전적으로 하나님의 은혜로운 부르심을 받아들이는 수혜자로서의 우리의 처지를 대변해줍니다.

황금 사슬

이제 29-30절은 28절을 더더욱 자세히 풀어 준 부연설명으로 볼 수 있습니다. 무엇보다도 '하나님의 뜻대로 부르심을 입은 자들'이 어떤 사람들인지를 설명해줍니다.

> 하나님이 미리 아신 자들을 또한 그 아들의 형상을 본받게 하기 위하
> 여 미리 정하셨으니 이는 그로 많은 형제 중에서 맏아들이 되게 하려
> 하심이니라 또 미리 정하신 그들을 또한 부르시고 부르신 그들을 또
> 한 의롭다 하시고 의롭다 하신 그들을 또한 영화롭게 하셨느니라
> (29-30절).

영광스럽기 이를 데 없고, 어느 한 연결고리도 중간에서 끊어낼 수
없기에 '황금 사슬'로 불리는 구절입니다. '구원의 순서'(ordo salutis)
를 압축적으로 연쇄 추론한 말씀이지요.

하나님이	
미리 아신 자들을	미리 정하셨으니
미리 정하신 그들을	또한 부르시고
부르신 그들을	또한 의롭다 하시고
의롭다 하신 그들을	또한 영화롭게 하셨느니라

위의 도표가 보여주듯이 29-30절은 4개의 분명한 대구對句로 되
어 있습니다. 마치 끝말잇기처럼 각 행의 끝동사가 다음 행의 첫 동사
로 사용되어 연쇄적으로 연결됩니다. 모두 우리를 불러주시는 하나님
의 목적과 계획을 강조하는 것들이지요. 하나님의 뜻대로 부르심을
입은 이들은 어떤 사람들입니까?

첫째로, 하나님이 <u>미리 아신</u> 사람들입니다.

흔히 하나님이 '미리 아셨다'($\pi\rho o\acute{\epsilon}\gamma\nu\omega$/foreknew)는 표현을 예정론의 맥락에서 하나님의 '예지豫知'로 해석합니다. 당연히 하나님은 우리가 어떤 결단을 내리고 행동을 하기 전부터 우리의 뜻과 행동을 미리 아십니다. 하지만 이러한 예지는 지적인 것 이상으로 하나님께서 우리에게 미리 베푸시는 모든 인격적 돌보심을 포괄하는 표현입니다.

신학적으로 '선행 은총'(prevenient grace)에 해당되는 하나님의 미리 베푸시는 은총과 사랑을 의미합니다. '하나님의 우리 사랑'이 '우리의 하나님 사랑'보다 언제나 앞선다는 것이지요. 그러기에 바울의 강조점은 '미리'에 있습니다!

둘째로, 하나님이 <u>미리 정하신</u> 사람들입니다.

'미리 정하셨다'($\pi\rho o\acute{\omega}\rho\iota\sigma\epsilon\nu$/predestined)는 표현은 말 그대로 우리 자신의 선택과 상관없이 하나님께서 미리 우리를 선택해주셨다는 것이지요. 우리의 결단과 선택이 있기 전에 하나님의 결단과 선택이 미리 있었습니다. 하나님이 먼저 우리를 위해 은혜로운 결단을 하셨기에 우리가 그 결단에 반응할 수 있게 된 것입니다.

예정론이야말로 하나님의 절대 주권을 강조하는 동시에 우리의 공로나 자랑을 철저히 배격排擊합니다. 우리가 잘 나서 우리 마음대로 하나님을 선택한 것이 아니라, 하나님께서 우리를 미리 아시고 미리 선택하셨습니다. 그러므로 우리는 겸손할 수밖에 없습니다.

하나님은 왜 우리를 예정하셨을까요? 우리가 "그 아들의 형상을 본받게 하기 위함"입니다. 흥미롭게도 바울은 그리스도를 본받아야 한다고 말씀하지 않습니다. 그리스도의 '형상'($\epsilon\iota\kappa\acute{o}\nu o\varsigma$/image)을 본받아야만 합니다. 형상에는 '모범'(example)이라는 의미가 함축되어 있으므로 우리가 본받아야 할 탁월한 영적 도덕적 모범이 그리스도 안에 있다는 사실을 강조합니다.

하나님께서 우리를 미리 선택하신 이유는 우리로 하여금 하나님의 아들 예수 그리스도의 형상을 본받게 하기 위함입니다. 그리스도의 성품을 본받아 그분을 닮게 하려는 목적이 있습니다. 단지 겉모양만 닮는 것이 아니라 속사람, 즉 전 인격이 안으로부터 밖으로 변화가 되어야 합니다. 바울은 갈라디아서 4장 19절에서 우리 신앙의 목적이 그리스도의 형상을 닮는 데 있음을 강조합니다.

> 나의 자녀들아 너희 속에 **그리스도의 형상**을 이루기까지 다시 너희를 위하여 해산하는 수고를 하노니.

베드로 후서 1장 4절도 말씀합니다.

> 이로써 그 보배롭고 지극히 큰 약속을 우리에게 주사 이 약속으로 말미암아 너희가 정욕 때문에 세상에서 썩어질 것을 피하여 **신성한 성품**에 참여하는 자가 되게 하려 하셨느니라.

29절의 끝머리에 예수님에 대한 설명이 흥미롭습니다.

> 그로[그리스도로] 많은 형제 중에서 **맏아들**이 되게 하려 하심이라.

예수님을 형제들 가운데 '맏이'($\pi\rho\omega\tau\acute{o}\kappa o\nu$), 즉 '대가족 가운데 첫

아들'(the firstborn within the large family)이 되게 하셨다는 것이지요.

고린도 전서 15장 20절은 그리스도께서 "죽은 자 가운데서 다시 살아나사 잠자는 자들의 **첫 열매가** 되셨다"고 말씀합니다. 여기 '첫 열매'($ἀπαρχή$/first fruit)나 '맏아들'은 다 똑같은 의미로 연이어 있게 될 대대적인 추수나 형제자매들의 대대적인 출산을 예고해주고 보증해 준다는 의미가 있습니다.

예수님이 하나님의 대가족에 맏이가 되셨다는 말은 우리 역시 예수님의 형제자매가 되어서 하나님의 영광에 참여하게 될 것을 예고하고 보증해준다는 뜻입니다. 우리는 단지 법률적 차원에서만 하나님의 가족에 입양된 것이 아니라, 우리의 맏이가 되신 예수님을 닮아 가족 유사성까지 갖추게 될 것입니다. 맏아들이 집안의 영예를 드러내는 것처럼 예수께서 맏이라는 점에서 예수님은 우주적 하나님의 대가족에서 탁월한 위치를 차지하실 뿐 아니라, 그 후에 영적으로 연달아 태어날 우리 모두를 한 형제자매로 받아주시기까지 하십니다.

그러므로 만물이 그를 위하고 또한 그로 말미암은 이가 많은 아들들을 이끌어 영광에 들어가게 하시는 일에 그들의 구원의 창시자를 고난을 통하여 온전하게 하심이 합당하도다 거룩하게 하시는 이와 거룩하게 함을 입은 자들이 다 **한 근원에서 난지라 그러므로 형제라** 부르시기를 부끄러워하지 아니하시고 이르시되 내가 주의 이름을 내 형제들에게 선포하고 내가 주를 교회 중에서 찬송하리라 하셨으며(히 2:10-12).

셋째로, 하나님이 <u>부르신</u> 사람들입니다.

우리를 하나님이 미리 정하셨을 뿐 아니라 실제로 '불러 주셨습니다'(ἐκάλεσεν/called). 예정하시기만 하고 실제로 불러 주시지 않는다면 우리가 예정된 것을 어찌 알 수 있겠습니까? 그러기에 우리를 불러내 주는 복음이 필요하고, 우리가 복음에 응답하게 하심으로써 하나님은 우리를 구체적으로 불러 주셨습니다. 이것을 '효과적 부르심'(effective call)이라고 부릅니다.

넷째로, 하나님이 <u>의롭게 하신</u> 사람들입니다.

하나님의 효과적 부르심을 받은 사람들을 하나님은 또한 "의롭게 하십니다"(ἐδικαίωσεν/justified). 예수 그리스도를 믿음으로써 값없이 주시는 하나님의 은혜로 말미암아 죄인인 우리가 의롭다는 법률적 선언을 듣게 됩니다. 우리의 죄는 예수 그리스도의 어깨로 넘어가 예수님이 대신 피 흘려 우리의 죄에 대한 형벌을 당해주셨고, 우리의 의라고는 눈곱만치도 없지만 그리스도의 의가 우리의 어깨 위로 넘어와 의롭다고 인정을 받게 된 것이지요.

다섯째로, 하나님이 <u>영화롭게 하신</u> 사람들입니다.

의롭게 하신 사람들을 하나님은 또한 '영화롭게 하십니다'(ἐδόξασεν/glorified). 썩지 않을 신령한 몸으로 변형되어 하나님이 지니신 찬란한 영광에 참여하게 하십니다. 흥미로운 것은 '영화'는 종말론적인 미래에 일어날 사건임에도 불구하고 바울은 단순 과거 시제로 '영화롭게 하셨다'고 말씀합니다. 미래에 일어날 사건이지만 너무나 확실하게 소망하다 보니 마치 이미 이루어진 것처럼 예언적 과거형을 써서 생생하게 표현한 것입니다. 하나님이 미리 아셨고 미리 정하셨으며 불러주셨고 의롭게 하신 사람들은 이미 지금 여기에서도 영화롭게 된 사람들이라고 할 수 있습니다.

지금까지 말씀드린 하나님의 구원 계획의 점층법적인 다섯 단계, 즉 '예지'(foreknown) → '예정'(predestined) → '소명'(called) → '의화'(justified) → '영화'(glorified)는 서로 뗄 수 없게 연쇄적으로 이어져 있습니다. 각각의 단계가 고리처럼 서로 연결되어 있습니다. 그러기에 미리 아신 바 되었고 미리 정하신 바 된 사람이 부르심을 받지 않고 의롭다 인정을 못 받고 영화롭게 되지 않을 수 없습니다. 한 사람의 인격 안에 필연적으로 이어지는 구원 과정이기 때문이지요.

하지만 이것을 꼭 시간적 순서로 볼 수 있는가의 문제는 의문의 여지가 있습니다. 또한 '의화'와 함께 기독교 구원론의 양축을 이루는 '성화'는 왜 빠졌는지에 대해서도 의문을 품을 수 있습니다.

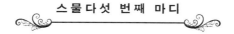

우리 주 그리스도 예수
안에 있는 하나님의 사랑
The Love of God in Christ Jesus our Lord

〈8:31- 39〉

무슨 말 하리요?

로마서 8장 29-30절에서 바울은 '황금 사슬'을 제시했습니다. 하나님께서 우리를 "미리 아셨고" → "미리 정하셨고" → "불러 주셨고" → "의롭게 하셨고" → "영화롭게 하셨습니다." 그 누구도, 그 무엇도 이 황금 사슬의 고리 하나라도 끊을 수 없습니다. 바울은 불붙는 논리로 이 확신을 재차 또 확신합니다. 8장 31-39절은 5장 1-8장 30절까지 바울이 천명해온 기독교적 확신에 관한 교리를 요약해줍니다. 특히 5장 1-11절에서 강조했던 '그리스도 예수 안에서 우리를 위한 하나님의 사랑'을 다시 한 번 강조합니다.

본문은 크게 두 부분으로 나눌 수 있습니다. 먼저 31-34절은 법정을 연상시키는 이미지들로 가득한데, 최고의 재판관이신 하나님께서 이미 의롭다고 선언해주신 우리를 아무도 고발하거나 정죄할 수 없음을 확신합니다. 그 다음에 35-39절은 세 번씩이나 '그리스도의 사랑'(35절)과 '하나님의 사랑'(37절) 그리고 '우리 주 그리스도 예수 안에 있는 하나님의 사랑'(39절)을 언급함으로써 아무도, 아무것도 우리를 이 사랑에서 끊을 수 없다는 확신을 보여줍니다.

본문의 가장 두드러진 특징은 바울이 던지는 **수사학적 질문들**입니다. 이 질문들은 새로운 주제를 이끌어낼 때마다 바울이 이미 세 번씩이나(4:1; 6:1; 7:7) 사용했던 공식formula인 'τί οὖν ἐροῦμεν'(ti oun eroumen/What then shall we say?)로 시작됩니다. "그런즉 이 일에 대하여 우리가 무슨 말 하리요"(31a절). 여기에서 '이 일'은 바로 앞에서 말씀한 28-30절의 내용뿐만 아니라 바울이 5-8장까지 전개해온 모든 주장을 염두에 둔 표현입니다. 지금까지 말씀드린 이 일 말고서도 무슨 할 말이 더 있느냐는 뜻입니다.

대답할 수 없는 다섯 가지 질문들

도입부의 질문에 답하기 위해 바울은 다섯 가지의 수사학적 질문들을 더 던집니다. 더 할 말이 있다는 것이지요. 흥미롭게도 이 질문들은 아무도 대답할 수 없는 질문들입니다. 이 질문들을 들은 사람은 누구든지 말문이 막혀 아예 할 말을 잃게 됩니다. 다섯 가지 질문들은 어떤 것들입니까?

질문 1	31b	"만일 하나님이 우리를 위하시면 누가 우리를 **대적하리요?**"
질문 2	32b	"어찌 그 아들과 함께 모든 것을 우리에게 **주시지 아니하겠느냐?**"
질문 3	33a	"누가 능히 하나님께서 택하신 자들을 **고발하리요?**"
질문 4	34a	"누가 [우리를] **정죄하리요?**"
질문 5	35a	"누가 우리를 그리스도의 **사랑에서 끊으리요?**"

이 다섯 가지 질문들은 모두 그 자체 안에 진리의 대답을 내포하고 있기에 아무도 대답할 수 없는 질문들입니다. 예컨대 "누가 우리를 정 죄하리요?"라는 질문을 던질 때 "아무도 정죄할 수 없다"라는 진리에 대한 확신이 숨어 있기에 질문을 듣는 사람은 말문이 막혀버립니다. 그러기에 이 질문들 뒤에 이어지는 주장들은 대답들이라기보다는 질 문에 함축되어 있는 진리의 대답을 재차 확인해줄 뿐입니다.

질문 Ⅰ: 누가 우리를 대적?

만일 하나님이 우리를 위하시면 누가 우리를 대적하리요?(31b절).

하나님이 우리 편이신데 누가 우리를 대적하겠느냐는 반문이지 요. 남북전쟁이 한창일 때 한 겁 많은 시민이 링컨(Abraham Lincoln, 1809~65) 대통령을 찾아왔습니다. "각하, 저는 하나님께서 우리 편 이신지 도무지 확신이 서지 않습니다." 링컨이 대답했습니다. "저는 그 문제에 대해서는 걱정이 없지만, 우리가 하나님 편인지에 대해서 는 염려합니다."

링컨의 말대로 우리가 하나님의 편에 서는 것은 중요합니다. 하지만 바울의 부동의 확신은 하나님이 우리 편이라는 사실입니다. 헬라어 원문에는 ὑπὲρ ἡμῶν(hyper hemon/for us), 즉 '우리를 위하시면'으로 되어 있습니다. '대적하다'는 헬라어로 καθ᾽ ἡμῶν(katha hemon/against us), 즉 '우리를 반대하다'로 되어 있습니다. 다름 아닌 하나님께서 우리를 위하여, 즉 우리 편이 되어 주신다면 누가 우리를 대적할 수 있겠습니까?

바울은 단순히 "누가 우리를 대적하느냐"라고 묻지 않습니다. 이 세상에는 우리를 대적하는 세력들이 무수히 많습니다. 우리 안에 내주하는 죄성이 우리를 대적할 뿐 아니라, 외부에도 우리를 대적하는 세력들이 너무나 많습니다. 큰 역경을 만날 때에는 온 우주 전체가 나를 대적하는 듯이 느껴질 수도 있습니다. 바울은 결코 누가 우리를 대적하느냐는 나이브한 질문을 던지지 않습니다.

질문 앞에 있는 "하나님이 우리를 위하시면"이라는 가정법적 조건절이 단연 중요합니다. 만물을 지으신 창조주 하나님, 인간의 생사화복을 주관하시는 전지전능하신 하나님께서 우리를 위하신다면, 아무도 우리를 대적할 수 없다는 확신이지요. 하나님께서 미리 아셨고, 미리 정하셨고, 불러주셨고, 의롭게 하셨고, 영화롭게 하셨던 우리를 위하여 하나님께서 우리 편이 되셨으므로 그 누구도, 그 어떤 것도 우리를 대적할 수 없습니다. 하나님이 우리를 위하신다는 전제 조건이 있기에 "누가 우리를 대적하느냐?"라는 질문에 그 누구도 할 말을 잃게 됩니다.

마르틴 루터가 자신을 파문(破門)하고 심지어 죽일 수도 있는 보름스(Worms)제국회의에 참석하면서 했던 유명한 말이 있습니다. "보름스의 지붕 기왓장만큼이나 많은 마귀들이 보름스에 있다고 할지라도 나는 그곳에 가겠다." 이 때 수줍음을 잘 타는 매우 조용한 한 사람이 동행했습니다. 필립 멜란히톤(Philip Melanchton, 1497~1560)이었습니다. 멜란히톤은 로마서 8장 31절의 말씀 "하나님이 우리를 위하시면 누가 우리를 대적하리요"를 확신했기 때문에 그 위험천만한 곳에 자발적으로 갔던 것입니다. 루터와 멜란히톤이야말로 'Deus pro no-bis' (God for us), '하나님이 우리를 위하심'을 믿고, 'contra mundum' (against the world), '세상 권세를 두려워하지 않은' 사람들입니다.

질문 II: 어찌 모든 것을?

자기 아들을 아끼지 아니하시고 우리 모든 사람을 위하여 내주신 이가 어찌 그 아들과 함께 모든 것을 우리에게 주시지 아니하겠느냐(32절).

하나님께서 우리를 위하신다는 사실을 어떻게 알 수 있습니까? 하나님께서 우리 편이 되신다는 사실이 가장 극명하게 드러난 사건은 십자가입니다. 하나님은 하나 밖에 없는 친 아드님 예수 그리스도를 우리에게 선물로 십자가에 내어주셨습니다.

'아끼지 아니하다'는 헬라어로 'παρέδωκεν'(paredoken/not with-hold/ not spare/hand over), '거두지 않다', '아끼지 않다', '넘겨주다'는 뜻입니다. 창세기 22장 16절에 아브라함이 100세에 낳은 "독자도 아끼지 아니하였은즉"이라는 말씀이 나오는데, 목숨처럼 소중한 이삭을 희생 제물로 드리려고 했던 사실을 지적합니다. 마찬가지로 하나님께서 가장 소중한 독생자 예수님조차 아끼지 않고 우리를 위해 넘겨주셨다면 다른 것은 말할 필요조차 없다는 뜻입니다. 여기 이 조건절에도 이미 진리의 대답이 함축되어 있습니다. 목숨처럼 가장 소중한 독자조차 아끼지 않고 우리에게 내어주신 하나님이시라면, 다른 모든 것을 주실 것은 너무도 당연하다는 말이지요.

마태복음 6장 25-34절에서 예수님은 하나님께서 공중의 새를 먹이시고, 들의 백합화를 옷 입힌다고 말씀하십니다. 말 못하는 미물微物들도 먹이시고 입히시는 하나님께서 하물며 하나님의 자녀들의 필요한 것들을 모조리 공급하신다는 확신입니다. 바울은 '큰 것'에서 '작은 것'으로, 즉 가장 큰 것, 하나님의 전부를 우리에게 주셨다면, 하물며 다른 작은 것들은 말할 필요도 없음을 강조합니다.

누가 누구를 사랑해서 선물을 줄 때 사랑의 정도는 주는 사람 쪽에서의 선물이 얼마나 소중한가에 달려 있습니다. 하나님께서 가장 소중한 독자 예수님도 아끼지 않고 십자가에 내어주셨다면 다른 것들은 두말할 필요가 없습니다. 그러므로 십자가야말로 하나님께서 우리에게 모든 것을 주신다는 가장 확실한 징표이자 약속입니다.

질문 Ⅲ: 누가 고발?

누가 능히 하나님께서 택하신 자들을 고발하리요 의롭다 하신 이는 하나님이시니(33절).

이 말씀은 다분히 법정 공방을 연상시킵니다. 33절의 '고발하다'(ἐγκαλέσει/bring charge)와 '의롭게 하다'(δικαιῶν/justify) 그리고 34

절의 '정죄하다'($\kappa\alpha\tau\alpha\kappa\rho\iota\nu\hat{\omega}\nu$/condemn)는 모두 법률 용어들입니다. 그러기에 우리 크리스천들이 법정에서 판사, 검사, 변호사 앞에 서 있다는 사실을 가정해 볼 수 있습니다. 검사는 눈이 시뻘게서 우리의 죄를 낱낱이 파헤쳐서 기소하려고 할 것입니다. 변호사는 우리를 대신해 열심히 변호해주겠지요. 판사는 검사와 변호사, 피고被告인 우리와 우리를 고발한 원고, 증인들의 심문을 차례로 다 듣고서는 증거에 따라 유죄 여부를 판결할 것입니다.

하늘 법정에서 우리를 헐뜯고 고발하는 세력은 사탄일 것입니다. 욥기서에 나온 그대로 사탄의 임무는 하나님의 사람들을 참소讒疏하는 것입니다. 하지만 사탄이 제아무리 우리를 고발하고 참소해도 성령과 그리스도께서 우리를 열심히 변호해주실 뿐 아니라, 재판관이신 하나님께서 우리를 의롭다고 무죄 선언을 하셨기에 그 누구도 우리를 기소할 수 없습니다. 그리스도 예수를 믿을 때 값없이 주시는 하나님의 은혜로 말미암아 우리의 죄는 예수님의 어깨 위에 넘어가 예수께서 피 흘리심으로써 형벌을 대신 치르셨으므로 사면되었고, 그 대신에 그리스도의 의가 우리에게 전가되어 하나님께서 우리의 무죄방면을 선언하셨습니다.

만일 바울이 그냥 "누가 우리를 고발하리요?"라는 질문을 던졌다면, 우리를 고발할 사람들과 세력들은 차고도 넘칠 것입니다. 먼저 우리의 양심이 우리를 고발하겠지요. 사탄에게도 고발할 우리의 죄목들이 차고도 넘치겠지요. 우리의 이웃, 특히 원수들도 고발하려고 난리를 칠 것입니다.

하지만 우리를 미리 선택해주셨을 뿐 아니라 최고로 의로운 재판관 되시는 하나님께서 우리를 의롭다고 선언하셨다면, 아무도 우리를 고발할 수 없습니다. 그 어떤 고발도 방패에 부딪혀 맥없이 떨어지는 화살처럼 맥을 추지 못할 것입니다. 이사야 50장 8-9절은 말씀합니다.

> 나를 의롭다 하시는 이가 가까이 계시니 나와 다툴 자가 누구냐 나와 함께 설지어다 나의 대적이 누구냐 내게 가까이 나아올지어다 보라 주 여호와께서 나를 도우시리니 나를 정죄할 자 누구냐 보라 그들은 다 옷과 같이 해어지며 좀이 그들을 먹으리라.

바울이 던진 질문 "누가 우리를 고발하리요?"에 답할 사람과 세력은 아무도 없습니다. 다름 아닌 하나님께서 우리를 택하셨을 뿐 아니라 의롭다고 인정해주셨기 때문이지요!

질문 IV: 누가 정죄를?

> 누가 정죄하리요 죽으실 뿐 아니라 다시 살아나신 이는 그리스도 예수시니 그는 하나님 우편에 계신 자요 우리를 위하여 간구하시는 자시니라(34절).

이 세상에 우리를 정죄, 즉 유죄판결을 내릴 사람들과 세력들은 차고도 넘칠 것입니다. 정치인들만 보더라도 서로 못 잡아먹어서 안달이 날 정도로 서로를 물고 뜯고 정죄하기에 바쁩니다. 우리 보통 사람들도 우리의 양심과 원수들과 지옥의 마귀들이 우리를 정죄할 수 있습니다. 하지만 그들의 정죄는 실패할 수밖에 없습니다. 예수 그리스도께서 우리를 변호해주시기 때문입니다.

아무도 우리를 정죄할 수 없는 이유로 바울은 이처럼 우리를 변호해주시는 예수님의 중보사역을 거론합니다. 예수님은 우리의 죄를 대신해 십자가에 **죽으셨지만**, 다시 **부활하셔서**, **하나님 우편에 앉아계시며**, 우리를 위해 대신 **간구해주시는** 분입니다.

그리스도께서 우리의 죄를 대신해 십자가에서 죗값을 치르시지 않았더라면 우리는 정죄를 받을 수밖에 없습니다. 그리스도께서 다시 살아나지 않으셨더라면 우리를 정죄할 세력들은 활개를 치며 기승을 부릴 것입니다. 하지만 예수님은 지상에서의 구속사역을 완료하신 뒤에 승천하셔서 하나님의 보좌 우편에 앉아서 우주 통치를 하시면서 최후 승리를 기다리십니다. 무엇보다도 우리를 위해 중보하시기에 그 누구도 우리를 정죄할 수 없습니다!

> 만일 누가 죄를 범하여도 아버지 앞에서 우리에게 대언자가 있으니 곧 의로우신 예수 그리스도시라(요일 2:1).

> 그러므로 자기를 힘입어 하나님께 나아가는 자들을 온전히 구원하실 수 있으니 이는 그가 항상 살아 계셔서 그들을 위하여 간구하심이라 (히 7:25).

누가 우리를 정죄하리요? 묵묵부답默默不答입니다! 철저히 우리를 위한 예수 그리스도의 중보기도가 있기에 아무도 우리를 정죄할 수 없습니다.

그러므로 이제 그리스도 예수 안에 있는 자에게는 결코 정죄함이 없나니(롬 8:1).

질문 V: 누가 그리스도의 사랑에서?

누가 우리를 그리스도의 사랑에서 끊으리요(35a절).

바울은 마침내 그리스도의 사랑에 관한 질문을 던집니다. 지금까지 제기한 네 가지 질문들은 모두 이 '그리스도의 사랑' 하나로 수렴됩니다. '그리스도의 사랑'($τῆς$ $ἀγάπης$ $τοῦ$ $Χριστοῦ$/the love of the Christ)은 소유주격이지, 소유목적격이 아닙니다. 다시 말해 그리스도의 사랑은 **'그리스도의 우리 사랑'**이지, **'우리의 그리스도 사랑'**이 아닙니다.

지금까지 제기한 네 개의 질문들이 우리가 올라갈 네 개의 계단들이라고 한다면, 바울은 마침내 다섯 번째 계단, 즉 맨 꼭대기 정점에 올라가 주변을 둘러보며 그리스도께서 우리를 사랑하시는 것을 누가 막겠느냐는 질문을 던집니다. 일곱 가지 가능성을 열거합니다.

환난이나 곤고나 박해나 기근이나 적신이나 위험이나 칼이랴(35b절).

'환난'(hardship/tribulation), '곤고'(distress), '박해'(persecution)는 모두 적대적인 세상이 주는 시련들입니다. '기근'(famine)과 '적신'(nakedness)은 우리가 살아갈 때 가장 기본적인 두 가지, 즉 먹는 것과 입는 것이 부족한 상태입니다. '위험'(peril)은 바울이 복음을 전할 때 도처에서 맞닥뜨렸던 현실입니다. 바울은 고린도후서 11장

26-27절에서 복음을 전하면서 자신이 직접 겪었던 고난의 목록을 소개할 때 특히 갖가지 '위험'과 '기근'과 '적신'을 언급합니다.

> 여러 번 여행하면서 강의 위험과 강도의 위험과 동족의 위험과 이방인의 위험과 시내의 위험과 광야의 위험과 바다의 위험과 거짓 형제 중의 위험을 당하고 또 수고하며 애쓰고 여러 번 자지 못하고 주리며 목마르고 여러 번 굶고 춥고 헐벗었노라.

가장 흥미로운 것은 '칼'(sword)입니다. 장차 바울 자신이 칼에 의한 순교를 당할 것이기에 '칼'은 곧 인류 최후의 원수인 '죽음'을 의미합니다. 최후의 시련인 죽음, 특히 순교의 심각성을 강조하기 위해 바울은 곧바로 36절에서 시편 44편 22절을 인용합니다.

> 기록된 바 우리가 종일 주를 위하여 죽임을 당하게 되며 도살당할 양같이 여김을 받았나이다 함과 같으니라.

바울은 인간이 당할 수 있는 최악의 역경들을 차례로 거론하면서 이런 것들조차도 우리를 그리스도의 사랑에서 갈라놓을 수 없다는 확신으로 가득 차 있습니다. 이런 확신은 승리의 확신으로 이어집니다.

> 그러나 이 모든 일에 우리를 사랑하시는 이로 말미암아 우리가 넉넉히 이기느니라(37절).

'넉넉히 이기다'라는 말은 헬라 원어 성경에 'ὑπερνικῶμεν'(hypernikomen/more than conquerors)로 되어 있습니다. 본뜻은 '초^超정복자들'(hyper-conquerors) 혹은 '압도적 승자들'(super-victors)을 의미합니다. 어떤 시련과 역경이 닥치더라도 그리스도인들은 압도적으로 이기고도 남는다는 것이지요!

그런데 우리가 이 모든 어려움을 이기고도 남을 수 있는 것은 '우리를 사랑하시는 이로 말미암아'($\delta\iota\alpha$ $\tau o\tilde{u}$ $\dot{\alpha}\gamma\alpha\pi\acute{\eta}\sigma\alpha\nu\tau o\varsigma$ $\dot{\eta}\mu\tilde{\alpha}\varsigma$/through the one who loved us) 가능합니다. 우리를 사랑하시는 그리스도 때문에 역경에 굴하지 않고 압도적 승자가 될 수 있습니다.

우리 안에 있는 어떤 것들, 예컨대 용기나 인내 때문이 아닙니다. 우리 안에 있는 것들은 변덕이 죽 끓듯 하기에 믿을 수 없습니다. 우리 밖에 있는 어떤 것들, 예컨대 기회나 환경 때문도 아닙니다. 외부적인 것들 역시 승리를 장담할 수 없게 합니다. 오직 십자가에 나타난 그리스도의 사랑 때문에 우리는 압도적 승자가 되어서 이 모든 시련을 넉넉히 이길 수 있습니다.

그 무엇도 우리를

이제 바울은 최종 확신으로 정점을 향해 치달립니다.

내가 확신하노니 사망이나 생명이나 천사들이나 권세자들이나 현재 일이나 장래 일이나 능력이나 높음이나 깊음이나 다른 어떤 피조물이라도 우리를 우리 주 그리스도 예수 안에 있는 하나님의 사랑에서 끊을 수 없으리라(38-39절).

바울은 그 누구도, 그 무엇도 우리를 '우리 주 그리스도 예수 안에 있는 하나님의 사랑'($\tau\tilde{\eta}\varsigma\ \dot{\alpha}\gamma\dot{\alpha}\pi\eta\varsigma\ \tau o\tilde{\upsilon}\ \theta\epsilon o\tilde{\upsilon}\ \tau\tilde{\eta}\varsigma\ \dot{\epsilon}\nu\ X\rho\iota\sigma\tau\tilde{\omega}\ I\eta\sigma o\tilde{\upsilon}\ \tau\tilde{\omega}\ \kappa\upsilon\rho\acute{\iota}\omega\ \dot{\eta}\mu\tilde{\omega}\nu$/the love of God in Christ Jesus our Lord)에서 떼어놓을 수 없다고 확신합니다. 모두 10가지 항목을 제시하는데, 8가지는 서로 대립되는 짝을 이루며, 두 가지는 독립적입니다.

사망	생명
천사들	권세자들
현재일	장래일
높음	깊음
능력	
다른 어떤 피조물	

여기 38-39절에는 '~도 아니다nor'를 뜻하는 '$o\check{\upsilon}\tau\epsilon$'(oute)가 모두 열 번이나 계속됩니다. 그만큼 그 누구도, 그 어떤 세력도 방해를 못한다는 것이지요. 바울은 우리를 하나님의 사랑에서 떼어놓을 수 있는 가능성을 최대한 범위를 넓혀, 특히 열 가지 예를 듭니다.

'사망'(death)이 제일 먼저 등장한 이유는 36절에서 인용한 시편 말씀이 죽음을 언급했기에 자연스러우며, 바울 자신에게 닥칠 순교를 염두에 두었을 것입니다. '생명'(life)은 우리가 이 세상을 살아갈 때 부딪히는 여러 가지 어려움들을 고려했겠지만, 단순히 사망과 대조하기 위해 썼다고 볼 수 있습니다. 다시 말해 수사학적으로 일체의 것을 강조하기 위해 서로 정반대되는 '사망'과 '생명'을 짝으로 묶어놓았다고 볼 수 있습니다.

두 번째 짝 '천사들'(angels)은 영계靈界를, '권세자들'(rulers)은 인간계를 각각 잡고 있는 막강한 세력들을 지칭하기 위해 골라 쓴 말들입니다. 선한 천사들이나 타락한 악한 천사들을 막론하고, 공중 권세 잡은 영계의 세력들이 우리를 하나님의 사랑에서 못 떼어놓습니다. '권세자들'은 이 세상의 권력을 잡은 사람들(엡 6:12; 골 2:15)을 말합니다. '천사들'과 '권세자들'은 선하든 악하든 간에 우주와 지상에서 위력을 떨치는 일체의 세력들을 총칭합니다.

이와 같이 영계와 인간계를 언급한 뒤에 바울은 시간과 공간을 의인화합니다. 먼저 '현재 일'(things present)이나 '장래 일'(things to come)은 모두 시간의 범주 전체를 아우르는 표현으로서 창조에서 종말에 이르기까지 그 어떤 시간의 길이도 우리를 하나님의 사랑에서 갈라놓을 수 없습니다.

'높음'(height)과 '낮음'(depth)은 우주의 공간이 미칠 수 있는 전 영역을 의미하기 위해 쓴 표현일 것입니다. 우주의 그 어떤 장소도 우리를 하나님의 사랑에서 떼어놓을 수 없습니다.

이렇게 8가지는 서로 대립되는 짝을 이루지만, '능력'(powers)은 단독으로 되어 있습니다. 특정화되지 않은 우주의 모든 남은 세력들을 지시하기 위해 '능력'이라는 말을 쓴 것 같습니다.

바울은 9가지를 말한 뒤에 그래도 미진未盡한 감이 있었던지 아예 쐐기를 박는 결정적인 표현 하나를 끄트머리에 첨가합니다. '다른 어떤 피조물'(τις κτίσις ἑτέρα/any created thing)은 바울이 언급한 9가지 이외의 모든 것들을 총칭하는 표현입니다. 한 마디로 하나님이 지으신 피조 세계의 그 누구도, 그 무엇도 우리를 하나님의 사랑에서 갈라놓을 수 없다는 것이 바울의 확신입니다.

한 미국교회에서 견진성사(堅振聖事/confirmation) 과정이 끝난 뒤 가족 친지들을 초청해서 교사가 학생들에게 돌아가며 질문을 던졌습니다. 로마서 8장 38-39절 말씀을 암송하는 테스트였습니다. "조지, 너를 하나님의 사랑에서 끊어놓을 것이 무엇이지?"

"사망이나 생명이나 천사들이나 권세자들이나 현재 일이나 장래 일이나 능력이나 높음이나 깊음이나 다른 어떤 피조물이라도 못 끊습니다."

메리, 피터, 앤드루, 그레이스 모두 확신에 차서 잘도 대답했습니다. 드디어 정신지체아인 레이철 차례가 되었을 때 교회 안은 갑자기 술렁이기 시작했습니다. 지능이 떨어지는 레이철이 그 긴 구절을 다 외울 수 있을는지를 걱정했던 것이지요.

"레이철, 무엇이 너를 하나님의 사랑으로부터 끊게 될까?"

레이철이 잔잔한 미소를 지으며 대답했습니다.

"Nothing!"

이보다 더 위대한 명답이 어디에 있겠습니까? 레이철은 너무나 쉽게 그 어떤 것도 우리를 하나님의 사랑에서 끊을 수 없다고 대답했던 것입니다. 그 누구도, 그 무엇도 우리를 우리 주 그리스도 예수 안에 있는 하나님의 사랑에서 떼어놓을 수 없습니다!

참고문헌

김영남.『로마서』(성서와 함께 총서 신약 4). 서울: 성서와 함께, 2014.

박영식 역주.『로마서』(한국 천주교회 200주년 신약성서 6a). 경북: 분도출판사, 1996.

이영헌.『로마서 강해』. 서울: 바오로딸, 2016.

최순애 편.『로마서: 베소라 성경 김정원 신부 강의록』. 서울: 가톨릭출판사, 2006.

케네스 보아 & 윌리엄 크루이드니어.『Main Idea로 푸는 로마서』. 김현회 역. 서울: 디모데, 2004.

제럴드 브레이.『로마서』(교부들의 성경주해 신약 VIII). 장인산·한동일 역. 경북: 분도출판사, 2016.

조나단 에드워즈『로마서 주석』. 김귀탁 역. 서울: 복 있는 사람, 2014.

그랜트 오스본 편.『로마서: LAB 주석 시리즈』. 박대영 역. 서울: 한국성서유니온선교회, 2002.

D. M. 로이드 존스『로마서 강해(1-14): 속죄와 칭의』. 서문강 역. 서울: 기독교문서선교회, 1976.

존 칼빈.『로마서』(규장 칼빈 주석시리즈 신약 8). 민소란 역. 서울: 규장, 2013.

존 파이퍼.『로마서 강해 1-7』. 이선숙·주지현 역. 서울: 좋은씨앗, 2014.

Paul Althaus. *Der Brief an die Römer*. Göttingen: Vandenhoeck & Ruprecht, 1978.

Karl Barth. *The Epistle to the Romans*. Translated by Edwyn C. Hoskyns. New York: Oxford University Press, 1968.

Michael F. Bird. *Romans: The Story of God Bible Commentary*. Grand Rapids, Michigan: Zondervan, 2016.

F. F. Bruce. *The Epistle of Paul to the Romans*. Mansfield Centre, CT: Martino Publishing, 2011.

St. John Chrysostom. *Homilies of St. John Chrysostom on the Epistle of St. Paul to the Romans*. Translated by Rev. J. B. Morris M.A. and Rev. W. H. Simcox. Middletown, D.E: Veritas Splendor Publications, 2012.

John B. Cobb, Jr. & David J. Lull. *Romans*. St. Louis, Missouri: Chalice Press, 2005.

J. A. Fitzmyer. *Romans: The Anchor Bible*. New York: Doubleday, 1993.

Katherine Grieb. *The Story of Romans: A Narrative Defense of God's Righteousness*. Louisville, Kentucky: Westminster John Knox Press, 2002.

R. K. Hughes. *Romans: Righteousness from Heaven*. Wheaton, Illinois: Crossway, 1991.

Ernst Kasemann. *Commentary on Romans*. Translated by Geoffrey W. Bromiley. Grand Rapids, Michigan: William B. Eerdmans Publishing Company, 1980.

Timothy Keller. *Romans 1-7 For You*. USA: The Good Book Company, 2014.

Timothy Keller. *Romans 8-16 For You*. USA: The Good Book Company, 2015.

Walter Klaiber. *Der Römerbrief*. Neukirchen-Vluyn: Neukirchener Theologie, 2012.

Sarah H. Lancaster. *Romans: A Theological Commentary On The Bible*. Louisville, Kentucky:

Westminster John Know Press, 2015.

Martin Luther. *Commentary on Romans*. Translated by J. Theodore Mueller. Grand Rapids: Kregel, 1976.

Gerhard Maier ed. *Apostelgeschichte, Römer, Korinther: Edition C –Bibelkommentar*. Witten: SCM R. Brockhaus, 2013.

Alfred Marshall. *Interlinear NRSV-NIV Parallel New Testament in Greek and English*. Grand Rapids, Michigan: Zondervan, 1994.

Douglas J. Moo. *The Epistle to the Romans*. Grand Rapids, Michigan: William B. Eerdmans Publishing Company, 1996.

J. A. Paul. *Romans: Interpretation, A Bible Commentary for Teaching and Preaching*. Atlanta: John Knox Press, 1985.

E. P. Sanders. *Paul: The Apostle's Life, Letters, and Thought*. Minneapolis: Fortress Press, 2015.

Adolf Schlatter. *Gottes Gerechtigkeit: Ein Kommentar zum Römerbrief*. Nordlingen: Calwer Vereinsbuchhandlung Stuttgart, 1935.

Sven K. Soderlund & N. T. Wright, ed. *Romans & the People of God*. Grand Rapids, Michigan: William B. Eerdmans Publishing Company, 1999.

R. C. Sproul. *Romans*. Wheaton, Illinois: Crossway, 2009.

John R. W. Stott. *The Message of Romans: God's Good News for the World*. Downers Grove, IL: Inter Varsity Press, 2001.

Peter Stuhlmacher. *Der Brief an die Römer*. Göttingen und Zürich: Vandenhoeck & Ruprecht, 1998.

Warren W. Wiersbe. *Be Right: NT Commentary Romans*. Colorado Springs: David C Cook, 1977.

Ulrich Wilckens. *Der Brief an die Römer*. Neukirchen-Vluyn: Patmos Verlag, 2014.

Tom Wright. *Paul for Everyone: Romans, Part One*. Louisville, Kentucky: Westminster John Knox Press, 2005.

성서적 교리 설교

이광훈 목사

(버지니아 워싱턴 대학교 교수/버지니아 한인연합감리교회 담임목사)

일반적으로 바울이 쓴 '논쟁의 여지가 없는'(undisputed Pauline letters) 7개의 편지들(로마서, 갈라디아서, 고린도전후서, 빌립보서, 빌레몬서, 데살로니가전서) 가운데 로마서는 유일하게 바울이 세우지 않은 교회에 보낸 편지입니다. 또한 바울은 이 편지를 쓰기 전에 로마를 가본 적도 없었습니다. 로마서는 기원후 57년경 기록되어 로마교회에 보내졌습니다. 여기에서 우리는 당시 바울이 가지고 있었던 사도로서의 권위가 얼마나 큰 영향력을 미쳤는지 알 수 있습니다. 동시에 로마교회 교인들이 한 번도 만난 적이 없었던 바울의 가르침을 거부하지 않고 순순히 받아들인 겸손함도 읽을 수 있습니다.

로마교회는 오순절에 예루살렘의 마가의 다락방에서 성령의 충만함을 받고 돌아온 사람들, "로마로부터 온 나그네 곧 유대인과 유대교로 들어온 사람들"(사도행전 2:10)에 의해 설립된 것으로 알려져 있습니다. 당시 로마는 "모든 길은 로마로 통한다"(All roads lead to Rome)라는 말이 가리키듯, 세계 최고로 문명이 발달된 나라였습니다. 예수님이 승천하신 지 얼마 안 되어, 당시 세계의 중심지인 로마에까지 복음이 전파되었고 그곳에 이미 교회가 견고히 세워졌다는 것은 놀라운 일이 아닐 수 없습니다. 초대 그리스도인들의 선교적 열정과 더불어 성령의 강력한 역사하심의 결과가 분명합니다.

로마서의 중심 주제는 '예수 그리스도의 죽음과 부활에 대한 믿음'이라고 할 수 있습니다. 오직 이 믿음을 통해서 사람은 의롭다함을 받고 완전한 구원에 이릅니다. 인간은 여전히 연약한 죄인이지만 예수 그리스도의 죽음과 부활은 완전한 구원을 위한 근거가 되었습니다. 그 결과, 율법은 더 이상 구원을 위해 아무런 효력을 발휘할 수 없게 되었습니다. 그렇다고 이방인들의 입장에서 믿음을 자랑해서도 안 되었습니다. 중요한 것은 하나님께서 모든 사람에게 베푸신 구원의 은혜입니다. 그러므로 '믿음'(faith), '구원'(salvation), '은혜'(grace), 이 세 단어가 로마서 전체에 흐르는 '핵심 용어들'(key-words)이라고 할 수 있습니다.

김홍규 목사가 쓴 『믿음으로 얻는 하나님의 의』는 그가 섬기는 내리교회의 강단에서 한 해가 넘도록 선포한 말씀, 곧 로마서 연속 강해 설교를 엮은 것입니다. 서두에서 밝히고 있듯이, 저자는 바울 신학의 결정판인 로마서에 나타난 기독교 신앙의 본질을 파헤치고자 이 연속 설교에 뛰어들었습니다. 로마서가 기독교 신앙의 본질적인 내용을 담고 있다면, 누구라도 읽고 이해하기가 쉬워야 하겠지만, 실상은 그렇지 못합니다.

그 이유는 로마서의 중심 내용이 기독교 교리 형성의 기초가 되고 있기 때문입니다. 한 마디로, 당대의 대석학 바울의 심오한 신학적 사고가 깊이 스며있기 때문입니다. 따라서 바울이 로마서에서 피력하고 있는 기독교 신앙의 본질은 절대 수박 겉핥기식의 읽기나 묵상만으로는 제대로 파악될 수 없습니다. 무엇보다 헬라어를 구사했던 바울의 수사학적 문학 기술과 그 속에 감추어진 숨은 뜻을 알아야 합니다.

저자는 본서에서 이 일을 아주 능수능란하게 수행하고 있습니다. 한국 교계에서는 보기 드문 '헬라어-한어 로마서 주석'(Korean- Greek Exegesis on Romans)이라고 일컬을 수 있을 만큼 저자의 심혈이 담긴 역작이 분명합니다. 그렇다고 이 책은 단순히 학문적인 '고급 신학 주석'(advanced theological exegesis)은 아닙니다. 어려운 신학적 교리를 평이하게 풀어 쓴 일종의 '성서적 교리 설교'(biblical doctrinal sermon)라고 할 수 있습니다. 교리 설교는 일반적으로 딱딱하기 마련인데, 저자는 난해한 구절들을 가급적 쉽게 이해할 수 있도록 적절한 예화와 도표를 들어 설명하고 있습니다. 그래서 설혹 이해가 어려운 구절(들)이라도 예화를 읽거나 도표를 보면 마치 '꽉' 막혔던 길이 갑자기 '확' 뚫리는 듯한 체험을 하게 됩니다. 실례를 들면, 종교 개혁의 대원리라고 할 수 있는 '오직 믿음으로'(sola fide)라는 구호가 제아무리 중요하다고 해도, 저자는 우리의 믿음보다는 믿음의 대상인 하나님이 더 중요하다는 사실을 다음과 같은 예화를 들어 설명하고 있습니다.

제가 자전거를 타고 한 번도 쉬지 않고 인천에서 부산까지 갈 수 있다고 확신한다고 가정을 해봅시다. 제가 제아무리 철석같이 저의 능력을 믿는다고 할지라도, 저의 능력이 부족하면 자전거를 타고 단번에 부산까지 가는 것은 불가능합니다. 반면에 제가 고공공포증이 있어서 비행기를 무서워한다고 가정해봅시다. 과연 비행기가 저를 인천에서 뉴욕까지 데려다 줄 수 있을까 늘 의심하며, 때로 불안증세까지 보인다고 해봅시다. 하지만 저의 부족한 믿음과 상관없이 믿음의 대상인 비행기만 충분한 능력이 있다면 인천에서 뉴욕까지 가는 것은 아무 문제가 될 수 없습니다(P. 170).

로마서는 크게 다음과 같은 내용으로 구성되어 있는데, 1장부터 11장까지의 내용은 기독교 복음의 '올바른 교리'(orthodoxy)와 관련되어 있으며 12장부터 16장까지의 내용은 기독교 복음의 '올바른 실천'(orthopraxis)과 관련되어 있습니다. 앎(믿음의 지식)과 삶(믿음의 실천)은 분리될 수 없습니다. 앎은 반드시 삶과 연결되어야만 합니다. 바울은 구원과 관련해서, 유대인들이 고집스럽게 율법을 지키는 행위에 집착하기 때문에 '믿음'을 강조했습니다. 마치 바울이 행위를 무시한 것처럼 생각해서는 안 됩니다. 그것은 '믿음의 실천', 곧 저자가 강조하는 '믿음의 순종'을 주장하는 바울을 철저히 오해하는 일입니다.

이와 관련해서 또 한 가지 오해하지 말아야 할 사실이 있습니다. 초대 디아스포라 교회가 공통으로 직면한 문제는 인종과 계급 그리고 성별의 차이를 극복하고 그리스도 안에서 일치와 평화를 이루는 것이었습니다. 로마교회도 교회 구성원인 다수의 이방계 교인들과 소수의 유대계 교인들 사이에 갈등이 문제였는데, 그것은 주로 율법에 대한 해석의 차이 때문에 생겨난 것이었습니다. 즉, 유대계 교인들은 여전히 율법에 집착하여 이방계 교인들을 무시하였고, 이방계 교인들 역시 율법의 무용성을 내세우며 유대계 교인들을 비판하였습니다. 따라서 바울은 이 두 그룹 사이에 갈등과 반목이 심화되어 교회가 분열될 위험이 있음을 알고 이 문제를 해결하기 위해 로마서를 기록했던 것입니다.

이방계 교인들에게 율법 준수를 강요하는 유대계 교인들을 향한 바울의 입장은 단호했습니다. 사람은 '율법'이 아니라, 오직 '믿음'으로 구원받는다는 것이었습니다. 다른 한편으로, 율법에서 완전히 자유하다고 생각하는 이방계 교인들을 향한 바울의 입장 역시 단호했습니다. 하나님은 유대인들을 여전히 사랑하시며 이방인들도 양심과 관련된 '자연법'(natural law)을 지켜야 한다는 것이었습니다. 따라서 바울이 오직 믿음을 강조한다고 해서 마치 로마서가 '반유대주의'(anti-semitism)나 '반율법주의'(antinomianism)를 표방한다고 생각하지 말아야 합니다. 아울러 바울이 강력하게 친유대적 발언을 한다고 해서 마치 로마서가 여전히 유대 민족주의를 지지한다고 생각하지 말아야 합니다.

이 둘 모두 바울을 오해하는 일입니다. 도리어 바울이 로마서에서 강조하는 것은 하나님의 '우주적'(cosmic) 구원 계획입니다. 그것을 염두에 두고, 바울은 '율법의 특권의식'에 사로잡혀 이방인들을 무시하는 유대인들을 책망했습니다. 동시에 바울은 '믿음의 선물 의식'에만 사로잡힌 나머지 유대인들을 비판하는 이방인들도 책망했습니다. 따라서 로마서를 읽을 때 믿음에 의한 칭의와 성화를 양축으로 하는 하나님의 구원 계획을 단순히 개인 차원에 국한시키지 말아야 합니다. 로마서는 유대인과 이방인 모두를 대상으로 한, 세계적이고 우주적인 하나님의 구원 계획을 담고 있는 책입니다.

김홍규 목사는 한국과 미국에서 총 10년간 동문수학한 절친입니다. 그는 본래 종교 철학을 전문으로 연구한 조직신학자입니다. 동시에 그는 언제나 주님을 사랑하는 뜨거운 마음으로 교회를 섬기는 목회자입니다. 저자는 '학습의 책방'(지성)과 '기도의 골방'(영성)을 균형 있게 붙잡고 살아가는 친구입니다.

이 책에서 독자들은 신학자로서 저자의 날카로운 통찰력과 아울러 목회자로서 하나님의 말씀을 정확히 해석하는 영적 혜안과 마주치게 될 것입니다. 본서는 로마서를 좀 더 깊이 있게 연구하려는 목회자와 신학생 그리고 평신도 모두에게 큰 도움이 될 것입니다. 또한 로마서에 나타난 기독교 신앙의 본질(기독교 핵심 교리)을 선포하려는 설교가들에게도 매우 좋은 길잡이가 될 것입니다.